NOUVELLES RECHERCHES CRITIQUES

SUR LES

RELATIONS POLITIQUES

DE

LA FRANCE AVEC L'ALLEMAGNE

de 1378 à 1461

DU MÊME AUTEUR

Recherches critiques sur les relations politiques de la France avec l'Allemagne de 1292 à 1378 (*Bibliothèque de l'École des Hautes Études*). — Paris, Wieweg, 1882, in-8º de 291 pages.

Essai sur les antécédents historiques de la question allemande (843-1493). — Paris, Picard, 1886. in-8º de 57 pages.

Histoire de la Réforme dans la Marche et le Limousin. — Limoges, Gély, et Paris, Fischbacher, 1888, in-8º de XLVIII-391 pages.

Inventaires des Archives départementales de la Haute-Vienne (séries C, D, E suppl., H suppl. précédées d'amples introductions). — Limoges, Gély et Plainemaison, 1882-1891, 4 vol. in-4º.

Recueil de documents historiques sur la Marche et le Limousin. — Limoges et Tulle, 1883-1891, 5 vol. in-8º.

Doléances paroissiales de 1789 (Tome I des *Archives révolutionnaires de la Haute-Vienne*). — Limoges, Chatras, 1889, in-12 de 151 pages.

Une œuvre de Baluze oubliée (Extrait des *Annales du Midi*). — Toulouse, Privat, 1889, in-8º de 37 pages.

Étude critique sur les Annales françaises de Limoges (Extrait des *Annales du Midi*). — Toulouse, Privat, 1890, in-8º de 54 pages.

Géographie et Histoire du Limousin (Creuse — Haute-Vienne — Corrèze) depuis les origines jusqu'à nos jours. — Limoges, Ducourtieux, et Toulouse, Privat, 1890, in-8º de 192 pages.

EN PRÉPARATION

La France du Massif central : essai d'histoire régionale comparée.

NOUVELLES RECHERCHES CRITIQUES

SUR LES

RELATIONS POLITIQUES

DE

LA FRANCE AVEC L'ALLEMAGNE

DE 1378 A 1461

Par Alfred LEROUX

ANCIEN ÉLÈVE DE L'ÉCOLE DES CHARTES ET DE L'ÉCOLE DES HAUTES ÉTUDES

ARCHIVISTE DU DÉPARTEMENT DE LA HAUTE-VIENNE

PARIS

ÉMILE BOUILLON, LIBRAIRE-ÉDITEUR

67, RUE DE RICHELIEU, 67

—

1892

Tous droits réservés.

PRÉFACE

———

Ces *Nouvelles recherches* sont le premier fruit d'investigations poursuivies, pendant dix-sept mois, dans quelques archives et bibliothèques d'Autriche et d'Allemagne [1], sous les auspices de l'École des hautes études de Paris. Divers motifs, d'ordre professionnel, en ont retardé la mise au jour. La continuation — qui comprendra, sous le titre de *Dernières recherches*, le règne de Louis XI et les dix premières années du règne de Charles VIII — paraîtra ultérieurement [2]. Alors se trouvera rempli le cadre que nous nous tracions dès 1879, lorsque nous préparions pour la « Bibliothèque de l'École des hautes études » nos premières *Recherches critiques sur les relations politiques de la France avec l'Allemagne, de 1292 à 1378* (Paris, 1882).

Le lecteur ne doit point chercher ici un livre dans le sens complet de ce mot. Il ne trouvera qu'une série de chapitres, formant d'ailleurs un large ensemble historique, reliés de diverses manières aux chapitres que d'autres érudits ont pu écrire sur quelques parties du même sujet. Vis-à-vis de ces devanciers nous avons dû en effet varier nos procédés, suivant les cas. Tantôt nous nous contentons de renvoyer à leurs travaux, en marquant brièvement la place des événements dont ils traitent. C'est le parti que nous avons pris vis-à-vis de

---

[1] Notamment dans les archives de Vienne, Munich, Francfort et Weimar, dans les bibliothèques de ces mêmes villes, et en outre, de Leipzig, Gœttingue et Bâle, de novembre 1885 à mars 1887.

[2] C'est-à-dire quand la publication des *Lettres de Louis XI* par notre confrère M. Vaësen, sera un peu plus avancée.

M. Th. Lindner qui a si bien raconté l'expédition de Gueldre de 1388, et vis-à-vis de MM. Pückert et Bachmann qui ont essayé d'expliquer la neutralité des grands électeurs dans le schisme de 1438. Nous l'avons suivi également à l'égard de M. Würth-Pàquet dont les patients travaux ont débrouillé l'interminable question du Luxembourg, et surtout à l'égard de MM. Franz de Lœker et Galesloot qui ont profondément étudié le rôle des ducs de Bourgogne aux Pays-Bas.

Tantôt nous reproduisons avec quelque développement les résultats obtenus par nos prédécesseurs sur telle ou telle question importante, soit pour mieux lier les diverses parties de notre récit, soit pour en justifier certaines assertions. C'est la méthode que nous avons préférée quand il s'est agi d'exposer, d'après MM. Paul Durieu et comte de Circourt, les premiers agissements de la politique française en Italie, ou bien de raconter l'occupation de Gênes par le roi de France, les mariages bourguignons de la fin du XIVe siècle, le traité conclu à Cantorbéry entre Sigismond et Henri V contre Charles VI.

Par contre, lorsque nous avons disposé de documents inconnus à nos prédécesseurs, ou que nous avons cru devoir formuler des conclusions différentes des leurs, nous avons bravement repris le sujet dans son ensemble. C'est ainsi que nous revenons, après M. d'Herbomez, sur l'histoire du traité de 1430 entre la France et l'Autriche, — et que nous consacrons tout un chapitre à la double expédition de Suisse et de Lorraine en 1444, quoiqu'elle ait été racontée déjà par M. Tuetey.

Ni Louis le Barbu de Bavière, ni Louis de France duc d'Orléans, ni le dauphin Louis fils de Charles VII n'avaient droit à une attention particulière de notre part après les études dont ils ont été l'objet [1]. Ils n'apparaissent donc dans nos *Recherches* qu'en tant que besoin. Mais il en sera autrement

---

[1] Nous visons tout spécialement la *Geschichte des bairischen Hzgs Ludwig des Bœrtigen zu Ingolstadt* par le chevalier de Lang (Nuremberg, 1821); — la *Vie politique de Louis de France duc d'Orléans* par notre confrère E. Jarry (Paris et Orléans, 1889), — et certains chapitres de la récente *Histoire de Charles VII* par M. de Beaucourt.

des ducs de Bourgogne, en dépit des nombreuses monographies qui leur ont été consacrées.

Le plan de ces *Recherches* ne nous permettait point d'exposer les variations politiques de la ligne frontière entre la France et l'Empire d'une façon aussi méthodique et aussi développée que l'a fait le savant Pierre Dupuy dans ses *Traités touchant les droits du roy très chrestien sur plusieurs estats et seigneuries* (1655). Pourtant nous avons ajouté beaucoup au peu qu'il fournit pour les règnes de Charles VI et Charles VII. En tout cas, nous croyons avoir mis la question en meilleur jour que n'a pu le faire ce trop zélé défenseur des droits de la couronne de France sur tous les territoires qu'elle avait une fois possédés.

La critique relèvera sans doute que, parmi les chroniqueurs des premières années du règne de Charles VI, nous ne citons que bien rarement le plus abondant et le plus célèbre de tous. C'est qu'il n'y a rien de décevant comme les *Chroniques* de maître Jean Froissard quand on essaie de ramener ses dépositions à des dates précises et de les faire concorder avec les documents de chancellerie. Il faut discuter, disserter, contredire, et cela sans gain sensible pour le sujet. On peut, on doit même contrôler Froissart à l'aide des chartes quand on édite ses *Chroniques;* mais la méthode inverse ne saurait beaucoup profiter quand il s'agit d'histoire diplomatique.

A la division par règnes, que nous avions introduite avec l'inhabileté d'un débutant dans nos premières *Recherches,* nous avons substitué la division par ordres de questions, en distinguant pour plus de clarté trois phases dans la courte période qu'embrasse notre travail. A la seule inspection de la table des matières, le lecteur discernera aisément sur quels points ont porté et en quelles circonstances ont eu lieu les relations politiques des deux grands pays qui nous occupent.

Quelque vive qu'ait été la tentation, nous avons été sobre de généralisations et nous avons visé avant tout à établir solidement la trame des faits, à discerner nettement les principes dirigeants de chaque souverain. Nous nous réservons de montrer ailleurs, dans une étude sur *la Royauté française et le*

saint Empire romain au moyen-âge, quelles clartés l'étude
des relations politiques de la France avec l'Allemagne peut
projeter sur l'histoire générale de cette époque.

A l'École des hautes études, qui a bien voulu nous charger
de ces recherches, nous adressons ici nos remerciements les
plus vifs. Il nous sera permis de dire que sa confiance n'a pas
été trompée, puisque nous avons rapporté de cette mission l'a-
nalyse d'environ un millier de pièces pour la période qui s'é-
tend de 1378 à 1493. Ce premier résultat démontre également
que le moment était venu de s'enquérir de ce que fournissent
à notre histoire les nombreuses collections de documents que
publient nos voisins depuis deux siècles. A ce point de vue le
Reichstagstheatrum de JJ. Muller, le *Deutsches Reichsarchiv*
de Lunig, l'*Urkundenbuch Wenzel's* de Pelzel, les divers recueils de Chmel, l'*Urkundenbuch für die Geschichte des Nie-
derrheins* de Lacomblet, les *Fontes rerum austriacarum* de
l'Académie des sciences de Vienne, la *Frankfurts Reichscorrespondenz* de M. Janssen, les *Acta inedita* de M. Winkelmann et surtout les *Deutsche Reichstagsacten* de l'Académie
des sciences de Munich sont inépuisables. Ils rendent avec
usure à l'histoire de France ce que l'histoire d'Allemagne doit
à certains recueils de Baluze, de dom Luc d'Achery, de dom
Martène et de Huillard-Bréholles.

Quelques exemplaires de ce livre iront en Autriche et en Allemagne. Qu'ils y expriment notre gratitude à tous ceux — professeurs, archivistes, bibliothécaires — qui ont bien voulu favoriser nos recherches et nous mettre plus d'une fois sur la
trace de documents ignorés.

Limoges, mars 1891

ALFRED LEROUX.

LIVRE I

CHAPITRE I

LE GRAND SCHISME ECCLÉSIASTIQUE

1378-1407

PREMIÈRE PHASE: la France prend position pour le pape d'Avignon, et l'Allemagne pour le pape de Rome. — Charles V envoie ses représentants en Allemagne dans un esprit de conciliation (mai-sept. 1379). — Agissements de la cour d'Avignon: elle essaie de gagner à sa cause le duc d'Autriche et de fonder à son profit une ligue dans l'Allemagne du sud-ouest (1380). — A l'avènement de Charles VI, la cour de France soutient nettement le pape d'Avignon. — Wenceslas semble abandonner le pape de Rome et entre en relations avec celui d'Avignon (1383). — A la sollicitation d'Urbain VI, l'empereur reprend position du côté de Rome. — Efforts isolés du roi de France et de l'empereur pour gagner des partisans à leur obédience respective. — Projet d'une expédition française en Italie pour instaurer le pape d'Avignon à Rome (1389). — Hésitations de Wenceslas. — Intrigues de Clément VII en Allemagne (1393). — Intervention de l'université de Cologne (1394). — Projet d'entrevue entre Wenceslas et Charles VI (1395). — SECONDE PHASE: Intervention de l'université de Paris. — Ambassades françaises à l'em··· ···· à la diète de Francfort (1397). — Entrevue de ····· l'empereur et le roi (1398). — Synode de Paris (1398). ···te de Nuremberg (1399). — Diète de Francfort (1400). — ··bassade des grands électeurs au roi de France. — Ambassade ··· ·· de France en Allemagne. — Échec des propositions françaises. — Modifications dans les situations et les intérêts ecclésiastiques en 1401. — Diète de Metz. — Protestation de Robert auprès de Charles VI. — Négociations entre l'empereur et le roi par l'intermédiaire de Louis le Barbu (1403). — Essai de rapprochement entre les deux papes, favorisé par le roi de France (1406).

Les deux obédiences entre lesquelles se partagea la chrétienté à la mort de Grégoire XI comptèrent l'une et l'autre un certain nombre de peuples et de rois. Rome eût pour elle l'Italie, l'Allemagne, l'Angleterre, la Hongrie et la Bohême. Avignon eût la France, l'Espagne, l'Écosse et la Sicile.

La première trouva son chef temporel dans l'empereur d'Alle-

magne [1], *schismatum exterminator* par office : la seconde
dans le roi de France [2], souverain du plus florissant royaume
de la chrétienté.

Il est instructif de rechercher ce que pensèrent et firent en
commun ces deux têtes pour mettre fin à un schisme que nul
n'acceptait comme définitif. Si leur action ne fut point décisive,
elle eut du moins ce mérite de tenter successivement trois solutions possibles, — le renoncement de l'une des deux obédiences
à son chef spirituel, la retraite bénévole de l'un des deux pontifes élus, la démission simultanée des deux compétiteurs, —
et d'épuiser les divers moyens qui pouvaient y conduire. Les
conciles qui, à partir de 1409, prirent l'affaire en main et s'en
tirèrent à si grand peine n'eurent donc plus qu'à essayer de la
seule voie qui restât: la déposition des deux prétendants.

1

L'avènement de Wenceslas suivit de quelques mois seulement l'élection d'Urbain VI et de Clément VII, et fournit à
l'Allemagne, restée neutre jusque là, l'occasion de se prononcer entre les deux compétiteurs au souverain pontificat. Peut-
être cependant eut-elle prolongé le bénéfice de la neutralité si
les représentants de Charles V, présents au couronnement de
Francfort (fév. 1379), n'eussent, pour ainsi dire, obligé l'empereur de prendre parti en lui proposant de reconnaître Clément

[1] Nous croyons bon de rappeler qu'à la fin du XIVe siècle, les
termes d'Empereur et d'Empire ont depuis longtemps perdu leur
sens originel et ne désignent plus en réalité que le chef du royaume
germanique et le territoire qui lui est immédiatement soumis. C'est
dans ce sens que nous les emploierons, sans nous préoccuper de la
question du couronnement à Rome, sauf les exceptions commandées
par les circonstances.

[2] Nous n'avons pas à nous occuper ici des raisons qui amenèrent
Charles V au parti de Clément VII. Elles ont été fort bien exposées
d'ailleurs par notre confrère Noel Valois dans son étude sur *Le rôle
de Charles V au début du grand schisme, du 8 avril au 16 novembre* 1378 (dans l'*Annuaire-bulletin de la Société de l'histoire de
France* (1887), à rapprocher d'un mémoire plus étendu sur *l'Election
d'Urbain VI et les Origines du grand schisme* (dans la *Revue des
Questions historiques*, oct. 1890). Cf. un mémoire de M. Souchon, intitulé *Die Papstwahlen ...und die Entstehung des Schismas von*
1378 (Brunswick, 1889).

VII [1]. Mais les grands électeurs ecclésiastiques avaient des vues opposées à celles du roi de France. Soutenus par le palatin Robert I, ils les firent triompher auprès de l'empereur qui se déclara hautement prêt à prendre en main la cause d'Urbain VI contre Clément VII. Wenceslas eut soin même de faire connaître sa décision au monde chrétien par une lettre circulaire, et aux états de l'empire par une autre, dans l'espoir sans doute que son exemple entraînerait les hésitants [2].

Le schisme qui allait diviser la chrétienté pendant près d'un demi-siècle était la conséquence de l'élection de Clément VII. Mais les obédiences ne se déterminèrent nettement qu'à l'occasion de la proposition dont nous venons de parler. L'évêque de Corduba [3] laisse entendre que les Allemands en rendirent le roi de France responsable, disposés qu'ils étaient à voir dans son attitude un calcul politique, le désir de conserver sous sa main la papauté. Les sentiments d'hostilité au roi de France, qui couvaient dans tant de cœurs allemands depuis la fin du XIIIe siècle et que Charles de Moravie avait seulement apaisés, se firent jour de nouveau. Certains comtés d'Allemagne, vraisemblablement ceux du bas Rhin [4], écrivirent à Urbain VI pour le conjurer d'instituer un procès contre le roi de France, de le citer au tribunal de Rome et, au cas où il se refuserait à comparaître, de prêcher contre lui une croisade à laquelle ils se hâteraient de prendre part avec les villes de Flandre et d'Angleterre [5].

---

[1] Les représentants du roi étaient Aymeric de Magnac, évêque de Paris et Charles de Boiville, gouverneur du Dauphiné.

[2] Lettre de Wenceslas, datée de Francfort, 27 février 1379, dans les *Deutsche Reichstagsacten*, I, 232 et 234.

[3] « Fui eciam presens, modicum antequam recederem, quando recepit (papa Urbanus) literas de quibusdam Alamanie comitatibus regi Franchie vicinis.... in quibus inter alia petebant et consulebant sanctitati sue quod faceret processum contra regem Franchie juridice et quod, si non obediret, quod daret crucem contra eum, et quod pro certo tota Alamannia, Flandria et Anglia irent contra eum... » (Lettre de la fin de février 1379, ou peut-être du commencement de mars, citée par les *D. R. T. A.*, I, 236).

[4] Voir ce que nous disons plus loin sur l'attitude prise en 1383 par quelques villes de cette région : Liège, Utrecht, Tournai, — et remarquer qu'en 1380 Clément VII essayera de constituer sur le haut Rhin une ligue d'opposants au pape de Rome, qui semble bien destinée à faire échec à celle-ci (ci-dessous, p. 7).

[5] Lettre de l'évêque de Corduba, déjà citée. Cf. une lettre de l'archevêque de Cologne à la ville de Liège, que nous mentionerons en

Quelques semaines après cette déclaration, le pape de Rome, certain de l'appui de l'Allemagne et de ses chefs, s'empressait d'en informer le roi de France, pour peser sur son esprit de tout le poids de ce fait acquis [1]. Mais loin de prêter l'oreille à ces sollicitations, Charles V chargeait deux cardinaux clémentistes, Gui de Malesec et Guillaume d'Aigrefeuille [2] de se rendre en Allemagne, — le premier dans le diocèse de Tournai, c'est-à-dire aux Pays-Bas, le second dans celui de Metz, c'est-à-dire en Lorraine, — pour essayer de gagner ces régions à la cause d'Avignon (mai 1379). Fort mal reçu par le comte de Flandre, qui menaça de le faire emprisonner, Gui de Malesec dut renoncer à parcourir le Hainaut, le Liégeois et le Brabant qui lui avaient été assignés, et se rendit à Valenciennes et à Cambrai où il demeura quelque temps. Au contraire Guillaume d'Aigrefeuille réussit à se faire écouter des Lorrains et prolongea même son séjour parmi eux jusqu'en 1385 [3]. Telle fut l'issue de la seconde tentative faite par le roi de France en Allemagne au profit d'Avignon [4].

Charles V avait promis aux envoyés d'Urbain de prendre part à la diète que Wenceslas avait convoquée pour le mois de septembre, dans le dessein de fortifier l'œuvre de la précédente : il tint parole et délégua ses représentants à Francfort. Ceux du roi

son lieu. — La demande de procéder contre le roi de France se reproduira de nouveau en Allemagne en 1408. Voyez ci-dessous chapitre VII.

[1] Lettre sans date précise, dans les *D. R. T. A.* I, 236.

[2] Le cardinal Guillaume d'Aigrefeuille était limousin, tout comme ce Jean de Cros qui était venu trouver le roi quelques semaines plus tôt, au nom de Clément VII. On sait à quel point les prélats limousins avaient profité des faveurs d'Avignon sous Clément VI, Innocent VI et Grégoire XI. L'intérêt personnel les excitait à pousser le roi dans la voie fâcheuse où il s'était engagé. — Se souvenir que le cardinal d'Aigrefeuille avait déjà rempli une mission en Allemagne au nom de Clément VII, à la fin de décembre 1378. (Voyez Baluze, *Vitæ paparum Aven.*, II, 848 et 850.)

[3] Voyez Baluze, *ibid.*, I, 1010 et 1149.

[4] A relever ici que, dans une délibération des professeurs de l'Université de Paris sur la question de savoir si l'élection d'Urbain VI était régulière, délibération provoquée par le roi le 22 mai 1379, les deux nations anglaise et picarde (c'est-à-dire les Allemands, les Anglais, les Néerlandais et les Français du nord) se séparèrent des autres et réclamèrent une seconde délibération avant de se prononcer dans le sens de la royauté. (Du Boulay, *Histoire de l'Université*, IV, 574, citée par Scheuffgen, *Beitrœge z. d. Gesch. d. grossen Schismas*, 1889, p. 19).

d'Angleterre, du comte de Flandre et du duc de Brabant étaient
aussi venus. La diète se prononça naturellement en faveur de
Rome. Elle osa même citer Clément VII et ses partisans, voire
ceux de sang royal, à comparaître devant elle pour rendre compte de leur résistance, sans que les représentants de Charles V
aient protesté en son nom contre une pareille prétention [1]. L'opposition du roi de France faiblissait donc, et l'on comptait si
bien sur sa soumission à l'élu de Rome que le palatin Robert I
écrivit à Charles V, à l'issue de la diète, pour lui exprimer ca-
tégoriquement cet espoir, octobre 1379 [2]. Ce n'était point sans
autre raison d'ailleurs que le palatin se faisait, en cette occasion, le truchement volontaire des espérances de la diète. Charles V, qui avait eu vent de ses premières hésitations, avait tenté, au mois de février, de le séduire par un mariage [3] et avait
cru, au mois de mai, le gagner au parti d'Avignon [4]. Peu disposé au fond à faire défection aux siens, le palatin n'avait point
répondu à la lettre du roi et il s'en excuse plus tard débonnai-
rement sur son ignorance du latin [5]. Mais son silence avait
trompé le roi de France et peut-être décidé de l'envoi de ses représentants à la diète de Francfort.

Quelles que fussent les dispositions conciliantes des chefs
laïques de l'une et l'autre obédience, elles ne pouvaient vaincre
toutes seules à l'encontre des chefs ecclésiastiques. A la nouvelle de la diète projetée à Francfort, les cardinaux d'Avignon
avaient rédigé une encyclique solennelle par laquelle ils invi-

[1] Lettre de l'abbé de Sitria au franciscain Pierre d'Aragon, citée
par les *D. R. T. A. I*, 264. Elle est confirmée à quelques égards par
les documents qu'ont publiés d'Achery, (*Spicil.* III, 743) et Baluze
(*Vitæ pap.* I, 551).

[2]. Dans les *D. R. T. A. I*, 263.

[3] Voyez : 1° Litteræ credentiales Caroli Franc. regis datæ nunciis
ablegatis ad contrahendas pro se et successoribus suis confederationes
cum duce Roberto Bavarie. St-Germain-en-Laye, 9 janv. 1378 (n. st.
1379). (Orig. aux Archives de l'État à Munich, n° 144.) Les ambassadeurs du roi sont l'évêque de Paris et le gouverneur du Dauphiné,
c'est-à-dire ceux-là mêmes qui assistèrent au couronnement de Francfort. — 2° Traité de mariage entre le palatin Robert et Catherine,
fille du roi. Francfort, 20 fév. 1379 (dans Lünig. *Deutsches Reichsarchiv.*, VIII, 13; Leibnitz, *Cod. juris gent.*, 235; Stillfried, *Monum. Zollerana*, V, n°21).

[4] Le fait est mentionné par Pelzel (*Wenzel*, I, 85). Cf. la lettre,
de Robert citée ci-dessous.

[5] Lettre datée de Heidelberg, 10 oct.[1379], dans Baluze, *Vitæ pap.*,
II, 887.

taient « le monde chrétien » à reconnaître Clément VII comme seul vrai pontife, et retournaient à Urbain VI la qualification d'anti-pape qu'il avait donnée à son compétiteur[1]. Vis-à-vis de Wenceslas les deux cours luttent de générosité. Rome ayant confirmé, en juillet, l'élection du roi des Romains, Avignon crut devoir suivre cet exemple en octobre suivant[2]. Le fils de Charles IV, qui devait être si vite abandonné de ses propres sujets, se trouve ainsi dans ce cas peut-être unique d'avoir été salué par deux papes ennemis comme l'élu de Dieu.

Ce double pas accompli, Clément VII en tente un autre plus hardi, en essayant de détacher le duc d'Autriche du parti des électeurs. Par esprit de rivalité politique, Léopold avait en effet refusé de lier sa conduite à celle de Wenceslas de Luxembourg, et le frère même du roi de France, Louis d'Orléans, l'avait encouragé dans cette défection jusqu'à lui promettre 3,000 lances au cas où il serait attaqué par ses adversaires[3]. Clément VII ne crut pouvoir faire moins et appuya ses encouragements de la promesse de 120 mille florins et de 1,000 soldats[4] au service des intérêts politiques de l'Autriche dans ses domaines antérieurs de la vallée du Rhin. Bien plus, il charge l'un de ses plus dévoués partisans, le chanoine Henri Bayler de Constance, de conclure avec le duc et « autres princes tant laïques qu'ecclésiastiques », une alliance effective dont lui Clément VII ferait les frais au taux de 12,000 florins par an à chacun des

[1] Nous ignorons si cette bulle du 24 août 1379 a été imprimée. Nous ne la connaissons que par les exemplaires que nous avons rencontrés aux Archives impériales de Vienne.

[2] *D. R. T. A.* I, 147 et 149.

[3] Montpellier. 28 janvier 1379 (n. st. 1380), dans Kurz, *Œsterreich unter K. Albrecht*, III, 290 : «.. Vobis firmiter pollicentes... quod si in necessitate campestris belli fueritis... in vestri et veritatis Ecclesie adjutorium et succursum cum nostro felici exercitu duarum vel trium milium lancearum ad minus personaliter prestante Domino nostro dirigemus accessus... »

[4] Avignon, 6 fév. 1380. (Orig. aux Archives impériales de Vienne). — Nous prévenons ici, une fois pour toutes, qu'en dehors des documents qui figurent dans les *Registraturbücher*, nous sommes dans l'impossibilité de donner une référence exacte pour les pièces volantes que nous avons compulsées aux Archives de Vienne (*K. K. Haus-Hof-u. Staats-archiv*). Ces pièces, brièvement analysées, à leur date, dans le vaste *Répertoire* (manuscrit in folio, t. XVII et XVIII.) qu'on avait bien voulu mettre à notre disposition, nous ont toujours été communiquées isolément.

contractants[1]. C'était purement et simplement vouloir opposer en pays germanique une ligue des princes schismatiques à celle des partisans de Rome[2]. Et pour bien prouver que son influence était réelle de ce côté, le pape d'Avignon faisait défendre aux évêques de Strasbourg, Bâle, Constance et Coire de citer à leur barre les sujets du duc d'Autriche dans les affaires purement civiles[3]. Mais Léopold pouvait hésiter encore, prêter l'oreille aux calomnies des adversaires et croire peut-être qu'Urbain VI avait pour lui la majorité du Sacré Collège. Clément VII trouva bon de le détromper sur ce point important en lui adressant une lettre signée des douze cardinaux de son parti[4]. Le Sacré Collège n'en comptant alors que vingt-deux, la démonstration était sans réplique. En preuve de parfaite entente, le pape confirma solennellement, quelques mois plus tard[5], le traité qu'il avait conclu, le 16 février précédent, avec Léopold d'Autriche.

Ces intrigues du pape d'Avignon auraient lieu d'étonner si l'on ne savait qu'un certain nombre des «membres» du saint empire germanique avaient pris fait et cause pour lui. Non seulement les pays de langues romanes, comme l'Arélat, le comté de Bourgogne, les duchés de Bar et de Lorraine, mais encore certains prélats de langue allemande comme l'évêque de Strasbourg, Frédéric de Blankenheim, celui de Bâle, Jean de Vienne, et quelques-uns de ses successeurs, ceux de Constance et de Coire, le prince-abbé de Murbach en Alsace, la ville de Colmar, celle de Fribourg-en-Brisgau soutinrent Clément VII et ses successeurs jusqu'aux approches du concile de Constance, pour autant que le pape de Rome ne parvenait pas à leur imposer ses créatures[6].

Sur ces entrefaites Charles V mourut (sept. 1380). Son suc-

---

[1] Avignon, 10 février 1380. (Orig. aux Archives impériales de Vienne).

[2] Il y avait aussi en Allemagne, dès cette époque, un parti conciliaire, comme nous le prouverons plus loin, au début du sous-chapitre 2.

[3] Avignon, 14 février 1380. (Orig. *ibid.*) Il y a d'ailleurs une autre forme de cette bulle, destinée à donner satisfaction aux évêques. Même date, *ibid.*

[4] Avignon, 20 février 1380. (Orig. *ibid.*)

[5] Avignon, 14 juin 1380 (Orig. *ibid.*)

[6] Ce schisme de l'Allemagne de l'ouest et du sud-ouest a été tout récemment étudié de fort près par M. Haupt dans la *Zeitschrift für die Gesch. des Oberrheins* (nouv. série, t. V. 1890). Mais nous n'avons à nous en occuper qu'autant que le roi de France a exercé ou tenté d'exercer sur lui son influence.

cesseur allait-il montrer les mêmes dispositions conciliantes ?
Le monde ecclésiastique fut dans l'attente. Mais Charles VI
était un enfant de douze ans que régentaient ses oncles. La direction de la politique générale allait donc être subordonnée
aux intérêts particuliers et souvent contradictoires de ceux-ci.
Justement Louis d'Anjou venait de recevoir en héritage le
royaume de Naples. Il s'y trouvait en compétition avec Charles
de Duras que protégeait Urbain VI en haine de Jeanne de Naples. Voilà donc tout d'abord la politique française franchement orientée par les oncles du roi du côté d'Avignon. Par
contre, Wenceslas, en lutte avec les grands électeurs, n'était
plus en état de satisfaire aux devoirs que lui rappelait Urbain
VI. Il s'efforçait même, en observant une sorte de neutralité
ecclésiastique, de se ménager contre ses ennemis de l'intérieur
la cour de France. Il entretint avec elle de 1380 à 1398 une
série de pourparlers amicaux sur lesquels nous aurons occasion
de revenir [1], et lui donna tout espoir en chargeant son oncle,
Jost de Moravie, qu'il nomme vicaire impérial en Italie [2],
de s'entendre avec le duc d'Anjou [3] et d'examiner qui est le
vrai pape pour lui faire rendre obéissance.

[1] Dans le chapitre suivant.

[2] Dans Baluze, *Vitæ pap.* II, 890. L'acte n'est pas daté ; il paraît
bien appartenir non à l'année 1380, comme l'indique Baluze, mais
à l'année 1381. En effet il est dit à la fin : « .. protestantes expresse
quod per presentem potestatem vicariatus officio per majestatem
nostram nuper excellentiæ vestræ commisso non intendimus ali-
qualiter derogare, sed potestatem intendimus adicere potestati. » Or
nous admettrons, dans le chapitre III de ce livre, que la commission,
ici visée, de vicaire de l'empire en Italie, est du milieu de l'année 1381.

[3] C'est dans l'intervalle de 1380-83 que nous croyons devoir placer :
1° La composition d'un curieux document, que nous considérons
comme apocryphe, publié par Goldast (*Monarchia*, I, 229) : *Parisiensis, Oxoniensis, Pragensis et Romanæ universitatum epistola
(ad Urbanum VI et Wenceslaum) de auctoritate imperatoris in
schismate paparum tollendo et vera ecclesiæ libertate adserenda;*
— 2° Certaine lettre ms. de l'archevêque de Prague, Jean de Jenzen-
stein (res. 1396) à l'évêque de Paris, probablement Aymeric de Magnac (res. 1383) pour l'exhorter, en termes généraux, à travailler à
l'extinction du schisme. Nous avons trouvé une copie assez fautive
de ces deux lettres dans le ms. 183, intitulé *Codex epistolaris Johannis II archiepi Pragensis et aliorum* (f. 10), des Archives impériales de Vienne (*Filial-Archiv*). Elles sont malheureusement sans
date, mais la mention faite, dans la réponse de l'évêque de Paris,
d'une prochaine ambassade du roi à l'empereur, semble prouver que
cette correspondance appartient aux premiers mois de l'année 1383.

Attentif aux événements, habile à exploiter toutes les circonstances, Clément VII, apprenant que le roi de France se
prépare à resserrer avec Wenceslas l'alliance politique de janvier
1378, s'empressa de lui écrire et de le prendre pour médiateur
auprès de l'empereur d'Allemagne [1]. En même temps il fait
proposer à celui-ci de l'absoudre de ses fautes, de le relever de
l'excommunication encourue, de le rétablir dans ses droits souverains s'il consent à rompre avec Urbain VI et à rentrer au
giron de « l'église romaine », représentée par lui Clément VII [2].
On comptait si bien, à Paris et à Avignon, sur le succès de ces
propositions, que les ambassadeurs royaux chargés de les négocier [3], reçurent en même temps pleins pouvoirs pour amnistier
les prélats allemands qui viendraient à Clément et distribuer
des gratifications à l'entourage de Wenceslas jusqu'à concur-
rence de 50.000 livres [4].

Le bruit de ces intrigues parvint aux oreilles d'Urbain VI
qui, pour en détruire l'effet, adressa à Wenceslas une lettre
sévère, lui reprochant son inertie et le mettant en garde contre
les inspirations perfides des envoyés du roi schismatique (17
juin [5]). Il est vraisemblable que cette lettre fut reçue à Prague,
où résidait alors Wenceslas, avant l'ambassade française qui,
chargée d'une autre mission, avait pris par le Brandebourg et
cheminait fort lentement puisqu'elle n'atteignit Nuremberg
qu'à la fin de juillet et ne rencontra l'empereur que le 21 août
suivant [6]. Wenceslas se trouva ainsi fortifié par avance (à supposer qu'il eut besoin de fortifiant) contre les suggestions d'A-
vignon et de Paris, que portait l'ambassade. Le jour même de

---

[1] *Avenione, idus aprilis, pontificatus nostri anno quinto* (=
13 avril 1383), dans Winckelmann, *Acta ined.*, II, 881. Cf. *ibid*, la
note de la page 82, et les *D. R. T. A.*, I, 392.

[2] *Ibidem.*

[3] C'étaient Pierre, évêque de Maillezais, frère Angel de Spolète,
général des frères mineurs, Gui de Houcourt, Bernard Flameng,
chevalier, Jean d'Ailly, secrétaire du roi. Leur présence à Nuremberg, en juillet 1383, est signalée dans les comptes de la ville (*D. R.
T. A.*, I, 419).

[4] Orléans, 26 avril 1383, dans Winckelmann, *Acta ined.*, II, 881. —
Chargés en même temps d'une autre mission, les ambassadeurs ne
purent partir avant le 5 mai.

[5] Rome, 17 juin 1383, dans Pelzel, *Urkundenbuch*, I, 57.

[6] Voy. dans Martène (*Thes. anecdot.*, II, 20 etss), *l'Oratio facta
ad Cæsarem per dominum Raymundum Bernardi...* Prague, 21
août 1383.

l'arrivée des représentants de France, il donnait une vague satisfaction aux deux partis en renouvelant à Jost de Moravie,
comme vicaire de l'Empire en Italie, la mission de travailler à
l'extinction du schisme [1], mais il ne fit rien de plus.

Ses ennemis n'en répandirent pas moins le bruit que l'empereur avait accédé à la prière du roi de France et abandonné
la cause d'Urbain VI. Tout invraisemblable qu'elle fut, la ca-
lomnie trouva créance, particulièrement dans les diocèses de
la vallée du bas Rhin où l'on se préoccupait tant, comme nous
savons, de faire échec au roi de France. Wenceslas était si peu
changé qu'il écrivit directement aux évêques de Liège, d'U-
trecht et de Tournai pour les détromper et protester publiquement contre une imputation qu'il considérait comme injurieuse,
décidé, disait-il, à suivre la politique de son père et à tenir les
promesses que lui-même avait faites devant la diète de Francfort au jour du couronnement.

Cette lettre de Wenceslas est datée de Nuremberg, 18 octobre 1383 [2]. Elle réussit sans doute à éclairer l'esprit des ambassadeurs français qui étaient toujours auprès de l'empereur
et attendaient encore un revirement de conduite, comme conséquence du mémoire qu'ils lui avaient présenté. Convaincus
enfin du néant de leurs espérances, ils reprirent quelques
jours plus tard la route de France.

Le mémoire auquel nous venons de faire allusion nous a été
conservé [3]. Il est sous forme de discours adressé à l'empereur
par Messire Raymond Bernard, chevalier, docteur ès lois, conseiller du roi de France et du duc d'Anjou-Calabre. L'orateur
(si tant est qu'il ait réellement pris la parole) avait rappelé longuement les violences et les pratiques coupables qui, de l'avis
de beaucoup, entachaient de nullité l'élection d'Urbain VI,

---

[1] Prague, 21 août 1383, dans Pelzel, *Urkundenbuch*, I, 59. Cf. ci-
dessus, p. 8.

[2] Dans Baluze, *Vitæ pap.*, I, 557. C'est par une erreur manifeste
que l'éditeur l'attribue à l'année 1384. «Ad nostre majestatis auditum...
pervenit quod quidam filii Belial... per diversas Almannie partes et
signanter in partibus Reni nostram serenitatem ausi sunt infamare,
dicentes publice et secrete nos ad informacionem quorumdam qui
de Francia venerunt Boemiam ab obediencia et fide sanctissimi in
Christo patris et domini nostri Urbani noviter discessisse... » C'est
sur cette lettre, en raison du nom des destinataires, que nous nous
sommes appuyé plus haut (p. 3) pour placer dans la Basse-Allemagne
les opposants au roi de France de 1379.

[3] Nous l'avons cité ci-dessus, p. 9, note 6.

et il s'était appliqué à démontrer que la majorité des cardinaux tenait pour Clément VII. Il allait même hardiment au devant de la vieille objection allemande, — que la papauté d'Avignon était serve du roi de France, — en faisant remarquer que Clément VII, bien qu'originaire des pays romans, était en fait sujet de l'Empire comme évêque de Genève et comme membre de la maison de Savoie [1]. Était-ce là un argument après coup ? ou bien peut-on vraiment admettre que le Sacré Collège s'était inspiré de cette considération en portant ses suffrages sur Robert de Genève, afin de gagner du même coup le roi de France et l'empereur d'Allemagne ? Nous ne sachions pas que les textes donnent encore réponse à cette question.

Pendant les sept années qui suivent, 1384-1390, les deux papes conservèrent leur position respective, sans tenter de la consolider autrement. Ils se bornèrent à s'excommunier mutuellement, ce qui ne les empêcha pas de régner concurremment. Il y eut donc trève de négociations entre la France et l'Allemagne en tout ce qui touchait la question ecclésiastique [2]. Il faut noter cependant quelques actes isolés qui ne sont pas sans portée.

[1] « Dominum Clementem VII (cardinales) divinitus elegerunt...O Cesar, non de regno Francie, sed de solo imperii, de domo comitatus Gebenne. Nam aliter fuisset vulgaris opinio, quod domini cardinales papatum quasi quodam jure hereditario in regno Francie vellent perpetuare. — Théodore de Niem insiste lui aussi sur ce fait dans sa *Chronique*, liv. II. ch. I : « Predictus autem Clemens fuit natione Gallus, de domo comitum Gebennensium in regno Arelatensi, quod est juris et proprietatis romani imperii... idiomatis alemanici non imperitus ». Et plus loin : « Comitatus Gebennensis existens magnum et nobile feudum imperiale in Gallia... ».

[2] Cependant on trouve trace d'ambassadeurs du roi de France en Allemagne dans les comptes municipaux de Nuremberg et de Francfort en nov. et déc. 1384 (*D.R.T.A.* I, 458). — Ceux de Nuremberg constatent la présence du comte d'Artois et de ses cousins en nov 1387 (*D.R.T.A.* II, 12). — La *Duringische Chronik* de Johann Rothe (édit. Liliencron, p. 638) porte cette mention : « Zu Erfforte was der cardinal Philippus von Alanconia, geborn von dem Stamme des Koniges von Franzreich, nach Christus Gebort 1389 Jar wol eyn halbes Jar, den hatte der Babist ufs gesant, unde der gab den von Erfforte vil Hantfesten. » — Diverses ordonnances de paiement et quittances, contenues dans la collection Clairambault, prouvent également l'envoi de plusieurs courriers du roi en Allemagne en oct.-nov. 1388 et janv. 1389. (Clairambault, t. L, 3773, t. LII, 3925, t. XVII, 1121 et 1443). Mais nous ignorons totalement les circonstances de ces nombreuses ambassades.

Appelé aux Pays-Bas par la succession de Brabant qui venait de s'ouvrir, Wenceslas profite de cette occasion pour remémorer ses droits de souverain temporel au clergé de la Haute-Lorraine et peser sur lui au profit de la cause romaine, 1384. Bien que suffragants de l'archevêché de Trèves, les trois évêchés lorrains suivaient, nous l'avons déjà dit, leur propre voie dans la question ecclésiastique. Au chapitre de Verdun Wenceslas s'empresse donc d'imposer comme évêque Roland de Rodemacher qui était urbaniste [1], confirme les privilèges des bourgeois de Metz [2] et des moines de St Arnoul [3], à la condition qu'ils tiendront le parti d'Urbain, et use vraisemblablement de procédés analogues à l'égard de l'évêque de Toul et des gros bénéficiers de la région. Toutefois, en ce qui concerne Toul, nous n'en trouverons la preuve que beaucoup plus tard, en 1399 [4].

De son côté, la cour de France ne manquait jamais de solliciter l'acquiescement des princes et prélats d'Allemagne à sa politique ecclésiastique, chaque fois que l'occasion s'en présentait. Parmi les prétextes de l'expédition de Flandre, le duc de Bourgogne avait trouvé celui-ci, que les Flamands étaient urbanistes et comme tels devaient être combattus. Aussi toutes les fois qu'il eut à traiter avec l'une ou l'autre des communes révoltées, eut-il soin de stipuler qu'elle renoncerait au parti de Rome.

Au début même de l'expédition de Gueldre, Charles VI s'était rencontré avec Liébaud de Cusance qui avait succédé sur le siège de Verdun à Roland de Rodemacher. Le nouvel évêque était en mauvais termes avec les bourgeois de sa ville épiscopale, et les conflits se ravivaient à tout propos entre ces pouvoirs rivaux. Pour mettre le roi de son côté, Liébaud l'admit au partage de la seigneurie temporelle de Verdun et, qui plus est, se déclara partisan d'Avignon. Le chapitre cathédral en fit autant et la cause de Clément VII se trouva de la sorte prévaloir dans cette ville. Le traité d'accord ne fut signé toutefois qu'en 1389 [5].

[1] Arlon, 24 sept. 1384, dans Bertholet, *Hist. du Luxbrg.* VII, 338.
[2] 13 nov. 1384, d'après la *Chron. de St.-Thiebaut de Metz*, publiée par Dom Calmet, preuves, 18 et 29.
[3] 19 nov. 1384, dans l'*Hist. de Metz* des Bénédictins, IV, 350.
[4] Voy. ci-dessous chap. IV, à la date.
[5] Voy. pour tous ces faits Würth-Paquet. *Regestes luxembourgeois* dans les *Public. de l'Institut de Luxbrg.*, t. XXV, à la date. — Le

A la nouvelle de ce succès, la cour d'Avignon se hâta de confirmer par une bulle solennelle le partage conclu sans bruit entre le roi et l'évêque (fin 1389) [1]. Cette bulle était un acte inconsidéré qui allait provoquer la réplique de l'empereur. Blessé dans ses droits temporels, Wenceslas s'empressa en effet d'annuler le partage, fit défense aux bourgeois d'obéir à l'évêque ou au chapitre [2], et se serait sans doute décidé à déposer le prélat si celui-ci se fut entêté dans son opposition.

On se rappelle que Léopold d'Autriche avait pris parti pour Avignon. Après sa mort violente à Sempach, il eût pour successeur son frère Albert III. Celui-ci avait, de tout temps, reconnu le pape de Rome. Aussi s'empressa-t-il de ramener les États autrichiens sous l'obédience d'Urbain VI [3].

La mort d'Urbain VI, survenue en octobre 1389, avait rendu un nouvel à-propos à la question ecclésiastique et ravivé chez quelques-uns l'espoir d'une solution prochaine par un coup de force audacieux. Charles VI, en route pour le Languedoc, s'était arrêté à Avignon pour conférer avec Clément VII des affaires de la chrétienté. C'est là que la nouvelle de la mort d'Urbain VI lui parvint. Quelle belle occasion pour Clément VII de faire prévaloir le seul moyen dont il attendait maintenant le triomphe de sa cause : une expédition française qui l'eût convoyé à Rome et installé sur le trône pontifical devenu vacant. La question fut certainement agitée dans les conciliabules du roi et du pape (oct.-nov). Soutenue par l'impétueux duc d'Orléans qui venait d'entrer aux affaires, elle était habilement rendue connexe d'une autre expédition que préparait la maison d'Anjou avec les encouragements et les subsides d'Avignon pour rétablir Louis II sur le trône de Naples [4]. On s'étonne presque que Charles VI ait résisté à ce double miroitement de gloire militaire. Mais la nécessité de rétablir l'ordre en Languedoc, l'éloignement du duc de Bourgogne retenu en Flandre,

traité entre Charles VI et la ville fut passé à Paris le 30 sept. 1389. Il est inséré dans l'acte confirmatif donné par Clément VII, cité plus loin.

[1] Bulle, sans date, rapportée dans le ms. 676, B. f⁰ 193, des Archives impériales de Vienne (*Filial-Archiv*).

[2] Prague, 15 (*alias* 5) déc. 1389, dans Dom Calmet, *Hist. de Lorraine*, III, 606.

[3] Voy. dans les *Mittheil. des Instit. für œsterr. Geschichtsforschung* t. IX, 1888, le discours des ambassadeurs d'Albert à Urbain VI, 1387.

[4] Voy. plus loin les chap. III et V.

plus encore le manque de tout allié prêt à favoriser le passage des Alpes, suspendirent la détermination de Charles VI.
Quand, trois mois plus tard, il revint à Avignon, la situation
était grandement changée.

L'espoir naïf, nourri par d'autres, que les tenants de Rome
privés de leur pape allaient se ranger au parti du survivant,
était déjà déçu. Les cardinaux de Rome s'étaient empressés
d'élire Boniface IX (2 nov.), et cette pratique habile fit loi pour
l'avenir. Bref les deux obédiences se retrouvaient face à face,
comme quelques mois plus tôt. L'idée d'une expédition outre
monts n'en fut pas moins reprise en France, et les préparatifs
commencèrent. Le premier besoin était de se ménager les
passes des Alpes. Justement les Florentins avait donné motif
à négocier avec Galéas Visconti de Milan, en réclamant contre
lui l'aide de Charles VI, 1391. En lui accordant au contraire
l'appui du roi de France, comme le conseillait le duc d'Orléans,
on pouvait se frayer la route de Rome au moins jusqu'à l'Arno.
Par ses origines l'histoire des négociations avec Galéas appartient à un autre chapitre de notre récit[1]. Nous nous bornerons
à dire maintenant que l'expédition fut abandonnée presqu'aussitôt que conçue, par crainte peut-être de se heurter à la ligue
que le pape de Rome se hâtait de former avec l'aide des princes
d'Italie et du roi d'Angleterre, ligue dans laquelle il comptait
même faire entrer le roi des Romains « pour garder l'état et
l'honneur de l'Église et de l'Empire[2]. »

Le second besoin était de ne point soulever l'opposition directe de l'Allemagne. Il semble qu'on s'en soit peu préoccupé
dans les conseils du roi de France. Il n'y a pas trace de précautions en ce sens[3], non plus d'ailleurs que de représentations
de la diète impériale à l'encontre de l'expédition projetée. Les
seuls opposants allemands qui se soient manifestés à ce moment, — les Wittelsbach de Bavière et quelques petits barons
féodaux, — agissaient moins en faveur de Boniface qu'en fa-

[1] Voy. ci-dessous le chap. III.

[2] Cité par M. P. Durrieu, *Le royaume d'Adria*, p. 18 — M. Th.
Lindner prétend dans sa *Gesch. d. d. Reichs*, II, 322, que Wenceslas, à l'annonce de cette campagne, résolut aussitôt de franchir
les Alpes sous prétexte de se faire couronner à Rome. Un conflit se
fut inévitablement produit entre les troupes des deux pays dans la
vallée du Pô. Mais le renoncement simultané des deux souverains
à leurs projets écarta le danger.

[3] Du moins n'en avons-nous pas trouvé.

veur des Florentins. L'examen de leur conduite nous occupera donc en meilleur lieu qu'ici [1].

Quant à Wenceslas, il avait trop besoin du roi de France contre ses propres électeurs, pour sortir de son inertie calculée et répondre aux pressantes sollicitations de la cour de Rome. il avait recommencé tout récemment les démonstrations amicales de 1380-1383 et poussa bientôt le bon vouloir jusqu'à faire mine d'opposant à Boniface IX en refusant de se laisser couronner par lui, comme s'il eut été un usurpateur du trône pontifical. Mais c'était là jeu de politique, condescendance envers Charles VI dictée par les intérêts du moment, rien de plus. Au fond Wenceslas n'était nullement décidé à passer du côté d'Avignon. Clément VII, qui avait eu l'audace de déclarer le trône impérial vacant et de revendiquer pour soi l'administration suprême du saint empire germanique, Clément VII s'y trompait si peu qu'il n'entreprit rien pour conduire ce procédé à son terme logique. Nous le voyons seulement, sur la fin d'octobre 1393 [2], intriguer encore une fois dans la vallée du Rhin en chargeant un bourgeois de Cologne, Hermann de Goch, de soutenir ses concitoyens en lutte contre leur archevêque, de les assurer de la faveur d'Avignon, de leur promettre même, si besoin était, l'appui de Charles VI que lui, Clément, se déclarait prêt à moyenner à leur profit. Mais lui-même mourut un an plus tard (16 septembre 1394) et les promesses tombèrent tout naturellement avec lui.

Cette fois c'était le pape de Rome qui survivait. Ses partisans s'agitèrent dans toute la chrétienté pour obtenir que les dissidents se rangeassent sous sa crosse. En prévision de ces favorables conjonctures, l'université de Cologne, fondée par Urbain VI *ad instar studii Parisiensis*, n'avait répondu que de fort loin [3] aux avances que lui avait faites Charles VI dans les premiers mois de l'année 1394 [4]. En juillet, elle écrivait encore

[1] Voy. notre chap. III.

[2] Avignon, 31 oct. 1393. Dans Ennen, *Quellen zur Gesch. Kœlns*, VI, 189 : «... Et si forte tibi aut aliis de consilio dicte civitatis visum fuerit quod favor carissimi in Christo filii nostri Karoli, regis Francie illustris, foret circa hoc etiam opportunus, intendimus effectualiter procurare... »

[3] Dans d'Achery, *Spicil.*, I, 776, sans date précise.

[4] La lettre du roi est prouvée par la réponse de l'université. Cette lettre semble avoir été inspirée par le duc de Bourgogne faisant cause commune avec l'université de Paris (Voyez du Boulay, *Hist. univ. Paris.*, IV, 686).

à son aînée [1] qu'une seule chose lui paraissait nécessaire : suivre
en toute conscience de part et d'autre le droit chemin de vérité,
au bout duquel elle-même avait trouvé pour pontife légitime
Boniface IX. L'université de Paris répondit fort habilement [2],
que le chemin droit était le sien ; qu'au surplus elle laissait la
question indécise et suppliait seulement sa cadette d'exercer
sur les universités, princes et prélats d'Allemagne l'influence
pacifique et conciliante qu'elle-même exerçait sur le roi de
France et son entourage.

Le conseil ne fut point goûté. La mort de Clément VII une
fois connue (vers le 20 septembre au plus tôt), ce fut justement
l'archevêque de Cologne, soutenu par le duc de Bavière et autres
magnats de l'empire, qui se chargea d'adresser au roi de France
cette lettre collective par laquelle on le suppliait d'empêcher
une nouvelle élection [3]. Telle était bien en effet maintenant la
première condition d'accord, et l'université de Paris a le mérite
de l'avoir spontanément reconnue et conseillée puisque, dès le
23 septembre [4], moins de huit jours après la mort de Clément,
bien sûrement avant l'arrivée du courrier de Cologne, elle
conjurait le conclave de suspendre toute élection. « Le ciel
lui-même vous donne l'occasion d'éteindre le schisme, — écrit
elle aux cardinaux d'Avignon. — Saisissez-la, car qui sait si
elle se représentera jamais ». Mais les cardinaux firent la
sourde oreille et se hâtèrent de donner un successeur à Clément VII (28 sept.) pour retenir à leur obédience les peuples
qui l'avaient jusqu'alors reconnue. L'accord qui avait un instant existé entre Cologne et Paris, à l'insu l'une de l'autre,
pouvait entraîner celui de Charles VI avec Wenceslas. On ne
lui laissa pas même le temps de se manifester.

L'élu d'Avignon était Pierre de Lune, d'une illustre famille
d'Espagne. Comme il n'était point prêtre, il fallut lui faire
franchir en quelques jours les différents degrés de la hiérarchie
sacerdotale pour rendre l'élection valide. Candidat de vieille

---

[1] Cologne, 5 juillet 1394, *ibid.*, 782.

[2] *Ibid.*, 783, sans date précise : « ..... Unum in litteris vestris ad-
modum miramur quod vos qui viæ regiæ tanti sectatores estis,
adeo in alteram partem declinastis ut vos de justitia Bonifacii vestri,
quem papam dicitis, vos inconcusse tenere et nullatenus ambigere
scripseritis.....»

[3] Dans Martène, *Thesaurus*, II, 1132, sans date précise.

[4] 23 sept. 1394, dans d'Achery, *Spicil.*, I, 786 : « ... Accipite occa-
sionem vobis cœlitus oblatam, non similem forte unquam habituri. »

date, il avait eu l'habileté de persuader au conclave et même à
la cour de France qu'il n'avait rien plus à cœur que la réunion
des deux obédiences et qu'il la réaliserait à tout prix si jamais
il devenait pape. C'est apparemment ce qui décida l'université
de Paris à le reconnaître au bout de quelques semaines. Mais
Benoît XIII oublia les engagements de Pierre de Lune, et l'u-
niversité de Cologne put, à juste titre, reprocher à celle de
Paris ses premières tergiversations et ses dernières résolutions.

Wenceslas intervint à son tour plus résolument qu'il ne l'a-
vait fait jusqu'alors. Au commencement de juillet 1395, rencontrant à Nuremberg l'archevêque de Magdebourg, il confère
avec lui de la question ecclésiastique et, persuadé que l'adhé·
sion du roi de France est le premier résultat à obtenir, il se décide à l'aller trouver sur le champ pour emporter cette adhésion de haute lutte [1]. C'est la première idée de cette entrevue
de Reims dont nous parlerons plus tard. Il n'y fut point donné
suite immédiatement parce que Wenceslas fut retenu en Allemagne par des dificultés intérieures qui suffisaient à absorber son attention.

2

L'impuissance du roi de France et de l'empereur d'Allemagne s'était manifestée surabondamment aux yeux de la chrétienté depuis l'origine du schisme ecclésiastique. L'université
de Paris en était si bien convaincue que, de spectatrice qu'elle
avait été jusqu'ici, elle voulut devenir actrice dans les événements. Au milieu de l'année 1393, soutenue par le duc de Bourgogne, elle s'avance hardiment au premier plan de la scène
historique. Il n'est point tout à fait de notre sujet de raconter
comment et par qui cette intervention fut résolue [2]. Il nous
importe seulement de savoir que, si Charles VI et son conseil
tentèrent alors un suprême et grand effort auprès des princes
d'Allemagne, des rois de Bohême et de Hongrie, pour les amener à un dessein nouveau, ce fut à la prière de l'université de
Paris et conformément aux indications de ses docteurs.

L'effacement de l'une des deux obédiences devant l'autre

---

[1] Lettre de Jean Dieffenthal à Rodolphe de Rynach, datée de Nuremberg, 3 juillet 1395, dans les *D. R. T. A.*, II, 413.

[2] Voyez d'ailleurs la *Chronique de Saint-Denis*, II, 95 et ss., 131,
etss.

n'ayant pu être obtenu non plus que le désistement de l'un des
deux pontifes, depuis 20 ans que durait le schisme, l'université
demandait qu'on requît simultanément la démission des deux
compétiteurs et qu'on procédât à une nouvelle élection par un
concile œcuménique [1]. Bien qu'elle eut été déjà présentée par
quelques Allemands [2], cette proposition ouvre une seconde
phase dans l'histoire des négociations relatives à l'extinction
du schime, et cette phase va se prolonger jusqu'au concile
de Pise.

« Le roi, acquiesçant à la juste demande de l'Université, envoya aux archevêques de Trèves et de Cologne, aux ducs de
Bavière et d'Autriche et aux seigneurs voisins, l'abbé de St. Éloi
de Noyon, M° Gilles des Champs, fameux docteur en théologie,
et plusieurs personnages d'un savoir éminent. Mais leur ambassade eut peu de succès. Quoique l'archevêque de Magdebourg, qui était récemment arrivé d'Allemagne, eut assuré au

---

[1] Demande en forme, sous la date du 26 août 1395. (Arch. nat. J.
518, d'après M. Jarry, *Louis d'Orléans*, p. 187).

[2] L'*Epistola pacis* de Henri Hembuche de Langenstein, 1379 (dans
Von der Hardt, *Mag. concil. Constantiense*, II, 44), le *Consilium
pacis* du même, 1381 (*ibid.* II, 3 et ss), l'*Epistola concordiæ* de Conrad de Gelnhausen, adressée au roi de France Charles V en 1380
(dans Martène, *Thesaurus*, II. 1200 et ss.) proposent la réunion d'un
concile général comme le seul remède à la situation ecclésiastique.
Le *De squaloribus curiæ romanæ* (dans Walch, *Mon. medii ævi*,
II) attribué à Mathieu de Cracovie et en tout cas composé en Allemagne au temps de Boniface IX, appartient à la même tendance.
Les traités de l'italien François Zabarella (dans Schard. *De jurisdic-
tione*) représenteront les mêmes idées à partir de 1403. Voy. F. J.
Scheuffgen, *Beiträge zu der Gesch. des grossen Schismas* (Fribourg,
1889, ch. III à VI.). Henri de Langenstein et Conrad de Gelnhausen
étant alors professeurs en l'université de Paris, c'est avec beaucoup
de raison que M. Scheuffgen veut voir en eux (p. 91) les interprètes
d'un parti de théologiens français qui, par crainte du roi et de l'o-
pinion publique, n'osaient formuler leur pensée publiquement. —
Dans cette littérature moitié théologique moitié politique, il convient
de comprendre : 1° le *Somnium super materia scismatis*, composé
en 1394 par Honoré Bonet, prieur de Salon au diocèse d'Embrun,
mais présenté au roi après la mort de Clément VII. L'auteur prêche
à Charles VI la condescendance (Voy. sur ce traité et son auteur
deux articles de M. Noël Valois dans le *Bull. de la Soc. de l'hist.
de France*, 1890. p. 193 etss. et dans la *Bibl. de l'École des Chartes*,
1891, p. 265) ; 2° le *Tractatus contra Bartholomeum antipapam*
(Urbain VI), *compilatus per fratrem Robbertum episcopum Sene-
censem* (Robert Gervais, évêque de Senez, + 1390). Inédit.

roi que les seigneurs et les évêques des pays allemands voisins
de la France étaient fort bien disposés en faveur de l'union, et
demandaient que le roi fit partir ses ambassadeurs dans un
temps déterminé, les envoyés revinrent sans avoir rien conclu;
ils rapportèrent que l'archevêque de Cologne était le seul qui
eut manifesté cette disposition, pour complaire au roi. Mais,
ajoutèrent-ils, comme les princes et les prélats ne s'assem-
blaient point, nous n'avons pas cru qu'il convint aux ambassadeurs du roi d'attendre plus longtemps. Quant aux députés
de l'Université, ils prolongèrent leur séjour en Allemagne et
furent accueillis avec beaucoup d'égards par les archevêques
et les seigneurs. A leur retour, ils informèrent le roi et sa cour
que les princes désiraient l'union et suppliaient le roi de leur
envoyer une nouvelle ambassade à cet effet. » (fév. 1395)[1].

Au commencement de l'année 1396, l'évêque de Senlis,
Pierre Plaon, au nom du roi de France, Me Jean Luquet, docteur en droit, au nom de l'université de Paris, furent chargés
de porter de solennelles propositions aux princes et prélats
d'Allemagne[2]. Favorablement accueillis par les archevêques
électeurs de Trèves, de Mayence et de Cologne et par tous les
seigneurs de la région du Rhin, ils eurent à traverser mille
difficultés avant d'obtenir audience du roi de Bohême que
Benoît XIII tenait alors sous son influence. Wenceslas finit
pourtant par les recevoir et les payer de bonnes paroles dont
ils se trouvèrent satisfaits. Même succès, quoique de meilleur
aloi, auprès du roi de Hongrie. La proposition était en effet
inattendue. Elle ne pouvait trouver faveur dès le premier moment auprès de princes qui avaient conscience qu'en tenant
pour Rome ils tenaient pour le meilleur parti.

Les ambassadeurs français rentrèrent à Paris au mois d'août
suivant, pleins d'illusions. Confiant dans leur rapport, le roi
crut la cause à peu près gagnée, d'autant mieux que les princes
schismatiques d'Espagne, auxquels il avait envoyé Simon de
Cramaud, prisaient fort aussi son projet. Les mois s'écoulèrent
cependant sans que ces heureuses prémisses produisissent
leurs fruits. Le roi d'Aragon meurt avant d'avoir eu le temps
de demander au clergé de ses états l'avis favorable qu'il avait

---

[1] *Chronique de St-Denis*, II. 324, traduite littéralement. Nous ne
connaissons aucun autre témoignage de cette ambassade.
[2] *Chronique de St-Denis*, II, 418 et ss.

laissé espérer (19 mai 1396)[1]. Wenceslas apprenant qu'André
de Luxembourg son cousin suit encore le parti de l'antipape,
révoque l'investiture du comté de Cambraisis qu'il lui avait
donnée l'année précédente et déclare explicitement, à cette occasion, que lui, empereur d'Allemagne, tient comme devant pour
le pontife de Rome de concert avec le collège électoral (1396)[2].
Les princes allemands, que les ambassadeurs français avaient
visités, ne s'expliquent point aussi nettement encore, mais
temporisent *more germanico*. Benoît XIII continue d'agir en
Allemagne par ses affidés pour faire échouer la combinaison de
l'université de Paris. Il est clair pour tout le monde, au bout
de quelques mois, que l'échec est réel.

Aussi lorsqu'on annonça pour le mois de mai 1397 la réunion à Francfort d'une diète de princes et de prélats, pour délibérer encore une fois sur les moyens les plus propres à éteindre le schisme, Charles VI résolut de s'y faire représenter[3].
Ses ambassadeurs exposèrent à l'assemblée que la double
démission une fois obtenue devait conduire à une nouvelle élection par un concile œcuménique, donnant place, si besoin, aux
représentants des princes du saint empire. Mais ce dernier
point impliquant l'absence de l'élément laïque des autres
nations européennes, dans une question qui intéressait la
catholicité tout entière, il n'est pas à croire que l'offre fut faite
en toute sincérité. Ce n'était qu'un leurre pour amener la diète
du saint empire à acquiescer au point important : la demande
de démission des deux compétiteurs. Ce point obtenu, le parti
schismatique, ou de quelque autre nom particulier qu'on veuille
le nommer, n'eut certainement jamais permis qu'une élection
pontificale, dans des circonstances aussi graves, dépendit des
préférences particulières de telle ou telle nation étrangère.

---

[1] Et non 1395, comme l'indiquent bon nombre d'ouvrages.

[2] Prague, 28 déc. 1396, dans Wurth-Paquet, *Regestes luxemb.*,
XXV. — Les lettres d'investiture, y rappelées, avaient été données
à Karlstein, le 16 juillet 1395 (*ibid*).

[3] Lettre de Charles VI aux magistrats de Francfort pour leur recommander ses ambassadeurs, datée de Paris, 30 avril 1397, dans
Janssen, *F. Reichscorrespondenz*, I, 41, et dans les *D.R.T.A.*, II, 449 :
« Disponentes presencialitor ad illud solenne colloquium quod Franck-
fordie... super facto unionis ecclesie et aliis arduis negociis est in
proximo... celebrandum... » La présence des ambassadeurs français
est encore prouvée par un document officiel reproduit dans les *D. R. T. A.*,
II, 451.

Suivant une habitude très fréquente alors en Allemagne, la
diète de mai se sépara sans avoir tranché aucune question.
Mais bien certainement les propositions françaises agréaient
à quelques-uns puisque les députés des seigneurs et des villes,
à l'exclusion des ecclésiastiques, se réunirent de nouveau à
Francfort en juillet suivant, pour reprendre les délibérations.
Le roi de France crut devoir y renvoyer ses représentants, les
mêmes qu'en mai, à quelques changements de personnes près [1],
sous la conduite de Simond de Cramaud, patriarche d'Alexandrie [2], qui fut pendant plusieurs années l'agent principal de
l'idée préconisée par l'université de Paris.

Charles VI fit encore preuve d'une réelle condescendance en
déclarant qu'il remettait cette fois à l'empereur d'Allemagne,
comme au plus qualifié des princes, le soin de mener à bonne
fin les négociations [3]: les rois de France avaient en effet perdu,
depuis le XIIe siècle, l'habitude de s'incliner ainsi devant le chef
hiérarchique de l'Europe féodale. C'était là certainement une
autre suggestion de l'université de Paris qui, désireuse avant
tout du succès et peu confiante dans la lucidité de Charles VI,

---

[1] Lettre de Charles VI aux magistrats de Francfort, datée de Paris, 12 juillet (1397), dans Janssen, I, 45 et dans les *D. R. T. A.*, II,
465.

[2] Lettre de ce personnage aux magistrats de Francfort, datée
d'Arlon, 21 juillet 1397, pour leur demander l'hospitalité. (*D. R. T. A.*,
II, 466). — Sur la présence des ambassadeurs français à cette diète
de Francfort, cf. 1o *ibid.*, 470, 472, divers témoignages contemporains;
2o la *Limburger Chronik*, à la date; 3o un mandement royal, daté
de Paris, janv. 1398, n. st. 1399, « à notre amé et feal clerc, notaire
et secrétaire... envoyé es parties d'Allemagne.... chez le roi des Romains pour le fait de l'union de l'église... du 13ème jour de juillet
mil 380 et dix sept. » (Arch. nat. K. 54, 55, cité d'ailleurs dans les
D. R. T. A., II, 459). — La présence des ambassadeurs de l'université de Paris résulte d'une lettre de l'université (26 avril 1400) que
nous citons plus loin.

[3] Fragment des instructions données par Charles VI à ses ambassadeurs, dans les *D. R. T. A.*, III, 66: «... Et quia rex firme sperat
hujusmodi pacis ecclesie ac unitatis facilior via est regi Romanorum plus accepta utpote quia plures ambaxiatores ad cedandum
hujusmodi scisma sepius miserat ac labores et expensas sepius susti-
nuerat in hac parte, ideo sibi rex pre ceteris regibus magis fiducialiter suum intentum et desiderium scribit, corditer exorans quatenus
ambaxiatores suos dignetur ad eumdem finem ad curias romanam
et avinionensem transmittere qui cessionem utriusque partis requi-
rant... »

encore moins dans l'esprit brouillon de ses oncles, avait réussi à faire insérer cette déclaration dans les instructions données aux ambassadeurs français [1].

La seconde diète de Francfort de 1397 n'aboutit point, plus que la précédente, malgré le bon vouloir de quelques-uns de ses membres. Wenceslas revint alors à l'idée d'une entrevue avec Charles VI.

Consulté à ce sujet, le palatin du Rhin, Robert II, avait donné son avis longuement motivé, *sed cum tremore propter imbecillitatem ingenii seu intellectus mei* [2]. Au fond, tant de modestie était déplacée. Le duc de Heidelberg, comme on l'appelle aussi quelquefois, était un politique d'esprit ouvert, au courant des événements passés et présents, adversaire déclaré des gens de France dont il redoutait la supériorité, et partisan résolu de la papauté de Rome qu'il considérait comme le meilleur soutien de l'Empire. Tout d'abord il conseilla à Wenceslas d'éviter, si possible, cette entrevue et même toute alliance effective avec le roi de France, de peur que la renommée de celui-ci n'en fut augmentée dans le monde [3] et celle de l'empereur diminuée, de peur aussi que Benoît n'en prit ombrage et refusât désormais toute confiance à l'empereur. Il était à prévoir, disait-il, que Charles VI serait accompagné d'une foule de clercs lettrés et habiles, auxquels Wenceslas n'avait présentement personne à opposer. La partie serait donc trop inégale et l'astuce welche aurait trop facilement le dernier mot. Si cependant l'entrevue ne pouvait être honorablement éludée, le palatin conseillait à l'empereur d'appeler à lui au plus vite tous les gens instruits qu'il pourrait trouver dans son royaume pour imposer respect à l'ennemi [4]; — surtout de ne point renou-

---

[1] Dans Martène, *Ampl. collectio*, VII, 622.

[2] Heidelberg, vers déc. 1397, dans Martène, *Thesaurus*, II, 1172, et dans les *D. R. T. A.*, III, 54, avec notes importantes.

[3] «... Fama ibit per mundum de illo vestro colloquio et exinde magnificabitur rex Francie, quia dicet mundus: Ecce quam magnus est dominus rex Francie; locutus est alias cum rege Anglie. » *Ibid.*

[4] Pour comprendre cette préoccupation, il faut savoir qu'à l'entrevue de janvier 1378, qui eut lieu à Paris entre l'empereur Charles IV et le roi Charles V, on s'aperçut, quand on voulut rédiger le traité d'alliance, que les conseillers de l'empereur ne savaient point le latin. Il en résulta sans doute une diminution de leur personne dans l'estime des conseillers français. (Voy. nos premières *Recherches critiques*, p. 285). M. Bachmann, dans une étude sur la neutralité des

veler les traités de 1378 sans se faire bien prier, car en ceci
encore le roi de France ne cherchait que son profit et visait au
fond, comme son aïeul Philippe VI, à prendre l'empire pour
lui [1]. D'ailleurs, s'il insistait sur ce point, il serait aisé de lui
fermer la bouche en lui rappelant tous les empiétements que
lui et le duc d'Anjou son oncle commettaient journellement en
Italie sur les droits et les territoires de l'Empire. En ce qui
concerne la question ecclésiastique, l'empereur devra répondre que ceux-là seuls sont responsables du schisme qui l'ont in-
troduit dans la chrétienté en opposant au pape de Rome un pape
d'Avignon. A eux de renoncer à leur chef illégitime. Il n'y
a point d'autre solution acceptable. Car demander à Benoît XIII
de se démettre de ses droits serait reconnaître qu'il a des droits,
ce qui est inadmissible.

---

grands électeurs en 1438, que nous aurons occasion de citer dans notre
chapitre XV, prétend (p. 13) que le rôle effacé des prélats allemands
au concile de Bâle tient à ce qu'ils n'avaient point reçu, sauf exception, la haute culture que possédaient les prélats des nations romanes.

[1] « Timetur enim quod ipsi querunt vos uno modo et alio supplan-
tare : nec hoc est novum, quia a tempore atavi vestri Henrici
imperatoris semper quesierunt trahere ad se imperium. Et nunc in
principio istius schismatis, quia cardinales ibi fecerunt antipapam
in territorio comitis Fundorum, ipsi miserunt prius ad regem Francie
patrem istius qui nunc est, dicentes quod si placebat sibi, ex quo
non habebat uxorem, ipsi volebant eum eligere in papam. Et tunc
ipse existens papa potuisset facere filium imperatorem et transferre
imperium de Alemannia in Franciam ; quod et factum fuisset nisi
quia rex ita læsus erat in brachio sinistro quod nullomodo potuisset celebrare » (*Ibid.*, p. 1174. Cf. le *Chronikon* de Zantfliet dans
Martène, *Ampl. collectio*, V. 350). — Ce passage appelle un examen
minutieux. Il est vrai que depuis 1308 les rois de France avaient à
plusieurs reprises essayé de se faire attribuer la couronne impériale
(Voy. l'art. sur la *Royauté française et le saint Empire romain*
que nous comptons publier prochainement). Mais nous ne pouvons
croire, en dépit du prestige dont Charles V jouissait dans la chrétienté, que les cardinaux du conclave aient jamais songé à lui offrir
la tiare. Nous ne voyons là qu'une fable de moines (peut-être par
exagération des projets que le populaire prêtait au roi de France
sur la couronne impériale), assez semblable à celle qui eut cours en
Allemagne, 130 ans plus tard, sur le compte de Maximilien I. La
preuve directe de cette offre, qui serait bien nécessaire en pareille
matière, fait défaut, et les chroniqueurs français sont muets à cet
égard. Aussi n'avons nous pas cru devoir relever ce fait en parlant de Charles V.

En somme Robert exhortait l'empereur à tenir ferme pour Boniface et à ramener les négociations sur le premier terrain : celui de l'effacement volontaire d'une obédience devant l'autre. C'était vouloir revenir en arrière, avec moins d'apparence de succès que jamais.

Nous ne savons si Wenceslas goûta ces conseils ; mais Robert II étant mort quelques semaines plus tard (14 février 1398), son influence disparut aussi, et l'entrevue des deux souverains eut lieu à Reims, les 23-24 mars de l'année 1398, avec un déploiement de magnificence qui frappa l'esprit des contemporains. Le religieux de Saint-Denis nous en a longuement narré les incidents[1]. Un seul point nous intéresse de présent : le roi de Bohème aurait promis de convoquer les prélats et le clergé de son royaume pour traiter de l'union de l'Église, ce qu'il avait longtemps négligé de faire. Ses ennemis ajoutaient qu'il était allé beaucoup plus loin, jusqu'à promettre de quitter l'obédience de Rome, comme le roi de France promettait de quitter celle d'Avignon, pour contraindre les deux pontifes à déposer la tiare [2].

Dans un dessein politique qui nous échappe, le duc d'Autriche Guillaume avait choisi ce moment pour envoyer son frère Léopold au roi de France, avec lettres de pleins pouvoirs [3]. De quoi s'agissait-il ? Peut-être de détourner au profit de la mai-

---

[1] *Chronique de Saint-Denis*, II, 565. Voy. aussi Froissart, *Chroniques*, IV, ch. 91 ; Zantfliet, *Chronicon*, dans Martène, *Ampl. collectio*, V, 348 : le *Magnum chronicon belgium*, édit. Pistorius, p. 357 : Martène, *Thesaurus*, II, 1171 ; une *Relation* ms. du monastère du St.-Esprit, aux Archives de l'État à Luxembourg, citée par Wurth-Paquet. etc.

Th. Godefroy (*Cérémonial franc.*, II, 712), M. de Barante (*Hist. des ducs de Bourgogne*), et Pelzel (*Gesch. der Bœhmen*) ont longuement traité de cette entrevue. Les registres K, 53-61 des Arch. nationales fournissent quelques renseignements sur les prêts consentis par le roi à l'empereur.

[2] Lettre des électeurs de Francfort à Boniface IX, vers le 2 fév. 1400, dans les *D. R. T. A.*, III, 162.

[3] Ces pleins pouvoirs sont datés de Vienne, 21 janv. 1398. (Orig. sur parch. avec sceau, aux Archives impériales de Vienne) : « Wir... bekennen daz wir dem hochgebornen Fursten unserm lieben Bruder Herzog Leuppolten... vollen und ganzen Gewalt gegeben haben und geben... mit dem durchleuchtigen Fursten unserm lieben Herren und Swager dem Kunig von Frankreich Tayding ze tun und Tayding aufzenemen...»

son d'Autriche le projet de mariage que Wenceslas de Luxembourg désirait faire aboutir entre un sien neveu, fils de Jost de Moravie, et une nièce de Charles VI, fille du duc d'Orléans. Les ducs d'Autriche, qui avaient si souvent trouvé leur compte dans le passé à la politique aventureuse du frère du roi, voulaient sans doute s'en assurer le bénéfice à tout jamais par une alliance de famille.

Le mariage n'eut d'ailleurs point lieu et Wenceslas, rentré dans son royaume, eut à se préoccuper de gagner par une autre voie l'appui du roi de France. Il lui restait à tenir les engagements qu'il avait pris moins comme empereur, il est vrai, que comme roi de Bohème et des pays annexes. Charles VI l'y poussait de toutes manières. Conformément à l'entente intervenue, il envoyait ses agents en Allemagne, presque sur les pas de l'empereur, s'informer des dispositions du clergé. Nous ne connaissons point leur itinéraire, mais nous savons qu'ils revinrent au bout de quelques mois annoncer que le clergé d'Allemagne était prêt à suivre, de concert avec le roi de France, la voie proposée, mais qu'il serait bon cependant d'envoyer une seconde ambassade pour affermir les esprits dans ces dispositions [1].

Le synode de Paris, tenu sous la présidence de Simon de Cramaud (mai-juillet 1398), mit en pleine lumière la franchise de la politique française, puisqu'on y renonça solennellement à l'obédience du pape d'Avignon, en dépit de toutes ses protestations [2]. Comme on escomptait déjà, un peu légèrement peut-être, l'appui effectif de la Hongrie et de la Sicile, on reprit vers le mois d'août les pourparlers auprès des prélats d'Allemagne, pour les amener à se prononcer enfin dans le même sens. Une curieuse lettre d'un noble florentin à Jost de Moravie, margrave de Brandebourg, nous édifie sur l'anarchie qui régnait alors dans les esprits par toute l'Europe[3]. Les deux obédiences n'étaient plus aussi nettement tranchées qu'à l'origine; en tout pays clercs et laïques se partageaient, fort inéga-

---

[1] *Chronique de St. Denis*, II, 579 et 581.

[2] Lettre du pape au duc de Berry, datée d'Avignon, 9 juin 1398, dans d'Achery, *Spicil.*, I, 794. Cf. la *Chronique de St. Denis*, II. 579, et d'Achery. *Spicil.*, I, 794.

[3] Nous sommes contraint d'avouer que nous ne retrouvons plus dans nos notes l'analyse que nous avons prise jadis de cette lettre dans une publication allemande.

lement d'ailleurs, entre les deux compétiteurs. *Eoque res deducta est*, ajoute l'auteur de la lettre, *ut quilibet illi crediturus esse videatur a quo plus emolumenti receperil et honoris.* Cette explication ne peut viser que les hauts dignitaires ecclésiastiques. Elle semblait si bien fondée à notre Florentin qu'il conseille au margrave d'entrer résolument dans la voie indiquée par l'université de Paris, en réclamant la démission simultanée des deux pontifes, et le conjure même d'y pousser la diète qui doit se réunir à Francfort. Le Florentin se trompe en nommant Francfort : la diète dont il a vaguement entendu parler est celle de Breslau dont nous allons nous occuper.

A l'annonce d'une nouvelle ambassade du roi de France, Wenceslas s'était en effet décidé à sortir de son inertie et à convoquer les grands et les évêques de son royaume à Breslau pour la fête de Noël 1398. Il en informa préalablement Charles VI[1] et lui fit savoir, en manière d'avis, que ses représentants trouveraient à cette diète d'influents personnages : le roi de Hongrie, celui de Pologne, le margrave de Moravie, les grands feudataires de Silésie et de Pologne, c'est-à-dire une assemblée plus capable que celle de Francfort de faire aboutir les communs desseins du roi de France et de l'empereur d'Allemagne.

La bonne volonté de Wenceslas était peut-être sincère et Charles VI la crut telle, puisqu'il députa à la diète de Breslau[2]. Mais cette bonne volonté fut presque aussitôt réduite à l'impuissance par une maladie subite qui empêcha le roi de Bohême de paraître à Breslau. A peine rétabli, dans le second tiers de l'année 1399, il reprit l'affaire et prévint le roi de France de la prochaine réunion d'une nouvelle diète à Nuremberg[3], aux

---

[1] Burglitz, 16 oct. 1398, dans les *D. R. T. A.*, III, 62: «... Venientibus ad nos proxime honorabilibus ambasiatoribus vestris in facto sanctæ matris ecclesiæ huc usque miserabiliter laniatæ, deliberavimus ad serenitatem nostram serenissimos principes et dominos... advocare. »

[2] Le fait ressort pour nous, quoique assez peu sûrement : 1º d'un état de comptes de la ville de Nuremberg, du mois de mai 1399, où on lit: « Propinavimus grafen Wilhelm dez Hergozen Rat von Orlens. » (*D. R. T. A.*, III, 88); 2º d'une lettre de l'université de Paris (26 avril 1400, citée plus loin), où elle rappelle qu'elle députe en Allemagne pour la 3e fois.

[3] Dans Pelzel, *Urkundenbuch*, II, 47, et dans les *D.R.T.A.*, III, 63.
— La date manque. Pelzel propose le commencement de l'année 1399 (*Wenzel*, II, 331) ; l'éditeur des *D. R. T. A.* l'intervalle compris entre

mêmes fins que précédemment. Il semble bien que Charles VI ait encore répondu à cette invitation et fait supplier
Wenceslas de renoncer à l'obédience de Rome : il subsiste en
effet un discours d'ambassadeurs français à l'empereur, qui
appartient sûrement à l'année 1399[1]. D'ailleurs nous savons
que Benoît XIII, déjà abandonné par Charles VI, fit protester en son propre nom auprès de la diète de Nuremberg contre
les allégations de l'université de Paris[2] et proposa une combinaison destinée à faire cesser le schisme, tout en conservant,
à lui Benoît XIII, le bénéfice du premier rang acquis. Vains
efforts. Les électeurs, pour se mieux débarrasser de Wenceslas, s'appuyaient résolument sur le pape de Rome et, dès le
mois de février 1400, l'informaient qu'il pouvait compter sur
leur dévouement[3].

Au cours de ces négociations diplomatiques, d'une portée
générale, les deux souverains ne manquaient pas, chaque fois,
que l'occasion s'en présentait, de peser directement sur tel ou
tel de leurs feudataires pour le détacher de la cause adverse et
le ramener au vrai bercail. Nous avons déjà constaté cette politique de résultats pratiques entre les années 1384 et 1389[4]. Elle
s'affirme de nouveau en 1399 lorsque Wenceslas réclame au
chapitre de Toul trois années de revenu[5], comme rançon de
son opposition à Boniface IX ; plus nettement encore lorsque Charles VI décide le clergé du diocèse de Liège à demeurer
neutre entre les deux obédiences, c'est-à-dire en réalité à renoncer à l'obédience de Rome[6].

le 16 avril et le 1 septembre de la dite année. Nous ne trouvons pas
le moyen de préciser davantage,

[1] Nous voulons parler de l'*Oratio legati Caroli VI Francorum regis ad Wenceslaum Rom. et Boh. regem*, publ. dans les *Fontes rer.
austriac. Script.*, VI, 174. L'éditeur, qui est M. Hœfler, l'attribue à
l'année 1409, et il défend encore cette attribution dans son *Magister
Johann Hus* (p. 210) et dans son *Kœnig Ruprecht* (p. 425). Palacky
hésite entre 1407 et 1408. Mais M. Weizsæcker a démontré dans les
D.R.T.A. (VI, 342) que cette Oratio ne peut convenir qu'à l'année 1399.

[2] Au cours de l'année 1399, avant le mois d'octobre. Dans les *D. R.
T. A.*, III, 65.

[3] Dans les *D. R. T. A.*, III, 162.

[4] Voy. ci-dessus, p. 12.

[5] Voy. dans Dom Calmet, *Hist. de Lorraine*, III, 591.

[6] Au mois d'octobre 1399, si nous en croyons M. Kervyn de Let-
tenhove. L'éditeur de Froissart cite en effet (XXII, 229) une lettre de
Charles VI, du 6 oct. 1399, à la suite de laquelle « le clergé de Liège

La diète de Breslau n'ayant pas abouti, celle de Nuremberg n'ayant pas donné satisfaction aux ambassadeurs du roi de France, et les grands électeurs confondant à dessein les affaires de l'Empire avec celles de l'Église, au lieu de les disjoindre comme il eut convenu, Charles VI ne crut pouvoir mieux faire que de reprendre les négociations auprès de chacun des princes et prélats de l'empire individuellement. La diète de Francfort du 30 mai 1400 en fournit le prétexte. Simon de Cramaud et l'abbé du mont Saint-Michel pour le roi de France, Mᵉ Jean d'Autriche pour la Sorbonne, l'évêque de Zamora pour le roi de Castille s'y rendirent en nombreuse compagnie de théologiens et de conseillers [1]. L'importance des débats répondit à la solennité de l'assemblée, comme en témoigne le recès final [2]. Les affaires ecclésiastiques y tinrent une large place. Mais, bien à dessein sans doute, les députés allemands s'occupèrent plus encore de la déposition de l'empereur. L'absence de Wenceslas rendit vains d'ailleurs tous les projets de conciliation, et la diète de Francfort, « toujours grosse d'une autre diète, » se sépara au bout de quelques jours.

Toutefois les grands électeurs ecclésiastiques sentaient fort bien quelle responsabilité pesait sur eux par tous ces ajournements. D'accord avec le palatin du Rhin, Robert III, futur empereur, ils voulurent répondre en quelque mesure aux avances venues de Paris. Ils s'entendirent à l'issue de la diète pour envoyer leurs procureurs à Charles VI et rédigèrent même leurs pleins pouvoirs avant de se séparer [3]. C'était se montrer prêts

---

déclara renoncer à l'obédience du pape de Rome. » Mais ailleurs (XX, 27) le même éditeur affirme que « le 6 oct. 1399, Jean de Bavière, évêque élu de Liège, promit sur l'invitation du roi de France et de l'université de Paris de garder la neutralité entre les deux papes. » Ces deux mentions sont assez contradictoires. Quant aux dates, elles ne peuvent se concilier qu'à la condition de supposer Jean de Bavière présent à Paris lorsqu'il prit l'engagement rapporté. Au témoignage de deux chroniqueurs contemporains, Gilles le Bel et Jean d'Outremeuse, cités par M. Kervyn (XXII, 71 et 229), les Liégeois se bornèrent à une déclaration de neutralité.

[1] Lettres du recteur de l'université de Paris (26 avril) et du patriarche Simon de Cramaud (18 mai) aux magistrats de Francfort, dans Janssen, *F. Reichscorrespondenz*, I, 56, et dans les *D. R. T. A.*, III, 181 et 182. Cf. *ibid.*, 185, et la *Chronique de St. Denis*, II, 761.

[2] Francfort, 4 juin 1400, dans les *D. R. T. A.*, III, 199.

[3] Vers le 4 juin, dans les *D.R. T. A.*, III, 200.

à continuer sur le terrain ouvert les négociations. commencées. L'ambassade de l'archevêque de Cologne fit route par Aix-la-Chapelle [1] pendant que celle de ses trois coélecteurs se rendait à Metz pour prendre l'avis d'une autre diète assemblée [2]. Toutes deux se retrouvèrent à Paris, quelques semaines après la Pentecôte, et présentèrent au roi leurs créances [3].

En réalité la grosse et seule question de cette année 1400 était pour les diètes allemandes la déposition de Wenceslas [4]. Tel est l'objet de toutes les ambassades qui chevauchent sur les grands chemins d'Allemagne à Paris. Si les prélats électeurs d'une part, et Wenceslas de l'autre, y mêlent la question du schisme, c'est purement et simplement pour gagner l'appui du roi de France en paraissant entrer dans ses vues. Charles VI d'ailleurs n'est point dupe et les paie de retour en leur laissant croire que sa faveur dépend de la position qu'ils prendront dans les affaires ecclésiastiques. A la nouvelle de l'élection de Robert (2 août), il put croire cependant qu'il avait perdu la partie. Mais il comprit bientôt que le terrain politique était simplement déblayé et chargea l'archevêque d'Aix, Me Taupin de Chantemerle son maître d'hôtel, et Me Jean de Montreuil son secrétaire de porter encore une fois aux électeurs ses propositions [5]. Les représentants du roi de France ne restèrent pas moins de trois mois en Allemagne [6]. Des difficultés inattendues s'étaient présentées. Les électeurs répétaient bien toujours qu'ils désiraient grandement l'union de l'Église. Mais oublieux de leurs promesses antérieures, satisfaits d'avoir déposé Wenceslas et persuadés que le roi de France ne voudrait plus intervenir en sa faveur, ils jetèrent le masque et déclarèrent qu'ils ne

[1] Peut-être pour s'entendre avec l'évêque de Liège, Jean de Bavière, dont nous parlons plus haut.

[2] « Von Montag nehst, daz ist crastino penthecostes uber dri Wochen, sollent die Menczschen, Trierschen und Beyerschen sin zu Mecze » Art. 12 du recès cité.

[3] Cf la *Chronique de Saint-Denis*, II, 761 et ss.

[4] Voy. le chap. suivant.

[5] *Chronique de St-Denis*, II, 765.

[6] Ils étaient à Mayence le 2 déc. 1400, et c'est là qu'ils proposèrent aux archevêques de Mayence et de Cologne l'arbitrage du roi de France entre Wenceslas et Robert. (Voy. le chapitre suivant). Leur présence à Augsbourg et à Nuremberg dans les derniers mois de 1400 et dans les premiers de l'année suivante, est prouvée par les registres de comptes de ces deux villes (*D. R. T. A.*, IV, 203 et 233

pouvaient poursuivre l'abdication du pape de Rome. Les oncles
du roi furent bien étonnés à l'ouie de ce rapport. Simon de
Cramaud leur avait toujours assuré le contraire et ils l'avaient
cru [1]. Ne sachant comment expliquer ce revirement, ils accu-
sèrent Cramaud de les avoir volontairement induits en erreur.
Le duc d'Orléans entra contre le prélat dans une violente colère et alla jusqu'à lui interdire de paraître désormais aux conseils du roi [2].

Le religieux de Saint-Denis admet que Simon de Cramaud
a trompé le roi. Il serait plus juste de dire qu'il avait été trompé lui-même par les chefs ecclésiatiques et politiques de l'Allemagne et n'avait pas su discerner leurs véritables dispositions,
à travers leurs protestations pacifiques. Quant à la colère du
duc d'Orléans, elle a tout l'air de la vengeance d'un grand seigneur contre un homme qui avait été dans plusieurs circonstances l'agent d'une politique opposée à la sienne. Le religieux
de Saint-Denis ne s'en doute pas davantage.

Avec l'année 1401 les figurants changent presque tous sur la
scène que nous observons. Wenceslas, décidément prisonnier
de ses propres sujets, est remplacé par Robert de Bavière, et
Charles VI malade, par Isabeau de Bavière toute prête à s'entendre avec son cousin devenu roi des Romains. L'évêque de
Liége, Jean de Bavière, le duc de Bavière-Ingolstadt, Louis le
Barbu, et leurs plus proches parents servent d'intermédiaires
entre les deux cours, et pendant quelques mois la maison d'Allemagne se substitue à la maison de France comme puissance
directoriale dans l'affaire du schisme. D'autre part le duc d'Anjou passe son rôle d'opposant au duc d'Orléans. Encore quelques mois et Boniface IX lui-même aura un successeur dans
la personne d'Innocent VII.

Cependant l'accord du roi de France et du roi des Romains
devient moins probable que jamais. Charles VI a bien pu en-
fermer Benoît XIII, mais non supprimer tous ses partisans.
Il reste pour eux, malgré soi, le chef laïque du parti schismatique. D'un autre côté, Robert, qui a obtenu l'appui de Boniface contre Wenceslas, à la seule condition de ne contracter

---

[1] Des illusions de même genre s'étaient fait jour en 1395, sur un
faux rapport de l'archevêque de Magdebourg, et sans doute aussi
en raison des succès de la cause clémentiste dans la région du
Haut-Rhin. (Cf. ci-dessus p. 19).

[2] *Chronique de St-Denis*, II, 767.

avec Charles VI aucune alliance politique ou familiale [1], Robert se promet bien de maintenir envers et contre tous le pape de Rome. Il essaye même de rallier le parti schismatique à son dessein. Après avoir refusé de prendre aucun engagement vis-à-vis des représentants de France qui étaient venus le trouver à Mayence en décembre 1400 [2], prétextant qu'il voulait d'abord prendre l'avis des rois de Sicile, de Castille et d'Aragon, qui avaient reconnu son élection [3], il se montre plus accommodant lorsqu'ils reviennent assister à son couronnement en janvier 1401 à Cologne. Bien qu'ils ne lui eussent rien demandé et se fussent strictement conformés à la lettre de leurs instructions qui leur prescrivait de ne négocier directement qu'avec l'archevêque de Cologne et l'évêque de Liège duc de Bavière, Robert leur fait savoir par un tiers qu'il désire préparer avec le roi la paix de la chrétienté dans une assemblée de princes et de prélats qui se réuniraient à Strasbourg ou à Metz [4].

Charles VI accepte dès le mois de mars [5] cette invitation qui est encore renouvelée en mai [6] par l'évêque de Liège, le duc Albert son père et le comte d'Ostrevant son oncle, en fort bonnes relations avec la cour de France depuis 1389. Metz était définitivement choisi pour lieu de réunion, à la date du 24 juin. L'archevêque de Vienne y représenta le roi de France. Les préliminaires avaient été posés par les ambassadeurs allemands au nom de leur maître, puis revisés en mai par Me Albert, curé de Saint-Sébald de Nuremberg [7], au nom de l'empereur. Robert

---

[1] Instructions de Boniface IX aux ambassadeurs qu'il envoie à Robert, vers le 25 mars 1401, dans les *D. R. T. A.*, IV, p. 24, art. 8. 9 et 12.

[2] Voy. ci-dessus, p. 28, note 3.

[3] Martène, *Thesaurus*, I, 1659.

[4] Voy. la lettre du patriarche d'Alexandrie Simon de Cramaud à l'archevêque de Cantorbéry (comm. de 1401), dans Martène, *Thesaurus*, II, 1230. Cf. les instructions de Robert à Gérard de Cropsberg (comm. de 1401) dans Martène, *Ampl. collectio*, IV, 52, et dans les *D.R.T.A.*, IV, 375. La *Chronique de Charles VI* par Juvénal des Ursins confirme ces faits (dans Michaud, *Nouv. coll.*, II, 419).

[5] Paris, 2 avril (1401), lettre du roi à l'évêque de Vienne, dans Secousse, *Ordonnances*, VIII, 431 : « Il est vray que pour le bien de la paix et union de l'église nous avons entreprins et accordé une journée avec les princes et prélats d'Allemagne pour estre à Metz à la feste de S. J. B. prouchain venant... »

[6] Vers le 6 ou 7 mai 1401, dans Martène, *Ampl. collectio*, IV, 41, et dans les *D.R.T.A.*, IV, 345.

[7] Lettres de Robert au dit Me Albert (Nuremberg, 7 mai 1401), dans

demandait qu'on s'entendît par avance pour ne rien laisser
aux hasards d'une délibération publique et éviter au monde le
spectacle d'un nouvel avortement. Il exigeait même que les négociations restassent secrètes et fussent dénouées à la diète
par un accord préalable des représentants des deux souverains,
pour ainsi dire par-dessus la tête des autres princes et prélats
assemblés [1].

Nous connaissons les instructions que reçurent les envoyés
de Robert à Metz [2]. Ils devaient réclamer en premier lieu le
rétablissement de Boniface dans les droits souverains que son
prédécesseur immédiat avait exercés un instant sur toute l'é-
glise chrétienne; — en cas de refus, la comparution des deux
papes devant un concile dont les décisions feraient loi ; — ou
bien encore la convocation par l'empereur d'un concile général
auquel les rois de France, d'Angleterre et d'Aragon enverraient
le clergé de leurs états et promettraient d'avance de se soumettre. C'était, quant aux deux derniers points, l'idée préconisée
par l'université de Paris dès 1394 et présentée par Charles VI
à Wenceslas au commencement de 1397.

Mais prévoyant bien que la première de ces propositions se
heurterait immédiatement à une fin de non-recevoir qui ren-
drait impossible la discussion des deux autres, Robert chargeait ses procureurs de prendre l'avis des représentants du roi,
se réservant de soumettre cet avis à la discussion d'un concile
qui serait chargé en dernière analyse du règlement de la question. La diète de Metz se tint à la date fixée. Mais, comme il
était facile de le prévoir, elle n'avança en rien l'accord des
partis.

L'expédition que Robert entreprit alors outre monts suspendit, pendant quelques mois, les négociations relatives au
schisme. Avant même que l'empereur ne fut rentré en Allemagne, Charles VI le faisait prier de convoquer les grands
électeurs et de reprendre les pourparlers [3]. Sans s'y refuser,

---

Martène, *Ampl. collectio*, IV, 37. Nous croyons que les instructions
non datées (publ. *ibid.*, 45) sont celles que reçut M° Albert.

[1] Instructions de Robert à Jean de Volterra (Nuremberg, 14 mai
1401), dans Martène, *Thesaurus*, I, 1657 ; Janssen, *F. Reichscorrespondenz*, I, 583 ; *D.R.T.A.* IV, 377.

[2] Sans date, mais vraisemblablement du milieu de juin 1401.
Dans Martène, *Ampl. collectio*, IV, 49.

[3] Lettre de Robert au grand Conseil de Venise, 6 avril 1402, dans
Mone, *Zeitschrift für die Gesch. des Oberrheins*, V, 304.

l'empereur temporisait parce qu'il savait bien qu'au fond le roi
de France se préoccupait surtout d'isoler Boniface. La dualité
des intérêts politiques retardait ainsi la solution ecclésiastique.
Robert a beau écrire à l'archevêque de Cologne qu'il est prêt
à une alliance avec Charles VI (avril 1402) [1], il a beau protester
auprès du roi d'Angleterre (vers août-sept. 1402) [2], qu'il est disposé à s'entendre avec le roi de France pour le plus grand bien
de la chrétienté, il est manifeste qu'il n'en fera rien aussi longtemps que ses intérêts politiques seront liés à ceux de Boniface.

Toutefois il ne fallait point porter devant la chrétienté la
responsabilité de traîner le schisme en longueur. Robert consent donc à répondre aux ouvertures d'Isabeau par l'intermédiaire du duc de Bavière, Louis le Barbu, leur parent commun [3].
Au vrai, Robert et plus encore la reine de France s'inquiètent
surtout de nouer une solide alliance de famille [4]. A preuve cet
article 2 des instructions données à Louis le Barbu, portant
qu'il devra chercher, de concert avec la cour de France, les
voies et moyens de réduire les deux compétiteurs au souverain
pontificat, comme si ces voies et moyens ne consistaient point
uniquement, dans l'état des choses, Benoît XIII étant toujours
prisonnier, à arracher à Boniface IX sa démission. En réalité
Robert voulait la réunion d'un concile dans l'espérance secrète
que, la présidence lui revenant de droit, il lui serait aisé de faire
passer son avis.

---

[1] Instructions à Nicolas Buman envoyé à l'électeur de Cologne,
(avril 1402), dans Martène, *Ampl. collectio*, IV, 75; Janssen, *F.
Reichscorrespondenz*, I, 715, et *D.R.T.A.*, V, 285. — C'est à tort
que Janssen attribue cet acte au mois d'août.

[2] Lettre de Robert à Henri d'Angleterre, s. date, dans Martène,
Ampl. collectio, IV, 107, cf. 105; Janssen, *F. Reichscorrespondenz*,
I, 703; *D.R.T.A.*, V, 399. — Chmel s'est trompé (*Regesta*, n° 1124) en
attribuant cet acte à l'année 1401. Janssen le place à la fin de
juillet 1402, et l'éditeur des *D.R.T.A.* à la fin d'août ou au commencement de septembre de cette même année. C'est ce parti que nous
adoptons.

[3] Instructions de Robert aux ambassadeurs qu'il envoie à Isabeau
de Bavière, s. date, mais vraisemblablement de la fin d'août 1402.
Dans Martène, *Ampl. collectio*, IV, 106; Janssen, *F. Reichscorrespondenz*, I, 714; *D.R.T.A.*, V, 394.

[4] Instructions de Robert aux ambassadeurs qu'il envoie à la cour
de France, s. date, mais vraisemblablement de la fin d'août 1402.
Dans Martène, IV, 104; Janssen, I, 712; *D.R.T.A.*, V, 391.

Il temporise donc et essaie de concilier les intérêts les plus divers. A preuve encore cet article 4 des premières instructions, portant que Louis le Barbu s'efforcera de ménager une alliance qui console la sainte église et tourne à l'honneur de l'empire, de la couronne de France et tout spécialement de la maison de Bavière [1], comme si pareille conciliation n'était point à ce moment chose contradictoire. Ce furent les intérêts de la maison de Bavière qui seuls sortirent indemnes de cette situation compliquée.

Rassuré de ce côté et bien résolu à ne point donner les mains aux projets du roi de France, Robert se retourne, dès le mois de mars 1403, du côté de Boniface IX, pour obtenir la reconnaissance formelle de son élection. La curie y avait mis pour condition que Robert recommencerait son expédition d'Italie. Mais Robert n'y était guère disposé. Il s'en excuse sur les guerres intérieures que lui suscitent le roi de Bohême et celui de Hongrie à l'est, le duc d'Orléans et le parti français à l'ouest [2]; puis il essaye indirectement de détacher le roi d'Aragon du parti schismatique en lui demandant modestement conseil sur la voie à suivre (17 mai 1403) [3].

Robert avait eu vent peut-être de ce qui se préparait en France. L'impétueux duc d'Orléans, soucieux d'ailleurs de ses seuls intérêts, avait jugé bon, de son autorité privée, de réunir une assemblée de grands et de prélats pour rétablir Benoît XIII qui, après cinq ans d'une captivité assez étroite, avait réussi à quitter Avignon en secret [4]. Le schisme s'affirmait donc plus nettement que jamais: le pontife relevé retrouvait tous les partisans qui avaient pu déserter un instant sa cause. Effrayé,

---

[1] « Und bidtet sie unser Herre obgenannt daz sie darzu geraten und beholffen sin wolle, daz ein solich Eynunge zuschen den beiden Herren geschee, daz es der heiligen Kirchen zu Troste, dem romischen Riche, der Cronen von Frankrich und sunderlich dem Huse von Beyern zu Eren komme »

[2] Lettre de Robert à Boniface IX, s. date, mais expédiée vraisemblablement entre le 5 et le 8 mars 1403. Dans les *D.R.T.A.*, IV, 93.

[3] Lettre de Robert à Martin III d'Aragon, dans Martène, *Thesaurus*, I, 1705.

[4] *Chronique de St-Denis*, à la date; *Cronikon* de Twinger von Kœnigshoven, dans les *Chroniken der deutschen Stœdte*, IX, 604. Cf. la lettre de Nicolas Becherer de Strasbourg, datée de Paris, 10 juin (1403), dans les *D. R. T. A.*, V, 396.

Boniface IX se hâte d'adresser à Robert la bulle confirmative de son élection, sans plus parler d'expédition outre monts (1 octobre 1403) [1]. Mais le pape d'Avignon reprit courage lorsque la mort de Boniface IX (1 octobre 1404), puis celle de son successeur Innocent VII (6 novembre 1406), se succédant à de si courts intervalles, parurent aux yeux des peuples superstitieux affirmer le bon droit du survivant.

Aussitôt élu par les cardinaux de Rome, Grégoire XII entreprend énergiquement de regagner pour lui l'opinion publique. Il députe à l'empereur [2], au roi de France, à la cour d'Avignon même, en se déclarant prêt à déposer la tiare si Benoît XIII veut bien, dans une entrevue personnelle, prendre lui aussi le même engagement. Après quoi les cardinaux des deux obédiences, réunis en un seul collège, procéderaient à l'élection du vrai pape.

Benoît XIII accepta en principe cette proposition, avec aussi peu de sincérité qu'elle avait été faite. Si Grégoire XII avait réellement voulu la fin du schisme, il n'eut pas commencé par accepter la tiare. Comme il s'y attendait, Benoît XIII trouva mille prétextes pour esquiver l'entrevue, qui n'eut jamais lieu.

L'empereur assistait à ces événements en simple spectateur. Mais Charles VI prenait cette comédie au sérieux. Il faisait travailler à Rome même ses représentants dans le sens que nous venons d'indiquer. Il ordonnait d'arrêter Benoît XIII partout où l'on pourrait le trouver, et de le bannir du royaume. Averti par l'expérience précédente, Benoît se hâta de passer en Catalogne, 1406, et le schisme se perpétua sans que l'empereur eut encore fait pour l'éteindre la moitié seulement de ce qu'avait accompli le roi de France aux dépens d'Avignon.

Mais de part et d'autre on était las de la lutte. Les années 1406-1407 sont vides de négociations entre la France et l'Allemagne en ce qui touche les affaires ecclésiastiques [3]. Nous

---

[1] Dans Raynald, *Annales*, à la date, et dans les *D. . RT. A.*, IV. 108.

[2] Voy. le *Chronikon* de Twinger von Kœnigshoven, déjà cité, (p. 609 et 611).

[3] Cependant les *Regesta boica* permettent de constater la présence à Ratisbonne, dans la seconde moitié de l'année 1407 (23 juillet, 17 et 20 décembre), d'ambassadeurs du roi de France voyageant de conserve avec ceux du pape d'Avignon. Il n'est point parlé de l'objet de leur

reprendrons donc notre sujet à la réunion du concile de Pise
qui ouvre une nouvelle phase dans l'histoire du grand schisme.

mission, car les trois actes en question n'ont d'autre objet que d'é-
tablir la valeur comparative de la monnaie de France avec celle de
Venise. Voici le premier de ces actes, qui nous donne au moins le
nom de quelques-uns des représentants français: *Johannes Gui-
ardi, archipresbyter Pictaviensis, Arnoldus Aurige, magister in
artibus, et Guillelmus Vunrouf(?),presbyter Ruthenensis diocesis
de comitiva seu ambassiata domini Avinionensis et regis Francorum, ad instantiam Nicolai Hugonis, nuncii Ulrici abbatis Sti
Emmerani Ratisponensis, computant et declarant quod una libra
turonensium parvorum monetæ usualis Avinionensis Avinione
ac partibus illis communiter hucusque se extendisse ac hodie se
extendere ad valorem unius ducati Venetiani in auro.* — Vunrouf
est sans doute une faute de lecture pour Marcouf.

CHAPITRE II

WENCESLAS ET ROBERT

1380-1410

1° Quadruple renouvellement du traité de 1378 en 1380, 1390, 1395 et
1398, à la demande de Wenceslas. — Relations de Charles VI avec
la diète de Francfort, 1400. — Wenceslas déposé par les grands
électeurs réclame l'intervention de Charles VI, 1400-1401. —
Efforts de Robert, empereur élu, pour se concilier l'appui du roi de
France. = 2° Neutralité de Charles VI entre les deux prétendants.
— Rôle du duc d'Orléans vis-à-vis de Robert. — Position du
duc de Bourgogne vis-a-vis de Robert. — Dernières relations de
la cour de France avec Robert et Wenceslas, 1408-1410.

1

Aussi fondés qu'aient été politiquement les mobiles qui mirent le roi de France et l'empereur en opposition dans la question ecclésiastique, ils cédèrent plus d'une fois devant les principes et l'on doit reconnaître que les deux souverains sacrifiè-
rent l'un et l'autre, à certains moments, fort largement à l'intérêt de l'Église : Charles VI surtout en renonçant au pape
d'Avignon jusqu'au point de le faire emprisonner ; — Wenceslas en refusant d'abandonner le pape de Rome en un temps
où cet abandon lui eut peut-être gagné, contre ses ennemis de
l'intérieur, l'appui effectif de Charles VI. Dans cette étrange
lutte du souverain contre ses électeurs, Wenceslas ne sait
mériter le suffrage du roi de France qu'en renouvelant avec
lui, à quatre reprises, les traités que leurs pères avaient conclus
à Paris, lors de l'entrevue de janvier 1378 [1]. Ce quadruple renouvellement d'une alliance qui n'avait jamais été rompue ne
pouvait être inspiré par l'espoir de gagner le roi de France à
l'obédience d'Urbain VI ou de Boniface IX[2]. Il faut donc y voir,

---

[1] Voy. nos premières *Recherches critiques...* p. 282.

[2] Bien que, dans les instructions données à ses ambassadeurs en
1380 (citées plus loin), Wenceslas parle de mariage à conclure entre
sa maison et celle de France, il n'y a pas à tenir compte de ce
passage puisqu'il ne fut pas donné suite au projet.

au commencement, le désir d'apaiser Charles V mécontent de
n'être point suivi dans la question ecclésiastique, — plus tard,
le moyen de se ménager un point d'appui contre l'hostilité des
grands électeurs qui se révèle nettement en cette année 1390 où
recommence la série des opérations de chancelleries que nous
allons rappeler.

Une première ambassade de Wenceslas [1] à Charles V renouvelle à Paris, le 21 juillet 1380 [2], avec les formes les plus solennelles, cette alliance de 1378 qui consolidait à tout jamais, pen-
sait-on, entre les deux familles l'union fondée jadis par le mariage de Jean de Bohême avec Béatrice de Bourbon. Sigismond
de Brandebourg et Jean de Gorlitz sont aussi expressément
compris dans ce renouvellement. Ils promettent secours au roi
de France contre quiconque porterait dommage à ses droits
et à sa dignité souveraine, et reçoivent en retour l'assurance
que le roi respectera leurs droits et domaines, en quelque lieu
que ce soit. Rien dans les circonstances du temps ne nous permet de croire que l'on visât spécialement d'une part le respect
de la frontière existante, — d'autre part une alliance contre les
Anglais, bien que l'armistice entre la France et l'Angleterre
n'ait été conclu qu'en janvier 1384. Les stipulations ont une
portée vague et générale qui exclut toute idée de réalisation
immédiate.

Le revers de cet acte fut délivré, le lendemain même [3], par
Charles V aux représentants de Wenceslas, qui s'en retournè-
rent satisfaits du résultat de leur mission.

---

[1] Ses lettres de créance sont datées d'Aix-la-Chapelle, 15 juin 1380,
dans Winkelmann, *Acta inedita*, II, 637.

[2] Dans Godefroy, *Hist. de Charles VI*, 706, et dans Winkelmann, II,
638. — La promulgation de ce traité fut faite par les représentants
de Wenceslas à Paris, sous la date du 20 (*sic*) juillet (Winkelmann,
II, 880), et par Charles VI sous celle du 22 juillet (Pelzel, *Urkundenbuch*, I. 38). La date du premier de ces deux actes est évidemment
incomplète.

[3] Paris, 22 juillet 1380, dans Pelzel, *Urkundenbuch*, I. 38. — En vue
de renouveler encore une fois ces traités le roi de France fit rédiger
à Melun, le 5 mai 1383, des pouvoirs spéciaux (dans Winkelmann,
II. 882) pour ses ambassadeurs alors en Allemagne (voy. le chap. précédent, p. 10). Mais ces pouvoirs ne furent pas expédiés ou du moins
ne servirent pas. L'original, qui subsiste encore, porte au revers :
« *De quo nil fuit tunc actum*, » et plus bas cette autre mention
assez énigmatique : « *Reale promes, sed non apparet effectus.* »

Néanmoins l'alliance française semblait à Wenceslas chancelante et précaire chaque fois que renaissait l'hostilité des grands électeurs. Le 18 septembre 1390, sans que les événements survenus depuis dix années, ni l'alliance de Wenceslas avec le roi d'Angleterre[1], ni même l'expédition de Gueldre eussent réellement altéré leurs bonnes relations, les deux souverains chargèrent leurs représentants, par actes rédigés le même jour à Prague[2] et à St-Denis[3], de renouveler les traités antérieurs. Le mode de procédure, la coincïdence exacte des dates d'émission témoignent d'une entente préalable dont Frédéric, palatin du Rhin, avait été en effet le truchement, à la prière de Wenceslas menacé d'une nouvelle déposition. C'est donc à Heidelberg que les ambassadeurs nommés de part et d'autre s'abouchèrent, le 29 octobre, sans que d'ailleurs leur entrevue ait revêtu le caractère d'un événement d'État. On se borna en effet à un échange de protocoles[4].

Ce traité de 1378 que l'on invoquait toujours comme le statut régulateur des relations politiques, fut confirmé une troisième fois au commencement de 1395, mais d'une manière assez différente. Soucieux peut-être d'effacer le souvenir de certaine aventure provoquée par le comte de St-Pol, où les troupes de Charles VI et celles de Wenceslas avaient failli en venir aux mains (1392)[5], désireux même de témoigner qu'il oubliait l'injure subie en 1395 où le même comte de St-Pol avait attaqué à l'improviste les troupes de l'empereur sur leur propre territoire[6], Wenceslas ratifie solennellement[7] les actes passés à Heidelberg en octobre 1390, et il en informe aussitôt son cousin de France. Mais Charles VI ne se pressa point, cette fois, de payer l'empereur de retour et semble avoir voulu par ce retard influencer ses dispositions à l'égard des propositions de l'université de Paris[8]. Bref le revers de l'acte de

---

[1] Voy, ci-dessous le chap. VI.

[2] Prague, 18 sept. 1390, dans Winkelmann, *Acta inedita*, II, 651.

[3] St-Denis, 18 sept. 1390, dans Pelzel, *Urkundenbuch*, I, 92.

[4] Dans Winkelmann, *Acta inedita*, II, 884. Le revers est publié dans Pelzel, *Urkundenbuch*, I, 93, avec même date.

[5] *Chronique de St-Denis*, II, 40 et ss et autres sources énumérées par Wurth-Paquet, *Regestes luxemb.*, XXV, à la date.

[6] Les sources de ces événements sont énumérées par Wurth-Paquet, comme ci-dessus.

[7] Prague, 3 janv. 1395, dans Winkelmann, *Acta inedita*, II, 654.

[8] Voy. le chapitre précédent, p. 17.

confirmation ne fut délivré par le roi de France que sept mois plus tard, sous la date du 28 août 1395[1].

Wenceslas comprit l'avertissement qui lui était donné. Quand, à la fin de l'année 1397, il vit se préparer contre lui un nouvel orage[2], il se décida à aller réclamer en personne auprès du roi de France l'appui indispensable à sa cause, prêt à le payer maintenant au prix de concessions réelles. L'entrevue de Reims[3] affermit en effet extérieurement les bons rapports des deux souverains, et Charles VI prit soin d'en manifester publiquement la réalité en ratifiant, lui premier[4], le traité de 1378 déjà ratifié trois fois en vingt ans. A cet acte du 28 mai 1398, Wenceslas s'empressa de répondre par l'acte reversal du 24 juin suivant[5], sans que les clauses du contrat primitif aient été en rien modifiées.

* *

Nous approchons du dénouement de la lutte que soutient l'empereur contre ses propres électeurs, sans que rien puisse nous faire présager encore quelle sera l'attitude de Charles VI.

Ce dénouement présente deux instants assez rapprochés. En présence d'un ambassadeur du roi de France, la diète de Francfort, de février 1400, et derechef celle de mai suivant, formulent contre Wenceslas un acte d'accusation en règle, lui reprochant entre autres choses son voyage à Reims et ses prétendues concessions à Charles VI dans l'affaire du schisme[6]. Puis elles envoient à Paris une ambassade chargée d'expliquer la conduite des électeurs[7]. Informé de cette mission par un émis-

---

[1] Dans Pelzel, *Urkundenbuch*, II, 7.

[2] Voy. les doléances présentées par les grands électeurs à Wenceslas, fin décembre 1397, dans les *D. R. T. A.*, III, 22.

[3] Voy. le chapitre précédent, p. 24.

[4] Paris, 28 mai 1398, dans Winkelmann (*Acta inedita*, II, 885,) qui a par erreur indiqué Prague au lieu de Paris comme lieu d'émission.

[5] (Francfort, 1398), 24 juin, dans Pelzel, *Urkendenbuch*, II, 41.

[6] Instructions de la diète de Francfort aux ambassadeurs qu'elle envoie à Boniface IX, vers le 2 fév. 1400 : « .....Ipse rex (Wenceslaus), ut publice famatur, ivit ad civitatem Remensen in Francia et tractavit cum dicto rege et convenit cum eo, mediis hinc inde prestitis juramentis, quod dictus rex Francie amovere deberet illum quem prius pro papa tenuit, prout fecit..... » (*D. R. T. A.*, III, 162).

[7] Voy. les lettres citées dans les notes suivantes.

saire des magistrats de Francfort et redoutant les conséquences
qu'elle pouvait avoir, Wenceslas se hâte d'écrire au roi de
France [1] pour le prier de se souvenir de l'amitié qui les unit
depuis 1378, et de fermer l'oreille aux calomnies de ses ennemis. Il lui annonce qu'il charge ses représentants de reprendre
avec lui toutes les négociations pendantes et se montre, pour
tout dire, à sa dévotion.

L'eut-il voulu, le roi de France ne pouvait arrêter le cours
des événements. Wenceslas fut déposé le 20 août 1400 par la
diète de Lahnstein, et Robert de Bavière élu le lendemain par
celle de Rense [2]. Le premier mouvement de l'empereur déposé
fut d'écrire à Charles VI [3] pour protester contre les faits qui
venaient de s'accomplir, réclamer son aide contre les électeurs
rebelles et contre l'intrus qu'ils avaient élevé au trône de l'empire. Les grands électeurs en firent autant [4] sous prétexte de
justifier leur choix, et commirent habilement ce soin à Etienne
de Bavière, père de la reine de France. Etienne dut arriver à
Paris vers le milieu de septembre, suivi de près par une nouvelle ambassade que Wenceslas accréditait encore à la date du
12 septembre [5], avec mission de porter au roi de France une
lettre close [6] plus pressante encore que la première.

[1] (Prague, juin 1400), dans les *D. R. T. A.*, III, 224 : « Rediens ad
nos nobilis Hubardus de Altari senescallus Lucemburgensis....
proxime per nos ad electores imperii in arduis nostris negotiis destinatus, nobis curavit exponere qualiter idem electores ad caritatem
vestram suos dirigant nuntios speciales a vobis certa capitula petituros
quœ in nostri nominis et honoris possent contumeliam declinare... »

[2] Voy. la *Chronique de Saint-Denis*, II, 775. Cf. l'*Hist. Thuring.*
dans Pistorius, *Scriptores*, I, 950 ; — et la lettre d'un scribe de
Francfort à Wenceslas (20 juillet 1400) dans Janssen, *F. Reichscorrespondenz*, I, 61 et dans les *D. R. T. A.*, III, 206 : « Gnediger Konig
und Herre, so ist in auch zu wissin getann daz die vier Kurfursten
von Mencze, von Collen, von Tryer und von Beyern ir erbere treffliche Botschaft von geistlichen und werntlichen Personen zu dem
Konige von Franckrich geschickt han..... »

[3] Dans Pelzel, *Urkundenbuch*, II, 70, et dans les *D. R. T. A.*, III,
297. Cette lettre n'est point datée, mais les éditeurs des *D. R. T. A.*
prouvent bien qu'elle a été écrite entre le 21 août et le 12 sept. 1400,
à Betlern.

[4] D'après la lettre citée dans la note précédente. Cf. la *Chronique
de Saint-Denis*, ... II, 763.

[5] Betlern, 12 sept. (1400), dans les *D. R. T. A.*, III, 298 : « Mitti-
mus ad serenitatem vestram venerabilem Nicolaum episcopum Naza-
rethensem..... ac strenuum Hubardum de Althari, militem..... »

[6] Betlern, 15 sept. (1400). *Ibid.* — Cf. la déclaration d'un envoyé

Le moment n'était guère opportun pour réclamer l'intervention du roi de France. Charles VI, de nouveau malade, n'était plus que l'instrument inconscient de son entourage où la prépotence était repassée depuis longtemps au duc de Bourgogne et à Isabeau de Bavière. Richard d'Angleterre venait de mourir et l'avènement de son successeur ne présageait rien de bon pour la paix européenne. Et puis, quel précédent eut-on pu invoquer à Paris pour s'immiscer aussi directement dans les affaires intérieures de l'Allemagne, comme semblaient l'espérer les magistrats de Francfort [1] et comme le demandait formellement l'empereur déposé [2] ? Aussi le duc de Bourgogne laissa-t-il repartir les représentants de Wenceslas sans autre encouragement que le conseil de s'entendre avec Robert, à qui effectivement Charles VI proposa son arbitrage [3]. Le roi de France arbitre entre deux empereurs d'Allemagne ! Quel renversement de l'ordre féodal ! Quel revirement dans la situation respective des deux états, qu'avait connue le XIe siècle !

La proposition fut faite à Robert, le 4 décembre 1400, en présence des grands électeurs de Cologne et de Mayence, dans la ville de ce dernier. Charles VI exigeait seulement la réunion d'une diète à laquelle lui-même et les deux compétiteurs se rendraient en personne. Il est vraisemblable qu'il était résolu d'avance à abandonner Wenceslas et à se prononcer en faveur de Robert, si celui-ci promettait d'adhérer à la politique ecclésiastique du roi de France. Les envoyés de Charles VI avaient en effet, aux termes mêmes de leurs instructions, cette double négociation à conclure. Si les instructions n'ajoutent pas qu'il y avait un marché à conclure, tout au moins un compromis à trouver, nous ne sommes pas moins en droit de le déduire des circonstances qui vont suivre.

---

de Wenceslas à la diète de Francfort, entre le 10 et le 20 septembre, citée ci-dessous.

[1] Voy. dans Janssen, *F. Reichscorrespondenz*, I, 61, et dans les *D. R. T. A.*, III, 206, les instructions données à un envoyé de Francfort à Wenceslas, vers le 20 juillet 1400, déjà citées.

[2] Déclaration de Dietrich Kraa, envoyé de Wenceslas aux magistrats de Francfort, entre le 10 et le 20 sept. 1400 (*D. R. T. A.*, III, 200) : « So habe der Konig sin Botschaft auch getan zu dem Konig von Franckerich und umb Hulfe und Folk werbin. »

[3] Acte daté de Mayence *feria quarta post Andreæ apostoli* (=4 déc. et non 2 déc.) 1400, dans Martène, *Thesaurus*, I, 1659,

Mais Robert avait besoin de Boniface IX [1]. Fort de la situation acquise par le vote des électeurs, il fit sourde oreille aux offres de médiation et, en ce qui touchait la question ecclésiastique, ajourna sa réponse à l'Épiphanie [2].

Wenceslas ne se rebuta pas sur le champ. Le duc de Bourgogne avait, le premier, conseillé l'entente avec Robert: on pouvait donc compter qu'il aiderait à l'obtenir. Wenceslas le lui demanda formellement [3] en l'invitant à se faire représenter à la diète que lui voulait réunir à la Pentecôte pour traiter de cette affaire et de beaucoup d'autres non moins importantes. Il était d'ailleurs encouragé à cette démarche par les ducs d'Autriche [4], alliés de la maison de Bourgogne [5] et rivaux de celle de Bavière, comme tels prêts à favoriser maintenant celle de Luxembourg.

Nous ne croyons pas que le duc de Bourgogne ait répondu à cette invitation ; nous ne trouvons, en tout cas, aucune trace d'ambassadeur français à la cour de Bohême à cette date. Aussi bien, en rivalité avec le duc d'Orléans, Philippe le Hardi ne devait guère songer à secourir efficacement le protégé de son rival et suivait plus volontiers les inspirations d'Isabeau de Bavière. Par contre, le duc d'Orléans qui avait rendu quelques services d'argent à Sigismond en 1394, dans sa lutte contre les Turcs [6], à Wenceslas en 1398 dans des circonstances assez obs-

et dans les *D. R. T. A.*, IV, 210. — Les représentants du roi étaient Jean d'Armagnac, archevêque d'Auch, Taupin de Chantemerle, conseiller du roi, et Jean de Montreuil, bien connu par ses écrits.

[1] M. Weizsæcker a publié dans les *Abhandlungen der K. Akad. der Wissensch. zu Berlin* (1888) l'acte d'approbation de l'élection de Robert par Boniface IX et montré comment, à cette occasion, le pape avait su fort habilement accroître son influence sur l'élection du roi de Germanie.

[2] Dans Martène, *Thesaurus*, I, 1659.

[3] Lettre de la fin de mai 1401, à ce qu'il semble, dans les *D. R. T. A.*, IV, 395 : « Inheret..... memorie quemadmodum nos vestra dilectio per solempnes suos nuncios ad nos noviter destinatos requisierit..... »

[4] *Ibid* : «..... Austrie duces consanguinei nostri carissimi per ambassiatores suos solempnes similiter nos rogarunt ut in casum quo ipsi, honore nostro, regio statu quieto et eminencia nostre romane regie dignitatis per omnia servatis, exquirere possent..... »

[5] Philippe de Bourgogne avait fiancé en 1388 sa fille Catherine, alors âgée de dix ans, à Léopold duc d'Autriche.

[6] Voy. M. de Circourt, *Le duc Louis d'Orléans*, dans la *Rev. des Quest. histor.*, janv. 1889, p. 114, note 2.

cures [1], et qui espérait en retour leur appui dans les ambitieux
projets sur lesquels nous aurons lieu de revenir, le duc d'Orléans, disons-nous, avait bravement promis son secours à
l'empereur dépossédé. Il tint parole et se mit aux champs en
octobre 1400, avec quelques compagnies de gens d'armes. Mais
arrivé en Lorraine, il apprend que Francfort et autres grosses
villes de l'Empire sont aux mains de Robert sans que Wenceslas en prenne autrement souci. Pousser plus avant eut été bien
inutile. Le duc d'Orléans rebroussa aussitôt chemin [2].

Réduit à ses seules forces, mais ne pouvant croire à cet
abandon de tous ses alliés de France, Wenceslas s'adresse encore une fois à Charles VI, en septembre ou octobre 1401 [3], et
réclame instamment son intervention. Il va jusqu'à se faire
appuyer par son beau-frère le duc Albert de Bavière-Hollande, qui était en même temps beau-père de Jean de Bourgogne. Le moment de cette requête était habilement choisi,
Wenceslas venait de se réconcilier avec Jost de Moravie
son oncle, tandis que Sigismond de Hongrie son frère sortait
de captivité. La cause du souverain détrôné semblait devoir
reprendre faveur. Mais Robert avait déjà fortifié la sienne et
montrait bien qu'il sentait sa force, puisqu'il ne craignait pas
d'entrer en lutte dans la Péninsule avec le parti angevin.
Wenceslas n'eut garde de laisser passer cette imprudence. Il
s'en servit pour éveiller les susceptibilités de la cour de France

---

[1] Coblence, 1er juin 1398, acte par lequel Hubart de Eltern
ménage un emprunt auprès du duc d'Orléans en faveur de Wenceslas. (Arch. nationales, K, 54, n° 58.) — Ce même Hubart de
Eltern était à Paris, peut-être comme agent de Wenceslas, en sept.-
oct. 1400. Voy. dans *D. R. T. A.*, IV, 180, une lettre d'Henri de
Mayence à l'ammeister de Strasbourg : « Auch lass ich uch wissen,
daz mir Brieffe von Pariis kommen sint, dy mir Her Huwart von
Eltir geschicket hat, da er mir vaste inne geschriben hat von
Leiffen dy mir zu dieser Ziit nit gefüglich sint zu schriiben. ».

[2] *Chronique de St-Denis*, II, p. 767. — Sur les relations du duc
d'Orléans avec le roi des Romains antérieurement à la déposition de
celui-ci, voy. M. E. Jarry, *La vie politique de Louis de France
duc d'Orléans*, chap. XI.

[3] Lettre sans date, dans les *D. R. T. A.*, V, 180 : « ..... Et qui a
cum prefato rege Hungarie [Sigismundo] ac aliis principibus et
consanguineis nostris ..... et adversariis nostris in sacro romano
imperio serenitati nostre opponentibus, potencialiter resistendo
terminos recepimus placitorum, idcirco sinceritatem vestram requi-
rimus attente..... deposcentes quatenus ad resistendum inimicis
nostris ..... nobis vestra celsitudo velit assistere. »

et lui conseilla de tout faire pour arrêter la marche de Robert, comme si de la défaite de celui-ci dépendait le succès de la politique française en Italie et dans les affaires de l'Église [1]. Ce fut d'ailleurs peine perdue, et les relations de Wenceslas avec la cour de France prennent fin à ce moment.

. *.
* *

Avant de rechercher quelle attitude les oncles du roi prirent vis-à-vis du nouvel empereur à partir de son élection, il importe de rappeler les relations antérieures de la maison de France avec celle de Bavière. Elles se concentrent du reste en deux moments fort rapprochés l'un de l'autre.

Nous connaissons déjà le premier : en 1379 Charles V essaie de mettre Robert I de Bavière (branche palatine) dans sa politique ecclésiastique par une proposition de mariage et d'alliance défensive [2]. Mais le mariage n'eut point lieu et l'alliance ne fut pas conclue, parce que le palatin Robert s'obstina à faire cause commune avec ses coélecteurs contre Avignon. Il resta cependant malgré tout au nombre des bons amis de la maison de France, du moins pendant quelques années.

Le second appartient à l'année 1385. Le mariage de Charles VI, parvenu à l'âge d'homme, préoccupait ses tuteurs. Sur l'avis de Philippe de Bourgogne, conseillé lui-même par Jeanne de Brabant veuve de Guillaume de Hollande-Bavière, on demanda la fille du duc Étienne de Bavière-Ingolstadt, princesse âgée de 14 ans seulement, mais déjà célèbre par sa beauté. Élisabeth fut amenée à Amiens par son oncle le duc Frédéric, et les épousailles se célébrèrent en grande pompe le 13 juillet 1385 [3].

---

[1] *Ibid* : «..... Dignetur igitur regia excellentia illustri Johanni Galeaz, Januensibus, Florentinis et lige Ytalie et Lombardie scribere ac proprios nuncios destinare ne adversarium nostrum [Rupertum] per territoria, civitates et passus ipsorum quovismodo permittant pertransire. »

[2] Voy. ci-dessus, p. 5.

[3] Sur ce mariage, voy. outre les chroniqueurs français, Froissart, le religieux de St-Denis, etc.: le *Chronicon Augustanum* de Burckard Zengg de Memmingen dans les *Rer. boicarum Scriptores*, I, 259 et dans les *Chroniken d. d. Stædte*, V, 31 ; la *Chronik* d'Augsbourg dans les *Chroniken d. d. Stædte*, IV, 76 et dans l'*Anzeiger* de Mone, VI, 125.

Les conséquences inattendues de cette union se révèleront dans toute la suite de notre récit.

En cette même année 1385, Philippe de Bourgogne maria aussi sa fille Marguerite à Guillaume VI de Hollande-Bavière, jetant ainsi la première base des prétentions qu'il élèvera plus tard sur cette province. Par ces deux mariages se réalisait déjà le vœu exprimé par Charles V mourant, de multiplier les alliances avec les princes allemands.

Les deux maisons de France et de Bavière étaient donc au mieux l'une avec l'autre quand l'avènement du palatin Robert II au trône du saint empire vint donner aux sentiments de famille l'occasion de se produire. La cour de France, après avoir abandonné Wenceslas, allait selon toute apparence prendre fait pour Robert, et la parenté des deux familles allait amener l'étroite alliance des deux monarchies.

Il n'en fut rien cependant. Leurs intérêts respectifs étaient déjà en opposition dans l'affaire du schisme. Le duc d'Orléans prit soin qu'ils le fussent aussi en Lombardie et sur la frontière de l'Est, et poussa l'audace jusqu'à s'allier contre Robert avec Bernard margrave de Bade. Nous reviendrons sur ce point dans les chapitres suivants et montrerons comment Robert dut tenir tête lui-même à ce nouvel adversaire.

2

Au milieu de ces mille embarras, la conduite de Robert tendit uniquement à empêcher que la royauté française ne se joignît contre lui aux partisans que Wenceslas avait conservés en Allemagne et en Italie. C'est tout le sens de l'alliance politique que le nouvel empereur conclut avec le roi d'Angleterre[1] et des relations de famille qu'il s'efforce de multiplier avec Charles VI, comme les plus sûrs garants de la neutralité qu'il désire.

De fait les représentants du roi de France[2] assistèrent à son couronnement, qui eut lieu à Cologne en janvier 1401. En retour de cette marque de déférence, Robert envoie, le 6 mai suivant,

---

[1] Voy. notre chap. VI.

[2] Ceux-là même dont nous avons signalé la présence à Mayence en déc. 1400 (ci-dessus, p. 29).

ses procureurs à Isabeau [1] et au duc de Bourgogne [2], porteurs
de trois propositions qui devaient suffisamment agréer à la
cour de France pour que celle-ci sentit d'elle-même la nécessité
d'éviter tout froissement avec le nouvel élu. Ils proposèrent
en premier lieu de marier le dauphin avec une fille de Robert
encore en bas-âge. C'était continuer la politique matrimoniale
inaugurée quelques années plus tôt. En second lieu, ils se déclarèrent prêts, au nom de leur maître, à discuter les affaires
italiennes, particulièrement celles qui regardaient Milan et intéressaient personnellement le duc d'Orléans. Enfin ils remirent
sur le tapis la question ecclésiastique, en exprimant le désir de
la voir encore une fois soumise aux délibérations de la diète.

La bienveillance de Charles VI était d'autant plus pré-
cieuse que par elle Robert comptait gagner à son élection le
duc de Lorraine, en trop bons termes alors avec le duc d'Orléans [3], — vaincre l'hésitation du duc Amédée de Savoie [4], dont
la mère était fille du duc de Berry, — ravir à Wenceslas l'alliance des ducs d'Autriche [5], apparentés au duc de Bourgogne,
— faire réussir le mariage de son fils Louis avec Blanche d'Angleterre [6] et celui de son fils Jean avec une sœur du roi d'Aragon [7], — par dessus tout paralyser les ambitieux projets du

[1] Les pouvoirs sont délivrés à Me Albert, « qui quædam nos,
sacrum imperium et communem domum bavaricam concernentia
dilectioni vescræ (sc. Isabelle) proponet ». Dans Martène, Ampl.
collectio, IV, 37, sous la date fautive du 11 mai, au lieu du
6 mai.

[2] Les pouvoirs sont délivrés au même ambassadeur que dessus.
Dans Martène, Thesaurus, I, 1654.

[3] Une des continuations de la Chronique de Kœnigshoven, celle
de Rœteln prétend que le duc de Lorraine, à l'exemple du margrave
de Bade, s'était reconnu l'allié du duc d'Orléans (dans Mone, Quellensammlung, I. 287).

[4] Voy. la lettre de Robert à Me Albert, datée de Nuremberg,
7 mai 1401 (dans Martène, Ampl. collectio, IV, 38), — et ses instructions à Gérard de Cropsberg (ibid., 52), non datées, mais
certainement antérieures de quelques semaines à la lettre du
7 mai.

[5] Voy. le mémorial remis par Robert à Louis le Barbu, le 9 mai
1401, ibid., 44.

[6] Voy. la lettre de Robert à Me Albert, citée plus haut.

[7] Instructions de Robert à Jean de Volterra, (Nuremberg, 14 mai
1401), dans Martène, Thesaurus, I, 1657 ; Janssen, F. Reichscorrespondenz, I, 583 ; D. R. T. A. IV, 377.

duc d'Orléans. Car tel était à ce moment le fond des préoccupations de Robert.

Le succès commencé à Paris devait s'achever à la diète projetée pour le 24 juin à Metz, c'est-à-dire au centre même des pays hostiles au nouvel empereur, à quelques lieues de Luxembourg et de Nancy, au voisinage de la base d'opérations qu'avait choisie le duc d'Orléans. Mais nous sommes obligé dès maintenant de disjoindre tout cet ensemble pour réserver les diverses questions dont il se compose à chacun des chapitres afférents.

En ce qui concerne le mariage du dauphin avec la fille de Robert, l'affaire (car c'en était une, de caractère politique) avait été au préalable soigneusement débattue entre l'empereur et la reine de France [1]. Robert entendait faire de la diète de Metz moins un congrès de diplomates en quête de solutions, qu'un conciliabule de famille où les maisons de France et de Bavière conduiraient les débats par des représentants suffisamment stylés.

Les premières négociations semblaient en si bonne voie qu'à leur retour de Metz les ambassadeurs de Robert reçurent une nouvelle mission [2], destinée à parfaire la précédente. Il s'agissait d'unir le jeune palatin Jean, promis à une princesse d'Aragon, avec Isabeau, fille de Charles VI. On pourrait croire que cette union avait été demandée par la cour de France. Mais cette hypothèse est contredite par ce simple fait que les ambassadeurs, accrédités le 5 août, se rendirent d'abord à Paris et ne reçurent d'instructions définitives qu'à la fin de septembre suivant [3]. Sur le point de partir pour l'Italie, Robert confia à son fils aîné Louis, vicaire de l'empire [4] en l'absence de son père, le soin de

---

[1] Voy. les instructions à Mᵉ Albert, rédigées vers le 6 mai 1401, dans Martène, *Ampl. collectio*, IV, 45 et dans les *D. R. T. A.*, IV, 350.

[2] Heidelberg, 5 août 1401. Cet acte est mentionné (mais non publié) par Chmel, *Regesta*, nᵒ 694, et par Janssen, *F. Reichscorrespondenz*, I, 613.

[3] Ces instructions, bien que non datées, paraissent avoir été rédigées à Schœngau vers le milieu de septembre 1401. Dans Martène, *Ampl. collectio*, IV, 67; Janssen, *F. Reichscorrespondenz*, I. 613: *D. R. T. A.*, V, 198. — Les pouvoirs des ambassadeurs publiés par Janssen (I. 613) et par les *D. R. T. A.* (V, 194) sont datés de Heidelberg, 5 août 1401.

[4] Par acte daté d'Augsbourg, 13 septembre 1401 (*D. R. T. A.*, V, 22). Le jeune prince est nommé vicaire de l'empire non seulement en Al-

conclure ce mariage, après avoir stipulé [1] que la jeune princesse recevrait en dot certains châteaux et domaines du Palatinat qu'on désignerait en temps et lieu.

Robert pouvait d'autant mieux croire que sa politique de
ménagements vis-à-vis de la France avait réussi, que le duc de
Bourgogne, en réponse personnelle aux propositions du 6 mars,
envoyait près de lui solliciter une entrevue [2]. Son gendre
Léopold d'Autriche l'avait du reste déjà moyennée. Qu'est-ce
que le duc de Bourgogne avait donc de si important à obtenir
de l'empereur qu'il désirait une entrevue personnelle? Voulait-
il régler directement avec lui les conditions de la paix de l'Église?
Cela est douteux. Voulait-il obtenir l'investiture des domaines
que le duc d'Orléans avait ravis à l'empire? Cela est fort possible. — Cependant nous croyons plutôt qu'il méditait un arran-
gement destiné à fortifier en Alsace la position que sa maison
venait d'y prendre par le mariage de Marguerite de Bourgogne
avec Léopold d'Autriche, ou encore le mariage de son propre
fils Jean avec Marguerite de Bavière-Hollande [3].

Quoiqu'il en soit, l'empereur ne se prêta qu'à moitié à la demande du duc de Bourgogne. Il lui fit réponse qu'il était prêt à
le voir et à s'entendre avec lui s'il voulait se rendre personnellement à la première diète qui se tiendrait au cours de l'année
suivante, ajoutant que lui-même s'y trouverait ou tout au moins
y déléguerait son fils à titre de vicaire de l'empire [4]. Nous ne

lemagne et en Arélat, mais encore en Gaule. Nous expliquerons
la raison de ce fait dans notre étude sur *la Royauté française et le
saint empire romain*.

[1] Augsbourg, 9 septembre 1401, dans les *D. R. T. A.*, V, 194, mention.

[2] Bruxelles, 12 septembre (1401), dans Martène, *Thesaurus*, I, 1675-
1676; et dans les *D. R. T. A.*, V, 195. Cf. 196.

[3] Voy. en effet, *ibid.*, le passage suivant d'une déclaration de l'envoyé de Bourgogne à Robert : «... ad eundem finem ultimo illustris
princeps dominus Lupoldus dux Austrie, filius ipsius domini mei,
scripsit per magistrum Wildericum consiliarium ; ita sepedictus dominus me misit ad vestram regalem presenciam michi committendo
ut vobis referam quod libenter se contulisset personaliter ad presenciam vestram ad aliquem locorum dicti filii sui Lupoldi ducis Austrie... Desiderat eciam dictus dominus meus ut perscribitur quod
personaliter ad excellenciam vestram post felicem redditum vestrum se conferre valeat et ibi faciet quidquid, mediante filio suo domino Lupoldo duce Austrie, fuerit ordinatum... » Cf. ci-dessous le
chap. V.

[4] Acte non daté, dans Janssen, *F. Reichscorrespondenz*, I, 623 et les

voyons pas cependant que le duc de Bourgogne ait donné suite à cette invitation.

Robert était passé en Italie dans la seconde moitié d'octobre 1401. Battu par Galéas, inquiet des graves événements qui s'étaient produits en Allemagne pendant son absence, il se hâte de repasser les Alpes en mai 1402 et, arrivé à Heidelberg, informe de son retour la reine de France [1], à titre privé, semble-t-il, puisqu'il n'est fait en rien allusion aux relations des deux pays. Mais deux mois s'étaient à peine écoulés que Robert sentait le besoin de consolider son alliance avec la cour de France et lui envoyait son oncle le duc Louis de Bavière-Ingolstadt et autres conseillers intimes [2], pour renouveler et confirmer d'une façon générale les traités antérieurs. La proposition de mariage entre Jean et Isabeau fut naturellement reprise et fit l'un des objets principaux de la mission allemande. Seulement, à sabeau, promise au roi d'Angleterre, on substitua une autre fille de Charles VI, la princesse Michelle, agée de 10 ans à peine. Ce fut d'ailleurs sans succès.

Ces multiples négociations portèrent néanmoins quelques fruits. Durant les années 1403-1406, Robert put dépenser une partie de son activité à fortifier sa cause en Italie et à se défendre contre le duc d'Orléans [3] sans être en rien retenu par la

---

D. R. T. A., V, 197 : «... Ad quam quidem dietam si prefatus dominus dux Burgundie personaliter venire intendit, dominus noster rex in casu quo dietam eamdem personaliter visitare non poterit... Ludoicum ducem Bavarie primogenitum suum, sacri romani imperii in Alemania vicarium, cum certis consiliariis suis ad dietam prefatam transmittere intendit. »

[4] Heidellerg, 16 juin 1402, dans Martène, *Ampl. collectio*, IV, 96 Janssen, *F. Reichscorrespondenz*, I, 699; *D. R. T. A.*, V, 337.

[2] Leurs instructions, en partie double, sont datées d'Heidelberg, 23 août 1402, dans Janssen, *F. Reichscorrespondenz*, I, 711, et *D. R. T. A.*, V, 390 et 391. — Il est encore question de ce mariage dans la réponse de Robert au duc de Lorraine, que l'on date par conjecture de Nuremberg, février 1403 (dans les *D. R. T. A .*, V, 493) : « Mine Herr der Kunig hat langes sin treffliche Botschaft gein Franckriche getann, mit Namen den hochgepornen Fursten und Herren Ludewig Pfalzgrave bi Rin... als umbe ein Hirad zumachen zuschen dem vorgenannten Herzog Hannsen mins Herren dez Kunigs Sun, und des Kunigs von Franckrich Dochter, und dieselbe Bottschaft habe min Herren noch nichts verschrieben ob derselbe Hirad für sich gee oder nicht. »

[3] On prêtait en Allemagne au duc d'Orléans les plus audacieux desseins. Voy. la lettre du Strasbourgeois Nicolas Becherer, datée

cour de France. Mais le duc d'Orléans étant mort, le nouveau
duc de Bourgogne, débarrassé du rival qui l'avait gêné jusqu'ici, reprit vis-à-vis de Robert sa liberté d'action lorsque
l'affaire de la succession du duché de Brabant mit leurs intérêts en opposition.

Et en effet, à la mort de Jeanne de Brabant (déc. 1406),
Robert s'était porté son héritier et avait du même coup exigé
des états du pays qu'ils le reconnussent comme empereur légitime (22 déc. 1406). Les états ne se pressèrent point d'accéder à cet ordre, puisqu'il leur fut renouvelé le 26 nov. 1407[1].
De son côté Jean sans Peur soutenait son frère Antoine qui
réclamait l'héritage de Brabant, du chef de sa mère Marguerite
de Flandre instituée légataire par Jeanne de Brabant. Pour
mieux triompher de leurs adversaires, Jean sans Peur et Antoine se déclarèrent partisans de l'empereur déposé, qui était
d'ailleurs neveu de Jeanne de Brabant, et ils s'offrirent de soutenir sa cause avec 2,000 lances, 1408[2]. Il ne fut point donné
suite effective à ce projet malgré les sollicitations de Wenceslas[3]; mais la situation de Robert en tant qu'empereur n'en
était pas moins modifiée, puisque son compétiteur relevait la
tête. Elle le fut plus encore lorsque l'archevêque Jean de
Mayence, celui de tous les grands électeurs qui avait le plus
contribué à son élévation, se détacha de lui en adhérant au
pape élu par le concile de Pise[4].

de Paris 10 juin (1403), que nous avons déjà citée: «... Scio quod
dominus Aurelianensis multa nititur et affectatur attemptare et practicare, si regni Francie provisor esset, ut sibi regnum in agitando
per eum coassisteret et ut cicius, quod mentaliter presumit, et faci-
lius persequeretur. Nam sicut alias vobis scripsi, allicit, ubicumque
potest, personas notabiles, ecclesiasticas et militares. Propterea es-
timo eum fore contrarie oppinionis ab Almanis et novo electo preci-
pue, cujus processum si posset impediret, ut ex circumstanciis variis
conjecturor et sillogiso. Spero tamen, unione et concordia Germanie
patrie presupposita, neminem posse Germaniam molestare ac
injuriare. » (D. R. T. A., V, 396.)

[1] Dans Martène, Thesaurus, I, 1718 et 1722, et dans les D. R. T. A.,
I, 793 et 797.

[2] Gand, 20 juillet 1408, dans Pelzel, Urkundenbuch, II, 537.

[3] La mention suivante se rapporte très vraisemblablement à cette
reprise des négociations entre Wenceslas et la cour de France :
« Paris, 8 sept. 1409. Disner offert en l'hostel d'Artoys aux ambassadeurs de Baahaigne » par le duc de Bourgogne (E. Petit, Itinéraire des ducs de Bourgogne, I, p. 372.)

Voy. au chapitre VII.

Aussitôt Charles VI [1] et plusieurs princes de son entourage, le duc de Brabant alors à Paris [2] et celui de Bourgogne [3], s'interposèrent auprès des magistrats de Francfort pour les détourner de secourir Robert, « le soi-disant empereur », contre Jean de Mayence qui s'était reconnu vassal du roi de France [4]. L'ingérence de celui-ci dans les affaires d'Allemagne n'avait jamais encore été aussi directe qu'en cette occasion : mais il faut dire qu'elle était encouragée par les velléités d'opposition que Francfort avait montrées contre Robert en 1400, jusqu'à manifester l'inclination de faire défendre Wenceslas par Charles VI [5].

La lettre du roi de France aux magistrats de Fancfort, quelles que soient les intrigues et les convoitises qui l'ont dictée, témoigne en tout cas d'un complet revirement dans la politique de la cour vis-à-vis de Robert. La mort de l'empereur, survenue sur ces entrefaites (18 mai 1410), délivra les magistrats de Francfort de l'alternative, peut-être pénible, de prendre parti entre les deux contendants, et leur laissa le bénéfice de la faveur qu'ils s'étaient acquise depuis quelques années à la cour de France [6].

Nous avons assisté dans ce chapitre à un spectacle en somme

---

[1] Voy. la lettre de Charles VI citée dans une des notes précédentes : « Et insuper moleste ferens ac tactus idem Ruppertus gravis intrinsecus doloris aculeo quod idem archiepiscopus vasallus nostri regalis culminis est affectus..... » — On ne sait point exacment à quelle époque cette vassalité fut offerte et acceptée.

[2] Lettre d'Antoine de Brabant aux mêmes. Paris, 20 mai 1410, d'après Janssen, *F. Reichscorrespondenz*, I, 152, Cf. les *D. R. T. A.*, VI, 716. — C'est à tort que Janssen l'appelle Antoine de Lorraine.

[3] Lettre de Jean de Bourgogne aux mêmes. Paris, 21 mai 1410, d'après les *D. R. T. A.*, VI. 747. Cf. Janssen, I, 152.

[4] Lettre de Charles VI aux magistrats de Francfort. Paris, 21 mai 1410, dans Janssen, *ibid.* 151. Cf. les *D. R. T. A.*, VI, 746.

[5] Voy. ci-dessus, p. 42.

[6] Lettre des magistrats de Francfort au roi, au duc de Lorraine et au duc de Bourgogne, 19 juin 1410, dans Janssen, I, 152 et dans les *D. R. T. A.*, VI, 748. Après avoir annoncé la mort de Robert. les magistrats continuent ainsi : « Jedoch so hatten wir bi sinen Lebetagen mit eczlichen andern erbern Steden zuschen des obgnanten unsers gnedigen Herren des romischen Koniges Gnaden und userm gnedigen Herren von Mencze tun erbeiden und flisselichen werbin, obe solich Zweitracht ubirkomen und nidergelacht mochte sin worden, wand uns solich Zweitracht sunderlich inneclich von Herzen leil were gewest..... »

fort nouveau dans notre histoire : celui d'une lutte d'influence entre deux maisons d'Allemagne arrivées l'une et l'autre à l'empire. A la date où nous sommes, il est manifeste que la rivalité est close déjà au préjudice des Luxembourg, ces fidèles alliés de la royauté depuis un siècle ; — au profit des princes de Bavière nouveaux venus en France. L'influence de ceux-ci, née avec Isabeau et fortifiée par Robert, subsistera grâce à Louis le Barbu jusque vers 1430, pour faire place ensuite à celle des ducs d'Autriche de la maison de Habsbourg.

CHAPITRE III

EN ITALIE

1380-1409

1º Opposition d'intérêts entre le roi de France et l'empereur d'Allemagne dans le royaume de Naples, par suite des efforts de la maison d'Anjou pour supplanter Charles de Duras. — Rôle des deux papes dans cette question. = 2º Tentative de fonder un royaume français dans l'Italie centrale. = 3º Opposition d'intérêts entre le roi de France et l'empereur d'Allemagne dans l'Italie septentrionale : la ville de Florence et le duc de Milan se disputent pendant quelque temps l'alliance de Charles VI. — Conditions de cette alliance. — L'arrivée de l'empereur Robert en Italie modifie la situation des partis, 1401. — Le duc d'Orléans s'unit contre Robert à Galéas Visconti, mais le roi de France reste en dehors de la lutte. = 4º Opposition d'intérêts entre le roi de France et l'empereur d'Allemagne à Gênes. — Les Génois se donnent au roi de France en 1396. — Les grands électeurs accusent Wenceslas d'avoir prêté les mains à cette cession. — Boucicaut est envoyé à Gênes pour protéger cette ville contre les revendications possibles des partisans de l'empire, 1401. — A partir de 1402 la suzeraineté du roi de France se fortifie à Gênes et subsiste jusqu'en 1409.

Bien que, depuis la mort de Frédéric II, l'Italie ne fut plus en fait qu'une épave du saint empire romain de la nation germanique, *avulsum imperii*, en droit elle restait soumise à la suzeraineté impériale [1]. Henri VII avait même jadis tenté quelques efforts pour faire reconnaître ce droit. Il est donc bien de notre sujet d'étudier comment, sur quatre points différents, — royaume de Naples, Italie centrale, Lombardie et Gênes, — la puissance française essaya de s'établir et comment l'empereur d'Allemagne s'efforça, quoique mollement, de contrecarrer ces tentatives. D'ailleurs, comme nous l'expliquerons dans un autre travail, les efforts du roi de France pour prendre pied en

---

[1] Voy. M. Himly, *Formation territor. de l'Europe centrale*. I, 247.

Italie se rattachent à ceux qu'il poursuivait, depuis la fin du XIIIᵉ siècle, pour obtenir la couronne impériale. A ce point de vue encore, les affaires d'Italie rentrent dans le cadre de notre sujet.

1

Dans la compétition plus que séculaire qui éclate, à partir de 1380, pour la possession du royaume de Naples entre la maison d'Anjou et plusieurs maisons souveraines d'Europe, le roi de France et l'empereur intervinrent directement, à plus d'une reprise, en faveur des parties belligérantes. Toutefois leur attitude, déterminée par les circonstances de la politique générale, n'eut jamais qu'une influence secondaire sur les événements qui se déroulaient dans le sud de l'Italie. Nous étudierons donc les variations de cette attitude à mesure seulement que nous aurons besoin de les connaître pour l'intelligence de questions plus importantes.

La première période de cette histoire ne dure pas moins de 28 ans [1]. Elle a pour point de départ l'acte d'Urbain VI portant déchéance de Jeanne de Naples (avril 1380), — pour point final cette année 1408-1409 où les pièces de l'échiquier politique sont rapidement supplantées les unes par les autres. Les événements de cette période sont naturellement en étroite corrélation avec les événements d'ordre ecclésiastique, au moins pendant les 20 premières années. Il s'agit pour nous de le démontrer en détail.

Guidée par des motifs politiques, Jeanne de Naples avait, dès le premier instant, pris parti pour le pape d'Avignon. Lorsque ce choix lui eut valu la sentence de déchéance que nous avons rappelée et l'hostilité de Charles de Duras, dévoué à Rome, couronné plus tard par Urbain VI (juin 1381), Jeanne fut bien obligée, pour les besoins de sa défense, d'opposer au partisan de Rome un partisan d'Avignon. Elle le trouva dans un prince de la seconde maison d'Anjou, grand oncle de Charles VI, qu'elle institua son héritier présomptif. A la nouvelle de cette décision, qui annulait les droits de la maison d'Anjou-Hongrie, Wenceslas se hâta de nommer son oncle Jost de Mo-

---

[1] Pierre Dupuy la prolonge jusqu'en 1423, dans son *Traité des droits du roy*, chap. III, mais son point de vue est naturellement moins restreint que le nôtre

ravie, vicaire général en Italie pour surveiller de près les événements [1]. Mais désireux de ne point faire échec au roi de
France, avec lequel il entretenait à ce moment des relations
intéressées, Wenceslas recommanda à Jost de s'entendre avec
Louis d'Anjou, tout au moins de traîner les choses en longueur:
c'est ce qui eut lieu.

Le nouvel élu ne s'était point décidé sur le champ à répondre
à l'appel de Jeanne. C'est en mai 1382 seulement qu'il se fit
couronner roi de Naples à Avignon par Clément VII, avant de
franchir les Alpes. Il était accompagné du comte de Savoie,
vassal de l'Empire, et de quelques seigneurs allemands, entre
autres Eberhard de Landau et Guillaume de Filenbach[2]. Peu
confiant dans les forces de Charles de Duras, Urbain VI se
hâta d'écrire à Wenceslas pour le solliciter de passer les
monts et de relever dans la Péninsule les droits de l'Empire
contre un usurpateur étranger (6 sep. 1382)[3].

Cette bulle d'appel est d'une extrême virulence, qui témoigne
à la fois de la colère du pontife et de ses appréhensions. Urbain
reproche à Wenceslas de se laisser tromper par l'astuce welche
et d'être amusé par des paroles mensongères. Louis d'Anjou
est un fils d'iniquité, de corps faible et de cœur lâche, dont l'armée n'est qu'un ramassis de soldats sans courage. Il ne vise
qu'à substituer en Italie l'autorité de Charles VI à celle de l'em-

---

[1] Dans Baluze, *Vitæ paparum*, II, 803. La date de 1379, que propose Baluze, doit être corrigée non pas en 1380, mais en 1381. Le duc
d'Anjou est en effet appelé dans cet acte « futur roi de Sicile », ce
qui paraît bien une allusion à son prochain couronnement (mai 1382).
Le renouvellement de cette commission ayant eu lieu, comme
nous savons d'une façon positive, en août 1383 (voy. plus loin, p. 57
note 3) on pourrait conjecturer peut-être que celle-ci fut émise en
août 1381. Ces considérations ont déterminé également la date que
nous assignons (p. 8.) à une autre commission délivrée par Wenceslas à Jost postérieurement à celle-ci.

[2] *Augsburger Chronik* dans les *Chron. der deutschen Stædte*, IV,
73.

[3] Dans Pelzel, *Urkundenbuch*, I, 53 «...Audivimus enim relatibus
fide dignis quod iniquitatis filius Ludovicus, natus quondam Johannis regis Francorum, olim dux Andegavensis, conatur serenitati tue dare intelligere quod nec contra romane ecclesie nec contra
nostrum aut tuum vel alterius cujuscunque statum introivit Italiam.
sed duntaxat ad conquestam regni Sicilie... Nunc, nunc est tibi per-
maxime vigilandum, nunc aperiendi sunt oculi, nunc tuus accele-
randus adventus. »

pereur, à fonder aux dépens de la maison de Luxembourg, au
profit de la maison de France, la monarchie universelle, à usurper à la fois l'empire et le souverain pontificat. « Viens donc,
auguste empereur, toi et les électeurs du saint empire. Exerce
parmi nous ton autorité impériale et fais sentir à ces soldats
efféminés, combattant sous les enseignes de Louis, quel abîme
il y a entre la lâcheté française et la valeur germanique. Que
la Germanie se hâte d'accourir au secours de la noble Italie sa
sœur (*germanam Italiam*) et de l'arracher au joug honteux
que lui prépare une armée amollie. »

Retenu en Allemagne par de multiples embarras, Wenceslas
ne répondit ni à cet appel ni à plusieurs autres que le pape lui
adressa soit directement soit par l'entremise de ses légats[1]. Dé-
sespéré de cette inertie, Urbain renouvelle plus solennellement
ses exhortations dans la bulle du 20 novembre[2] où il montre
Louis d'Anjou campant déjà au cœur de l'Italie avec son armée.

Wenceslas paya peut-être le pape de belles paroles, mais il
ne partit pas. Bien mieux, il renouvela, le 21 août 1383, les
pouvoirs de Jost de Moravie comme vicaire de l'Empire[3], avec
mission de fortifier l'alliance déjà conclue avec Charles VI et
le duc d'Anjou. C'était se déclarer neutre entre les deux compétiteurs. Ceux-ci livrés à leurs propres forces n'en vinrent
jamais aux mains. Louis d'Anjou mourut près de Bari en septembre 1384. Charles de Duras, resté seul maître du royaume
de Naples, se brouilla bientôt avec Urbain VI, puis quitta l'Italie à la fin de 1385 pour aller s'emparer de la couronne de Hongrie.

Ce départ rendit courage au parti français. Louis II fils de
Louis Ier avait été reconnu roi de Naples par la cour de France
au commencement de 1386. A la nouvelle de la mort de Charles
de Duras, survenue quelques mois plus tard, les espérances
d'Anjou s'accrurent encore, et la reine Marie s'empressa de con-

---

[1] Voy. en particulier la bulle du 20 nov. 1382, dans Pelzel, *Urkundenbuch*, I, 54 : « Hactenus attendentes quam periculosa et nociva
erat, prout est, statui tuo retardatio tui adventus, pluries serenitatem tuam sollicitavimus et per alios sollicitari fecimus ut hujusmodi
tuum accelerares adventum... »

[2] Citée dans la note précédente.

[3] Dans Pelzel, I, 59. — Par un autre acte de même date (déjà cité
p. 10), Wenceslas renouvelait à Jost ses pouvoirs pour travailler à
l'extinction du schisme.

duire son fils à Avignon où il reçut de Clément VII l'investiture
du royaume de Naples (21 mai 1389). Louis II passe les monts
en compagnie d'Othon de Brunswick, dernier époux de la reine
Jeanne, et recommence la guerre. Il a pour adversaire le fils
même de Charles de Duras, Ladislas de Hongrie. Mais celui-ci,
bien loin de trouver comme son père appui auprès du pape de
Rome, se voit disputer par lui la possession du royaume en
litige. Urbain VI étant mort en 1390, Boniface IX reconnut cependant la royauté de Ladislas et le fit couronner à Gaëte par un
de ses légats (29 mai 1390). Louis II ne pouvait obtenir moins
que son rival. Il se rend à Avignon où, en présence de Charles
VI, il reçoit de Clément VII la couronne de Naples (1 nov. 1390)[1].

Toutefois l'appui du pape d'Avignon et du roi de France
n'était guère plus effectif pour Louis d'Anjou que celui de Wenceslas et du pape de Rome pour Ladislas. Comme devant, les
deux rivaux restaient livrés à leurs seules forces. Trahi par
plusieurs de ceux qui l'entouraient, Louis abandonna la Péninsule et rentra en France, 1399. Demeuré maître du terrain,
Ladislas put pendant dix années y faire respecter son autorité.

La phase que nous venons de clore est en elle-même d'importance presque nulle au point de vue où nous sommes placé.
Un seul personnage avait protesté en Allemagne contre l'établissement de la maison d'Anjou en Italie : le palatin Robert
II qui avait même essayé, avant la conférence de Reims, d'a-
mener l'empereur à ses vues [2]. Wenceslas avait fait sourde
oreille, trouvant sans doute qu'il avait bien assez de lutter
contre le roi de France dans le nord de l'Italie. C'est là qu'était
en effet le danger.

[1] Voy. Théodore de Niem, *Chronicon*, liv. I, chap. XXVII. Cf. le
Journal de Jean Le Fèvre, édité par M. H. Moranvillé et qualifié à
bon droit par M. Jarry de « document historique de premier ordre
pour la lutte de la maison d'Anjou contre les prétendants hongrois
au trône de Naples. »

[2] Préavis sur l'entrevue de Reims, déjà cité, dans Martène, *Thesaurus*, II, 1174 : « Verum si vultis in paucis verbis potestis eis imponere silencium, quod non audeant amplius loqui de ista materia.
Potestis enim dicere : Qualem ligam possum habere vobiscum, qui
quotidie amplius facitis et innovatis injurias reales et notorias mihi
et regno meo romano ? Primo enim dux Andegavensis intravit territoria mea quæ sunt in Italia et tamquam dominus fecit fieri mo-
netam novam in eis et plures actus ostendit, volens usurpare imperiale dominium. Nam ut fuit mihi inde nunciatum et scriptum, ipse
portabat secum vexillum imperiale, ut si prosperaretur tempore suo
erigeret illud. »

2

Nous avons dit, presque au début de ce livre [1], que Charles VI et le duc d'Orléans projetèrent en 1389 et de nouveau en 1392-94 une expédition au delà des Alpes pour asseoir Clément VII sur le trône de Rome. En retour de ce service, le pape instauré eut taillé au frère du roi, dans les états de l'Église, un royaume vassal qui eut compris Bologne, Ferrare, Ravenne, la Marche d'Ancône, Pérouse et quelques autres petites villes voisines de l'Adriatique [2]. D'où le nom de royaume d'Adria, qui s'est conservé dans l'histoire [3]. La papauté étant maîtresse souveraine de son territoire, l'empereur n'avait point à se préoccuper de ce projet. Nous devions le rappeler toutefois comme l'un des moyens tentés par le roi de France pour prendre pied en Italie et y substituer son influence à celle de l'empire. Mais le royaume projeté ne put être constitué. Il n'y a donc point lieu pour nous de nous arrêter davantage à ce dessein [4].

3

Presque entièrement soustraite en fait à l'autorité impériale depuis la mort de Frédéric II, l'Italie du nord était devenue la proie des divisions intestines. A l'époque où nous commençons notre histoire, une rivalité profonde existait entre la république démocratique de Florence et la seigneurie aristocratique de Milan. L'une était guelfe et fort attachée au pape de Rome; l'autre, sous la suzeraineté des Visconti, était gibeline et à peu

[1] Voy. p. 13.

[2] C'est-à-dire, comme on l'a remarqué avant nous, les mêmes territoires que Pie IX dut céder au roi de Piémont en 1859.

[3] Nous ne comprenons pas pourquoi M. Scheuffgen, à propos de ce royaume d'Adria, voit déjà l'Italie centrale et méridionale menacée de tomber aux mains de la « secundo-géniture française » (Beiträge zu der Gesch. des grossen Schismas, p. 17).

[4] Voy. le livre de notre confrère Paul Durrieu, Le royaume d'Adria (1880). Cf. dans M. Jarry (La vie politique de Louis de France, 1889, p. 419 et 426), les instructions milanaises et les instructions françaises de 1393, relatives à l'érection de ce royaume. Nous tirerons parti de certains passages dans notre travail sur « la Royauté française et le saint empire romain ».

près indifférente pour le moment à la lutte ecclésiastique. La possession disputée de Sienne et de quelques villes de la vallée du Pô, par dessus toutes choses les mauvais desseins de Jean Galéas à l'égard de ses voisins avaient encore ajouté à cette opposition naturelle. Pour trancher le conflit, Florence se préparait à prendre les armes et cherchait des alliés jusqu'à l'extérieur. Elle songea au roi de France qui, depuis le commencement du XIVᵉ siècle, exerçait sur la ville une sorte de patronage honorifique [1] et, par le comté de Lucques, était voisin de la République [2]. Son intervention eut été décisive s'il eut consenti à prendre à revers les troupes milanaises.

Les ambassadeurs florentins envoyés à Paris pour négocier cette grosse affaire rencontrèrent, chemin faisant, Charles VI à Lyon (septembre 1389) [3]. Le roi avait de graves préoccupations en tête, des affaires pressantes à vider. D'ailleurs un ambassadeur de Galéas avait pris les devants sur ceux de Florence et suspendait par sa seule présence toute décision formelle. Il fallait évidemment examiner la question. Charles VI ajourna les plaideurs à son retour du Languedoc.

Ils se retrouvèrent en effet près de lui quelques mois plus tard. Mais, dans l'intervalle des deux audiences, Charles VI, nous l'avons dit précédemment, avait visité deux fois Avignon et arrêté en esprit une expédition en Italie au profit de Clément VII [4]. La cause des Florentins semblait dès lors perdue, car sondés sur la question de savoir s'ils feraient campagne au

---

[1] Voy. dans Desjardins (*Négociations diplom. avec la Toscane*, I, 12 et ss) une lettre de la République de Florence à Philippe le Bel, 1311, pour réclamer sa bienveillance contre l'empereur et placer la ville sous les auspices du prince français qui règne à Naples. C'est le vrai point de départ de toute l'histoire que nous aurons à raconter dans ce chap. IIIᵉ et plus tard dans le XVIᵉ. — Pour la fin du XIVᵉ siècle et le commencement du XVᵉ, la publication de M. Desjardins trouve d'utiles compléments dans les récentes recherches de M. P. Durrieu et dans les *Deutsche Reichstagsacten*.

[2] Le comté de Lucques vendu à Philippe de Valois par Jean de Bohême, en 1334, fut donné par Charles VI au connétable d'Albret en déc. 1407, en paiement d'une dette; mais il revint presque aussitôt au roi (Dupuy, *Traité des droits du roy*, p. 112).

[3] Voy. Desjardins, ouv. cité, I, 29. — L'ambassadeur florentin, Philippo Corsini, était venu une première fois en 1386 (*ibid.*, 5). Mais on a peu de renseignements sur cette première négociation.

[4] M. P. Durrieu (*Les Gascons en Italie*, p. 61) attribue l'initiative de ce projet aux ducs de Touraine et d'Orléans en 1391.

profit d'Avignon, ils avaient refusé avec indignation. Adversaires non moins résolus de la maison d'Anjou (ils l'avaient déjà prouvé), ils ne pouvaient non plus donner leur appui à cet autre projet, connexe du premier, qui consistait à établir solidement l'influence française dans le royaume de Naples par les ducs angevins.

Cependant il y avait en Allemagne un parti prêt à soutenir Charles VI et les Florentins contre Galéas. Assez peu nombreux d'ailleurs, ce parti était rangé tout entier autour d'Étienne de Bavière, père de la reine de France, et avait pour mobile sa haine contre l'usurpateur des biens de ce Bernabo Visconti qui avait marié plusieurs de ses filles aux ducs Frédéric et Étienne de Bavière, au comte de Wurtemberg et à un duc d'Autriche. Étienne de Bavière directement sollicité par les Florentins avait rassemblé des troupes et les amenait à travers les Alpes au secours de ses alliés [1]. Le roi de France harcelé par la reine dut être tenté de suivre cet exemple et d'affermir ainsi le protectorat qu'il exerçait sur Florence. Cependant les obsessions de Galéas [2] l'emportèrent et la tentation ne fut pas obéie. Le comte d'Armagnac fut seul à conduire au secours des Florentins ses Gascons et tous les routiers dont il voulait débarrasser le centre et le midi du royaume.

Mais Armagnac fut battu par les troupes de Galéas, le 25 juillet 1391. Le duc de Milan, satisfait d'être tiré de ce grand péril, ne poussa point plus loin sa victoire. A l'égard de Charles VI qui n'avait point su retenir Armagnac, il se crut délivré de toute obligation. A l'exemple des gibelins d'Italie, Wenceslas put se féliciter comme d'un triomphe personnel de l'échec du comte d'Armagnac. Seul le parti bavarois s'abstint de désarmer. Isabeau de Bavière et son frère le Barbu qui, en août 1392, prenait définitivement pied à la cour, continuèrent de soutenir Florence contre Galéas. Celui-ci affecta de voir en eux le principal obstacle à ses projets politiques. Il les combattit d'une manière détournée en demandant au duc de Bourgogne

---

[1] Voy. M. de Circourt, *Le duc Louis d'Orléans*, dans la *Rev. des Quest. histor.*, juillet 1887, p. 38, 42, 46.

[2] Voy. ses instructions aux ambassadeurs qu'il envoie à Charles VI, à la fin de 1392, dans M. de Circourt (art. cité, janv. 1889, p. 78), d'après l'exemplaire manuscrit des Archives départementales du Loiret, A. 2193. Cf. *ibid.*, p. 83 et 84, les développements de M. de Circourt.

d'interdire à quiconque de prendre jamais parti pour les héritiers de Bernabo Visconti.

Pour gagner contre Galéas l'alliance du roi de France, les Florentins lui avaient proposé dès 1389 de partager avec lui les domaines du « tyran ». Eux se faisaient, comme bien on pense, la part du lion et entendaient n'attribuer à leur allié qu'une fort petite portion du sol italien[1]. La proposition pouvait cependant séduire Charles VI. Son frère d'Orléans venait d'acquérir Asti, d'où il commandait en partie la vallée supérieure du Pô. N'y avait-il pas tout profit à constituer comme lui un centre d'action dans l'Italie du nord ? Nous savons déjà par quels motifs cette proposition fut dédaignée. Elle conserve néanmoins devant l'histoire une importance considérable, puisqu'elle ouvrait pour la première fois au roi de France la perspective d'exercer au delà des Alpes une autorité souveraine. Elle est donc bien, comme on l'a déjà remarqué[2], le principe de ces guerres d'Italie qui éclateront à la fin du siècle suivant. Nous ajouterons qu'elle inaugurait dans le nord de l'Italie cette rivalité de la France et de l'Allemagne qui se poursuivait depuis un siècle déjà dans le sud de la Péninsule. Nous dirons plus tard comment Sigismond, dès les premières années de son règne, se préoccupa de contrecarrer cette nouvelle extension de la puissance française, en rétablissant sur l'Arélat le pouvoir effectif de ses prédécesseurs.

Quelques historiens ont affirmé que, pour lier l'action de Charles VI à celle du parti de Rome, les Bolonais lui avaient offert en 1390 l'expectative de la couronne impériale[3]. Cette assertion nous paraît de toute invraisemblance, bien qu'en 1384 les Florentins, écrivant à Charles VI, se plaisent à lui rappeler qu'il descend en droite ligne de Charlemagne[4]. Mais les Bolonais n'avait point qualité pour disposer de la couronne impériale ni pouvoir de gagner à ce projet ceux qui en disposaient. Ce qu'il peut y avoir de fondé dans cette assertion se

---

[1] M. P. Durrieu, *Les Gascons en Italie*, p. 46.

[2] M. P. Durrieu, *Les Gascons en Italie*, p. 46, note 2.

[3] Voy. M. de Circourt, art. cité, juillet 1887. — *La Chronique de St Denis*, I, 671, parle seulement d'une offre d'hommage : « ..... supplicantes [regem] ut sub sua protectione manerent de cetero, sub tali conditione quod sibi et successoribus suis..... eorum insignes et adjacentem patriam perpetuo submittebant. »

[4] M. P. Durrieu, *La prise d'Arezzo*, p. 20.

borne probablement à ceci : que les Bolonais, amis de Florence, cherchèrent à détourner la cour de France de l'alliance de Galéas leur ennemi, en montrant à Charles VI la perspective de cette couronne d'Italie dont Galéas voulait se saisir. Aidé au sud par la maison d'Anjou, au nord par celle d'Orléans, Charles VI pouvait croire en effet à la possibilité d'un pareil dessein. En reconnaissant le pape de Rome il eut vaincu son opposition et obtenu même une inféodation qui eut rendu inutile celle de l'empereur. La proposition des Bolonais ne fut en somme, à notre sens, que l'exagération de celle des Florentins.

Le pontife de Rome, se sentant directement menacé par ces aventureux projets, semble avoir songé à constituer pour sa défense une grande ligue dans laquelle l'empereur d'Allemagne serait sollicité d'entrer «pour garder l'état et l'honneur de l'église et de l'empereur » (fin 1392) [1]. Derrière l'empereur on comptait voir le comte de Vertus c'est-à-dire Galéas et les gibelins; derrière le pape les guelfes italiens. La conduite ultérieure du comte de Milan prouve qu'il se croyait aussi menacé, car il prend soin en 1394 de fortifier le lien si relaché qui le rattachait à l'empire en sollicitant de Wenceslas le titre de duc de Milan, qui lui fut accordé l'année suivante [2].

Aux raisons par lesquelles nous avons expliqué le refus que Charles VI opposa aux offres de Florence et de Bologne, s'en joint une autre qui pourrait bien avoir été la plus puissante. Le duc d'Orléans, gendre de Galéas, balançait à ce moment avec avantage l'influence d'Isabeau et du duc de Bourgogne. Mais au bout de quelques mois, alors que Gènes s'était déjà donnée à la France, les inspirations du duc d'Orléans furent moins écoutées. Les Florentins ayant représenté leur proposition de partager la Lombardie, furent énergiquement soutenus par le duc de Bourgogne et réussirent à conclure avec Charles VI le traité du 29 septembre 1396.[3] Galéas, qui sentait depuis longtemps cette menace, est soupçonné [4] d'avoir voulu la détour-

[1] M. P. Durrieu, *Le Royaume d'Adria*, p. 18.
[2] *Art de vérifier les dates*, au nom.
[3] M. P. Durrieu, *Les Gascons en Italie*, p. 103. Le texte est imprimé dans Lünig, *Cod. Italiæ diplom.*, I, 1094. Voy. aussi sur cette troisième ambassade de Philippo Corsini, Desjardins, ouv cité, I, 30.
[4] M. P. Durrieu, *Jean sans Peur, duc de Bourgogne*, dans l'Annuaire de la Soc. de l'Hist. de Fr., 1887, p. 210.

ner en provoquant le désastre de Nicopolis où périt la fleur de
la noblesse française (sept. 1396). En tout cas Charles VI s'abstint de donner suite au traité que nous venons de mentionner,
en sorte que les Florentins, lassés d'attendre, conclurent une
trêve avec Galéas, le 11 mai 1398.

L'avénement de Robert de Bavière à l'empire modifia assez
profondément la situation respective des partis dans l'Italie
septentrionale. Les Florentins et beaucoup d'autres avec eux
s'étaient empressés de reconnaître le nouvel empereur, tandis
que Galéas, qui avait tant profité de l'inertie de Wenceslas,
tant espéré de sa faiblesse, fit mine d'opposant[1]. Il paraît bien
qu'il y fut poussé ou tout au moins encouragé par le duc d'Orléans, puisque Robert se tourne du côté du roi de France, dès
le mois de mai 1401[2], pour vaincre cette opposition, et réussit
à obtenir un instant le concours du gouvernement de Charles
VI contre Galéas. La diète de Metz, de juin 1401, où figuraient
les représentants de la France [3], s'occupa aussi de cette
affaire, sans arriver cependant à rien pacifier. Robert se décide alors à faire surveiller le duc d'Orléans par l'Angleterre[4]
et l'Aragon[5], puis franchit les monts en octobre 1401, moins
pour recevoir à Rome la couronne impériale que pour combattre
Galéas et soutenir contre lui les Florentins. Louis d'Orléans
excipe alors de sa parenté avec le duc de Milan pour se porter
à son secours, quelques efforts que fasse l'entourage du roi
pour le retenir, et il appelle à la rescousse Wenceslas et Sigis-

---

[1] Voy. dans Martène, *Thesaurus*, I, 1662, les lettres de défi adressées par Robert à Galéas. Inspruck, 25 sept. 1401.

[2] Instructions de Robert aux ambassadeurs qu'il envoie à la
reine de France, des 6 mai et 7 juin 1401, (dans les *D. R. T. A.*, IV,
350 et 354.

[3] Voy. ci-dessus, p. 31.

[4] « Rex Anglorum misit Romam ambaxiatores solennes supplicatum domino nostro pape quod regem hunc [sc. Rupertum] coronare
dignetur. » (Lettre de François de Carrare, datée de Padoue, 11 juin
1402, dans les *D. R. T. A.*, V, 163). Ce François de Carrare, sgr.
de Padoue, était vicaire de l'empire pour Robert à Padoue et à
Vérone.

[5] Instructions de Robert à Étienne Engelhard, député au roi
d'Aragon (dans Martène, *Thesaurus*, I, 1652 ; Janssen, *F. Reichscorrespondenz*, I, 561, et les *D. R. T. A.*, IV, 316), datées d'Amberg,
23 avril 1401. — Autres instructions à Job Vener, député au même,
[juillet 1401], dans Martène, *Ampl. collectio*, IV, 60; Janssen, I, 610;
D. R. T. A., VII, 443.

mond[1]. La lutte des deux compétiteurs à l'Empire, finie en
Allemagne, allait donc renaître en Italie par l'adresse de Louis
d'Orléans[2]. La cour de France allait-elle s'y mêler directement,
et Isabeau allait-elle tenir la promesse qu'elle avait secrètement
faite d'un secours d'hommes et d'argent contre Galéas[3]? Nous
pouvons préjuger le contraire au souvenir de la réserve dont
on ne s'était jamais départi à Paris dans tout ce qui touchait à
la rivalité des deux compétiteurs. Robert conservait cependant
ses illusions, s'il est vrai que, vaincu au lac de Garde par Galéas,
il ait songé à demander secours à Charles VI par l'intermédiaire de Louis le Barbu leur parent commun[4], et fortifié sa
demande d'une nouvelle proposition de mariage entre son fils
Jean et une fille du roi de France (août 1402)[5].

En tout cas la demande fut éludée. En raison des sentiments
personnels d'Isabeau de Bavière et du duc de Bourgogne, nous
ne pouvons expliquer ce refus que par la crainte de rencontrer
Wenceslas derrière Galéas, ou peut-être par le désir de ne

[1] Lettre de Sigismond à Galéas, datée de Kœniggratz, 8 fév. 1402,
dans les *D. R. T. A.*, V, 188 : «..... Denique omnia jam conclusa
sunt, impense modus inventus, exercitibus ordo datus, legationes
tam ad Ytaliam quam ad Franciam solemniter mittende, decrete...»
Cf. *ibid.*,190. une autre lettre du même au même sur ce sujet.

[2] Et de ses partisans. Voy. en effet la lettre du Véronais Léonard
Therunda à Wenceslas (16 nov. 1401), pour le presser de venir en
Italie combattre Robert (*D. R. T. A.*,V, 182).

[3] Voy. le recès du grand conseil de Venise en réponse aux demandes de Robert, 6 avril 1402: « Quod respondeatur istis oratoribus
serenissimi domini novi Romanorum regis ad ambassiatam per
eos expositam, continentem partes tres : ..... tertiam de ambassiata
sibi missa per dominum regem Francie et alios principes deinde
super facto volendi favere sibi auxilio gentium armorum et pecu-
nie, ita quod possit habere intentum suum in casu quo velit
attendere ad reducendum ecclesiam Dei ad unionem ». (*D. R. T. A.*,
V, 137).

[4] Lettre de François de Carrare à Michel Steno, doge de Venise,
datée de Padoue, 15 avril 1402, dans les *D.R.T.A.*,V, 172 : «... insuper dominationi vestre significo quod, ultra alia scripta vobis, dominus imperator michi dixit eundo secum quod mittebat ducem
Ludovicum in Franciam, cui commiserat quod ligam cum Fran-
cigenis firmaret si secum expresse contra ducem Mediolani esse
volebant. » Mais on sait par ailleurs que cette ambassade fut
retardée de plusieurs mois.

[5] Instructions déjà citées (chap. II, p. 50), datées de Heidelberg,
23 août 1402.

point ôter au duc d'Orléans les chances d'une victoire qui pouvait consolider l'autorité royale nouvellement instaurée dans la grande ville de Gênes. Dans cette dernière hypothèse, les ressentiments personnels du duc de Bourgogne contre le duc d'Orléans auraient cédé devant la raison politique.

Sentant enfin son impuissance, redoutant l'effet des intrigues que Galéas et le duc d'Orléans poursuivaient à Paris, les rois de Hongrie et de Bohême en Allemagne[1], Robert de Bavière quitta l'Italie et repassa les monts, mais non sans esprit de retour, (mai-juin 1402)[2]. Il laissa sans doute entendre à Paris combien il était blessé de l'abandon où on l'avait laissé, car, quelques mois plus tard, la cour de France eut l'idée tout à fait nouvelle, de concéder à Louis le Barbu de Bavière le titre de connétable de France[3] avec tous les droits utiles de cette charge, pendant que le duc de Bourgogne proposait, par le canal du duc de Lorraine, sa médiation entre Robert et Galéas[4].

Ces agissements du roi de France dans l'Italie septentrionale nous occuperont jusqu'à la fin du XVe siècle. Mais nous ferons remarquer dès maintenant ce qu'avait de contradictoire le rôle de la royauté française au delà des monts. Lorsque Charles VI se disait guelfe pour grouper autour de lui les adversaires de l'Empire, ceux-ci lui demandaient comme arrhes de leur appui de se rallier au pape de Rome. Lorsqu'il se disait gibelin, il était obligé de reconnaître la suzeraineté de l'empereur, de subordonner sa politique à la sienne, et il tournait contre lui-même les partisans de l'indépendance italienne.

---

[1] Lettre de Robert à Isabeau de Bavière, 16 juin 1402, dans Martène, *Ampl. collectio*, IV, 96 ; Janssen, *F. Reichscorrespondenz*, I, 699 ; *D.R.T.A.*, V, 337.

[2] « Significo vobis... quod dominus rex dicessit ad bonum finem, Italiam rursus quantocius poterit infallibiliter petiturus cum serenissimi regis Francie subsidio, si secum convenerit et concors fuerit, ut speratur » (Lettre de François de Carrare à Nicolas de Rubertis. Padoue, 20 avril 1402, dans *D. R.T.A.*, V, 173).

[3] « Ha dicho... quel duxe Lodovigo e facto grande conestabele del regname del re de Franca e tuti li baron de Franca hano ge dato soe letere e sigillade, excepto lo duca de Orliens. » (Lettre de Jacques de Carrare à son frère François. Padoue, 26 janv. 1403, dans les *D. R. T. A.*, V, 395). — C'est un précédent à ce fait plus connu de la nomination d'André Doria, censeur de Gênes, comme amiral de France en 1527.

[4] Réponse de Robert au duc de Lorraine, (Nuremberg, fév. 1403), dans les *D.R.T.A.*, V, 493.

Sans la question du schisme, le roi de France eut au contraire rapidement avancé en Italie ses desseins territoriaux. Il n'eut point vu contrecarrer par le pape les offres de Florence et de Bologne. Et alors qui peut dire ce qui serait advenu de l'alliance du roi et du pape contre l'empereur ?

4

L'échec de toutes les entreprises en Italie ne se trouva que faiblement compensé pour le roi de France par l'acquisition de la grande ville de Gênes. L'anarchie politique, qui s'était introduite dans cette république au déclin du XIV⁰ siècle, avait eu pour conséquence de décider quelques nobles gênois à proposer la suzeraineté de leur ville au roi de France s'il voulait les aider à renverser la constitution démocratique qui les excluait des affaires (fév. 1393) [1]. Mais il y avait de telles difficultés à prêter cette aide que l'offre ne fut point acceptée sur le champ[2]. Renouvelée en 1396 dans d'autres conditions, à la suggestion du doge Antonio Adorno brouillé maintenant avec le duc de Milan, elle fut saisie avec empressement [3]. Le duc de Bourgogne n'ignorait pas en effet que, dans l'intervalle de ces trois années, le duc d'Orléans avait tout tenté, d'Asti où il commandait en maître, pour détourner à son profit la proposition des Gênois et mettre leur ville sous sa main, — et non seulement Gênes, mais encore Savone, pour mieux arrondir le lopin de terre que lui avait apporté Valentine de Milan. La cour de France envoya donc ses procureurs à Gênes pour rédiger le contrat de transfert. Cet acte est du 25 octobre de ladite année [4]. Il donna aux Gênois comme magistrat suprême un gouverneur français à la nomination de Charles VI [5].

---

[1] Acte de fév. 1392, n. st. 1393, mentionné par M. de Circourt, art. cité, janvier 1880, p. 92.

[2] C'est le duc d'Orléans qui bénéficia de ce refus. Voy. dans M. Jarry (*La vie politique de Louis de France*, chap. IX) le récit de la campagne d'Enguerrand de Coucy, lieutenant général du duc d'Orléans, contre Savone et Gênes en 1394.

[3] Voy. la *Chronique de Saint-Denis*, II, 401 et ss., 437 et ss.

[4] Impr. dans Lenoble et dans Senckenberg (voy. la note suivante). Cet acte fut confirmé et complété par un autre, du 11 déc. 1396, dans lequel le premier fut inséré en forme de vidimus.

[5] L'histoire de l'établissement de la suzeraineté française à Gênes

Le résultat était cette fois bien effectif. Il installait l'autorité du roi de France par delà cette Provence, qui n'était point encore complétement en son pouvoir, dans une ville puissante qui relevait féodalement de l'Empire [1]. On avait pris soin, il est vrai, de respecter la loi féodale en stipulant que les droits supérieurs du saint empire demeuraient indemnes et que les Gênois devraient peindre sur leur bannière d'un côté les armes impériales, de l'autre celles du roi de France. En théorie, celui-ci se reconnaissait ainsi vassal de l'empereur : en fait il refusait l'hommage et les services de vassalité, et agissait en souverain [2]. Une pareille solution n'avait guère chance de durée. La guerre civile ayant éclaté en 1398, les Guelfes poursuivirent le gouverneur français comme intrus et, soutenus

a été soigneusement reconstruite sur les documents de première main au siècle dernier par Senckenberg, dans le gros traité in-folio qui a pour titre : *Imperii germanici jus ac possessio in Genua* (Hanovre, 1751, chap. VI, parag. 70-71). — Avant Senckenberg, mais avec moins d'ampleur que lui, J. de Cassan dans sa *Recherche des droits du roy*, (1632), P. Dupuy dans le *Traité touchant les droits du roy de France sur plusieurs états et seigneuries* (1655), Lenoble dans sa *Relation de l'État de Gênes* (1685), Reinhard dans son *De jure imperii in rempublicam Genuensem*, et André de Andreis dans son *Enuclejatio juris immediati sacri romani imperii super urbe Genuæ* (impr. dans Senckenberg, p. 817 et ss), avaient traité de ce sujet. Depuis Senckenberg, nous ne connaissons que M. de Circourt qui ait renouvelé le sujet, dans son article sur *Le duc Louis d'Orléans : II, Savone et Gênes*, dans la *Rev. des Quest. histor.*, juillet 1889. Pour toutes ces raisons, conformément à la méthode que nous avons adoptée, nous ne ferons que rappeler les faits essentiels.

[1] Les droits de l'empire sont tout particulièrement mis en lumière dans les chap. III à VII de l'ouvrage de Senckenberg.

[2] Le palatin de Bavière, dans son *Préavis sur l'opportunité de l'entrevue de Reims*, déjà cité, propose à Wenceslas de tenir au roi de France ce langage : « Potestis enim dicere :... Secundo, ipse rex Francie non potest negare quin acceperit et teneat de præsente dominium in nobili civitate imperiale, quæ vocatur Janua ; quæ civitas habet multa dominia ultra et citra mare, ita quod reputatur quasi unum regnum... Nec obstat si dicatur quod plures domini in Italia tenent etiam terras meas et regni, quia saltem illi recognoscunt eas a me et etiam serviunt in multis imperio et favent, et confitentur se vicarios meos. Vos domini de Francia, nulla consideratione habita de juribus meis et regni mei, facitis vos dominos rerum alienarum, contemto illo qui est dominus naturalis. » (Martène, *Thesaurus*, II, 1174.) Le palatin fait aussi allusion à l'expédition d'Enguerrand de Coucy contre Savone en 1393.

par le pontife du Rome qui intervint dès la fin de 1399, essayèrent de soustraire leur ville à l'autorité et du roi et de
l'empereur. Vainement. Au bout de deux ans cependant, les
Gênois se ressaisissent à moitié en donnant le pouvoir suprême à l'un de leurs concitoyens, Baptiste Boccanegra, à qui
ils attribuent toutefois par prudence le titre de capitaine de la
garde du roi de France. Puis ils députent à Charles VI pour
faire agréer leur choix et ratifier les faits accomplis, 1400.

Le roi s'y refusa. Son refus dut s'inspirer de cette première
considération que le pacte de 1396 était violé par les Gênois.
Les évènements d'Allemagne durent bientôt le fortifier dans
sa résolution.

Au nombre des griefs que les grands électeurs élevaient
maintenant avec le plus de passion contre Wenceslas figurait
celui d'avoir vendu Gênes au roi de France contre argent
comptant [1]. Le fait ne serait point impossible [2] : Charles VI se
serait assuré de la sorte la neutralité de Wenceslas dans
cette affaire, et celui-ci, peu scrupuleux en pareille matière,
y aurait aussi trouvé son compte. Toutefois ce n'est que conjecture de notre part. La preuve directe fait défaut, et si le
marché eut réellement lieu, le secret fut si bien gardé que la
postérité ne peut recueillir sur ce point que des accusations
probablement conjecturales.

La cour de France craignait peut-être que cette revendication des princes allemands s'exerçât plus directement. Lorsque
Robert s'apprêta à franchir les monts, elle se hâta d'envoyer
aux Gênois à titre de gouverneur l'énergique Boucicaut en compagnie de 2,000 hommes (oct. 1400). Les mesures qu'il prit tendaient non seulement à rétablir l'ordre dans la ville, mais encore

---

[1] Trithème, *Première relation de la déposition de Wenceslas*, 20
août 1400, dans *D. R. T. A.*, III, 275 et 276 : « Item, quod (Wenceslaus)
civitatem Januensem accepta pecunia ab imperio alienavit, contra-
dens eam regi Francorum sine consensu principum electorum et
imperii... » La seconde *Relation* du même auteur ajoute : « in grave
detrimentum totius regni germanici simul et imperii romani. » Une
autre relation, rédigée à Francfort (*ibid.*,272), une quatrième, composée à Strasbourg (*ibid.*,274), ne parlent pas de marché entre le roi
et l'empereur, mais seulement d'une cession de Gênes par l'empereur.

[2] Nous avons eu occasion de dire (chap. II, p. 43) que le duc d'Or
léans avait, en d'autres circonstances, consenti un prêt d'argent en
faveur de Wenceslas toujours à court de ressources.

à y fortifier l'autorité du roi de France. Le pape de Rome, par inimitié contre Charles VI, s'empressa de négocier sous main pour ravir Gênes à cette tutelle étrangère et fit inviter Robert à agir en conséquence [1]. L'empereur sembla d'abord se prêter à ce dessein [2]. Il ne demandait certes pas mieux que de plaire à Boniface en cette occurrence et surtout de donner satisfaction aux grands électeurs en prenant partout le contre-pied de Wenceslas. Mais il avait assez à faire avec Galéas et trop à ménager Charles VI pour attaquer Boucicaut. En réalité l'empereur ne fit rien et Gênes ne fut pas même sérieusement menacée.

Dans les années qui suivent, l'autorité du roi de France est si bien assise à Gênes que Boucicaut ne craint pas de s'éloigner pour aller combattre le roi Janus. Galéas, redevenu l'allié de la France, est d'ailleurs là qui veille et éloigne les ambitieux [3]. Cette situation durera jusqu'en 1409.

 « Dominus noster apostolicus desiderat quod majestas regia (sc. Rupertus) mittat ambasiatores suos sollempnes ad civitatem Januensem, que imperialis est, ipsos requirendo quatenus sibi tanquam Romanorum regi obediant et intendant ne ad manus amborum, qui dominium dicte civitatis sibi usurpare conantur, contingat devenire. » (Procès-verbal des ouvertures faites à Robert par les ambassadeurs du pape, 25 déc. 1401. Dans les *D.R.T.A.*, V, 40. D'une note insérée *ibid.*, p. 110, il semble résulter que dès 1399 Boniface IX avait tenté directement de séparer les Gênois du roi de France.)

 [2] Instructions de Robert pour ses députés au pape, vers le 2 janv. 1402 (*D.R. T. A.*, IV, 43) : « Von der Botschaft wegen zu den von Genaw zu tun, sagent dem Babst daz wir daruf wollen gedenken... » — Instructions identiques, 22 janv. 1402, *ibid.*, 59.

 [3] Dans une lettre adressée en mai ou juin 1404 aux Vénitiens par le « consilium ancianorum et officium provisionis Genuensium » pour les détourner de faire la guerre à Galéas, il est dit expressément que celui-ci est l'allié des Gênois et de leur roi. (Dans Senckenberg *Jus in Genua.*, I. 254, qui, à tort, croit que ce roi est l'empereur Robert, alors qu'il s'agit certainement du roi de France.)

CHAPITRE IV

1. Les expéditions françaises en Flandre. — La campagne de Gueldre
en 1388. — Partage d'influence entre le roi de France et l'empereur
d'Allemagne dans le Barrois. — La ligne frontière sur la haute
Meuse. — Relations du roi de France et de l'empereur avec les
villes de la rive gauche de la Meuse : Neufchâteau, Verdun. ==
2. Enclaves d'empire en France. = 3. Relations du roi de France
avec les villes de la rive droite de la Meuse : Toul. — Réaction
de Wenceslas et de Robert contre les envahissements du roi de
France sur la haute Meuse.

1

Les expéditions françaises dans les Flandres sont nombreuses depuis le XIIIe siècle ; nous les avons soigneusement énumérées dans nos premières *Recherches critiques*. Charles VI
à lui seul en fit trois[1], pour soutenir le comte de Flandre contre les Gantois révoltés, affirmer son influence sur les dynastes
de cette région et remplir à leur égard ses devoirs de suzerain.
Nous ne recommencerons pas ici le récit, vingt fois fait par les
historiens du règne, de ces trois campagnes qui se succédèrent
à quelques mois d'intervalle sans éveiller les susceptibilités de
l'Empire. Les causes en sont connues, les effets aussi. Nous relèverons seulement que Charles VI se montre à chaque occasion
le continuateur conscient d'une politique déjà vieille de deux
siècles, mais qui ne devait porter tous ses fruits que sous
Louis XIV.

---

[1] Milieu de 1382, milieu de 1383 et fin de 1385. Voy. surtout
Froissart.

Tout au contraire Charles VI rompt avec la tradition, ou,
pour mieux dire, il en fonde une nouvelle quand, quatre ans
après sa dernière campagne de Flandre, il prend les champs
pour combattre le duc de Gueldre, le vieil allié de son père,
dont les domaines, situés sur la basse Meuse presque au bord
du Rhin par delà les Flandres, s'étaient ainsi toujours trouvés
à l'abri des incursions françaises.

On sait l'origine et les péripéties de cette ridicule campagne
de 1388. Jeanne de Brabant, duchesse de ce pays depuis la mort de
son père (1355), avait eu maille à partir avec son voisin, le
jeune duc Guillaume de Gueldre, qui réclamait la souveraineté
de la seigneurie de Millen. Jeanne la refusait et prit les armes
pour défendre son droit. Elle ne put empêcher que la place forte
de Grave, qui commandait les passes de la Meuse, ne tombât
aux mains de Guillaume. Elle s'adressa alors à Philippe de
Bourgogne, oncle de Charles VI et, depuis 1384, seigneur de la
Flandre, lui montrant en perspective la possession de quelques
châteaux-forts dans le Limbourg et promettant de faire de
Marguerite de Flandre, épouse de Philippe, l'héritière du
Brabant.

Il n'en fallait point tant pour décider le duc de Bourgogne à
prendre fait et cause pour Jeanne. Il fit plus encore en entraî-
nant avec lui Charles VI[1] et bon nombre de petits seigneurs[2].
Telle fut l'occasion, mais non peut-être l'origine[3] de cette

---

[1] « Le roy demeura en son voyage d'Allemagne, qui estoit au duché de Juilliers, depuis le 28 août 1388 jusqu'au 6 novembre. Le
duc demeura tout le temps avec lui. » (E. Petit, *Itinéraire*, I,
p. 537.)

[2] M. E. Jarry a publié la « liste des seigneurs qui allèrent en
Gueldre, » p. 414 de son livre sur *Louis d'Orléans* déjà cité.

[3] Cette expédition a été plusieurs fois racontée : en dernier lieu,
avec une très grande précision, par l'auteur bien connu de la *Gesch.
des deutschen Reichs*, M. Th. Lindner, dans le *Monatsschrift für
rheinisch-westfælische Gesch. forschung u. Alt. Kunde*, 2e année,
1876. p. 23: *der Feldzug der Franzosen gegen Iulich und Geldern
im Jahre* 1388. — M. Lindner a utilisé toutes les sources connues:
nous serions fort empêché d'ajouter à son récit. Cependant à propos de ce chiffre de 100.000 hommes auxquels les chroniqueurs du
temps évaluent l'armée du roi, — chiffre que les historiens modernes ont bien pu suspecter mais non ruiner, — nous demande-
rions volontiers si cette campagne de 1388 ne fut pas, au fond, résolue pour occuper une foule de gens de guerre que les trèves
laissaient sans emploi. De ce point de vue, l'expédition de Gueldre

expédition de Gueldre où les troupes françaises, sans avoir pu férir le moindre coup, amenèrent cependant le duc de Gueldre à se soumettre et firent en réalité triompher la cause de Jeanne de Brabant.

L'histoire des progrès de l'influence française dans ces parages va tourner désormais presque tout entière autour des ducs bourguignons qui se succéderont en Flandre. Nous la réserverons par conséquent pour le chapitre suivant.

Dès les premiers temps de son règne, Charles VI s'était aussi préoccupé de faire valoir ou tout au moins respecter les prérogatives que ses prédécesseurs avaient si péniblement acquises sur divers points de la haute Meuse. A la suite d'une enquête instituée en 1299, on avait solennellement établi dans le lit même de la rivière des bornes d'airain qui en marquaient comme le thalweg et faisaient de la Meuse, dans la partie supérieure de son cours, la limite reconnue des deux royaumes[1]. C'est par une légitime conséquence de cet accord que Philippe le Bel avait exigé en 1302 l'hommage du comte de Bar pour toute la partie de son fief située sur la rive gauche de la Meuse. Mais une première et grave modification de cette frontière fut introduite par l'hommage qu'Eberhard de Wurtemberg rendit en 1353 au roi de France pour le duché de Lorraine dont il avait la garde[2]. Cet hommage ne tira point du reste à conséquence autrement qu'en donnant prétexte à l'empereur d'Allemagne de fortifier à cette longitude la frontière conventionnelle. En 1354, en effet, Charles IV érige en marquisat de Pont-à-Mousson toute la partie du Barrois située sur la rive droite de la Meuse. A son exemple le roi de France s'empresse, l'année suivante, de donner à la rive gauche le titre de duché[3].

ne serait pas sans analogie avec celles de l'archiprêtre Arnaud de Cervoles en 1365, d'Enguerrand de Coucy en 1375 et du dauphin Charles en 1444.

[1] Voy. nos premières *Recherches critiques*, p. 111. — En 1288 avait eu lieu une première enquête partielle. M. Julien Havet en a publié le texte en 1881 dans la *Bibliothèque de l'Éc. des Chartes*, p. 383 et 612.

[2] Poissy, août 1353 · « Scavoir fesons que nous sommes entrés en foy et hommage de très excellent prince le roy de France nostre seigneur à cause du bail de tel fieu et de tel hommage comme le duc de Lorraine, de qui nous avons le bail à présent, tient et doist tenir de nostre dict seigneur..... » (Copie dans le Reg. 687 B. fo 167 du *Filial-Archiv* de Vienne.)

[3] Cette mention et celles qui précèdent immédiatement sortent

Mais une rivière limite moins qu'une montagne. Le duché de Bar resta toujours en relations d'intérêt avec la rive opposée, même avec le Luxembourg, et nous voyons en 1387 [1], de nouveau en 1399 (n. st. 1400) [2], les états de ces deux pays conclure une ligue destinée à empêcher les guerres locales, à l'instar des ligues de Souabe et du Rhin, qui datent également de cette époque.

Telle était la situation légale de ces territoires lorsque quelques contestations élevées à propos de Ste Menehould et de Baleycourt près Verdun fournirent prétexte, en 1386 [3] et 1390 [4], de renouveler l'enquête de 1299 [5]. Le bailli de Chaumont fut chargé de ce soin. Il fit comparaître quelques vieillards des localités voisines de Verdun, qui déclarèrent savoir par tradition qu'au temps du roi Philippe le Bel, à l'issue des conférences qu'il avait eues avec l'empereur d'Allemagne [6], la limite des

---

quelque peu du cadre chronologique assigné à ces *Nouvelles recherches critiques*. Mais comme le lecteur les demanderait vainement à nos premières *Recherches critiques*, nous avons cru nécessaire de les intercaler ici comme entre parenthèses.

[1] Marville, 16 déc. 1387, dans Lünig, *Codex diplom.*, II, p. 1654. Nous y relevons la clause suivante : « Item, et n'est pas à entendre que parmi ce présent traittié M. le duc de Bar entrepreigne aucunement contre le roy de France, ses droits ne sa seignorie. »

[2] Saint-Mihiel, 4 mars 1399, *ibid.*, p. 1662.

[3] Enquête du 17 mars 1386 (peut-être 1387), faite par le bailli de Vitry. (Copie moderne dans le Reg. 688 A. des Archives impériales de Vienne (*Filial-Archiv*). Il y est question des bornes placées dans la Meuse en 1299. (Voy. ci-dessous).

[4] Voy. nos premières *Recherches critiques...* p. 108 et 111.

[5] Enquête du 13 septembre 1390 faite par le bailli de Chaumont. (Dans Leibnitz, *Codex*, I, 453, avec la date fautive de 1490).

[6] Isabelle la Bossue, demeurant à Rivel-Dessous en la châtellenie de Vaucouleurs, âgée de 84 ans, dépose en 1390 avoir ouï dire à ses père et mère « que le bel roi Philippe de France, qui estoit un grand homme, et l'empereur estoient venu à Val dict le Val de Lone, qui est entre la dicte ville de Rivel en allant à Thoul, et que le père d'elle qui parle les avoit veus ensemble; et furent à tout grand quantité de seigneurs d'une part et d'autre au dict Val, et furent mises bonnes (*sic*) illec pour séparer et diviser le royaume de France et l'Empire. Et disoit son père que les bonnes estoient fichées dedans terre bien en parfond, et en avoit depuis veu dehors ce que dehors la terre avoit laissié; mais elle qui parle ne les veist onques. Bien se recorde que son père et sa mère disoient toujours à elle qui parle et à leurs voisins que l'an 1292 (*corr.* 1299) furent les deux rois au Val d'One, et le lendemain a matin veinrent veoir saint Martin. Et dict sur ce requise que son dict père et sa mère luy avoient dict par plusieurs

deux états avait été déterminée de la manière que nous avons
dite. L'enquête de 1390 restitua ainsi en droit la limite acceptée par Philippe le Bel et Albert d'Autriche. C'est là un fait
utile à constater, car il va différencier désormais d'une manière
essentielle la portée des actes du pouvoir royal, selon qu'ils
s'exercent sur Toul, Metz et Montmédy, rive droite de la Meuse,
ou sur Verdun, Commercy et Neufchâteau, rive gauche. Dans
le premier cas, le roi de France est censé n'exercer encore que
des droits de garde, de patronage ou de protection, qui ne pré-
judicient en rien à la suzeraineté de l'empereur. Dans le second
cas, il exerce des droits de suzeraineté directe que nul ne peut
lui contester. Tel est du moins le droit théorique[1]. En fait nous
verrons qu'il est souvent contesté des deux parts, que l'empereur ne renonce nullement à Verdun et que le roi de France
vise l'hommage direct de Toul. La cause impériale est représentée par le duc de Lorraine qui défend tant bien que mal ses
vassaux menacés : Robert lui attribue même expressément en
1406 le jugement de tous les conflits de ce genre qui peuvent
s'élever entre Meuse et Rhin[2]. La cause royale est aux mains
des ducs de Bar et mieux encore aux mains des baillis de Chaumont et de Vitry. Seulement au milieu des bouleversements
politiques du temps, il arrive à certains moments que le duc de
Bar essaie de se soustraire lui-même à la suzeraineté du roi de
France pour se soumettre à celle de l'Angleterre, et que le duc
de Lorraine penche plus ou moins du côté du roi de France
pour se défendre de l'empereur.

Nous remarquerons encore que ces demandes de protection

---

fois que en la ville de Rivel dessus dicte l'empereur et le roy furent à
l'église d'illec, ou pose saint Martin, ouyr messe; en laquelle église
l'on pourtray l'image du roy Philippe afin d'en avoir memoyre, laquelle image y est encore en un mur par devers le royaume. Et la
monstra la dicte femme qui parle et les autres habitans de la ville a
nous et a notre dict lieutenant... »

[1] Dans son important mémoire sur les *Limites de la France* (dans
la *Revue des Quest. historiques*, XVIII, 464), M. Longnon a bien montré que, encore au temps de Jeanne d'Arc, la Meuse était considérée comme la frontière de la France et de l'Allemagne jusque vers
Château-Regnault.

[2] « Item, quod quælibet duella in terra inter Rhenum et Mosam
orta coram eo consummari debeant. » Voy. la confirmation faite
par Robert au duc de Lorraine de l'avouerie sur Toul et le monastère
de Rumelsperg. Alzey, 3 janv. 1406, dans le *Registraturbuch*, A,
f° 95.

faites au roi de France par des villes peuvent être assimilées,
au point de vue juridique, aux traités d'alliance que les princes
de l'Empire concluaient depuis si longtemps déjà avec ce même
roi. C'est l'exercice de la souveraineté féodale dans un but
d'intérêt personnel, exercice qui n'emporte pas cette conséquence que princes ou villes songeassent à sortir de l'empire
germanique pour se placer sous la suzeraineté d'un roi étranger.

Des actes d'autorité exercés sur cette frontière par le roi
et l'empereur, nous connaissons les manifestations succes-
sives ; mais les causes occasionnelles nous échappent le plus
souvent. Autant qu'on en peut juger par quelques cas isolés,
c'était tantôt fortuitement, parce qu'il voyageait dans ces parages, que le roi de France faisait constater son droit. Tantôt
c'était à la demande des intéressés, désireux d'un pouvoir fort
qui sut les protéger contre les gens de guerre ; maintes fois,
c'était à la suggestion des baillis de Chaumont et de Vitry, qui
ne manquaient point d'intervenir dans les querelles et les rixes
de la frontière — aussi fréquentes en ce temps qu'elles sont
rares de nos jours, — et en prenaient occasion pour avancer
leur influence aux dépens de l'Empire.

Avec les villes de la Meuse, les relations du pouvoir royal
sont maintenant moins nombreuses qu'au temps de Philippe
le Bel et de Philippe VI. Charles VI prend soin pourtant de fortifier l'autorité que le premier de ces deux rois avait conquise
dès 1300 sur Neufchâteau et les environs, et octroye à diverses reprises au duc de Lorraine, seigneur immédiat, les
lettres de rémission qu'il sollicitait à l'occasion de violences
commises en cette ville contre les officiers du roi de France.
Charles en profite pour prouver à tous qu'il est seul haut justi-
cier de ce domaine. La preuve est faite une première fois en
1391, de nouveau en 1397 et 1413 [1]. Des violences mêmes le roi
n'avait cure : elles étaient d'habitude sur cette frontière et de
nécessité pour ces belliqueuses populations. De 1401 à 1406
en particulier, c'est-à-dire au temps où Louis d'Orléans opé-
rait, on avait vu d'étranges choses. Les gens d'armes de Lorraine avaient décroché et foulé aux pieds les armoiries du roi en
présence même du duc qui ne s'en était point autrement ému.
Encouragés par cette complicité tacite, ces soudards avaient
traîné l'écu de France dans la fange, criant en dérision : « Oi

_____
[1] Corbeil, 9 mars 1390 (n. st. 1391); Paris, déc. 1397; Paris, fév.
1412 (n. st. 1413). (Dans le Reg. 687, p. 599, et Reg. 106, p. 548 et 577,

es-tu bien malade, roy. Tu ne te peux ayder. Voyez-ci le roy que j'ay pris ! » Et après ce, celuy qui ce faisoit les meist sur son espaule en disant : « Vécy bel miroir » [1]. — Ces traits de mœurs sont significatifs : la lutte des peuples était permanente sur cette frontière.

Dès 1386 un arrêt du parlement, rendu probablement dans quelque affaire de même nature, avait prononcé que « le chastel et ville de Neufchastel seront tenus en la main du roy et gouvernés par icelle » [2]. Au duc de Lorraine on reconnaissait seulement la directité, et on lui enjoignait de bailler dans un délai fixe le dénombrement de cet arrière-fief de la couronne. Cet arrêt fut répété dans sa partie essentielle, quelques années plus tard (1391 [3]), et eut pour conséquence le renouvellement de l'hommage du duc de Lorraine au roi [4]. On peut induire de la considération de ces divers faits que le duc avait essayé de se soustraire à la suzeraineté du roi de France et contesté son droit sur ce point.

A Verdun, en raison de l'importance de la ville, la vigilance royale était plus grande et les prérogatives de la couronne de France étaient d'ordinaire moins maltraitées. Il y a pour cette ville deux séries parallèles de confirmations de privilèges : les unes émanent de l'empereur en 1378 et 1387 pour la courte période qui nous occupe ; les autres du roi de France en 1389 et 1396 [5].

du *Filial-Archiv.*). — On trouve *ibid.* une mention de lettres toutes semblables octroyées par le prédécesseur de Charles VI, à Paris, 23 sept. 1367.

[1] Procès-verbal dans le Reg. 106, p. 586, du *Filial-Archiv.* — La conséquence de ces actes, ce fut l'appointement du 21 juillet 1406, par lequel le duc de Lorraine promit de s'accommoder à l'ordonnance du roi sur le fait de Neufchatel (ordonnance que nous n'avons pu retrouver) : « Pour ce que les gens du roy maintiennent que plusieurs maux et dommages sont advenus au royaume par les dessus dicts [gens du duc] et leurs complices estans es forteresses de Chastellet..... de Bernouillet et de Thuilles..... le dict duc pour monstrer plus grande obeyssance envers le roy, comme vray obeissant subject doibt faire, a dès maintenant mis et met les forteresses dessus dictes es mains des dicts commis de par le roy.....» (*Ibid.*, p. 572).

[2] 27 août 1386, (Reg. 106, p. 541, du *Filial-Archiv.*).

[3] 17 juin 1391 (*Ibid.*, p. 558).

[4] Samedi après l'Assomption Notre-Dame (= 19 août) 1391. *Ibid.*, p. 558.

[5] Reg. 676 du *Filial-Archiv.*, intitulé *Protections des rois de*

Mais une confirmation de privilèges était souvent un acte de pure formalité. A Verdun il y eut quelque chose de plus, qui montre bien l'antagonisme des prétentions élevées par l'empereur et le roi sur cette ville. Nous en avons touché quelques mots déjà à propos du schisme ecclésiastique [1], dont elles furent un incident. Nous nous répéterons ici, en accentuant davantage le côté politique des événements.

En 1384 Wenceslas, qui était venu régler la succession de Brabant, profite de sa présence dans cette région pour faire preuve d'autorité sur Verdun en lui imposant un évêque de son choix. Ce fut Roland de Rodemacher. Son successeur Liébaud de Cusance ne s'entendant point avec les bourgeois de sa ville épiscopale, s'avisa de réclamer contre eux l'appui du roi de France [2]. Peut-être Liébaud n'eut-il jamais songé à cette aide, si Charles VI en route pour la Gueldre ne se fut trouvé avec son armée au voisinage de Verdun. Le roi prêta l'oreille à ses plaintes, mais n'osa faire acte de souverain. Les bourgeois le reçurent avec honneur, conseillés sans doute par la vivante menace qu'il traînait après lui. Charles VI se montra bon prince, les prit en sa garde, en informa Wenceslas [3] et suspendit ainsi les effets de la colère impériale.

Cependant il y avait à Verdun d'autres intérêts en souffrance: ceux du clergé. Charles VI entendait bien les soigner aussi. Mais les bourgeois de la ville, qui, en d'autres temps, s'étaient appuyés sur le roi de France, allaient se détourner de lui maintenant qu'il donnait son patronage à l'évêque, leur seigneur légitime et comme tel leur ennemi traditionnel. Probablement à l'instigation du gouverneur de Luxembourg, ils informèrent Wenceslas du traité projeté, mais non encore conclu entre Charles VI d'une part, Liébaud de Cusance et ses chanoines de l'autre [4]. Toutefois Wenceslas parait bien n'avoir pris cette affaire

France pour Verdun, provenant vraisemblablement du trésor des chartes de Lorraine. (Sur ce trésor des chartes, voy. un article de M. H. Lepage dans le _Bull. de la Soc. d'archéologie lorraine_, t. VII, p. 99 et ss).

[1] Voy. ci-dessus, chap. I, p. 12.

[2] Wurth-Paquet, _Regestes. luxembourg._, XXV, à la date.

[3] Wurth-Paquet, ouv. cité, sans indication de source.

[4] Ce traité de pariage fut rédigé à Paris, le 30 sept. 1389. Il est inséré dans la bulle de Clément VII dont nous parlons plus loin. Il y en a aussi une copie dans le vol. 27 de Séguier, à la Bibl. nationale.

en sérieuse considération que lorsque, par la maladroite intervention de Clément VII [1], elle devint à la fois un défi au chef de
l'Empire et au chef du parti de Rome. Ses lettres à l'évêque
de Verdun abrogeant le pariage que celui-ci avait consenti à
Charles VI, sont de la fin de 1389 [2]. Comme conséquence de
cet acte d'autorité, Wenceslas chargea son sénéchal Hue d'Au-
tel de se rendre à Verdun et de mettre en sa main toute la seigneurie de l'évêque [3]. C'est ce qui eut lieu immédiatement, sans
que Charles VI ait relevé l'offense.

Les bourgeois de Verdun se tinrent pour satisfaits d'a-
voir si bien fait pièce à leur évêque. Wenceslas les en récom-
pensa en leur écrivant quelques mois plus tard pour les louer
de leur fidélité à l'Empire [4].

Le roi semble avoir été poussé à soutenir l'évêque de Verdun
par les chanoines du chapitre, qui comptaient faire servir l'autorité royale à sauvegarder leurs intérêts temporels contre les
ayants-droit de Béatrice de Bohême, duchesse douairière de
Luxembourg († 1383). Ils ne réussirent point néanmoins à se
mettre à l'abri des incursions de leurs ennemis ni d'autres
atteintes portées à leurs droits. En 1396, sans que nous connaissions bien l'enchaînement des causes, ils demandèrent à
Charles VI sa protection, obtinrent de lui la confirmation de
leurs privilèges et convinrent en retour « que le roy aurait
pour son droit de garde 500 francs d'or à 20 sols pièce et 200 ll.
pour le bailly de Vitry nommé gardien pour le roi ; et outre
ce.... promirent quelques services de guerre » [5]. C'était la re-
vanche du roi de France.

Ces faits une fois acquis, on n'est pas surpris de rencontrer,
sous la date du 3 octobre 1406 [6], certaines lettres de Charles VI
reconnaissant que les vassaux de l'évêque-comte de Verdun ne
sauraient être cités devant les officiers royaux, puisque l'évê-

---

[1] Bulle de Clément VII, confirmative de l'association de droits
faite entre l'évêque et le roi, mentionnée, sans date, dans le Reg.
676, p. 193, du *Filial-Archiv*.

[2] Prague, 15 (*alias* 5) déc. 1389 (dans Dom Calmet, *Hist. de Lorraine*, III, 606).

[3] Wurth-Paquet, ouv. cité, sans indication de source.

[4] Wurth-Paquet, ouv. cité, sans indication de source.

[5] Wurth-Paquet, ouv. cité, d'après l'*Hist. de France* de Nic.
Gilles ! Le fait aurait besoin d'un meilleur garant. Nous ne le pré-
sentons donc que sous bénéfice d'inventaire.

[6] Lettres patentes de Charles VI, du 3 oct. 1406, analysées dans le
Reg. 676, f° 41, du *Filial-Archiv*.

que tient son temporel de l'empereur. Mais un pareil recul de
la royauté ne peut avoir été spontané. Nous y voyons sans hésitation une concession arrachée à la faiblesse de la cour de
France par l'empereur Robert qui, en d'autres occasions encore [1], se montra le défenseur résolu des prérogatives que lui
avaient léguées ses prédécesseurs sur cette région intermédiaire.
Toujours est-il que cette reconnaissance fît loi. Nous la trouverons confirmée à trois reprises au cours du XVe siècle.

2

Bien en deçà des lignes de la haute Meuse, que le roi de
France reconnaissait pour la limite de son royaume, existaient
sur quelques points des enclaves d'Empire qui étaient autant d'occasions de lutte et de constestation entre les deux
états. Ces enclaves semblent s'être rattachées primitivement
aux comtés de Bar et de Luxembourg et s'en être plus tard dé-
tachées assez pour ne point suivre les transformations féodales
de ces deux grands fiefs. Ainsi en était-il des domaines de
Gilles, bâtard de Luxembourg, disséminés sur la frontière du
royaume depuis Brienne jusqu'à Fiennes près Guines. Le
comte de Saarbruck s'étant avisé de porter de ce côté ses
incursions et ses pillages, Gilles invoqua la protection du roi
de France qui chargea ses baillis de Chaumont, de Vitry et de
Vermandois de défendre le bâtard de Luxembourg contre son
ennemi, 1390 [2].

Ainsi encore des châtellenies de St. Dizier et Vignory au
sud-ouest de Bar-le-Duc, à quelques lieues de la Meuse. Elles
étaient échues par voie d'héritage au comte de Kibourg, vassal
de l'Empire. Charles VI respecta son droit, mais exigea l'hommage du nouveau possesseur. Celui-ci n'étant point en état de
le rendre, sollicite et obtient en 1409 des lettres de répit pour
faire relief de son fief [3]. L'année suivante, le roi se décide à
acheter la tierce partie de ces deux châtellenies, non point le
domaine direct, mais seulement le domaine utile, au prix de

---

[1] Voy. ci-dessous le chapitre V.
[2] Paris, 20 août 1390. Acte mentionné par Wurth-Paquet, *Regestes luxembourg.*, XXXIII, à la date.
[3] Paris, 16 mai 1409, source comme dessus.

5,500 ll. [1]. C'était un acheminement à la possesion définitive de ce coin de terre.

L'investiture de fiefs français à des princes allemands est une autre curiosité historique des XIVe-XVe siècles [2]. Dès le règne du roi Jean, sinon plus tôt, le comte de Juliers avait reçu en don les seigneuries de Lury et Vierzon en Berry. Elles furent confisquées vers 1350 pour punir le comte de s'être donné aux Anglais, et ne lui furent jamais rendues, non pas même quand, en 1379 [3], revenu à résipiscence, Guillaume de Juliers conclut avec le roi de France un traité par lequel il se reconnaissait son vassal.

En 1379, Charles V avait fait don à son oncle, Wenceslas de Brabant-Luxembourg, de la châtellenie de Coulommiers en Brie, pour en jouir jusqu'à révocation, à charge d'un revenu annuel de 1,200 ll. Cette donation fut confirmée l'année suivante par Charles VI [4]. La châtellenie ayant été donnée par Wenceslas à sa nièce duchesse de Bar, revint cependant par cette voie à la France.

Cet antécédent fit bientôt loi. En 1402 Louis le Barbu, duc de Bavière-Ingolstadt, épouse Anne de Bourbon veuve de Pierre de Montpensier, laquelle mourut en 1409. Louis le Barbu convola aussitôt à un second mariage avec Catherine d'Alençon, fille du comte de Mortagne, et porta dès lors le titre de comte de Mortagne [5], tandis que le fils né de son mariage avec Anne de Bourbon, Louis le Bossu, héritait, du chef de sa mère, de la châtellenie de Bellac, Rancon et Champagnac en Basse-Marche [6]. Ce fut plus tard l'objet d'un long procès avec Bernard d'Armagnac, procès qui durait encore en 1442.

---

[1] Paris, 2 juillet 1410, source comme dessus.

[2] On trouvera un nouvel exemple de ces investitures en l'année 1430-31, à l'occasion de l'alliance conclue par Charles VII avec le duc d'Autriche (ci-dessous, chapitre XI).

[3] Montargis, 10 août 1379, dans Lacomblet, *Urkundenbuch*, III, 735. Lury et Virson sont dits en Bourbonnais. C'est une erreur qui se corrige aisément dans les deux cas, car il ne peut s'agir que de Lury-sur-Arnon et de Vierzon dont la position n'est pas douteuse. — Nous reviendrons sur ce traité de 1379 dans notre chapitre V.

[4] Montargis, 21 déc. 1379, dans Wurth-Paquet, *Regestes, luxembourg.*, XXIV, à la date.

[5] Voy. Lang, *Gesch. des bairischen Hzgs Ludwig des Bœrtigen zu Ingolstadt*, p. 49, 73 et 200.

[6] On trouvera dans nos *Doc. historiques sur la Marche et le*

Des mouvances de ce genre, il y en avait ailleurs encore. A la suite de quelques démêlés avec la duchesse de Bar, Charles V avait confisqué en 1373 le château de Clermont en Argonne ainsi que les forteresses de Vienne et de Quemenières [1]. En avril 1379, pour fortifier ses bonnes relations avec Yolande de Flandre, duchesse de Bar, Charles V lui restitue ces places. Mais il fallut que la comtesse reprit de vive force celle de Quemenières, le commandant militaire n'ayant point tenu compte de l'injonction du roi [2].

C'est par une bien fausse idée des dispositions du roi de France que les habitants de Sainte-Menehould et de Baleycourt, arguant de leur mouvance du Barrois, essayèrent en 1386 de se faire reconnaître comme sujets de l'Empire [3]. Nous avons dit précédemment comment l'enquête de 1390 trancha la question et empêcha la constitution de cette enclave.

3

Étudions maintenant les agissements des représentants du roi de France au delà de la Meuse.

Leur principal objectif, à cette époque, ce n'est point encore Metz, mais c'est déjà Toul. La seigneurie du lieu appartenait au chapître et s'étendait bien au delà de la banlieue de la ville, sur divers bourgs et villages dont plusieurs étaient situés sur la rive gauche de la rivière. C'est par cette issue que pénétra le pouvoir du roi. Le chapître essaye bien de résister et proteste juridiquement contre les empiétements du bailli de Chaumont. Mais les grands jours de Troyes, saisis de la question en 1395, déboutent les plaignants de leurs prétentions à la suzeraineté et ne leur reconnaissent qu'un droit de passage sur ces terri-

Limousin, t, I, p, 229, un acte de 1418 portant mention de cette suzeraineté : « Universis presentes litteras inspecturis custos sigilli constituti in castellaniis de Belaco, Ranconio et Champaniaco pro excellentissimo principe domino comite palatino de Rinu (_sic_), duce in Baveria, habente bailliam, regimen et administracionem illustrissimi Ludovici ejus filii, domini dictorum locorum. »

[1] Acte d'oct. 1373, mentionné dans le Reg. 90, p. 106, du _Filial-Archiv_.

[2] Paris, 6 avril 1378 (n. st. 1379), dans Lunig, _Cod. diplom._, II, 2126.

[3] Voy. l'enquête du 17 mars 1386 citée ci-dessus, p. 74.

toires [1]. L'affaire reste néanmoins indécise, puisqu'elle est reprise en 1406 [2]. La sentence finale ne nous est malheureusement pas connue.

Après avoir réclamé pour son maître tout pouvoir sur cette portion isolée du comté de Toul, le bailli de Chaumont élève même prétention sur le reste du comté, si bien qu'en 1403 Charles VI revendique les droits de protection que Philippe le Bel lui avait légués sur la banlieue de la ville. L'un des faubourgs de Toul, celui de St-Epvre, était mouvant du duché de Lorraine, mais l'autre, celui de St-Mansur, relevait du Barrois et, comme tel, se trouvait être un arrière-fief de la couronne de France. Philippe le Bel, à une date inconnue, Charles V en 1366, puis à leur exemple Charles VI vers 1387 [3] avaient pris l'abbaye sous leur protection directe, à telles enseignes qu'en 1406 les moines du lieu, menacés par le duc ed Bar allié du duc d'Orléans, recoururent au roi de France comme à leur protecteur naturel [4].

Mais le comté de Toul comprenait avant toutes choses la ville même. Par deux fois, en 1401 et 1411 [5], à l'occasion des guerres qui désolaient cette région, Charles VI renouvelle aux bourgeois l'assurance de protection que leur avait donnée Philippe le Bel. En 1386 [6] déjà, il avait fait acte de souveraineté en délivrant à Gilles, bâtard de Luxembourg, des lettres rémissives des violences dont il s'était rendu coupable contre les vassaux de l'évêque de Toul.

Vers le milieu de l'année 1396, un parti de Français s'empare par surprise de la petite ville de Damvillers sur la rive droite

[1] Arrêt du 30 oct. 1395, mentionné dans le Reg. 687, p. 76, du *Filial-Archiv*.

[2] Sentence d'ajournement, 28 janv. 1405 (n. st. 1406), mentionnée dans le Reg. 675, p. 57, du *Filial-Archiv*.

[3] Mentions du Reg. 676, p. 309, du *Filial-Archiv*.

[4] Lettres de Charles VI commettant certaines personnes pour connaître des appels interjetés contre les jugements des officiers du bailliage de Chaumont. Paris, 28 oct. 1406 (Copie dans le Reg. 675, p. 156, du *Filial-Archiv*).

[5] Mentions du Reg. 675, p. 7, du *Filial-Archiv*, d'après les originaux du trésor des chartes de Lorraine. — Dans ses *Doc. luxembourgeois* M. de Circourt mentionne, sous les n° 111 et 112, deux actes d'où il résulte que, le 21 juillet 1401, Louis d'Orléans reçut de Charles VI la garde de Toul.

[6] Février 1385 (n. st. 1386), dans Wurth-Paquet, *Reg. luxembourg.*, XXV, d'après une copie de la collection Decamps, t. 48, p. 38.

de la Meuse, dans la mouvance du duché de Luxembourg. La chronique de St-Thiébaut de Metz[1] prétend que Jaccomin Bellecourt, capitaine de la place pour le sénéchal d'Allemagne, avait moyenné ce coup de main. Le duc de Luxembourg réclama et Charles VI fit droit à sa requête en restituant la ville [2].

Sans preuve directe, mais dans l'impossibilité où nous sommes d'expliquer la complicité du roi de France dans cette attaque, nous la mettrions volontiers au compte des gens d'Enguerrand de Coucy dont le fief était voisin. Dès 1393, à peine consolé de l'échec de son expédition d'Autriche, Enguerrand semble avoir tenté quelques incursions du côté de Metz. L'effroi fut grand : le bruit courait que ces bandes projetaient de marcher sur l'Alsace c'est-à-dire sur les domaines antérieurs de la maison d'Autriche. Strasbourg même se fortifiait. Mais l'alerte fut de courte durée.

Wenceslas n'était pas le souverain dont l'Empire pouvait attendre une défense énergique de ses droits historiques sur cette frontière, bien qu'il n'ait rien abandonné de ceux qui lui appartenaient sur Cambrai [3] et Besançon [4]. Nous avons indiqué de quel esprit particulier procédait sa politique de protection vis-à-vis de Verdun. Aussi les grands électeurs firent-ils de cette faiblesse un de leurs premiers griefs et reprochèrent à l'empereur, dès 1397, d'avoir reculé devant le roi de France non seulement en Lombardie, mais encore en Savoie, en Flandre, en Brabant et dans les évêchés de Cambrai, de Verdun,

---

[1] Dans Dom Calmet, *Hist. de Lorraine*, V, 32.

[2] Lettre du 30 déc. 1396, inédite, aux Arch. nationales, I, 608, n° 8.

[3] Karlstein, 16 juillet 1395,lettres d'investiture du comté de Cambrésis données par Wenceslas de Bohême à André de Luxembourg, son cousin, et révoquées par le même, le 28 déc. 1396 (Wurth-Paquet, *Reg. luxemb.*, XXV, à la date).

[4] Prague, 10 juin 1394, abrogation des privilèges de Besançon par Wenceslas (dans Sudendorf, *Registrum*. I, 141). — Luxembourg, 3 mai 1398, acte de Wenceslas déclarant que Besançon est ville immédiate et accordant à cette cité de nombreux privilèges à l'encontre de l'archevêque (dans Winkelmann, *Acta ined.* II, 658). — Dans la confirmation générale des privilèges de Besançon faite par Sigismond en février 1415 (voy. ci-dessous le chap. IX), on trouve l'énumération de sept lettres de privilèges accordées à la ville par Wenceslas, mais non datées (dans Sudendorf, *Registrum*, I, 144).

de Toul et de Metz [1]. Sauf en ce qui touche la Savoie [2], nous avons montré dans le présent chapitre ou nous montrerons dans le suivant ce qu'avaient de fondé ces récriminations, d'ailleurs exagérées et grossies comme à plaisir par le palatin du Rhin. Nous savons qu'en réalité Gênes seule préoccupait les grands électeurs. Aussi la question ne fut-elle pas traitée à fond dans l'entrevue de Reims. Le roi de France promit seulement de respecter désormais les droits de l'Empire sur les autres territoires et laissa insérer cet engagement dans la ratification du 28 mai 1398 [3].

Cependant, quelques mois plus tard, se trouvant à Francfort Wenceslas se résout à un coup d'éclat. Il donne plein pouvoir à son sénéchal de Luxembourg Hubard d'Eltern pour reprendre sur le roi de France les terres prétendues usurpées, nommément dans les diocèses de Metz, Toul, Verdun et Cambrai [4]. Il va jusqu'à réclamer au chapitre de Toul le revenu de trois années échues [5], pour lui donner prétexte peut-être de recourir à Charles VI. Mais ces actes restèrent sans conséquences, et l'histoire n'y peut voir autre chose que les à-coup désespérés de ce souverain aux abois.

---

[1] Francfort, déc, 1397, doléances des électeurs présentées à Wenceslas : « 3. Item, daz das heilige Riche vil Lande und Stet verlust umb Versümeniss, das is nicht gehandthalt noch geschutzt wirt mit Namen nicht allein in Lamparten sunder in Saphoyen, Flandern ein Teil, zu Brabant, Camerich das Bistum, die Bistum und Stett Mecz, Tollen, Wirder... » (D. R. T. R., III, 22). — Cf. le Préavis du comte palatin à l'empereur Wenceslas, dans Martène, Thesaurus, II, 1174, en ce qui concerne l'expédition d'Enguerrand de Coucy en 1393.

[2] Nous ne voyons pas au juste à quel fait les électeurs font allusion. Peut-être Amédée VI avait-il cédé quelques terres de son domaine à l'occasion du mariage de son fils avec Bonne, fille du duc de Berry, projeté en 1376.

[3] Dans Winkelmann, Acta inedita, II, 885. Cf. ci-dessus, chap. II, page 40, note 4.

[4] Francfort, 23 juin 1393, dans Pelzel, Urkundenbuch, II, 40, et dans les D. R. T. A., III, 59 . «.... concedentes eidem... plenam.. potestatem universa et singula nostra et imperii sacri romani jura, dominia.... quorumcunque locorum in finibus sacri romani imperii sitorum et signanter civitatum et terrarum Metensis, Tullensis, Virdunensis, Cameracensis et aliarum quarumcunque terrarum.... a serenissimo principe domino Carolo Francorum rege... repetendi, requirendi et ad subjectionem et debitum sacri romani imperii reducendi... »

[5] Voy. Dom Calmet, Hist. de Lorraine, III, 591.

Son successeur Robert reprit au contraire le rôle défensif
d'Adolphe de Nassau [1]. Tout d'abord cependant, l'empereur se
borna à des protestations diplomatiques. Pratiqués en sous-
main, au nom mais peut-être à l'insu de Charles VI, les
Toulois avaient suivi l'exemple de Metz, de Verdun et de Cambrai en refusant de reconnaître l'élection du nouvel empereur [2].
Robert avait chargé le duc de Lorraine de ramener ces opposants à résipiscence. Mais le duc s'était aussitôt heurté au bailli
de Chaumont qui avait exhibé les lettres en vertu desquelles
le roi de France, comme protecteur de Toul, était tenu de défendre la ville attaquée [3]. Le duc de Lorraine n'osa passer
outre et en référa à Robert, qui écrivit aussitôt à la cour de
France pour obtenir qu'on ne soutint pas contre lui, au nom
d'un droit douteux, ces sujets de l'Empire [4]. L'affaire ne s'arrangea pas si vite que l'eut désiré Robert, puisque deux mois
plus tard [5] il envoya le comte Frédéric de Leiningen et Jean de
Dalberg à Paris, à charge de visiter préalablement Toul, Verdun, Metz et Cambrai pour leur prêcher personnellement
l'obéissance, réclamer leurs contingents en vue de la prochaine
expédition outre monts, et agir auprès de Charles VI en conséquence du succès obtenu auprès des récalcitrants. Les contingents furent- ils accordés ? Il n'y a point apparence, car Robert travaillait encore, quatre ans plus tard, à détacher les
Toulois du parti de Louis d'Orléans et à leur faire reconnaître

---

[1] Voy. nos premières *Recherches critiques....* p. 59 et ss.

[2] Voy. la lettre du 8 juillet, citée ci-après.

[3] Voy. la lettre du 8 juillet, citée ci-après.

[4] Heidelberg, 8 juillet 1401, dans Martène, *Thesaurus*, I, 1666 ;
Janssen, *F. Reichscorrespondenz*, I, 595; les *D. R. T. A.*, IV, 356 : « Serenitatem vestram scire desideramus quod ad nostram et sacri romani imperii civitatem Thullensem bina vice nostram destinavimus
legacionem, cives ibidem amicabiliter exhortando quatenus nobis
tanquam Romanorum regi debitam et obedienciam impendere cu-
rarent. Dicti vero cives nobis in hoc temere restiterunt. Quapropter
magnificus Karolus dux Lothringie, princeps et gener noster dilectus prefatos cives, nostri pro parte, gwerria mediante, ad nostram
et sacri romani imperii obedienciam reducere attemptavit. Post hec
intelleximus balivum vestrum *de Chamont* ad dictum generum
nostrum pervenisse cum regiis vestris litteris continentibus in ef-
fectu quod vestra serenitas dictam civitatem Thullensem in suam
proteccionem et custodiam recepisset... »

[5] (Schœngau, 18 sept. 1401), dans Martène, *Ampl. collectio.*, IV, 69 ;
Janssen, I, 624 ; *D. R. T. A.*, VII, 453.

par un traité formel leur dépendance vis-à-vis de l'Empire [1].
Ses efforts n'étaient point couronnés de succès et, en Lorraine
comme ailleurs, contre le roi de France aussi bien que contre
les ducs de Bourgogne et d'Orléans, il était réduit à confesser
sa défaite [2].

On ne voit point que Charles VI ait rien tenté dans l'Arélat.
C'est pourtant de ce côté qu'eurent lieu les plus belles acquisitions. En juin 1404 le comte Louis II de Valentinois nomma
le Dauphin son héritier universel et, six semaines après, engagea son comté de Valence et de Die. Toutefois ce comté ne fut
incorporé au Dauphiné que beaucoup plus tard, le comte Louis
n'étant décédé qu'en 1419 [3].

---

[1] Voy. ci-dessous le chap. V, *ad finem*.

[2] Voy. dans les curieuses glosses d'un de ses partisans à la
circulaire des cardinaux de Pise, 1408, que nous citerons souvent
dans le chap. VII, le passage suivant : « Nunc ergo iterum querunt
(Francigenœ) modum reducendi ecclesiam ad manus suas ut possint
ampliare terminos suos et falcem suam eo melius et coloracius mit
tere in messem alienam, prout jam de novo in Brabancia et novissime in Leodio dicuntur fecisse, et prius in Janua, regno Apulie, Arelatensi, Delphinatu, Lothoringia, comitatu Burgundie et in multis
aliis locis suos terminos dilataverunt » (*D. R. T. A.* VI, 137 et ss).
Quelques-uns des empiétements dont il est ici question sont antérieurs au règne de Charles VI.

[3] Cf. ci-dessous le chapitre IX.

CHAPITRE V

LES DUCS DE BOURGOGNE ET D'ORLÉANS

1384-1409

Le comte de St-Pol et le sire de Coucy essaient d'empiéter sur la frontière de l'empire, 1384 etss. — 1. Philippe le Hardi, duc de Bourgogne, fonde aux Pays-Bas, sur le Jura et en Alsace la puissance territoriale de sa maison, 1384 et ss. — Ses relations avec l'Autriche continuées par Jean sans Peur. — 2. Louis de France, duc d'Orléans, cherche à prendre pied sur la moyenne Meuse, 1401 et ss : ses relations avec le duc de Gueldre, la maison de Luxembourg, l'archevêque de Trèves. — Sa lutte contre l'empereur Robert en Lorraine, 1402 et ss. — Ligue des seigneurs de cette région contre Metz avec l'appui de Louis d'Orléans, 1405 et ss.

Nous avons dit à quelle date avait pris naissance pour le roi de France cette politique d'empiétements sur les lignes de la Meuse et de la Moselle [1]. Charles VI est dans la tradition historique. Mais le comte de St Pol qui veut s'emparer du Luxembourg, 1384-96 [2], le sire de Coucy qui prétend du chef de sa femme fonder son autorité sur les domaines

---

[1] Voy. ci-dessus, p. 73.

[2] De Barante (*Hist. des ducs de Bourgogne, III*), a raconté cette tentative. On trouvera dans Wurth-Paquet l'indication des sources (*Regestes luxembourg.*, XXV), à compléter cependant par une lettre de Prémislas, vicaire de l'Empire, adressée à la ligue des villes du Rhin sous la date de Lutzelburg, 1er janv. [1384] et publiée par Wencker, *Apparatus*, 215-216 : « Wir lassen uch wissen dass wir gewarnt sin und ist uns ouch von Fursten, Herren und von Brabant Botschafft komen, wie das sich der Grave von Sant Paul samen und gar starck werde mit Volck in Franckenrich und anderswo, und meynet in das Lant zu Lutzelburg zyehen.....»

antérieurs de la maison d'Autriche, en pleine Alsace rhénane, 1387 [1], sont contre la tradition. Ces deux épisodes sont connus et nous n'avons rien de plus à en dire.

1

L'héritier de ces deux audacieux, ce fut d'abord le duc d'Orléans, après lui le duc de Bourgogne, qui reprirent tous deux pour leur propre compte cette question des frontières qu'avait soulevée la royauté de Philippe le Bel, un siècle auparavant. A l'initiative timide du roi de France, ils substituaient maintenant la leur, hardie, téméraire, parfois imprudente jusqu'à vouloir l'un et l'autre se tailler un large fief sur cette frontière aux dépens des deux royaumes de France et de Germanie. Mais en travaillant pour eux-mêmes ils travaillèrent aussi indirectement au profit de l'influence française, et c'est là ce qu'il nous importe le plus de noter.

Le point de départ et le développement progressif de la puissance bourguignonne sont choses bien connues. En 1369, Charles V avait engagé au duc Philippe le Hardi, à titre provisoire, la Flandre wallonne, c'est-à-dire Lille, Douai, Béthune, Orchies, Hesdin, etc. Ces villes lui restèrent. En janvier 1384, comme époux de Marguerite de Flandre, fille de Louis de Male, Philippe hérite non seulement de la Flandre flamingeante et du comté de Bourgogne qui sont l'un et l'autre fiefs d'Empire, mais encore des comtés d'Artois, de Réthel et de Nevers. A ce dernier il ajoute en 1390, par achat fait à Jean d'Armagnac, le comté de Charolais. Ce vaste domaine, quoique loti en deux parties fort éloignées l'une de l'autre, parut pendant un temps suffire à l'ambition de la maison de Bourgogne. Mais déjà elle parlait en maître à ses voisins allemands, — à la hanse teutonique aussi bien qu'à la ville de Cologne [2], —

---

[1] Voy. l'*Abrégé de la vie d'Enguerrand VII de Couci*, d'après M. de Zurlauben, dans l'*Hist. de l'Acad. des Inscriptions*, 1759, XXV, p. 168 et ss. — La sentence arbitrale prononcée par le duc de Bourgogne entre Coucy et les ducs d'Autriche a été imprimée depuis lors par Lichnowsky, *Gesch. des Hauses Habsburg*, IV, 841. Le manifeste de Coucy avait été publié déjà par Wencker dans son *Apparatus*, p. 216.

[2] Voy. dans l'*Anzeiger* de Mone (VI, 127 etss.) une série de documents des années 1387-1388, concernant les plaintes élevées auprès du duc par les villes allemandes de son domaine contre les

et s'efforçait, en mariant ses filles aux féodaux de l'est, d'é-
tendre insensiblement son influence sur les régions environ-
nantes. En 1385 Philippe avait donné une de ses filles à Guillaume VI de Hollande, et une autre en 1393 à un duc d'Autriche
possessionné dans la haute Alsace. Ce second mariage, projeté
dès 1377, mérite de nous arrêter longuement, car ses conséquences politiques se produiront jusqu'au milieu du siècle
suivant [1].

Les ambassadeurs de Léopold III, munis d'une créance en bonne forme [2], étaient arrivés à Dijon le 1 avril 1378 et avaient exposé
la demande de leur maître. Il s'agissait d'unir un jour le jeune
Léopold IV, né en 1371, avec Marguerite de Bourgogne, âgée seulement de cinq ans. Pour en délibérer mûrement, on fixa une
entrevue des deux ducs à Montbéliard, à la date du 6 juin. Retenu en Bretagne, Philippe ne put se rendre à l'entrevue con-
venue et proposa, par lettre [3], de l'ajourner au 24 juin suivant.
Cette fois ce fut Léopold qui ne put venir au rendez-vous, retenu
probablement par ses négociations avec Venise. Mais il donna
procuration à ses représentants [4] qui, réunis à ceux de Philippe [5],
commencèrent les négociations relatives au mariage à Remiremont [6]. On y arrêta, le 7 juillet, un projet de contrat en huit
points qui fut approuvé par Léopold [7] et par Philippe [8]. Le duc
d'Autriche promettait pour douaire à Marguerite le comté de

hanséates, — et dans les *Mittheil. aus dem Stadtarchiv von Kœln*
(1884, Heft IV) deux actes des 12 et 28 avril 1397 relatifs à une
demande de dommages-intérêts faite par le duc de Bourgogne
à la ville de Cologne pour tort causé par deux bourgeois de
Malines.

[1] Nous allons en résumer l'histoire d'après le récent travail de
M. W. Hartl : *Die œsterreichisch-burgundische Heirath des XIV.
Jahrhunderts*, [1884]. — La feuille de tête porte cette indication :
« *Als Manuscript gedruckt* », ce qui signifie que l'ouvrage n'a pas
été mis dans le commerce. M. W. Hartl a utilisé non seulement les
Archives impériales de Vienne, mais encore celles d'Innsbruck et
les nombreux textes publiés par dom Plancher.

[2] Datée de Vienne, 18 déc. 1377.

[3] Datée du 6 juin 1378.

[4] A Vienne, le 5 juin 1378.

[5] La créance des députés de Bourgogne est datée d'Argilly,
29 juin 1378.

[6] Novembre 1379. Voy. E. Petit, *Itinéraire*, I, p. 508 et 509.

[7] A Inspruck, le 22 sept. 1378.

[8] A Montépreux, le 5 oct. 1378.

Pfirt (ou Ferrette) et éventuellement quelques terres voisines, sur la rive gauche du Rhin. La promesse fut renouvelée verbalement dans l'entrevue qu'eurent les deux ducs à Montbéliard, du 12 janvier au 12 février 1379.

Mais Wenceslas de Brabant, frère de l'empereur Charles IV et par conséquent oncle de l'empereur régnant, étant mort sans enfants en 1383, sa sœur Jeanne choisit Marguerite de Flandre sa nièce, épouse de Philippe de Bourgogne, comme héritière du Brabant et voulut fiancer les enfants de Philippe à ceux du duc Albert de Bavière-Hollande, héritier désigné de son frère imbécile, ce Guillaume de Hainaut-Hollande-Frise-Zélande qui mourut en 1389 [1]. Divers mariages projetés des deux cotés furent de la sorte rompus, entre autres celui de Marguerite de Bourgogne avec Léopold IV d'Autriche [2].

Le procédé n'était point pour plaire à la maison d'Autriche. Mais Philippe le Hardi ayant offert, par une ambassade qui partit sur la fin de 1384, de substituer à Marguerite sa plus jeune fille Catherine [3], avec 100,000 livres de dot, Léopold III accepta [4]. Le projet de Remiremont fut modifié en quelques points de peu d'importance et les fiançailles fixées à Dijon à la date du 29 septembre 1385 [5]. En garantie de sa promesse de douaire, le duc d'Autriche consentit à engager provisoirement au duc de Bourgogne la seigneurie d'Altkirch [6].

La célébration des fiançailles fut retardée à trois reprises [7], faute par l'un des ducs de pouvoir y assister. Elle parut même tout-à-fait compromise par la mort de Léopold III à Sempach le 9 juillet 1387. Son frère Albert qui lui succéda, prit la tutelle des fils du défunt; mais, d'accord avec le duc de Bourgogne, ajourna une quatrième fois [8] la cérémonie projetée. Pourtant, le 6 septembre 1387, les deux ducs se rencontrèrent à Luxeuil et introduisirent seulement quelques modifications aux conditions financières du contrat. Le jeune Léopold IV, qui se trouvait à

[1] Guillaume III en Hainaut; Guillaume V en Hollande.
[2] Marguerite dut épouser Guillaume de Bavière-Hollande. Les fiançailles furent célébrées à Cambrai, le 12 avril 1385.
[3] Née en 1378, âgée par conséquent de sept ans à peine.
[4] L'acte d'acceptation est daté de Rheinfelden, 20 janv. 1385.
[5] Par convention arrêtée à Arras, le 20 janv. 1385, et garantie par Charles VI le 2 février suivant.
[6] Par acte du 20 janv. 1385.
[7] Au 18 février, au 24 juin et au 25 décembre 1386.
[8] Au 24 juin 1387.

la cour de Bourgogne, entendit la lecture de ce contrat révisé et y donna son consentement[1], corroboré par celui de ses frères quelques mois plus tard [2].

Dans l'intervalle de ces deux approbations, les fiançailles avaient été enfin célébrées, à Dijon les 14-17 septembre 1387, et suivies d'un nouvel accord réglant les conditions du paiement de la dot. Conditions assez dures pour le duc d'Autriche, à ce qu'il semble, puisque Philippe dut consentir bientôt [3] à un premier délai pour le paiement de la rente promise par Albert III.

Au commencement de 1392, Léopold IV envoya ses ambassadeurs au duc de Bourgogne pour obtenir que Catherine, alors agée de 13 ans, lui fut livrée. Philippe le Hardi y consentit et fixa le départ de sa fille après Pâques [4], du gré de Léopold [5], mais non sans avoir obtenu auparavant la promesse que tout les articles du contrat seraient observés [6].

Toutes choses à ce point, on put croire que le mariage serait bientôt célébré. Mais le duc de Bourgogne, devenu régent du royaume pendant la folie de Charles VI, remit le gouvernement de son fief à sa femme Marguerite de Bourgogne qui, par deux actes de 1393, ajourna successivement au 15 mai et au 15 août, du consentement de Léopold IV, la célébration du mariage, afin que Philippe de Bourgogne put y assister. Léopold IV était venu deux fois à Dijon sans pouvoir en ramener sa fiancée. Pourtant elle lui fut envoyée, le 18 septembre 1393 [7].

Pendant les dix années qui suivirent, les relations de la Bourgogne et de l'Autriche parurent comme suspendues, bien que les intérêts communs aux deux maisons aient été traités entre les deux parties aux conférences de Reims de 1398. Mais Philippe le Hardi qui, depuis le paiement de la première portion

---

[1] A Senlis, le 14 sept. 1387.

[2] Le 1er juin 1388.

[3] A Willy en Gatinais, le 9 mars 1388.

[4] Amiens, 27 mars 1391 (n. st. 1392).

[5] Gray, 3 mai 1392.

[6] Dijon, 5 mai 1392.

[7] Nous suivons M. Hartl. Mais il est contredit sur ce point par M. E. Petit (*Itinéraire*, I, 543), qui parle de la célébration du mariage à Dijon en mai 1392. La conciliation n'est peut-être pas impossible : les fêtes de mai 1392 auraient été celles des fiançailles; quant aux fêtes du mariage elles auraient été supprimées en raison de l'impossibilité où se trouvait le duc de Bourgogne d'y assister.

de la dot de sa fille en 1385, n'avait plus rien acquitté, se vit à partir de 1403 en butte aux légitimes réclamations de son gendre. Il promit alors [1] de payer tout ce dont il était redevable, à condition que Léopold remplirait les obligations qui lui incombaient en Alsace. Léopold fit quelques objections en rappelant tout ce qu'il avait déjà exécuté [2]. Il s'empressa néanmoins de faire cession à sa femme du comté de Pfirt à titre irrévocable [3] et envoya en Alsace ses procureurs chargés de mettre la jeune duchesse en possession de son douaire. Mais ce n'était là qu'une feinte puisque Catherine se plaignit bientôt qu'on n'eut pas donné à cette cession la suite qu'elle comportait. Léopold ne crut pouvoir se dérober davantage et donna ordre [4] à ses prévôts d'Ensisheim, Masmunster, Belfort, Dettenried, Héricourt, Altkirch, Thann, Rosenfels, Pfirt, Bergheim, etc, de prêter hommage à sa femme. Le duc Frédéric (frère de Léopold), dans le domaine duquel se trouvaient quelques-unes des localités énumérées, approuva plus tard cet ordre et promit même de protéger sa belle-sœur [5].

Cependant la seconde portion de la dot de Catherine n'était pas encore payée et Philippe le Hardi était mort chargé de dettes, le 27 avril 1404. Léopold s'adressa à son successeur Jean sans Peur qui, pour régler la question, accepta [6] au 10 décembre 1405 une entrevue à Luxeuil. Ce terme fut prorogé au 8 janvier 1406, puis au mois d'avril, et le rendez-vous transféré à Besançon. A défaut de son mari retenu dans ses États, Catherine d'Autriche y vint seule avec les siens [7], pour conférer avec les envoyés de son frère [8]. Il fut décidé, après d'assez longs débats, que la seconde portion de la dot, soit 60,000 livres, serait compensée par une rente annnelle de 6,000 ll. assise sur les duché et comté de Bourgogne [9].

---

[1] Paris, 28 juillet 1403.
[2] Pièce sans date, [1403].
[3] Autre pièce sans date, [1403].
[4] Le 6 février 1404.
[5] Le 8 mars 1405.
[6] Par acte daté d'Oudenarde, 9 août 1405.
[7] Ulrich, évêque de Brixen; Albert, comte de Heiligenberg; Jacob de Stubenberg et Gaspard Saurer.
[8] Antoine Chouffain, professeur de droit civil et prévôt de Dijon; Évrard du Four, chevalier et prévôt de Haute-Bourgogne; Jean Langret, archidiacre de Groscalet ; Guy Armenier, licencié en droit civil.
[9] Traité du 16 avril 1406.

Aux fins de la conclusion de ce traité, Léopold avait confirmé à son beau-frère [1] le reçu de 40,000 livres et attribua à sa femme et à ses héritiers à venir 4,000 livres de rente annuelle sur Altkirch, Belfort et divers petits villages environnants, avec le droit d'investiture, sa vie durant. De son côté Jean de Bourgogne avait ordonné [2] à la chambre des comptes de Dijon de payer les 6,000 ll. promises par la convention du 16 avril 1406, partie sur les salines de Salins, partie sur les aides gracieuses du comté de Bourgogne.

Quelques semaines après le traité de Besançon, Léopold et Catherine envoyèrent leurs représentants [3] à Dijon pour s'entendre avec les gens de la chambre des comptes sur l'assiette et le paiement de la rente promise. Ce fut l'objet d'une nouvelle convention signée le 28 août 1406. A son tour Léopold assigne à la duchesse sa femme une rente complémentaire de 6,000 ll. sur Usenberg, Arenberg et Kenzingen [4], en suite de quoi la chambre des comptes de Dijon, par acte du 16 février 1407 [5], fait exécuter la convention du 26 août.

Malgré tout, il s'en fallut de beaucoup que Catherine ait obtenu gain de cause. Il subsiste une double série d'actes, les uns émanés de la chancellerie de Bourgogne [6], les autres de la chancellerie d'Autriche [7], destinés à donner satisfaction après coup aux réclamations de la duchesse auprès de son frère aussi bien que de son époux. Néanmoins, en même temps que la violation des engagements pris, on voit se dessiner des deux côtés les efforts faits pour tirer parti de certaines stipulations du contrat.

Ainsi vers le milieu de l'année 1406 [8] Jean sans Peur donne

---

[1] Ensisheim, 6 avril 1406.

[2] Paris, 18 février 1406. Renouvellement le 18 juin suivant.

[3] Créance du 31 mai 1406.

[4] Vienne, 28 nov. 1406. — Comme copossesseur des biens engagés, le duc Ernest d'Autriche donne approbation à sa belle-sœur, à Vienne, le 7 mars 1407.

[5] Confirmé par Jean à Gand, le 10 juin 1407.

[6] 15 nov. 1408.

[7] Vienne, 7 septembre et 3 décembre 1407.

[8] Paris, 13 juillet 1406: renouvellement le 20 avril 1409. La première de ces deux dates, donnée par M. Hartl, nous paraît sujette à caution, par la raison que le 10 juillet, le duc était à Dijon, et le 17 à Souchey près Dijon (d'après M. E. Petit, *Itinéraire des ducs de Bourgogne*).

commission à son maréchal Jean de Vergey, ainsi qu'aux baillis d'Amont et d'Aval, de secourir les gens de la duchesse qui, pendant une absence de celle-ci, avaient eu à subir une attaque des comtes de Florimont, de Blamont et de Saulmes. Deux ans plus tard[1], c'est Léopold qui, avec le consentement plus ou moins bénévole de Catherine, nomme son oncle, le comte Hans de Lupfen, prévôt en Alsace et Suntgau. A propos de la guerre qu'ils soutiennent contre les gens d'Appenzel, Léopold et ses frères empruntent à Catherine diverses sommes d'argent qu'ils hypothèquent sur leurs domaines d'Alsace en se réservant des droits de reprise qui ouvriront bientôt la porte à toutes sortes de complications, 1409. Néanmoins les relations entre les ducs d'Autriche et celui de Bourgogne ne perdent encore rien de leur cordialité passée. Et quand celui-ci, à la fin de l'année 1409, prépare au profit de sa sœur la guerre contre quelques cantons suisses[2], Léopold autorise son prévôt Hermann de Sulz à lui ouvrir les châteaux autrichiens[3] tandis que Frédéric d'Autriche recommande à ses vassaux de l'Aargau, du Thurgau et du Rhin[4] de prêter aide à Jean sans Peur contre ces confédérés suisses dont ils ont eu tant à souffrir.

L'heure de l'opposition de l'Empire à ces envahissements n'était pas encore arrivée[5]. Cependant l'empereur Robert, membre de cette maison de Bavière si puissamment possessionnée dans les Pays-Bas, fit une expédition, bien inutile d'ailleurs, en nov. 1407[6], pour maintenir en Brabant les droits traditionnels de sa famille à l'encontre d'Antoine de Bourgogne, second fils de Philippe le Hardi, qui s'en était emparé du chef de sa mère et les gardait en dépit de toutes les protestations.

Krems, 8 juin 1408.

[2] Sur cette guerre, fort obscure dans ses causes et ses résultats, voy. Ochs, *Gesch. von Basel*, 1819, III, 47 et ss: « Die Ursache desselben ist unbekannt ». Les *Regesta boica* mentionnent, à la date du 12 oct. 1409, une lettre de Bâle à Augsbourg relative à cette guerre, mais cette lettre ne nous est d'aucun secours.

[3] Acte du 18 juillet 1409.

[4] Acte du 24 sept. 1409.

[5] Elle ne sonnera qu'en 1414. Voy. ci-dessous le chapitre IX.

[6] Nous n'avons trouvé d'autre garant de cette expédition que l'auteur du Reg. 646 des Arch. impériales de Vienne *(Filial-Archiv,* déjà cité). Mais comme la date qu'il donne correspond à celle du voyage de Robert à Aix-la-Chapelle, il y a déjà présomption en faveur de la réalité de cette expédition.

L'intervention de Robert ne fit d'ailleurs que retarder de
quelques mois l'occupation du Brabant par Antoine de Bourgogne.

Nous devons noter ici que, dès ce temps, le duc de Bourgogne
est de tous les princes du sang celui qui entre le plus souvent,
tantôt comme vrai chef du gouvernement, tantôt à titre privé,
en rapport avec les princes et les ambassadeurs étrangers qui
viennent en France. Il a toujours table ouverte pour eux et les
traite royalement [1]. La remarque n'est point inutile : elle nous
servira plus tard à comprendre comment Philippe le Bon trouva
si facilement accueil parmi les féodaux de l'Empire (le roi des
Romains excepté), et comment il put prendre si aisément au
concile de Bâle rang parmi les princes souverains. Ses deux
prédécesseurs lui avaient préparé la voie en fondant la réputation de faste et de puissance des ducs bourguignons : deux privilèges qui devaient grandement imposer dans la besogneuse
et anarchique Allemagne.

2

Arrivons au duc d'Orléans [2].

La rivalité avait de bonne heure éclaté entre lui et le duc de
Bourgogne, et Louis d'Orléans n'avait plus rien tant à cœur
que d'opposer à la puissance bourguignonne, telle qu'elle se
fondait visiblement aux Pays-Bas, la puissance de sa propre

---

[1] Voy. dans E. Petit, *Itinéraire*, I, les mentions des 3 oct. 1385
(chevaliers de Hongrie), — 1388, passim (Guill. de Bavière), — 1396
et ss (comte de Savoie), — 18 mai 1398 et 11 août 1400 (ambassadeurs
d'Allemagne), — 11 oct. 1400 (duc de Bavière-Ingolstadt), — 1401 et ss
(Conrad de Fribourg), — 15 sept. 1401 (députés de Liège), — 13 mai
1402 (ambassadeurs du duc de Gueldre et du duc de Milan), etc.

[2] Nous aurons fort peu de choses à ajouter au gros livre de notre
confrère M. E. Jarry sur *La vie politique de Louis de France duc
d'Orléans* (1889), et peut-être devrions-nous, conformément à la méthode que nous avons suivie jusqu'ici, nous contenter d'y renvoyer
simplement le lecteur. Mais ce procédé aurait ici l'inconvénient de
rompre trop complétement le lien que nous voulons maintenir entre
tous les chapitres de notre livre. D'ailleurs M. E. Jarry n'a pas connu
tous les documents subsistants. Par cette double raison nous nous
décidons à rappeler les actes essentiels de Louis d'Orléans dans ses
relations avec l'Allemagne durant les années 1401-1407, en distinguant soigneusement les trois principales circonstances dans lesquelles ces actes se produisirent.

maison sur ces territoires de la vallée de la Meuse depuis si longtemps en litige. Appuyé sur la seigneurie de Valois, depuis 1392, sur celle de Coucy depuis 1397, il inaugure son intrusion dans le monde germanique par une alliance avec la maison de Gueldre-Juliers, qu'il obtient à deniers comptants. Profitant des négociations entamées entre le roi son frère et le duc de Gueldre, exploitant la défiance de celui-ci à l'égard de la maison de Bourgogne, il commence par acheter la suzeraineté du petit fief de Renderode, qui lui vaut l'hommage lige de Guillaume et la promesse d'un appui effectif contre l'Angleterre et tous autres ennemis, les alliés de Gueldre exceptés. Ce premier résultat coûtait au duc d'Orléans la bagatelle de 30,000 écus d'or qui furent solennellement promis par acte passé au château de Coucy, le 12 mai 1401 [1].

Le jour suivant, se trouvant à Noyon, le duc d'Orléans parfait les négociations entamées par lui au nom du roi avec les représentants de Gueldre, en déclarant par acte en forme qu'il se porte garant vis-à-vis de leur maître de la somme de 50,000 écus d'or que le roi de France leur a promise en retour de l'hommage du duc [2]. Cette garantie était vraisemblablement arrachée à Louis d'Orléans plutôt qu'offerte spontanément. Elle était de bonne précaution pour le duc de Gueldre, puisqu'elle rendait le roi et son frère solidaires vis-à-vis de lui. Il était stipulé en effet que, si le paiement des 50,000 écus n'était point effectué par Charles VI au terme indiqué, les 30,000 écus du duc d'Orléans seraient considérés comme une simple provision de la première somme, en sorte que le duc de Gueldre resterait créancier à la fois du roi et du duc d'Orléans.

Les engagements pris furent comme toujours assez mal tenus [3]. Le premier terme de Pentecôte dut être prorogé à la

---

[1] Dans Lunig, *Codex diplom.*, II, 1790.

[2] Dans Lacomblet, *Urkundenbuch*, IV, 2. *In civitate Nomoniensi* doit être corrigé en *In civitate Noviomensi*. — C'est la confirmation publiée par M. de Circourt sous le n° 99 de ses *Documents luxembourgeois*, mais avec la date du 12 mai.

[3] Lacomblet a publié (*Urkundenbuch*, IV, 16) un acte du 25 déc. 1402 par lequel les représentants du duc de Gueldre et Juliers, après d'assez longs pourparlers avec ceux du roi de France et du duc d'Orléans, déclarent ne pouvoir accepter le paiement de la dite somme en joyaux au lieu d'espèces sonnantes. Ces joyaux avaient été ap-

Toussaint. Le duc d'Orléans n'en réussit pas moins dans l'entretemps à obtenir l'hommage lige des deux fils de Guillaume de Gueldre pour le château de Zerhorst et ses appartenances, 24 août 1401 [1].

Ces acquisitions de territoires étaient sans importance. Ce sont cependant les seules que le duc d'Orléans ait alors faites dans ces quartiers. Emporté bientôt par d'autres projets, il ne revint à ses alliés de Gueldre qu'au bout de quelques années, pour marier au jeune duc Rainaud Marie d'Harcourt sa fille, à laquelle il donna une dot de 30,000 florins. En retour Rainaud abandonnait au duc le comté de Kessel et assurait à sa fiancée un douaire de 10,000 florins, hypothéqué sur les châteaux de Caster, Grevenbroch, Born et Sittard. L'acte en fut passé à Crécy, le 5 mai 1405 [2].

Rencontrant peut-être trop de traverses à ses projets de ce côté, le duc d'Orléans avait déjà porté son activité un peu plus bas, dans le duché de Luxembourg. Ce grand fief de la maison régnante d'Allemagne avait été placé, en mars 1401, sous la protection de Philippe de Bourgogne par Jost de Moravie, cousin de Wenceslas [3]. C'était un moyen habile mais tardif de ramener le duc au parti de l'empereur détrôné. Comme il ne produisit point l'effet attendu, Wenceslas engagea le Luxembourg à Louis d'Orléans, pour la somme de 50,000 écus (vers juillet-août 1401) [4]. Louis d'Orléans, créancier de Wenceslas pour pareille somme, avait demandé qu'elle lui fut restituée sous forme d'engagement des villes ou forteresses d'Yvoix, Montmédy, Damvillers et Orchimont, mouvant du Luxem-

portés à Mouzon dès le mois de déc. 1401 (Voy. M. de Circourt, *Doc. luxembourgeois*, n° 113).

[1] *In die beati Bartholomei* (24 août), dans Lunig, *Codex diplom.*, II, 1794. La teneur est la même que celle du traité du 12 mai, *mutatis mutandis*. A la fin est inséré l'engagement spécial de Reinald, *secundogenitus Juliacensiset Gelrensis*.

[2] Dans Lacomblet, *Urkundenbuch*, IV, 34. — Ces châteaux furent en effet livrés les 28 juillet et 4 août suivants (Arch. nationales. Mon, hist. K. 56, n· 11, cité dans l'*Invent. des sceaux*).

[3] Publ. par Wurth-Paquet, *Regestes luxemb.*, XXV, à la date.

[4] Voy. Wurth-Paquet, qui renvoie aux sources. La date précise ne se retrouve point. Celle de l'année nous semble justifiée par ce fait que le 21 juillet 1401, Louis d'Orléans reçut de Charles VI la garde de Toul (De Circourt, *Doc. luxemb.*, n° 111 et 112). M. E. Jarry ne fait pas mention de ce fait qui, s'il appartient bien réellement à l'année 1401, avance d'un an le rôle de Louis d'Orléans en Luxembourg.

bourg. La maison ducale avait trop d'intérêt à ménager le frère du roi, le seul prince qui eut résolument tenté de la soutenir, pour repousser pareille demande. Elle fut donc accordée, et d'Orléans devint à la fois gouverneur du duché au nom de l'empereur et seigneur engagiste d'une partie de ce fief, quelques semaines après cette solennelle diète de Metz où Robert avait espéré réduire tous ses adversaires.

Il semble bien que ce résultat ait été pour ainsi dire bâclé à l'improviste par Jost de Moravie, sans avis préalable de Wenceslas ; car l'acte d'engagement ne porte aucune date précise. C'est seulement trente mois plus tard que l'empereur déposé l'approuva [1].

Dès le mois d'août 1402, Louis d'Orléans fit connaître aux prélats, nobles et bourgeois du Luxembourg le traité intervenu entre lui et Jost de Moravie, en leur demandant s'ils étaient en intention de le recevoir [2]. Il y a d'autres traces de ces procédés doucereux du duc d'Orléans à l'égard de ceux qu'il veut s'attacher [3]. Reçut-il la réponse qu'il demandait ? Nous le croyons. Toujours est-il qu'il arriva à Luxembourg un mois plus tard [4], moins d'ailleurs pour le plaisir de gouverner le pays que pour obéir à l'ordre du roi son frère, inspiré par le duc de Bourgogne. Pour ainsi dire exilé de la cour, Louis d'Orléans tourna toute son activité du côté de son nouveau fief, car c'était bien ainsi qu'il considérait le Luxembourg, et Wenceslas s'était donné un lieutenant assez mal discipliné. Il commenca par mettre garnison française dans les villes d'Yvoix, Montmédy, Damvillers et Orchimont, et par confirmer les

---

[1] Dans Pelzel, *Urkundenbuch*, II, p. 483. L'acte est daté de Kuttenberg, 12 déc. 1403.

[2] Dans Wurth-Paquet, à la date du 17 août 1402. Le début de cette circulaire est destiné à donner le change sur les origines de l'engagement fait au duc d'Orléans : « Vous povez assez savoir comment..... le marquis de Brandebourg et de Moravie a envoyé par devers nous messire Henry Dymbmont, général-receveur du dit duché, pour nous requérir et prier que nous voulsissions prendre la charge du gouvernement des diz pais et duchié de Lucembourg..... »

[3] Par exemple à l'égard des magistrats de Strasbourg. Voy. ce que racontent ceux-ci aux magistrats de Bâle dans une lettre du 6 déc. (1402), publ. par les *D. R. T. A.*, V, 487.

[4] La lettre par laquelle il annonce sa prise de possession est datée de Mouzon, 15 sept. 1402, dans Wurth-Paquet.

priviléges des monastères [1]. A son exemple, les gens d'armes qu'il a amenés agissent en maîtres et vont jusqu'à tenter un coup de main sur Metz [2]. Ce n'était qu'un prélude.

Sans perdre temps, le duc d'Orléans entre personnellement en relations avec ses voisins de l'Est, à l'occasion des griefs qu'ils avaient de vieille date contre le duché de Luxembourg. Avec l'archevêque de Trèves, Werner de Falkenstein, il ne semblait point difficile de s'entendre. Louis consentait à confirmer tous les concordats que les chefs du diocèse et Wenceslas ou ses prédécesseurs pouvaient avoir signés, et il les confirme en effet le 19 mars 1403 [3]. Que pouvait désirer de plus le prélat? Ce n'est point de lui en réalité que vinrent les embarras, mais du nouveau gouverneur du Luxembourg qui prétendait de ce titre à la suzeraineté sur divers territoires, entre autres la seigneurie de Schœnull, que revendiquait l'archevêque. Il en résulta un commencement d'hostilités [4], qui d'ailleurs furent bien vite apaisées. Un accord intervint, qui n'était pas sans donner quelques avantages au duc d'Orléans, 28 oct. 1404 [5]. Ils ne suffisaient point cependant à son ambition puisque, à la faveur des circonstances, il arracha à Werner de Falkenstein de nouvelles concessions, qui doublaient son autorité dans cette région. Il recevait en fief de l'église de Trèves le marquisat d'Arlon, l'office de grand maréchal de cette église, l'avouerie du couvent de St Maximin, la moitié du château de Freudenbergh, la petite ville de Bydeburgh et le patronage de 72 églises ! (22 juin 1406 [6]).

Cependant, quand ce traité fut signé, le duc d'Orléans n'était déjà plus à Luxembourg. Il avait regagné Paris vers la fin de l'année 1404 pour y reprendre ses intrigues et sa lutte contre le duc de Bourgogne. Les affaires de l'Est passèrent au second plan de ses préoccupations [7] et les conséquences du traité de

---

[1] Dans Wurth-Paquet, années 1402, 1403, 1404, *passim*.

[2] Dans Dom Calmet, *Hist. de Lorraine*, III, 513. Cette tentative est de la fin de sept. 1402.

[3] Voy. Wurth-Paquet, ouv. cité, qui renvoie aux sources.

[4] L'éditeur des *Deutsche Reichstagsacten* (V, 489 et 547) rappelle cette courte guerre, mais sans apporter aucun texte à l'appui.

[5] Dans Gœrz, *Regesta*, à la date, d'après l'original aux Archives de Coblence.

[6] Dans Wurth-Paquet, à la date. Le fait est confirmé par Honthein, *Hist. Treverensis*, II, 346.

[7] Cependant, il ratifia à Beauté-sur-Marne, le 13 décembre, le

1406 ne furent jamais tirées. Quand le duc périt assassiné en 1407, Jost de Moravie reprit le gouvernement du Luxembourg et désintéressa prudemment la veuve de Louis d'Orléans en lui offrant le prix de la rétrocession qu'elle demandait.

*　*

La première et vraie ambition du duc d'Orléans était incontestablement celle de tous les féodaux : agrandir ses domaines, fonder même, si possible, un grand fief territorial, et cela aux dépens de la France et de l'Allemagne. C'était, quoique avec moins de grandeur et de sens pratique, l'idée même des ducs de Bourgogne. Les assises une fois jetées pendant que l'empereur était en Italie, le duc d'Orléans dut songer à les rendre stables en obtenant, sous une forme ou sous une autre, l'investiture du chef du saint empire. Robert n'était nullement disposé à la donner. Louis d'Orléans le sentit bien vite et reprit seul contre lui sur la frontière de Lorraine, avec plus de succès qu'en Lombardie, l'opposition systématique qu'il avait sitôt entamée moins au profit de Wenceslas qu'à celui de sa propre influence [1].

Robert, qui n'avait plus rien à redouter de Wenceslas, accepta la lutte sur ce nouveau terrain et fut à vrai dire le seul adversaire résolu du duc d'Orléans pendant les cinq années qui vont suivre. Le récit de ses efforts et de ses négociations pour contrecarrer l'audacieux gouverneur du Luxembourg sera la contrepartie du précédent exposé.

A peine rentré d'Italie, en mai 1402, à la nouvelle que le duc d'Orléans avait reçu le gouvernement du Luxembourg et s'y comportait en maître, Robert se hâta de convoquer à Spire une diète des villes qui lui étaient fidèles et exploita auprès d'elles l'alliance que le duc venait de conclure avec quelques princes allemands [2]. Politique habile qui porta ses fruits et

traité du 28 octobre, mentionné ci-dessus. La ratification est signalée par Wurth-Paquet, d'après l'original aux archives de Luxembourg M. Jarry a donc avancé un peu trop la date de la rentrée de Louis d'Orléans à Paris, lorsqu'il dit « vers le 10 décembre » (p. 277, note)

[1] Voy. ci-dessus le chap. II, p. 44.

[2] *Deutsche Reichstagsacten*, V, 486 et 487. Cf. la continuation de la *Chronique* de Kœnigshofen dans Mone, *Quellensammlung*, I, 255 et 287 ; la *Chronique* de Saint-Denis (t. III, ch. 7, liv. 23), et quelques autres sources citées dans les *Regestes* de Wurth-Paquet, XXV, nos 397 et ss.

alimenta, pendant tout le XVᵉ siècle, la défiance et souvent même l'hostilité des villes allemandes à l'égard du roi de France [1]. La diète de Spire mit l'affaire en délibéré et par un recès final décida que, si le duc d'Orléans attaquait le territoire allemand, on ferait le possible pour se bien défendre, 13 déc. 1402 [2].

Il n'était en effet que temps d'agir. A la faveur du prestige que lui procuraient son titre de frère du roi de France, son rôle de défenseur de Wenceslas, son influence comme gouverneur du Luxembourg, Louis d'Orléans avait vu accourir à lui nombre de petits seigneurs de cette région, qui lui apportaient soit l'hommage de leur fief, soit l'appui de leurs troupes. Tels Jean de Schœnvorst seigneur de Montjoie, Gérard du Boulay, le comte des Deux-Ponts et celui de Salm [3], un peu plus tard le comte de Linange et Richecourt [4], puis Rodolphe comte de Sulz en Haute-Alsace [5], enfin Gumprecht de Neunar, Frédéric de Veldenz, le marquis de Bade et le fils aîné du comte de Saarwerden [6].

Au retour du printemps, Robert s'adressa aux villes de Cologne, Strasbourg, Francfort [7], à d'autres encore peut-être, pour

---

[1] Aussi les magistrats de Strasbourg, dans cette lettre du 6 déc. (1402) aux magistrats de Bâle que nous avons déjà citée (*D. R. T. A.*, V, 487), commencent-ils par faire mention des mauvais desseins que l'on attribue au duc d'Orléans sur Metz : « Umbe den Hertzogen von Orliens wissent wir nit waz der Willen het. Wir haben wol vernommen das er vaste grossen Unwillen habe gegen unsern guten Frunden der Stat zu Metze..... » Une lettre des magistrats de Berne à ceux de Bâle (3 fév. 1403, *ibid.*) montre que les villes de Suisse étaient dans les mêmes transes. Cf. *ibid.*, p. 497 la lettre de Strasbourg à Metz vers mars-avril 1403.

[2] *D. R. T. A.*, V, 489 : « Hant der Stetde Frunde geratslagt uf der Rete wolgefallen.... ob der von Orlyens oder Jeman anders vider das Rich und dutsche Lant ziehende wurde, daz sie wol widersten mœhtent. »

[3] Janv.-juin 1402. Voy. M. de Circourt, *Doc. luxemb.*, nᵒ 113-117.

[4] Août 1402, *ibid.*, nᵒ 118.

[5] Sept. 1402, d'après le ms. franc. 22.487 de la Bibl. nationale, fᵒ 246, cité par M. E. Jarry.

[6] Oct.-nov. 1402, dans M. de Circourt, nᵒˢ 125-127. Pour Frédéric de Veldenz, M. Jarry renvoie au fonds Veldance du Cabinet des titres.

[7] Avril 1403, dans les *D. R. T. A.*, V, 498, 504. — Cf. la *Chronique* de Kœnigshoven (dans Mone, *Quellensammlung*, I, 287 et III, 514), et *ibid.* III, 685, l'ordre de Robert à la ville de Strasbourg de déclarer la guerre au marquis de Bade. Heidelberg, 15 avril 1403.

les tourner d'abord contre le marquis Bernard de Bade. Ce Bernard était l'adversaire personnel de l'empereur et l'avait combattu, dès son élection, à l'exemple des ducs de Lorraine et de Savoie. Mais, tandis que ceux-ci, après le retour de Robert, avaient faibli dans leur opposition, probablement sur le conseil de la cour de France à laquelle ils étaient l'un et l'autre apparentés, Bernard y avait au contraire persisté [1]. Dès le mois de septembre 1402, c'est-à-dire quelques semaines seulement après l'arrivée du duc d'Orléans, il avait eu avec lui une entrevue à Luxembourg même [2]. Les deux princes mirent en commun leur inimitié contre Robert et firent servir leur alliance à quelques fins plus immédiates : Louis promettant à Bernard de l'aider à maintenir ses privilèges fiscaux ; Bernard s'engageant moyennant pension viagère de 2,000 ll. à rendre l'hommage féodal, et à aider Louis d'Orléans et le duc de Milan son beau-père [3] contre leurs ennemis.

Ces engagements ne purent être exécutés. Robert sut réunir contre le margrave non seulement les grosses villes du moyen Rhin [4], mais encore l'archevêque de Cologne et le duc de Lorraine [5]. Bernard de Bade se sentit en danger : il vint à résipiscence et fit sa paix avec Robert après avoir démontré, paraît-il, qu'il n'avait jamais rien voulu entreprendre contre l'empereur ni l'empire. L'instrument du traité est daté de Worms, 5 mai 1403 [6].

---

[1] Lettre des magistrats de Strasbourg à ceux de Metz, dans les *D. R. T. A.*, V, 497, et déjà auparavant dans Wencker, *Apparatus*.

[2] Voy. Reinbold Slecht, *Chronicon* (dans Schœpflin, *Hist. Zaringo-Badensis*, II, 85).

[3] L'engagement du marquis fut pris à Thionville, le 7 nov. 1402 (Orig. aux Arch. nationales, K, 56. n° 6).

[4] Voy. ci-dessus, p. 102.

[5] Lettre de Robert aux magistrats de Francfort (avril 1403), dans Janssen, *F. Reichscorrespondenz*, I, 115 et dans les *D. R. T. A.*, V, 505. Le passage suivant justifiera plus loin une de nos assertions : « Auch ist Grave Hamman von Bitsche by uns gewest und hat sich entschuldiget von der Sache wegen, als er zu dem Herczogen von Orliens geritten und dem verbuntliche worden ist daz das nit wider uns und das Riche sy. Der obgenannte unser Neve von Colle meynt ye mit der Stede Frunde den Margraven daran zu wissen, daz er uns und das Riche sicher mache von der Buntnisze wegen, daz er dem Herczoge von Orliens (le reste manque dans le ms.) ».

[6] Dans Janssen, I, 735, mention, et dans les *D. R. T. A.*, V, 510. Cf. *ibid.*, p. 511, une lettre de Robert à Cologne sur ce sujet.

A l'égard de quelques autres barons de la région allemande, le succès de la politique orléaniste fut encore plus piètre. Le duc gagna, il est vrai, dès le mois de juin 1402, le comte de Salm [1], bientôt celui de Bitche [2], et peut-être même déjà quelques-uns de ceux que nous verrons plus tard se coaliser contre Metz. Mais c'étaient des féodaux de petite puissance, qui faisaient nombre plutôt que force. Il était moins aisé de mettre dans son jeu l'archevêque de Cologne, les évêques de Strasbourg et d'Eichstædt, les comtes Louis et Frédéric d'Ottingen, Symon de Spanheim et autres gros féodaux de la frontière. Louis d'Orléans l'essaya cependant en invoquant, au nom du roi de France, leur aide contre les Anglais, 1403-1404 [3]. Des Anglais, si peu menaçants à ce moment, le duc d'Orléans ne pouvait avoir cure. Comme aucun précédent ne montre ces prélats et seigneurs au service du roi de France contre les Anglais (sauf pourtant l'archevêque de Cologne), nous sommes justifié à croire que Louis d'Orléans avait des vues d'intérêt propre, différentes de celles qu'il étalait. Les avances furent d'ailleurs en pure perte et Robert n'eut point de mal à obtenir de l'évêque d'Eichstædt et des comtes d'Ottingen, dès novembre 1404, la promesse de ne point céder aux avances du duc d'Orléans [4].

La crédulité publique vivement frappée par ces événements s'était donné libre cours et avait exagéré toutes choses. Le frère du roi de France n'aurait médité rien moins que de conduire Benoît XIII à Rome, de l'installer dans la chaire de saint Pierre et de se faire couronner par lui, avec l'aide de Galéas, empereur d'Allemagne, plus encore empereur de toute la chrétienté [5]. Il aurait déclaré que les terres d'Empire sises en

---

[1] Par acte du 6 juin 1402, délivré à Beauté-sur-Marne (Arch. nationales. Mon. hist., K. 56, n° 5). Cf. la *Chronique de St Denis*, III, 42.

[2] Voy. ci-dessus p. 103, note 5.

[3] Voy. lettre de Robert au roi d'Angleterre. datée de Trèves, 10 août 1403, dans *D. R. T. A.*, V, 403, et Janssen, *F. Reichscorrespondenz*, I, 742. Cf. Martène, *Ampl. collectio*, IV, 123, par. 8 : « Regi Angliæ quoque dicendum qualiter dux Aurelianensis quamplurimis principibus, magnatibus, comitibus et dominis Germaniæ scripserit illosque sollicitaverit ad mittendas contra regem Angliæ copias... »

[4]. Janssen. *F. Reichscorrespondenz*, I, 754, mention.

[5] Le Strasbourgeois Nicolas Becherer écrit en juin 1403, de Paris où il se trouve alors : «Ulterius refertur quod si nos de nostra obe-

deçà du Rhin appartenaient de droit à la couronne de France[1], comploté l'asservissement des villes du moyen Rhin et aidé le duc d'Autriche à réduire celles du haut Rhin. Bref Strasbourg, Bâle, Berne même se montraient anxieuses, ne savaient que croire du bon accueil que le duc d'Orléans faisait à leurs envoyés et mettaient tout leur espoir dans Robert, 1403[2].

Rentré à Paris, Louis d'Orléans continua d'agir sur la frontière de l'est. Avec son appui, une ligue se forme de toutes les convoitises seigneuriales qui fermentaient dans la vallée de la Moselle contre Metz, cette ville de clercs et de bourgeois dévouée à Robert. La ligue comprit le comte de Salm, celui de Saarwerden, de Nassau, de Saarbruck, les sires du Boulay et d'Aulcey, enfin le duc d'Orléans. Les confédérés signent un traité d'accord à Salival, le 20 janv. 1405, par lequel chacun s'engage à ne point terminer la campagne sans le consentement des autres[3]. Qui donc avait eu la première idée de cette ligue? Les textes ne le disent pas. Si ce ne fut pas le duc d'Orléans, ce fut bien lui, en tout cas, qui en devint l'âme et en espérait les meilleurs profits, puisque son représentant, le maréchal de Luxembourg, en fut le chef. Ce fut lui aussi, bien évidemment, qui, quelques mois plus tard, fit entrer dans la ligue

---

diencia non velimus laborare ad unionem ecclesie, tunc dux Aurelianensis vi armorum et violencia intendit practicare cum aliis sue obediencie ut Benedictus Romam intret et papa dominus noster destituatur et Benedictus in kathedra Petri installetur et ut ipse dux Aurelianensis coronetur a Benedicto cum adjutorio Mediolanensis in imperatorem universalis mundi dominum » (*Deutsche Reichstagsacten*, V, 396).

[1] Le continuateur de la *Chronique* de Koenigshoven écrit vers la même époque : « Der Herzog von Orlentz sprach, das tüsche Land gehorte hievor an die Krone zu Franckenrich. Harumbe wolte er es wider gewinnen an die Krone zu Franckenrich und gap dem Marggrafen von Baden und ettelichen andern Herren gros Gnet daz sie ime gelobent und swurent beholfen zu finde... » (Mone, *Quellensammlung*, I, 255.)

[2] Voy. les lettres de ces trois villes citées plus haut, p. 102, note 1. Il y a encore trace de ces inquiétudes de Strasbourg, à l'occasion d'un voyage du comte de Nassau à Paris, dans deux documents de l'année 1405 reproduits par les *D. R. T. A.*, VI, p. 11.

[3] Pour les sources voy. Wurth-Paquet, *Regestes luxemb.*, XXV, à la date. — Un nouvel accord, dirigé tout spécialement contre le duc de Lorraine, fut signé le 13 février suivant (Arch. nationales. Mon, hist., K.56, n° 14.)

l'évêque de Verdun, puis Robert de Bar, puis le damoiseau de
Commercy, puis le duc de Berg et Juliers avec lequel il venait
de conclure un accord en vertu duquel le fils du duc de Juliers
épousait la cousine du duc d'Orléans [1].

Tous prétextaient combattre seulement pour Wenceslas en
attaquant Metz et le duc de Lorraine. Mais dans cette coalition
Robert voyait surtout le duc d'Orléans. Pour lui tenir tête, il
avait confirmé les privilèges des évêques de Metz et de Toul,
et exigé des bourgeois le serment de fidélité à l'Empire [2]. En
outre, il s'était empressé de raffermir la suzeraineté du duc de
Lorraine sur ces deux villes [3] et avait constitué ainsi un défenseur résolu des droits de l'Empire dans ces quartiers [4]. Il avait
tenté de détacher les comtes de Nassau, Saarwerden et Salm
de l'alliance française en les réconciliant avec Metz [5], mais sans
y réussir. Alors il avait écrit à la reine Isabeau, aux oncles du
roi, fort mal disposés à l'égard du duc de Lorraine [6], et à quelques grands prélats de France pour les presser d'interposer
leur autorité et de détourner le duc d'Orléans des entreprises
qu'il méditait [7]. Ce fut peine perdue. Robert se résolut alors à

---

[1] Voy. Wurth-Paquet, *Regestes luxemb.*, à la date. — Cf. la
Chronique de Saint-Denis, III, p. 257, pour le mariage du duc de-
Gueldre fils du duc de Juliers : « Nuper dux Aurelianis cum duce
Guelrensy confederatus, ut amicicia contracta mutuo et jurata nexu
consanguinitatis diucius et stabilius duraret, ipsi duci cognatam
suam germanam... desponsandam promiserat. »

[2] 8 juin 1405, procuration donnée par Robert à Eberhard de Sic-
kingen et Jean Kuchein *ut habeant facultatem concordandi cum
civitate Tullensi.* (*Registraturbuch* A, fᵒ 896, des Archives impériales
de Vienne). Cette pièce est d'ailleurs signalée par Chmel, *Regesta*,
nᵒ 1992, et par Janssen, *F. Rcorrespondenz*, I., 773. — Heidelberg,
8 juillet 1405, commission de Robert aux mêmes pour qu'ils exigent
des habitants de Toul le serment de fidélité à l'empire (Pièce du
Landesarchiv de Carlsruhe, citée dans les *D. R. T. A.*. IV, 356, note).
—Heidelberg, 9 déc. 1405, concession de droits régaliens à l'évêque
de Toul et à celui de Metz (*Registraturbuch* A, fᵒ. 97).

[3] Heidelberg, 1 sept. 1405, commission de Robert au duc de Lorraine pour investir les évêques de Toul et de Metz de certains droits
régaliens (*Ibid.*, fᵒ 92). — Alzey, 3 janv. 1406, confirmation faite par
Robert au duc de Lorraine de l'avouerie sur Toul et le monastère
de Rumelsperg, au même diocèse (*Ibid.*, fᵒ 95).

[4] Voy. ci-dessus, chap. IV, p. 86.

[5] Lettre de Robert au duc de Lorraine, datée de Heidelberg, 24
déc. 1405, dans Martène, *Ampl. collectio.* IV, 130.

[6] Voy. *la Chronique de Saint-Denis*, III, 371.

[7] Alzey, 7 mars 1406, dans Janssen, *F. Reichscorrespondenz*, I, 782

soutenir vigoureusement le duc de Lorraine, et lui envoya des renforts [1]. La guerre traîna en longueur; mais mal disciplinées les troupes luxembourgeoises ne surent point résister au premier choc des troupes lorraines et la bataille de Champigneul fut leur défaite (commt. 1407) [2]. Le duc de Lorraine fit prisonnier la plupart des seigneurs confédérés et prit même l'offensive vis-à-vis de l'évêque de Verdun. Il semble avoir traîné son succès en longueur, car il ne conclut la paix avec ses adversaires qu'en juillet 1408.

Quand il apprit la défaite de ses alliés, Louis d'Orléans s'empressa de se réconcilier avec la ville de Metz [3] et tourna ses attaques contre Toul [4]. Renforcé par les troupes des marquis de Bar et de Pont-à-Mousson, avec lesquels il avait conclu à Épinay [5] un traité d'alliance contre le duc de Lorraine, il essaya de tenir encore la campagne, sans craindre d'entrer en conflit avec l'archevêque de Trèves qui, quelques mois plus tôt [6], s'était déclaré contre lui, ni même avec les Strasbourgeois que Robert avait obligés à se mettre sur leurs gardes [7]. Mais pré-

et dans les *D.R.T.A.*, VI, 65: « Uns ist furkommen das der Herczog v. Orlians die Stad v. Mecze und ir Burgere, die doch zu uns und dem heiligen Riche gehorent...... understande und meyne czu kriegen, zu schedigen und auzugriffen..... » En latin dans Martène, *Ampl. collectio*, IV, 132. — La lettre aux princes du sang et autres prélats porte même date. Signalée seulement dans Janssen, I. 783, elle est publ. en latin dans Martène, I, 1717. Elle semble avoir été portée par Louis le Barbu, en faveur duquel Robert ordonnance (sept. 1406) une somme de 6,000 florins pour frais de sa dernière ambassade en France. (*Regesta boica*, à la date.)

[1] Heidelberg, 1 mai 1406, lettre de Robert au duc, en latin dans Martène, *Ampl. collectio*, IV, 138, en allemand dans Janssen, I, 789, et dans les *D. R. T. A.*, VI, 66.

[2] Pour les sources de cet épisode, voy. Wurth-Paquet, *Regestes luxemb.*, XXV, à la date.

[3] Le 9 fév. 1407. Voy. Dom Calmet, *Hist. de Lorraine*, III, 515.

[4] Lettre des magistrats de Saarbourg à ceux de Strasbourg, 24 mai 1407, citée par les *D. R. T. A.*, VI, 11. Cf. dans Martène, *Thesaurus*, I, 1719, une lettre de Robert au roi d'Angleterre, 17 mai 1407.

[5] Le 8 mai 1407. (Arch. nationales, mon. hist. K. 56, n° 13, cité par les *D. R. T. A.* VI, 11.)

[6] Voy. les *D. R. T. A.*, V, notes de la pièce 400.

[7] Lettre de Robert aux magistrats de Strasbourg, 16 juillet 1407, citée par les *D. R. T. A.*, VI, 12. — Dans cette dernière phase de la campagne du duc d'Orléans on pourrait être tenté d'introduire certains faits d'une lettre publiée par Tabouillot (*Hist. de Metz*, IV, 605),

venu par l'empereur, Toul ferma soigneusement ses portes.
Les démonstrations militaires du duc d'Orléans furent vaines.
D'ailleurs lui-même mourut assassiné, le 23 novembre suivant.
Avec lui tomba le plus redoutable adversaire de Robert et le
plus hardi champion des traditions politiques de la royauté
française sur la Meuse.

Malgré tout, cette attaque directe de l'Empire par le duc
d'Orléans n'est qu'un épisode dans l'histoire que nous étudions.
Quoique plus franche et plus directe que celle des ducs de
Bourgogne, elle a moins de portée parce qu'elle ne s'appuie pas
sur une base territoriale aussi solide. Or, nous l'avons reconnu,
la politique bourguignonne ne suscite encore aucune inquié-
tude dans l'Empire. Les ambitions de Jean sans Peur sont peu
de chose auprès de celles que manifestera Philippe le Bon
sous Charles VII. Les visées du duc d'Orléans paraissent
elles-mêmes timides en comparaison de celles que nous constaterons, un demi-siècle plus tard, chez le dauphin Louis. Le
présent chapitre, qui était indispensable pour établir la suite
des événements, n'offre donc en lui-même qu'un intérêt secondaire.

sous la date du 18 juin 1407. Mais il est manifeste, comme on l'a
déjà remarqué, qu'il y a dans cette date une faute d'impression
pour 1507.

CHAPITRE VI

LA GUERRE DE CENT ANS

1378-1408

Succès de Charles V et de Charles VI contre les Anglais. — Urbain VI veut ménager au roi d'Angleterre l'alliance de l'empereur contre le roi de France, 1380. — Il·n'y réussit d'abord qu'à moitié et échoue tout à fait en 1391. — Charles V s'efforce moyennant pension de rattacher à sa cause quelques dynastes des Pays Bas : comte de Marck, ducs de Berg, de Gueldre et de Juliers, etc. 1378-1380. — A son exemple Charles VI sert pension à ces seigneurs et à quelques autres : comte de Hainaut-Hollande, duc de Clève, duc de Bavière-Ingolstadt, archevêque-électeur de Mayence, 1389 et ss. — Le roi d'Angleterre agit de même et gagne le palatin du Rhin, l'archevêque-électeur de Cologne, les ducs de Gueldre et de Juliers, etc., 1397 — Neutralité de Wenceslas dans la lutte franco-anglaise. — Relations amicales de Robert avec le roi d'Angleterre, 1402-1407. — Absence de résultats pratiques.

Depuis que Richard II avait succédé à Édouard III, 1377, la guerre entre la France et l'Angleterre avait de plus en plus changé de tournure. Les troupes françaises prenaient le dessus non seulement en Guyenne, 1377, mais aussi en Bretagne, 1379, et en Flandre, 1383. La descente en Angleterre, tentée par le duc de Bourgogne à trois reprises, montre que l'on ne songeait à rien moins qu'à transporter au delà de la Manche le théâtre des hostilités. Cette audace nouvelle était le fruit des succès militaires de Charles V. Elle pouvait inspirer à son adversaire l'idée d'amener l'empereur d'Allemagne à reprendre le rôle de Louis de Bavière [1] et à réduire le roi de France à la défensive par une diversion puissante sur quelque

---

[1] Voy. nos premières *Recherches critiques...* p. 201 et ss.

point de la frontière. Cependant ce n'est point Richard qui reprit cette idée, mais, comme en d'autres temps déjà, le pontife de Rome qui, peu après la mort de Charles V, par conséquent dans la seconde moitié de 1380, essaya avec le secours des grands électeurs de jeter Wenceslas dans l'alliance anglaise [1]. Nous avouons ne point saisir quelles puissantes raisons Urbain VI put trouver pour pousser ainsi l'empereur d'Allemagne du côté de l'Angleterre, quelques mois seulement après ce traité du 21 juillet 1380 qui avait resserré entre les maisons de Luxembourg, et de Valois les liens d'amitié [2]. Toujours est-il que, sans aller jusqu'à conclure avec le roi d'Angleterre une alliance en règle, Wenceslas lui accorda la main de sa sœur Anne de Luxembourg, réservée cependant à Charles VI [3]. Ce fut d'ailleurs tout, mais ce fut certainement trop au point de vue des intérêts de l'empereur. Quelques années plus tard, Charles VI épousait Isabeau de Bavière, et nous savons d'abondant ce qu'y perdit la cause des Luxembourg dans les premières années du XVe siècle.

Dans le présent, Wenceslas crut avoir paré à toutes les fâcheuses conséquences de son imprudence en offrant au roi de France sa médiation auprès du roi d'Angleterre pour réconcilier l'un avec l'autre. La réconciliation parut obtenue en effet au commencement de l'année 1384 [4], mais sans le secours de l'empereur. Wenceslas comprit bientôt la faute qu'il avait commise. Il se tint dès lors dans une exacte neutralité et put ainsi se rapprocher insensiblement de Charles VI [5]. Aussi

[1] Voy. M. le comte de Circourt, *le duc Louis d'Orléans*, déjà cité.

[2] Voy. ci-dessus, chap. II, p. 38.

[3] Tachau 15 oct. 1381, lettre de Wenceslas à Charles VI pour lui annoncer la conclusion de ce mariage et accréditer près de lui des représentants chargés de préparer la paix entre la France et l'Angleterre (dans Winkelmann, *Acta inedita*, II, 641) : «... ipsis inter vos nomine nostri tractandi treugas ac etiam pacem finalem et concordiam faciendi commisimus potestatem.. »

[4] Trèves du 26 janv. 1384.

[5] C'est à l'affaire de ce rapprochement que se rapporte vraisemblablement la pièce suivante : « Mandement du roi Charles VI aux généraux conseillers des aides d'avancer pour trois mois 9 francs d'or par jour au général maître de l'ordre des frères mineurs, Yves d'Orient, que *pour certaines et grosses besognes qui grandement touchent l'ouneur et proffit de nous et nostre royaume, envoions présentement par devers nostre très chier et amé cousin le roy des Romains.* » Orléans, 16 avril 1383. (Pièce mentionnée dans la

quand, en 1391, Boniface IX, successeur d'Urbain VI, essaya de le liguer encore une fois avec le roi d'Angleterre, Wenceslas refusa [1].

Le roi sage, je veux dire Charles V, n'avait pas seulement su battre les Anglais en diverses rencontres : il avait encore cherché à ruiner une de leurs trois bases d'opérations, celle des Pays-Bas, en s'attachant étroitement quelques-uns des féodaux de cette région, trop enclins jusque-là à s'unir moyennant pension à nos ennemis et à couvrir leurs débarquements. C'était reprendre la politique de Philippe VI. Charles V s'inquiéta d'abord du comte de Mark [2], des ducs de Berg [3], de Gueldre et Juliers [4] et, à grosse finance, 2, 3 ou 4,000 livres de pension annuelle, les mit de son côté, ainsi que d'autres petits princes [5].

Revue des autographes de Eug. Charavay, oct. 1889, art. 376). Il s'agissait sans doute pour Charles VI de savoir si l'empereur ferait obstacle de quelque manière à l'expédition de Flandre.

[1] Voy. M. le comte de Circourt, art. cité. — Urbain VI n'avait point craint d'accorder les indulgences de la croisade aux Anglais qui combattraient en France. *Ibid.*

[2] Paris, 17 déc. 1378, mandement de Charles V attribuant une rente de 2,000 ll. au dit comte, lequel « est devenuz homme lige de nous et de noz successeurs roys de France et nous en a aujourd'huy faict hommage. » (Lacomblet, *Urkundenbuch*, III, 723.)

[3] Vincennes, 9 juillet 1380, mandement attribuant une rente de 2,000 ll. au dit duc, *ex quibus et eorum occasione idem dux de Monte homagium ligium nobis fecit et fidelitatis prestitit juramentum. Ibid.*, 745).

[4] Acte conclu à Aix-la-Chapelle le 23 mars 1378 (n. st. 1379), inséré dans les lettres confirmatives données à Montargis le 10 août suivant (Lacomblet, III, 735). Il est accordé 3,000 francs à Guill. de Juliers, 3,000 fr. également à son fils Guillaume de Gueldre et 1,000 francs à Rainaud son autre fils. — Un mandement royal, donné à Vincennes 13 fév. 1379, n. st. 1380, attribue une rente de 4,000 ll. au dit duc de Juliers *qui die date presentis fecit homagium ligium et fidelitatis prestitit juramentum (Ibid.* 727).

[5] Les *Regesta boica* X, 123, mentionnent, sous la date de Paris, 23 nov. 1383, un mandement de Charles VI qui rappelle un acte important de Charles V : « Charles roy de France mande à ses trésoriers à Paris — comme son père, environ l'an 1379, eut donné à Jehan, landgrave de Lutemberch comte de Halst, la somme de 800 ll. t. de rente ou pension par an, à prendre sur son trésor à Paris, et comme celui-ci par inadvertance emporta ses lettres du dit don, sans ce qu'il feist icelles enregistrer du dit trésor, — qu'ils enregistrent de nouvel et qu'ils li feissent paier icelle rente dores en avant aux termes accoustumés ». — Le 20 nov. précédent 1383, ce

Le succès était considérable et justifiait la politique du roi.
Lui mort, les oncles de son fils passèrent à d'autres conseils et
s'aliénèrent bientôt le duc de Gueldre, à tel point qu'en 1387,
après s'être reconnu vassal de Richard II, il osa adresser à
Charles VI une lettre de défi qui était véritablement injurieuse [1]. Ce fut une des causes efficientes de l'expédition que
nous avons précédemment rappelée. Charles VI victorieux n'eut
point de peine à ramener le duc de Gueldre et même son père,
le duc de Julliers qui, lui aussi, avait suivi le parti anglais.
Une pension de quelques mille livres les rattacha au service
du roi de France [2]. C'est également au retour de la Gueldre que
Charles VI obtint l'hommage d'un petit seigneur du Luxembourg, Jean de Rodemacher [3]. Leur exemple allait en entraîner
d'autres.

Charles VI revenait donc à la politique de prévoyance suivie
par son père dans ces difficiles parages. On le voit en 1389-92
mettre tous ses soins à faire servir au comte Albert de Hollande-
Hainaut les arrérages qui lui étaient dûs d'une rente de

---

même Jehan de Lutemberch avait reçu du « comte palatin du
Rhin », Albert (duc de Bavière, comte de Hollande et Hainaut) par
acte passé à la Haye, la châtellenie de Scandœme (?). *Ibid.* Ce
Jehan de Lutemberch paraît donc être un petit seigneur des Pays-
Bas.

[1] « *Karole, qui vos dicitis regem Francie, Wilhelmus primoge-
nitus Juliacensis dux Gelrie et comes Zutphanie ad futuram rei
memoriam.* » Lettre datée de Nimègue, 12 juillet 1387 (publ. par
Douet d'Arcq, *Choix de pièces,* I, 78). Reproduite par Charles VI
dans celle qu'il adresse lui-même au duc de Juliers. le 8 sept. 1388,
pour lui déclarer aussi la guerre (Lacomblet, *Urkundenbuch,* III,
821). Cf. la *Chronique de St-Denis,* I, 523.

[2] Nous n'en avons pas la preuve directe pour le duc de Gueldre.
Mais pour le duc de Julliers il subsiste une lettre de Charles VI (2
déc. 1388) accordant une rente de 3,000 ll. outre une autre rente de
1,000 ll. en faveur de Rainaud, second fils du duc : « Notum facimus
quod cum per tractatum pacis nuper inter nos... et carissimum...
ducem Juliacensem... factum... idem dux et Reynaldus ejus secundo genitus devenerint et effecti fuerint et sint homines nostri
nobisque fidem et homagium fecerint et prestiterint... » (Lacomblet,
III, 823). Cf. la *Chronique de St-Denis,* I, 583.

[3] Par acte du 2 déc. 1388, moyennant une pension de 300 ll. Voy.
Froissart-Kervyn, XXIII, p. 37. — Les *Mittheil. aus dem Stadtarchiv von Koeln* (1886, Heft IX) mentionnent, sous la date du 18
sept. 1389, un acte dans lequel il est question de la chevauchée faite
par Jean de Rodemacher pour le roi de France.

4,000 livres [1], et obtenir en retour l'hommage du fils d'Albert pour l'Ostrevant, 1391 [2]. Quelques années plus tard, il offre à Adolphe de Clève une pension de 1,000 ll. à charge d'hommage lige et de service militaire, et sous promesse que le duc s'entremettra auprès du roi des Romains, de l'archevêque de Cologne et du duc de Gueldre en cas de difficultés politiques, 1395 [3]. Sur le vu de ce traité, nous pouvons donc conjecturer que le projet de médiation proposé par Albert de Bavière, comte de Hollande-Hainaut, à Richard II et accepté par celui-ci, avait été formé par Charles VI [4]. Il fut malheureusement sans effet. D'ailleurs le roi avait borné là ses efforts. Lorsque les éclatants succès des négociateurs anglais pendant les années 1397-99 montrèrent quels dangers se préparaient de ce côté pour lui, le roi de France s'empressa de revenir aux premiers errements. Il se retourne vers le duc de Gueldre toujours chancelant, et lui fait offrir l'énorme pension de 50,000 écus d'or en échange de l'hommage lige. L'offre fut formulée pour la première fois à Mouzon par l'intermédiaire du duc d'Orléans, en avril 1401 [5]. Acceptée par le duc, elle aboutit à un

---

[1] Mandements royaux des 7 juillet 1389, 16 mai 1390, 4 nov. 1390, 13 sept. 1391, 17 oct. 1392, 17 déc. 1392 et pièces annexes dans le *Cartul. des comtes de Hainaut*, II, 437, 438, 463, 468, 472, etc. (*Coll. des Chron. belges inéd.*)

[2] Paris, 13 sept. 1391, dans le *Cartulaire* précité, II, 495. Cf. *ibid.*, 494, le consentement préalable du duc Albert, donné à La Haye, le 27 août. — Sur la présence du comte d'Ostrevant à la cour de France en 1390, voy. la *Chronique de St-Denis*, I, 687.

[3] Paris, 29 juin 1395, dans Lacomblet, *Urkundenbuch*, III, 893.

[4] Voy. dans Champollion-Figeac (*Lettres des rois*, II, p. 288) les lettres sans date, mais vraisemblablement de 1396, adressées au duc de Bavière par Richard II, et portant acceptation de la médiation de ce prince entre la France et l'Angleterre : « Nous avons entenduz vos lettres par vous envoicez à nous et aussi à nostre conseil par quelles vous nous avez merciez qu'il nous plest que vous soiez médiateur et moien par entre nous et nostre adversaire de France..... ...devers le jour de saint Pier d'augst entrant prochein venant.., » Il est parlé plus loin du comté de Zélande comme appartenant au dit duc. Il n'y a donc aucun doute sur l'identité de ce duc de Bavière qui, dans un document de 1383 (cité plus haut, p. 111, note 5), est qualifié de comte palatin du Rhin. — Cf. la *Chronique de St Denis*, II, 431 : « Non modo rex per consilium lilia defferencium censuerat Hungaris opem ferre, sed et Hanoniensibus, comite Daustrevant pos cente fiducialiter per nuncios..... »

[5] *Chronique de St-Denis*, III, 9.

contrat formel qui fut signé à Paris, le 2 juin 1401 [1], et aug-
menté quelques mois plus tard d'un acte additionnel qui faisait entrer le jeune duc Rainaud dans la même alliance que
son frère contre les Anglais [2], Mais 50,000 écus étaient une fort
grosse somme pour le trésor royal dilapidé depuis tant d'années
par les princes du sang, à peine équilibré par les marmousets
et appauvri par toutes sortes de générosités. La somme promise
devait être payée à Neuchâteau par le canal du sire de
Reiffenberg qui tenait la citadelle au nom du duc de Gueldre
et servait toujours d'intermédiaire entre les représentants des
deux parties. Les deux termes successivement fixés s'écoulèrent sans que le paiement fut effectué. Ce fut la cause d'amè-
res récriminations dont nous avons eu déjà l'occasion de parler [3].

L'exemple du duc de Gueldre avait néanmoins agi sur son
voisin de Clève, qui fit un pas de plus dans la voie où il s'était
engagé en 1395, en se déclarant maintenant vassal du roi de
France, avec les obligations attachées à ce titre, moyennant
40,000 florins [4]. A son tour Louis le Barbu, duc de Bavière-
Ingoldstadt, engage à la couronne de France ses biens situés sur
le haut Danube [5], moyennant la somme de 75,000 florins, et
l'archevêque-électeur de Mayence se reconnaît lui-même vassal du roi de France [6].

---

[1] Mentionné par Lacomblet, *Urkundenbuch*, IV, p. 2, note.

[2] 25 août 1401. Mentionné *ibid.*

[3] Voy. ci-dessus le chap. V, p. 97.

[4] Dans Lacomblet, IV, 8. Mais la date qu'il donne : « Paris, 20
janv. 1402 » doit être corrigée en 29 janv. 1403. — Nous relevons
dans cet acte une clause assez particulière : « ... Si rex vel successores sui velint quod nos sibi serviamus in regno Francie, hoc rex
per certum nuncium nobis significabit et faciet rex convenire et
concordare nobiscum tam de pecuniis pro statu persone nostre quam
de stipendiis pro gentibus armigeris quas nos nobiscum ducere ha-
bebimus ad servitium regis. » Moyennant la dite somme de 40,000
florins, le comte décharge le roi de toutes les sommes dues à son
père et à son oncle, Adolphe de Clève et Engelbert de la Mark, « tam
ratione quarumcunque pensionum et pecuniarum hucusque tam per
regem quam per suos predecessores nobis, avunculo et patri nostris
antea concessarum.... » Il s'agit ici des pensions accordées en 1378
par Charles V (Voy. nos premières *Recherches critiques*, p. 286)

[5] En 1406. Voy. Droysen, *Gesch. der preuss. Politik*. I, 251,
note.

[6] A une date inconnue, mais certainement antérieure à 1410. Voy.
dans Janssen, *F. Reichscorrespondenz*, I, 151, une lettre du roi de

Grâce à l'expédition de Gueldre qui avait effrayé les timides, grâce surtout aux prodigalités du trésor royal qui séduisaient les cupides, l'influence de la France retrouvait son compte dans les Pays-Bas. Néanmoins quand, en dépit des trêves, Richard II et Henri IV voulurent prendre leurs précautions et, à tout événement, préparer leur succès, ils trouvèrent encore les alliés qu'ils cherchaient.

Le premier gagné à la cause anglaise fut Robert II, palatin de Bavière, apparenté, quoique de loin, à la reine de France. Sous la seule promesse d'une pension de 1,000 ll. il se reconnut vassal du roi d'Angleterre et prêt à joindre ses troupes à celles de son nouveau suzerain contre le roi de France, 1397[1]. A vrai dire cette stipulation n'est point aussi nettement formulée que nous le disons ici. Mais le roi de France n'étant point nommé parmi les princes qui sont exceptés des clauses du contrat, cette omission est significative pour l'historien.

Le second gagné fut l'archevêque-électeur de Cologne, Frédéric III, aux mêmes conditions et sous les mêmes formes prudentes que Robert, 1398[2]. Seulement, cette fois, Richard exigea[3] que l'archevêque renonçât explicitement à la suzeraineté du roi de France qu'il avait reconnue en 1378 sous le bénéfice d'une pension de 3,000 ll[4].

Hugues d'Hermorst, prévôt de Xanten et archidiacre de Cologne, suivit naturellement l'exemple de son évêque, 1398[5]. Même succès de Richard II auprès de Guillaume Ier, duc de

---

France aux magistrats de Francfort (Paris, 21 mai 1410), où l'électeur est appelé *vassallus nostri regalis culminis*.

[1] Oppenheim, 30 mai 1397, dans Stillfried, *Monum. Zollerana*, V, n⁰ 391. — Lünig a publié dans son *Deutsches Reichsarchiv* (VIII, 131 et 132) deux actes — datés respectivement de Francfort, 30 juin 1337 et Anvers, 27 avril 1339, — desquels résulte que le palatin du Rhin fit alors alliance avec le roi d'Angleterre moyennant pension. Ces deux actes, qui n'ont point été mentionnés dans nos premières *Recherches critiques*, expliquent celui de 1397.

[2] Westminster, 7 juillet [1398], dans Lünig, *D. Reichsarchiv.*, XVI, 537, et Lacomblet, *Urkundenbuch*, III, 932. — Lünig a en outre publié l'engagement préalable pris par l'archevêque, quelques semaines sans doute auparavant (*ibid.*, 536).

[3] Westminster, 7 juillet [1398]. Acte simplement mentionné par Lacomblet, *ibid.*

[4] Voy. nos premières *Recherches critiques*, p. 286.

[5] Acte sans date, dans Lunig, XVI, p. 538.

Gueldre et de Juliers[1], que Charles V avait cru s'attacher[2], et auprès de Guillaume II, duc de Berg[3], qu'il avait aussi gagné à son service. Mille livres sterling de pension annuelle les fit vassaux et alliés du roi d'Angleterre, 1399.

Le frère du duc de Gueldre, Rainaud de Juliers, fut circonvenu au commencement de 1400 par les ambassadeurs d'Henri IV qui lui remémorèrent les alliances de ses ancêtres avec les rois d'Angleterre et le pressèrent d'imiter leur conduite. Ils réussirent sans doute à l'entraîner dans leur parti[4]. Mais ce succès, s'il fut obtenu, fut le dernier de leur campagne diplomatique.

Ces traités ne produisirent point sur le champ les effets qu'on en attendait, parceque la guerre continua de faire trève. Ils subsistèrent cependant, et quand, en 1405, le jeune Rainaud de Gueldre hérita des domaines de son père, il s'empressa de resserrer en son propre nom les liens qui le rattachaient à la France en se déclarant vassal du roi à raison de 40,000 florins en temps de paix, et son allié contre les Anglais en temps de guerre sous condition d'une solde mensuelle de 2,000 ll. pour lui-même et de 25 ll. pour chaque chevalier de sa suite (Paris, 30 avril 1405[5]).

Cette dépendance féodale des seigneurs allemands à l'égard du roi de France ou du roi d'Angleterre n'est pas un fait nouveau dans l'histoire que nous étudions[6]. Mais c'est à la fin du

---

[1] Voy. l'acte du 23 avril, cité plus bas.

[2] Voy. ci-dessus p. 111.

[3] Wyndsor, 23 avril 1399, dans Lacomblet, III, 945 : « Pridem per certas vestras litteras nobis in castro nostro de Wyndesore.... per nuncios ad nos per vos destinatos.... presentatas, significare curastis qualiter nobiscum colligari desideratis et servicia vestra nobis... obtulistis... Nos devocionem vestram in ea parte laudantes... concordavimus quod ad instar dilecti nobis Wilelmi Gelrie et Julii ducis et comitis Sutfanie. ... nobis deberetis colligari. ... »

[4] Westminster, 18 fév. [1400?], dans Lacomblet, III, 954.

[5] Dans Lacomblet, IV, 32. « Notum facimus quod nos totis desideriis cupientes placere et servire serenissimo principi et domino Karolo... ipsius domini nostri Karoli... devenimus vasallus et homo ligius ratione et ex causa 40,000 scutorum auri... Et pro nobis et nostris heredibus... eidem domino nostro Karolo... fecimus ac facimus per presentes juramentum fidelitatis ac homagium ligium prout verus vasallus et homo ligius tenetur facere et debet. »

[6] Voy. nos premières *Recherches critiques*, passim. — La plupart des actes que nous venons de relever avaient été signalés déjà par Mone dans sa *Zeitschrift*, VIII, 265, et par M. Ficker (1862) dans son

XIVᵉ siècle et dans la première moitié du suivant [1] qu'elle se
manifeste le plus fréquemment. Elle se retrouve même ailleurs
qu'à la cour du roi. De même que Louis le Barbu de Bavière
avait reçu le titre de connétable de France [2], Adolphe de Clève
obtint celui de chambellan de Jean sans Peur, avec un traite-
ment de 1,000 écus d'or [3]. A leur exemple le marquis de Bade [4]
et le comte de Nassau [5] se reconnaissaient vassaux de Louis
d'Orléans, tout comme Guy de la Trémoille de Galéas Visconti,
au taux de 1,000 florins par an [6]. Les barrières nationales
commençaient à s'abaisser devant les intérêts politiques.

Revenons à Wenceslas. Sa neutralité, acceptée par le roi
d'Angleterre, l'avait été sans doute aussi par le roi de France
puisqu'on ne trouve pas la moindre trace d'une tentative faite
pour entraîner l'empereur contre Richard II ou Henri IV.
Wenceslas resta jusqu'au bout dans la tradition inaugurée par
son père en 1350 et que nous avons ailleurs exposée [7].

Il n'en pouvait être de même de Robert. Aussitôt élu roi des
Romains, il contracte alliance avec l'Angleterre, tout en se
défendant de vouloir mal au roi de France, 1401 [8]. Effectivement
il ne tire d'abord de cette alliance d'autre profit que la pro-

traité Vom Heerschild, 75 et ss. L'auteur fait de ce terme juridique Heerschild le synonyme de Lehnsfœhigkeit, c'est-à-dire la ca-
pacité pour une personne de donner et de recevoir des fiefs (die Fœ-
higkeit, einer Person mit voller rechtlicher Wirkung Lehen zu
empfangen und zu verleihen, p. 7).

[1] Voy. plus loin le chapitre VIII.
[2] En 1402. Voy. ci-dessus le chapitre III, p. 66.
[3] E. Petit, Itinéraire, I, 645, sans date précise.
[4] Lettre des magistrats de Strasbourg à ceux de Metz, (mars ou
avril 1403) : « Vestram amicabilem prudentiam cupimus non latere
quod dominus noster Roman. rex suam indignationem generoso domini marchioni de Baden imposuit pro eo quod, ut dicitur, idem
marchio illustris principis domini ducis Aurelianensis vasallus effectus existat. » D. R. T. A., V, 497, et déjà dans Wencker, Apparatus.
[5] Moyennant une pension de 1,000 florins, par acte délivré à Sois-
sons, le 3 mars 1406. (Arch. nationales, K. 56, nᵒ 12.)
[6] Lettres patentes de Jean Galéas Visconti accordant une pension
féodale de 1,000 florins à Guy de la Trémoille. Pavie, 13 avril 1382,
d'après M. de Circourt, Revue des Quest. historiques, liv. 89, p. 89,
[7] Voy. nos premières Recherches critiques, p. 253 et ss.
[8] Voy. sa lettre du 7 mai 1401 à Mᵉ Aubert, curé de St. Sébald de
Nuremberg, dans Martène, Ampl. collectio, IV, 38.

messe d'un contingent dans l'expédition d'Italie et une intervention auprès du pape de Rome pour qu'il couronne empereur le nouveau roi des Romains [1]. Mais en 1402 Robert se
rapproche davantage d'Henri par le mariage de leurs enfants :
Louis de Bavière épouse Blanche d'Angleterre au grand mé-
contentement de la cour de France [2]. L'année suivante, Robert
donne à Henri IV une nouvelle preuve de ses sentiments intimes en l'avertissant, de Trèves où il se trouvait alors, que
le duc d'Orléans avait vainement tenté de gagner contre l'Angleterre l'archevêque de Cologne, l'évêque de Strasbourg et le
comte Simon de Spanheim [3].

Tout ceci, il est vrai, n'était point bien menaçant pour le roi
de France ; mais certaine ambassade que Robert envoya en Angleterre au cours de l'année 1404 [4], nous induit à croire qu'il
méditait d'entrer plus avant dans l'alliance anglaise, d'autant
plus qu'au commencement de l'année 1407 un émissaire
d'Henri IV se rendit à son tour auprès de Robert pour lui demander appui contre Charles VI [5]. L'empereur refusa en prétextant que les difficultés intérieures de l'Empire ne lui laissaient point la liberté de ses actions [6]. Aussi bien la question
est sans portée, car les hostilités entre la France et l'Angleterre
furent suspendues jusqu'à l'avènement d'Henri V. Robert
mourut avant d'en voir la reprise et de pouvoir jeter dans la
balance, au profit des Anglais, le poids de son épée.

[1] « Rex Anglorum misit Romam ambaxiatores solennes supplicatum domino nostro pape quod regem hunc [Rupertum] coronare dignetur... » (Lettre de François de Carrare, datée de Padoue, 11 fév.
1402, dans les D. R. T. A., V, 163). — Cf. les documents des années
1401-1402, publiés par Martène, Thesaurus, I, 1682, 1684 et ss. 1700
et 1703.

[2] Epistola Roberti regis Anglie de matriomonio Blanchæ, regis
Angliæ filiæ, cum Ruperti primogenito, 1402, dans Martène, Thesaurus, I, 1701, cf. 1710 et ss.

[3] Instructions de Robert pour Henri d'Angleterre. Trèves, 10 août
1403, dans Janssen, F. Reichscorrespondenz, I, 742, et D. R. T. A., V,
403 : « Ir sollent dem Kunige von Engelant auch sagen wie das der
Herzog von Orliens und wievil Fursten, Graven und Herren in dutschen Landen geschrieben und sie gebeten habe im Volke wieder den
Kunig von Engeland zu schicken... » Cf. dans Martène, Ampl. collectio, IV, 123, le § 9.

[4] Lettres de créance dans Martène, Thesaurus, I, 170.

[5] Voy. Rymer, Fœdera, IV, p. 109 (de la 3e édit.)

[6] Réponse de Robert au roi d'Angleterre, 17 mai 1407, dans Martène, Thesaurus, I, 1719. Cf. 1721.

En somme, ces alliances avec les dynastes des Pays-Bas et des régions voisines du Rhin furent sans effet sur l'issue de la lutte anglo-française, car ce n'est certes point l'archevêque de Cologne ni le comte palatin qui aidèrent au succès des armes de Henri IV. Il n'y a donc autre chose qu'un intérêt d'histoire diplomatique à rappeler cet ensemble de négociations. Un peu plus tard seulement, après Azincourt, le rôle médiateur de Sigismond entre la France et l'Angleterre donnera à ce sujet une importance nouvelle [1].

[1] Voy. ci-dessous le chapitre VIII.

LIVRE II

CHAPITRE VII

LES CONCILES DE PISE, DE CONSTANCE ET DE SIENNE

1409-1430

Nouvelle phase dans les relations politiques de la France avec l'Allemagne à partir de 1409-1410. — 1. Préparation du concile de Pise. — Rôle conciliant de la cour de France. — Résistances de l'empereur Robert : ses griefs à l'encontre du parti français. — L'archevêque-électeur de Mayence se déclare publiquement pour le pape élu par le concile de Pise, 1409. — 2. Sigismond élu roi des Romains travaille à réunir le concile de Constance et gagne le roi de France à ses vues, 1414. — Rôle prépondérant de Sigismond au sein du concile. — Accord de l'empereur et des représentants du parti français pendant la première session. — Sigismond quitte Constance pour obtenir la démission de Benoît XIII et pour réconcilier la France et l'Angleterre, 1415. — A son retour le concile se divise en deux parties : l'un allemand et anglais, l'autre roman. — La déposition de Benoît XIII et l'élection de Martin V rétablissent l'accord. — 3. Conciles de Pavie et de Sienne convoqués, en 1422, pour traiter des affaires de Bohême: participation de l'université de Paris, du duc de Bourgogne et des évêques, seigneurs et villes de la Lorraine et de l'Arélat à la répression du mouvement hussite.

Les années 1408-1410 sont caractérisées, dans la plupart des affaires politiques que nous étudions, par un rapide changement de scène qui nous oblige à ouvrir ici un second livre [1].

---

[1] Ce livre II pourra cependant paraître quelque peu factice si l'on considère qu'il est à peu près vide d'événements importants. Mais cette pénurie même porte son enseignement. D'ailleurs entre le livre I, si rempli, et le livre III, qui ne l'est pas moins, — chacun avec son unité très réelle et dans des limites chronologiques qui se sont imposées, — il fallait nécessairement une transition. Le livre II la fournit, puisqu'il correspond aux dix dernières années du règne de Charles VI et aux huit premières années du règne de Charles VII.

Le concile de Pise ayant donné une nouvelle forme à la question du schisme, l'Allemagne se sépare en conciliaires et anti-conciliaires, et les premiers s'allient volontiers au roi de France.

Robert restant fidèle à Rome, son pouvoir politique en est ébranlé et le projet de rétablir Wenceslas avec l'appui du roi de France est de nouveau agité.

Dans le royaume d'Arles Sigismond relève l'autorité impériale si fort affaiblie depuis la mort de Charles IV.

Enfin la neutralité de l'Empire dans la lutte anglo-française semble devoir prendre fin par la conclusion du traité de Cantorbéry entre Sigismond et Henri IV.

Il faut remarquer en outre les profondes modifications que subissent, vers cette époque, la plupart des notions de droit public sur lesquelles avait reposé la société du moyen âge :

La notion de la papauté souveraine, par la prétention des conciles à s'élever au dessus d'elle ;

La notion de la royauté de droit divin, puisque le roi d'Angleterre ose porter la main sur la couronne de France ;

La notion de la suzeraineté impériale, puisque le duc d'Orléans et plus encore le duc de Bourgogne attentent perpétuellement à ses droits ;

L'idée d'immutabilité dans laquelle s'était complue la chrétienté féodale. Si, à la mort de Frédéric II, l'hégémonie politique de l'Europe était passée de l'empire d'Allemagne au royaume de France, elle retournait maintenant à l'Allemagne impériale pour un demi-siècle, bien amoindrie, il est vrai, et bien différente de celle qu'avaient exercée Henri VI et Frédéric Barberousse.

1

De 1407, date à laquelle nous avons clos notre premier chapitre, à 1409, date initiale de celui-ci, la question ecclésiastique avait été, pour ainsi dire, suspendue par la résolution du concile de Paris (nov. 1406) de se soustraire à l'obédience de Benoît XIII et de réclamer la convocation d'un concile général. Ce premier pas accompli dans ce qu'on appelait la *via synodi*, un autre non moins important fut encore fait sous la pression du roi de France et de l'université de Paris, lorsque les cardinaux des deux obédiences décidèrent, au commencement de

1408, de se réunir en concile à Pise. C'était bien l'Église elle-même qui allait chercher désormais la solution des difficultés.

L'idée de recourir à un concile général pour remédier aux troubles qui, depuis Boniface VIII, agitaient la société catholique, était ancienne. Philippe IV l'avait eue, vers la fin de sa vie, mais avec des préoccupations purement politiques. Reprise par quelques théologiens allemands en 1379-1381, et par les plus illustres représentants de l'université de Paris en 1393 [1], elle allait enfin se réaliser et placer la question ecclésiastique sur un nouveau terrain.

La convocation du concile de Pise, fixé au mois de mars 1409, avait été lancée le 24 juin 1408, de Livourne où étaient assemblés les cardinaux des deux partis. On se hâta en tout pays de préparer ces grandes assises de la catholicité : en Angleterre par le synode de Londres que présida l'archevêque de Bordeaux (juillet 1408), — en France par le synode de Paris (août suivant), — en Allemagne par le synode de Francfort (janv. 1409), — en Italie par le synode de Florence (fév. suivant[2]). On espérait beaucoup du synode de Francfort, car les représentants de l'empereur, qui devaient s'y rendre, allaient se rencontrer avec ceux du roi de France duement avertis[3]. De l'accord des uns et des autres dépendait le succès du concile de Pise. Aussi le duc de Bourgogne, alors régent, s'empressa-t-il de députer à Francfort le patriarche d'Alexandrie, en le chargeant de plaider chaudement auprès du synode et même auprès des magistrats de la ville la cause du futur concile[4]. Le roi de

---

[1] Voy. ci-dessus, chapitre I, p. 18, note 2.

[2] Sans parler du concile de Perpignan convoqué par Benoît XIII. Voy. sur ce concile un récent travail du P. Ehrle *Aus den Acten des Afterconcils von Perpignan 1408*, dans *l'Archiv für Literatur und Kirchengesch. des Mittelalters*, 1889, p. 387 et ss.

[3] Pise, 5 nov. 1408, lettres des cardinaux à Charles VI et à la reine Isabeau pour les prier de se faire représenter au synode de Francfort (dans Martène, *Ampl. collectio*, VI, 888 et 889; Mansi, *Conc. coll.*, XXVII, 187 et 188 ; *D. R. T. A.*, VI, 306 et 307.)

[4] Lettre du duc de Bourgogne aux magistrats de Francfort. Paris, 26 déc. (1408), d'après Janssen, *F. Reichscorrespondenz*, I, 136. Cf. les *D. R. T. A.*, VI, 357 : « .. Ea propter ad concilium 15 post nativitatem Domini per principes, prelatos, electores et Alamanie clerum super tacta materia in Franquefordia celebrandum patriarcham Alexandrinum dominus meus rex et nos ut dicto concilio die compareat assignata, transmittendum decrevimus. Rogamus vos igitur.... quatenus dictum patriarcham..... benigne recipere,

France fit demander à Sigismond de Hongrie son appui[1] et renouvela aux cardinaux l'assurance de ses bonnes dispositions[2].

On sait comment l'envoyé de Pise à Francfort, le cardinal archevêque de Bari, fut, quelques jours plus tard, contrecarré auprès des prélats de Francfort par le représentant de Grégoire XII, cardinal Antoine. Celui-ci réussit à faire admettre qu'on n'enverrait d'ambassadeurs à Pise que pour solliciter l'union des deux obédiences. Cette propositon était-elle faite au nom de l'empereur d'Allemagne? Nous ne pouvons l'affirmer sur preuves directes. Nous le croyons néanmoins, après examen de la conduite ultérieure de Robert.

Les sentiments étaient, en effet, fort partagés dans l'anarchique Allemagne. Sans parler d'un parti extrême qui sollicitait Grégoire XII de convoquer un concile œcuménique pour déposer l'antipape, c'est-à-dire Benoît XIII, ainsi que le roi de France et tous ceux que l'on affectait de considérer comme les fauteurs du schisme[3]; — sans parler de Sigismond de Hongrie qui se déclarait prêt à soutenir le concile de Pise à la condition qu'il examinât d'abord si Grégoire XII était lié par l'engagement pris de se démettre du pontificat, et, dans l'affirmative, voulût bien procéder à une nouvelle élection[4], il y avait dans l'entourage même de Robert[5] des hésitations qui

gratanter audire et ea que vobis generaliter seu particulariter explanabit, attendere... non negetis. »

[1] Epistola nunciorum regis ad regem Hungarie, dans Martène, *Ampl. collectio*, VII, 864. Cette lettre est de la fin de 1408, à en juger par son contenu.

[2] Commencement de janv. 1409, dans Mansi, *Conc. coll.*, XXVII, 113 et dans les *D. R. T. A.*, VI, 363 : « .... Et jam pro acceleracione agendorum et ad inducendum et sentiendum de cunctis, idem patriarcha et duo doctores de universitate Parisiensi ad Francfordiam in Germania, ubi certum concilium pro ista materia nunc tenetur sunt profecti. »

[3] *Informacio summaria pro concilio generali si nullo modo potest fieri sancta et meritoria cessio de qua locutum est*, comm^t. de 1408, cité par les *D. R. T. A.*, VI, 263-264. — Cf. une demande analogue contre le roi de France en 1379, ci-dessus, chap. I, p. 3.

[4] Réponse de Sigismond au collège des cardinaux de Grégoire XII, qui lui ont demandé appui, vers juillet 1408, dans les *D. R. T. A.*, VI, 600.

[5] M. Koetzschke a récemment étudié les rapports de Robert avec le concile de Pise dans les *Mittheil. aus der historischen Litteratur*,

ne prirent fin que quand Grégoire XII, par une bulle[1] qui
suivit de quelques semaines celle des cardinaux de Pise,
indiqua un concile général aux fêtes de la Pentecôte de l'année 1409, et sollicita l'empereur Robert et les prélats allemands de s'y faire représenter[2]. Aux motifs indiqués par les
cardinaux de Pise pour justifier leur conduite, les partisans
allemands de Grégoire XII, inspirés vraisemblablement par
Robert, répondirent par une critique acerbe[3] de ces motifs,
reprochant aux cardinaux de suivre l'impulsion du roi de
France au lieu de chercher uniquement l'intérêt de l'Église[4],
rappelant en détail toutes les circonstances dans lesquelles ils
avaient, durant les années précédentes, fait preuve de dévotion à Charles VI, incriminant le rôle de l'université de Paris,
suspectant le désintéressement des Florentins, prétendant
qu'inviter Grégoire XII à céder devant son compétiteur n'était
pas moins monstrueux que si quelque Français eut proposé à
Charles VI de se retirer devant le roi d'Angleterre. Cette critique fut sans doute rédigée par un ecclésiastique : mais elle
nous semble refléter plus particulièrement les sentiments du
monde laïque. Il est dit encore que les maux dont souffre la
France sont la punition de sa conduite vis-à-vis de la papauté
romaine. Si le royaume est désolé par une guerre interminable
et dépeuplé par des combats meurtriers, si le roi est fou, si les
princes du sang se font mutuellement la guerre, si les libertés
ecclésiastiques sont foulées aux pieds, si la justice n'a plus
son cours, tout cela est en expiation de cette conduite, d'autant plus blâmable qu'elle s'est montrée plus impuissante à
atteindre ses fins, puisque, sauf l'évêque de Liège, aucun pré-

---

t. XVIII : *Ruprecht von der Pfalz und der Konzil zu Pisa*. Nous
n'avons pu malheureusement profiter de son travail.

[1] Lucques, 2 juillet 1409.

[2] Lucques, 5 juillet 1409, lettre du pape à Robert, dans les *D. R.
T. A.*, VI, 274.

[3] Entre fin septembre et fin décembre 1408, dans *D. R. T. A.*, VI,
387 etss.

[4] Cette accusation se retrouve dans les instructions données par
Grégoire XII aux ambassadeurs qu'il envoie à Robert vers le 13 déc.
1408 (*D. R. T. A.*, VI, 374) : « Isti qui se separaverunt... satagunt im-
plere voluntates Gallicorum sub palio unionis cum subversione et
ignominia eorum regum et christianorum qui adheserunt Urbano
et successoribus suis, tanquam instrumenta et procuratores dictorum Gallicorum a quibus suscipiunt stipendia vel promissa. »

lat allemand ne s'est laissé gagner aux projets du parti français. D'ailleurs, ajoute l'auteur de ce libelle, il n'y a pas même
accord unanime dans le parti français ; car plus d'un docteur
de l'université de Paris et, en tout cas, la totalité des docteurs
de l'université de Toulouse ont fait opposition à la *via subs-
traccionis* préconisée à Paris. Et puis, autre scandale, le roi
de France n'a point hésité à prodiguer, au su de tout le monde,
l'argent aux cardinaux assemblés à Pise pour les gagner à ses
projets. N'y a-t-il point là encore une raison de se séparer
d'eux ?

Une fois entré dans la voie des récriminations, il n'y avait
point de raison pour s'arrêter. On reproche donc au parti français d'avoir voulu confisquer la papauté en n'élisant que des
prélats de sa nation, dans un dessein qui n'était rien moins que
d'abaisser l'empire germanique pour élever d'autant la royauté
française [1], — et d'avoir pris pied en Italie par la fraude ou la
violence dans cet autre dessein de tenir la papauté en tutelle si
elle devait, contre le gré du roi, être réinstallée à Rome [2]. —
Nous trouvons dans cette imputation l'interprétation, non déguisée, que l'on donnait couramment en Allemagne aux deux
plus grandes nouveautés de la politique française au XIVe siècle.

Quelques-uns de ces arguments pouvaient être retournés
contre le parti impérial-romain. Lui aussi n'avait point réussi
à gagner ses voisins à la cause qu'il défendait. Lui aussi, dans
la personne de ses prélats aussi bien que de ses princes laïques,
s'était laissé corrompre par l'argent français. Et si la papauté

---

[1] *D. R. T. A.*, VI, 387, § 137 : « Est sciendum quod reges Francorum ab aliquibus fere centum annis citra ante scisma multos habuerunt papas, ut ita dicatur successive, presertim Lemovicences, et per
longa tempora sedes apostolica fuit in Avinione, que civitas contigua
est regno Francie et circumvallata potencia ejus ita quod, sede
apostolica ibidem et in manibus Gallicorum existente, exaltatum fuit
et sublimatum fuit regnum Francie depressumque romanum imperium et alia regna notabiliter, ut apparet, romanis pontificibus
mediantibus.

[2] *Ibid.* : « Nunc ergo iterum querunt modum reducendi ecclesiam
ad manus suas, ut possint ampliare terminos suos et falcem suam eo
melius et coloracius mittere in messem alienam, prout jam de novo
in Brabancia et novissime in Leotio dicuntur fecisse, et prius in Janua, regno Apulie, Arelatensi, Delphinatu, Lothoringia, comitatu
Burgundie et in multis aliis locis suos terminos dilataverunt. »

d'Avignon avait le tort de ne paraître faite que pour les Français, la papauté romaine montrait bien, depuis des siècles, et montre encore depuis lors, qu'elle était instituée surtout pour les Italiens.

A toutes les raisons qu'il donnait pour justifier son refus de suivre les cardinaux de Pise, l'auteur de la réponse en ajoutait une autre qui, comme on l'a remarqué, témoigne d'une profonde connaissance des dispositions générales de l'Allemagne et prophétise ce qui se réalisa en effet, un siècle plus tard, aux premiers ébranlements de la Réforme. Si nous renonçons à notre pape, dit-il[1], il s'ensuivra une interruption plus ou moins longue du souverain pontifical, interruption à la faveur de laquelle la discipline ecclésiastique se relâchera, les hérésies pulluleront en secret, les dogmes dangereux se propageront sans qu'on puisse s'y opposer, puisque en Allemagne tout seigneur est souverain, toute ville maîtresse d'elle-même dans l'étendue de son territoire.

Le synode de Francfort n'amena point entre les représentants de Charles VI et ceux de Robert l'accord qu'on avait espéré, et ne modifia en rien l'attitude antérieure des partisans de chaque obédience. A l'issue de cette assemblée, le roi de France dut confirmer aux cardinaux de Pise ses premières résolutions[2]; Sigismond de Hongrie déclara que, tout en réprouvant le concile de Pise, il s'y ferait représenter non pour délibérer avec les cardinaux, mais pour les déterminer à se joindre au concile d'Udine convoqué par Grégoire XII[3]; Robert re-

---

[1] *Ibid.* 81 « In Alemannia timendum est quod, si semel contingat subtrahi obedienciam et per modicum tempus durare, nulla censura durabitur cessabitque omnis ecclesiastica disciplina, occulte hereses pullulabunt et impune seminabuntur dogmata reprobata, considerato quod quilibet nobilis quantumcumque modicus in suo territorio rex est et quelibet civitas intra muros suos regia utitur potestate. « (La remarque est vraisemblablement de M. J. Weizsæcker, éditeur du volume.)

[2] Nous n'en avons pas la preuve directe, mais le fait nous semble résulter des circonstances ultérieures que nous rappelons.

[3] Procès-verbal d'une assemblée des maîtres de l'université de Vienne, fév. 1409, dans les *D. R. T. A.*, VI, 344 : « Ex parte domini Frinsingensis (s. doute l'évêque de Freising près Munich) retulit dominus rector quomodo dominus rex Ungarie non esset bene inclinatus ad concilium dominorum cardinalium (in Pisa) ut saltem ibi aliquid concluderetur, sed tamen vellet ibi habere ambasiatam suam non ad aliquid concludendum, sed ad inducendum dominos

nouvela aux princes et villes de l'Empire l'invitation de se tenir fermes au parti du pape de Rome, leur montrant le roi de France prêt à profiter de leur faiblesse pour abaisser l'Église et l'Empire [1]. Quant à Wenceslas, toujours attentif à profiter des événements, il s'empressa pour faire pièce à Robert [2] d'envoyer cinq députés au concile et de nommer un vicaire impérial en Italie avec pleins pouvoirs pour agir au mieux des intérêts de son maître [3].

Ce n'était pas assez pour Robert que de se déclarer partisan de Grégoire. Dès que les prélats de Pise eurent commencé leurs délibérations, il prépara un appel solennel de leurs décisions au vrai pape et au vrai concile œcuménique [4] et en fit rédiger les motifs [5] que ses envoyés présentèrent hardiment au cours de la cinquième session. Admis au concile, le 15 avril, ces représentants du chef du saint empire ne s'appliquèrent

---

cardinales ut concilio alio tempore in Utino celebraretur..... quod eciam, dixit, bene placeret regi Francie et aliis. » Cette dernière affirmation était purement conjecturale.

[1] (Heidelberg, vers le 22 fév. 1409), dans les *D. R. T. A.*, VI, 466 : « .... Davon sunderlich zu besorgen ist das den Frantzosen zu Loben und zu Eren soltent die Wege fur sich gen, die heilige Kirche und das romisch Rich zu iren Henden kement od. Nach irem Willen bestalt wurdent. »

[2] Prague, 15 mars 1409, *ibid.*, 586.

[3] Même date, *ibid.*, 588.— Le 11 octobre suivant, à l'occasion du concile convoqué à Udine par Grégoire XII, Wenzel nommait le comte Frédéric de Ortenburg, vicaire de l'empire en Frioul (Pelzel, *Urkundenbuch*, II, 561). Sur la foi d'un document publié dans les *Fontes rerum austriac.: Script.* t. VI, 174, sous la date de 1409, deux historiens bien connus, Hœfler et Palacky, ont admis que le roi de France avait profité de ces dispositions de Wenceslas pour le gagner à la cause du concile de Pise. Mais M. Weizsæcker a démontré récemment (dans les *D. R. T. A.*, VI, 342) que ce document appartenait incontestablement à l'intervalle compris entre 1394 et 1404. Nous l'avons utilisé dans notre chapitre I, p. 27.

[4] Heidelberg. 23 mars 1409, dans Gudenus, *Codex diplom.*, II, 620, et dans les *D. R. T. A.*, VI, 495.

[5] Pise, 16 avril 1409. Souvent publié et en dernier lieu dans les *D. R. T. A.*, VI, 496. — Ces motifs furent réfutés au nom du concile par le docteur François de Padoue (*ibid.*, 515), qui trouva à son tour un contradicteur, vers juillet-août suivant, dans un partisan de Robert (*ibid.*, 557). Comme toujours, les griefs allemands à l'égard du parti français se donnent cours dans le premier et le dernier de ces trois documents.

qu'à formuler leurs objections contre le rôle de l'assemblée.
Ils se retirèrent sans même attendre la réplique et promulguè-
rent l'appel de leur maître non plus au pape, mais à Jésus-
Christ même et à un nouveau concile duement convoqué [1].

Envers et contre tous [2], en dépit même des intérêts les plus
évidents de la catholicité, Robert persista à soutenir la cause
de Grégoire XII. Il justifiait sa conduite et expliquait son
opposition [3] en prétendant que le concile de Pise avait été rassemblé en violation du droit de convocation qui n'appartenait
qu'à l'empereur [4], et ce pour complaire au parti français et
humilier le saint empire. Le premier point est exact, et la
postérité en ferait volontiers un titre d'honneur à l'université
de Paris. Mais le second est bien controuvé, car si le roi de
France et l'université de Paris demandaient la déposition de
Grégoire XII, ce n'était qu'après avoir abandonné Benoît XIII.

Les mérites que le parti français s'acquérait en cette occa-

---

[1] Cet appel fut promulgué à Pise même, le 19 avril suivant, au
nom de Robert par Conrad de Soest. Il a été plusieurs fois publié,
par Raynald, Hardouin, Mansi, Labbe et Cossart, en dernier lieu,
avec des notes utiles, dans les *D. R. T. A.*, VI, 503. A remarquer
que l'appel n'est pas interjeté devant un autre pape, suivant l'habitude, mais devant Jésus-Christ même. Ce document renouvelle naturellement toutes les attaques que nous connaissons contre le parti
français, *qui a principio istius detestandi et horrendissimi scismatis ecclesiam catholicam et inconsutilem Christi tunicam divi-
dere presumpserunt* (§ 10, p. 509). Le § 6, p. 507, contient cependant un jugement que nous n'avons pas rencontré ailleurs : « Sicut
enim scisma Grecorum non est Latinis imputandum, ita nec scisma
Gallicorum, quia per Gallicos introductum, capiti vel membris
ecclesie romane. »

[2] [Heidelberg, fin juin 1409], invitation de Robert aux princes et
villes de l'empire de se réunir au parti de Grégoire XII et de se faire
représenter au concile qu'il convoque dans le Frioul: « Die Cardinale zu Pyse handeln yre Sache argwenlich, geverlich, snelliclich,
ylende und unerfolget, und meynen ye einen dritten Babst uffzu-
werfen und trosten sich des Geltes und Hulffe daz yn von den Franczosen werden sol und worden ist. » (*D. R. T. A.*, VI, 471, §. 4). Nous
avons déjà rencontré cette accusation de corruption à l'adresse des
cardinaux de Pise.

[3] Lettre de Robert aux magistrats de Francfort. Heidelberg, 21
août 1409, dans Janssen, *F. Reichscorrespondenz*, I, 144, et dans
les *D. R. T. A.*, VI, 479, avec traduction latine.

[4] *Promotor generalium conciliorum* était en effet l'un des titres
ecclésiastiques de l'empereur. Voy. M. A. Himly, *De sancti romani
imperii indole atque juribus*, p. 70 et ss.

sion semblent avoir été assez importuns à l'empereur d'Allemagne. Dans cette même lettre où il annonce qu'il entend travailler lui-même, de concert avec Grégoire XII, à la restauration de l'unité catholique, Robert s'abandonne à l'égard de son cousin de France à des reproches d'ambitieuses visées [1], bien étranges en cette année 1409 où les Anglais détenaient déjà une bonne partie du royaume.

Sur ces entrefaites — Alexandre V venant d'être élu par les prélats de Pise, 26 juin 1409, — se produisit un événement inattendu et dont les causes sont encore obscures [2]. L'archevêque-électeur de Mayence, Jean de Nassau, le loup dévorant, *der beiszende Wolf*, prit tout à coup parti pour le concile de Pise et pour son élu. Bien plus, en rendant publique sa détermination il chercha à entraîner avec lui les évêques de Spire et de Worms, même l'empereur Robert [3]. Qu'il y ait eu dans ce changement de conduite l'effet d'une pression de la cour de France, cela paraît assez probable si l'on se souvient des relations antérieures du prélat avec Charles VI et le duc

[1] « Dieselben Cardinale und Samenunge in den und andern Sachen den Franczosen und den die uff irer Syten in jener Gehorsem gewesen sint, gehellent, den volgent und die heilige Kirche und auch das Riche nach yrem Sinne und nach der Franczosen Fursacz, dem sie lange Zyt her mit grossen Listen nachgangen sint, meynent zu handeln und zu bestellen und alle Herrschaft und sunderlich dutsche Lande zu yn ziehen, uns uch und allen dutschen Landen zu ewigen Schaden und zu Schanden. » (Lettre de fin juin, citée plus haut.)

[2] D'une lettre de Rullin Barpfenning, ammeister de Strasbourg, au bourgmestre de Bâle (19 sept. 1409. *D. R. T. A.*, VI, 488 note) il résulte que l'évêque de Strasbourg, le duc Louis de Bavière, le margrave de Bade et autres féodaux tinrent une sorte de conciliabule à Nanse (Nancy), du 16 au 17 septembre de la dite année, en présence des députés du roi de France, sous prétexte du différend entre le sgr. de Commercy et le comte de Meurs. Il y fut question des affaires ecclésiastiques, au témoignage de l'ammeister. Ne pourrait-on y chercher le point de départ de l'action exercée par le roi sur l'archevêque de Mayence, par l'intermédiaire de l'évêque de Strasbourg ?

[3] Lettre publique de Jean de Bensheim, protonotaire de l'électorat de Mayence, à deux clercs de Spire et de Worms. Mayence, 29 sept. 1409, dans les *D. R. T. A.*, VI, 673. Nous remarquerons que Worms avait alors pour évêque ce Mathieu de Cracovie que nous avons rencontré précédemment (chap. I, p. 18, note 2) comme représentant de l'idée conciliaire. C'est lui que Robert avait député à Pise.

de Bourgogne [1]. Il n'en pas est moins certain que la conversion
du grand électeur, qui eût été suspecte aux premiers instants
du concile de Pise, se légitimait fort bien après l'élection
d'Alexandre V. Elle dut être approuvée par beaucoup, en raison
de l'heureuse influence qu'elle pouvait exercer sur d'autres
princes [2]. Les raisons que donne l'archevêque pour justifier sa
conduite, avaient du poids. « On ne cesse de répéter, dit-il, que
la situation a été préparée par les ruses habiles du parti adverse et principalement des Français qui ont amené les prélats
à notre obédience à prix d'argent. Je réponds qu'il vaudrait
mieux se taire que d'insinuer si imprudemment des choses que
les faits contredisent et démentent. Les Français nous ont
d'abord suivis au lieu même de notre obédience ; puis ils ont
consenti à ce que les cardinaux de leur nation fussent en mino-
rité au conclave, et que l'élu fut de notre parti. Où sont maintenant ceux qui ont affirmé qu'un Français, fils du duc de Bar,
serait immanquablement élu pape ? » [3]. — Suivant un procédé
déjà usité, l'année précédente, Robert fit rédiger une réfutation
de cet écrit, réfutation où sont reproduits la plupart des griefs
que nous avons déjà rencontrés à l'endroit des Français et de
leurs alliés [4]. Les premiers [5] sont, comme toujours, rendus responsables de l'échec des combinaisons allemandes et accusés de

[1] Voy. ci-dessus le chapitre II, p. 52.

[2] D'une lettre adressée par Alexandre V au duc Ernest d'Autriche,
sous la date de Pise, 27 août 1409 (orig. aux Arch. impériales de
Vienne) pour lui annoncer les heureux résultats du concile, on peut
conclure, ce nous semble, que ce prince allemand était partisan du
concile.

[3] « Cavillator forte non cessat dicere quod preordinata fuerit materia per partis alterius et presertim Francigenarum ingenia caute-
losa, qui obediencie nostre prelatos pro se suo precio conduxerunt
etc. ... » (Lettre du 29 septembre, déjà citée). — Le *cavillator* visé
par l'archevêque est l'auteur du libelle contre les cardinaux de Pise,
que nous avons cité tout à l'heure.

[4] Vers octobre 1409, dans les *D. R. T. A.*, VI, 683. L'auteur de cette
réfutation ne se nomme pas; il nous suffit de savoir que c'est un
chaud partisan de Robert.

[5] Voy. entre autres le §. 121: « Si bene respicitur, constat quod
Pisani plus hominibus quam Deo confidebant, presertim in potencia
Gallicorum qui *confidunt in virtute sua et in multitudine divicia-
rum suarum gloriantur*, attrahentes sibi reges, prelatos et communitates per pacta et prerogativas ac pecunias solutas et remissas. »

simonie et de corruption. Les Bolonais par crainte [1], les Flo
rentins plutôt par intérêt [2] se sont faits, dit-on, leurs complices,
et ont tourné contre le pape légitime la ligue qu'ils avaient
conclue avec Louis d'Anjou contre Ladislas de Naples [3]. Ces
accusations ne manquaient certes pas de fondement, mais elles
ne suffisaient pas à prouver que Robert eut pris le bon parti.
Une conséquence de son entêtement fut qu'Alexandre V, une
fois élu, se hâta de se rapprocher, lui aussi, des Français en
déclarant Louis d'Anjou roi de Naples et en le nommant grand
gonfalonier de l'église romaine.

C'en était trop pour l'empereur : dans l'excès de sa colère il
s'en prit à l'archevêque de Mayence et lui déclara la guerre.
Le lecteur sait déjà [4] comment, par l'intervention du roi de
France dont l'archevêque s'était reconnu le vassal, cette guerre
faillit prendre tout de suite un autre caractère et rouvrir la
question de la vacance du trône impérial. La mort subite de
Robert changea seule ces prévisions.

2

Robert étant mort quelques mois plus tard, on put espérer
que son successeur allait abandonner à jamais ce rôle d'opposant, d'autant plus que l'élection d'Alexandre V, (26 juin 1409),
puis celle de Jean XXIII réalisée à son tour sans obstacle, (17

---

[1] §. 111. « In Florencia et Bononia sunt plures doctores quam in
tota Alemannia, et illos oportuit conparere et scribere et allegare ad
nutum suorum tyrannorum. Sic eciam Parisienses et Gallici multos
ibi doctores habuerunt predeterminatos ad viam cessionis quam rex
Francie pro lege toti christianitati imponere presumebat. »
[2] §. 37. « Constat enim quod Florentini, licet dicantur archigwelfi,
modicum tamen ecclesiœ censuras eciam unionis tempore curaverunt, sed semper anhelantes ad sue quantocius estimant reipublice
augmentum, nec papam nec cesarem venerentur nec Deum timent
nec homines reverentur; imo durante scismate nunc Urbanum aut
suos successores, nunc Clementem vel suos pro romanis pontificibus,
nunc Rupertum nunc Wenceslaum pro Romanorum regibus colue-
runt, solo vento prosperitatis proprie eos hinc inde pro libito agi-
tante. »
[3] Voy. le § 104.
[4] Voy. ci-dessus, p. 52.

mai 1410), grâce aux intrigues du roi de Sicile[1], prouvaient le succès des vues du concile. Néanmoins il n'en fut point ainsi tout d'abord. Grégoire XII conservait des partisans en Allemagne jusque parmi les grands électeurs, et ceux-ci imposèrentà Sigismond, leur candidat, l'engagement de soutenir, une fois élu, la cause du pape exilé [2]. L'archevêque de Mayence et celui de Cologne, le roi de Bohême et le duc de Saxe qui tenaient pour Jean XXIII élurent Jost de Moravie.

L'archevêque de Trèves, le margrave de Brandebourg et le palatin du Rhin furent les instigateurs de cet engagement. Mais l'avenir ne répondit point à ces prémisses. Lorsque Sigismond devint, par la mort de Jost, seul roi de Germanie, il comprit qu'il valait mieux transiger avec le pontife reconnu par le concile que soutenir celui qui avait été déposé. Fort de sa prérogative d'inspecteur du saint siège, *summœ pontificalis sedis inspector vel etiam paparum ordinator*, il aida de tout son pouvoir à la réunion d'une nouvelle et plus solennelle assemblée des prélats de la catholicité. Il obtint même qu'elle siégeat dans une ville d'Empire, à Constance, et il y convoqua le roi de France [3].

On sait combien son rôle y fut prépondérant [4] : l'Empereur d'Allemagne fut véritablement le chef du parti conciliaire et

---

[1] « Prefatus dominus Ludovicus, modernus dux Andegavensis et secundum nos rex Siciliœ... audiens quod Alexander obierat, misit quendam oratorem suum ad cardinales hic (Pisis) existentes... recommendando eis dictum dominum Joannem papam modernum (sc. Balthasar de Cossa), quem suum esse singularem dicebat amicum. Sicque factum fuit ut exitus acta probavit. » (Theod. de Niem, liv. III, ch. 53). Cf. sur cette élection un article de Topf dans la *Zeitschrift* de Mone, XXXVI, 206.

[2] Ofen (= Bude), 5 août 1410, dans Lunig, *D. Reichsarchiv*, XIX, 202, et dans Günther, *Codex Rhenomosellanus*, IV, 147.

[3] *Sigismundi mandatum ad regem Francie ut veniat ad concilium*, 1413, dans Goldast, *Constit. coll.* I, p. 386. Le roi répondit, à la date du 9 novembre. Cf. la *Chronique de St-Denis*, V, 206. — La récente publication de M.H. Finke, *Forschungen u. Quellen zur Gesch. des Konstanzer Konzils* (Paderborn, 1889, 347 p.) contient beaucoup de textes instructifs pour les relations des partis au sein de concile, mais fort peu pour le côté politique qui nous préoccupe seul ici.

[4] Voy. la *Chronique de Saint Denis*, V, 436 et ss., 450 et ss.— Le chap. I des *Forschungen u. Quellen* de M. Finke expose très heureusement les préliminaires du concile de Constance depuis la séparation du concile de Pise.

prit avec autorité la place que Charles VI avait occupée jusque là dans l'affaire du schisme. La démence du roi de France, les troubles sanglants dont Paris venait d'être le théâtre, la retentissante défaite d'Azincourt, tout contribuait en effet à rejeter au second plan les comparses de la première heure. Cette situation effacée se prolongea pour eux jusqu'au delà de 1430.

Toutefois Charles VI [1], le duc de Bourgogne [2] et l'université de Paris [3] s'étaient empressés d'envoyer leurs ambassadeurs à ces nouvelles assises de l'Église. A Louis le Barbu de Bavière, frère d'Isabeau, était échu l'honneur de représenter tout spécialement le roi [4]. Ces députés de France s'entendirent avec les autres membres du concile pour blâmer la fuite de Jean XXIII et demander qu'il fut poursuivi [5]. Mais ils s'inter-

---

[1] Les *Regesta boica* mentionnent, sous la date de Constance, 2 fév. 1415, un sauf-conduit pour six mois accordé par l'empereur au duc Louis de Bavière qui doit venir au concile en compagnie des députés du roi de France. Ce sauf-conduit permet de dater en toute sûreté celui qui fut accordé au même duc par la ville de Metz, sous la date du 21 janvier 1414, c'est-à-dire 1415 (*ibid.*) Ce Louis de Bavière est certainement Louis le Barbu, frère d'Isabeau.

[2] Les représentants du duc de Bourgogne arrivèrent à Constance vers le 20 février : « ..... Auch ist nu herkomen ein Grave von Sant Jorgen und andere mit yme von des Herczogen von Burgendien wegen. » (Lettre de Jacob Brunn aux magistrats de Francfort, dans Janssen, *F. Reichscorrespondenz*, I, 283). — C'est incontestablement à l'affaire du concile qu'il faut rattacher la mention suivante : « Dijon, 28 avril 1415. Ce jour arrivèrent à Dijon les ambassadeurs de l'empereur d'Allemagne et ceux de nostre S. P. le pape. » (Petit, *Itinéraire*, p. 418).

[3] Les députés de l'université de Paris sont nommés dans plusieurs des documents cités ci-après.

[4] C'est ce qui ressort explicitement d'un acte du 16 mai 1415, mentionné dans les *Regesta boica*, par lequel l'empereur Sigismond refuse à Louis de Bavière l'autorisation de quitter le concile pour se rendre en Bavière où l'appelaient ses affaires personnelles, et ce par la raison qu'il a été choisi par le roi pour délibérer à sa place sur les affaires ecclésiastiques, « da er von Karl Kœnig zu Frankreich, an dessen Statt zur Mitberathung über die Angelegenheit der ganzen Christenheit auf das Concilium zu Costenz gesandt rei ». Cf. un mandement de Sigismond (18 mai 1415) portant défense de favoriser le départ du duc de Bavière, par les mêmes raisons que dessus. (*Reichsarchiv* de Munich, sous la cote *Baiern*, n° 46).

[5] « ..... Venerant eciam concilio litteræ ex parte universitatis Parisiensis, in quibus cavetur quod rex Francie unacum ipsis vo-

posèrent auprès de l'empereur pour le détourner de déclarer la guerre au duc d'Autriche qui avait donné asile au pape fugitif [1]. Cette intervention s'explique assez bien par les relations antérieures de la maison de France avec celle d'Autriche.

Il y eut dans l'œuvre du concile de Constance une sorte d'entr'acte qui ne dura pas moins de dix-huit mois (21 juillet 1415-27 janv. 1417) et suspendit pendant ce laps de temps la solution de toutes les questions. Sigismond, après avoir réuni les prélats et organisé leur première session, les abandonne tout à coup sous prétexte d'aller chercher à Perpignan la démission de Benoît XIII [2]. Il échoue sur ce point, mais en-

lunt (*sic*) adhœrere concilio et scribunt papœ multum vilipendentes recessum suum et consulentes ut redeat ad concilium. Etiam dux Burgundiœ ad cujus terras papa ire voluit, eidem salvum conductum dare recusavit. Insuper cardinalis Sancti Angeli per papam ad Franciam directus in comitatu Sabaudie est cum pluribus detentus. » (Lettre adressée de Constance, 19 avril 1415, au chapitre de Prague, dans les *Fontes rer. austriac.* : *Script.*, VI, 269.)

[1] Constance, III feria post Pascha (= 3 avril 1415). Lettre sans adresse ni signature : « Sciatis quod ipsa die feria III per dominos cardinales ambasiatores regis Francie et universitatis Parisiensis fuit humiliter domino regi (Sigismundo) supplicatum ut treugas ad tres menses cum duce Friderico Austriœ habere dignaretur. » (*Fontes rer. austriac.* : *Script.*, VI, 275 et 269. Cf. le *Diaire* du cardinal Fillastre dans Finke, ouv. cité, p. 173.)

[2] Les correspondants ne manquaient point pour entretenir le concile et les autres pouvoirs intéressés, des circonstances et des résultats du voyage de Sigismond. Un certain Cuno de Scharpenstein se rendant à Constance écrit (aux magistrats de Francfort), à la date du 25 sept. 1415, qu'il a rencontré une ambassade de Sigismond se rendant au même lieu. Il a appris d'elle « daz unser Herr der Konig und der Konig von Aragonien und des Konigs Sohn von Frankrich bii einander sin, und den Babist Benedictum dartzu bracht daz er auch abgetreten ist..... » Pièce inédite des Archives de Francfort (*Reichssachen*, XXIV, n° 1510), dont nous devons l'indication à l'obligeance de M. le Dr Grotefend, archiviste. — Sigismond lui-même tenait le concile au courant de ses négociations. Voy. entre autres la lettre qu'il lui adresse de Westminster, le 2 juin 1416, pour annoncer le succès prochain de son intervention entre la France et l'Angleterre et les heureuses conséquences qui en découleront pour la paix ecclésiastique (dans Lünig, *D. Reichsarchiv*, XV, 225). Cf. *ibid.*, 227, la réponse du concile à Sigismond : « Indicasti quidem spem optimam componendœ pacis inter clarissimos ecclesiœ filios Carolum Franciœ et Henricum Angliœ reges illustres..... Quœ pax non solum eis, sed cuncto christiano cœtui summam quietem pollicetur..... »

treprend aussitôt, toujours sous prétexte de faciliter la tâche
du concile [1], de réconcilier le roi de France avec celui d'Angleterre. Dans ce dessein il pousse de Narbonne à Paris, de Paris
à Londres et conclut finalement avec Henri V le fameux traité
de Cantorbéry. Nous reviendrons en détail dans le chapitre
suivant sur cette longue et pénible négociation. Il ne s'agit à
présent que d'en étudier les effets sur la marche du concile.

Bien que le roi de France et le roi d'Angleterre se fussent
déclarés personnellement favorables aux efforts de Sigismond
en faveur de la paix ecclésiastique [2], les prélats du concile,
aussitôt après le retour de l'empereur à Constance, se divi-
sèrent en deux partis [3]. L'un, composé des nations allemande
et anglaise, tenait pour l'antériorité de la réforme ecclésiastique sur l'élection pontificale. L'autre, composé des nations
romanes et du collège cardinaliste, voulait d'abord élire le pape.
Si les représentants de l'église de France, qui avaient été jusqu'ici les plus vaillants champions de l'intérêt général, parurent
en cette occasion renoncer à leur rôle, ce fut en grande partie
par des considérations d'ordre politique et national [4]. Mis au

---

[1] Ce prétexte est plusieurs fois invoqué dans les écrits du temps
et par Sigismond même dans le préambule du traité de Cantorbéry
dont nous parlerons au chapitre suivant : « Ut negocium unionis
sancte matris et universalis ecclesie prosperum divina favente clementia sortiretur effectum..... et ut ipsius sacrosancte matris ecclesie
illibata unitas reformaretur..... populusque christianus sub unico
summo pontifice in amplitudine gaudiorum respiraret..... Karolum regem Francie multa diligencia pulsavimus ut ad pacis solide
reformacionem cum serenissimo..... Anglie rege..... animum flec-
tet. » Cf. les lettres de Sigismond au roi d'Angleterre (15 août 1416)
et au roi de France (22 mars 1417), à l'occasion de ce traité de
Cantorbéry, dans le chapitre suivant.

[2] « Rex Galliæ et rex Britanniæ videntes animum imperatoris ad
ecclesiam pacandam, responderunt se facturos quicquid deceret
christiani nominis reges nec usquam Ecclesiæ defuturos et nichil
negaturos polliciti sunt, quicquid faciat ad schisma tollendum. »
(Mutius, De Germanorum origine et gestis, dans Pistorius, Scriptores, II, à l'occasion du voyage de Sigismond en France et en Angleterre.)

[3] Chronique de Saint-Denis, VI, 54.

[4] « Desgelichen antwortend och die Gallici, das sind Frantzosen :
sy hettind die obresten Schul Paris, und wœr och ir Künig und die
zu inn under sy gehortend, die mœchtigesten Fursten und die besten
Cristan und woltend och ain Baupst under inn haben » (Ulrich de Ri-
chental, Chronik des Constanzer Concils, dans les Geschichtsschrei-
ber der hussitischen Bewegung de M. Hœfler, II, 403).

courant de l'alliance que Sigismond venait de nouer avec Henri d'Angleterre, ils voulurent opposer aux deux alliés un pape de leur choix [1]. Cette conduite leur était dictée du reste par le gouvernement du roi qui était avec eux en relations suivies et les tenait dans une étroite dépendance.

Chose remarquable, ce groupement au sein du concile de Constance est celui-là même qui se reproduira, un siècle plus tard, devant la réforme protestante. En 1417 déjà la lutte était non entre deux hommes, mais entre deux nations. Pierre d'Ailly [2] fut le principal machiniste de ce changement de scène, montrant ainsi que les intérêts de sa patrie lui semblaient d'aussi grand prix que ceux de la catholicité, ou tout au moins en étroite corrélation les uns avec les autres. Le 26 juillet 1417, Benoît XIII fut déposé ; le 11 novembre suivant, Martin V fut élu.

L'élection de Martin V ne fut pas tout d'abord reconnue à Paris. On prétexta [3] qu'ayant été faussée par l'influence de l'empereur, elle était nulle. C'était là sans doute une suggestion des prélats français du concile. On n'y persévéra heureusement pas : la France et l'Allemagne restèrent jusqu'en 1439 soumises à une même obédience.

3

Le concile de Constance avait cru anéantir les doctrines utraquistes en brûlant Jean Huss : le hussitisme sortit de ses cendres plein de vie et de colère. Les conciles de Pavie et de Sienne, réunis tout spécialement pour faire sur cette question l'accord des églises catholiques, virent siéger dans leur sein les

---

[1] Voy. le *Diaire* de Guill. Fillastre, déjà cité, p. 204 de l'édit. Finke : « Eadem die (decima junii Mᵒ CCCCᵒ XVIIᵒ) in sero idem rex (Romanorum) fecit armare plures Ungaros et Polonos, ut publice dictum fuit, quod erat contra Gallicos cardinales et legatos legatis regis Francie, quia regi suggestum erat, quod dicti cardinales et legati volebant publicare in concilio confederaciones juratas quas habebat idem rex cum rege Francie, contra quas veniebat se reddendo hostem dicti regis Francie... »

[2] Sur ses voyages en Allemagne voy. la thèse latine de M. L. Salembier, *Petrus ab Alliaco* (Lille, 1886, passim).

[3] Le 17 mars 1418.

députés de l'université de Paris[1]. Celle-ci avait choisi pour
porte-voix l'un de ses docteurs les plus autorisés, Jean Stoicus
de Raguse, et l'avait recommandé par lettres spéciales à la
bienveillance de l'empereur[2]. Il paraît même que Jean de Raguse avait aussi mission d'intéresser Sigismond à une proposition spéciale, puisqu'il reçut des lettres à cet effet[3]. Nous ne
savons rien cependant du rôle ultérieur de ces représentants de
l'université de Paris.

Dans cette répression du hussitisme le rôle dirigeant appar-
tint à Sigismond, moins parce qu'il s'agissait de la Bohême
qu'en raison de l'office naturel de l'empereur, *schismatum exterminator*. Mais il fallait à Sigismond pour vaincre les terribles
troupes de Ziska et de Procope le Rasé des secours effectifs.
Il n'y a point apparence qu'il se soit adressé au roi de France,
assez occupé déjà de se défendre contre les Anglais. Par contre
diverses diètes allemandes des années 1422, 1426, 1428 et 1429
saisies de la question des Hussites, songèrent au duc de Bourgogne et lui demandèrent de joindre ses troupes à celles que
l'on comptait mener en Bohême[4]. Philippe le Bon crut politique
de ne point se soustraire à cette demande qui lui était adressée
comme à un prince du saint empire. C'est à ce titre aussi que
plusieurs barons et prélats des pays romans : les évêques de
Besançon, Toul, Verdun, Lausanne, Genève, Cambrai, Liège,
les villes de Toul et Metz, le comte de Savoie, le duc de Bar et

[1] Voy. dans les *Monum. concil.* de l'Académie de Vienne (I, p. 3,
5, 12, 61) divers documents émanés de la chancellerie de l'université sous la date du 13 mai 1422.

[2] Lettres par lesquelles l'université recommande son ambassadeur
à Sigismond. *Ibid.*, p. 6.

[3] Lettres de l'université à Sigismond, relatives à la convocation
d'un concile à Pavie. *Ibid.*, p. 5.

[4] « Zu reden ob man dem Herczogen von Burgundi schreiben sol »
(*D. R. T. A.*, VIII, 166, pour 1422). — « Daz unser Herr der Koenig
(Sigmund) den Herzogen von Burgundie, von Saffoy, von Schalun
und den Steten von Braband und andern daz sie der Cristenheit zu
stewir ouch komen und schicken wollen, scriben und irmanen sol. »
(*Ibid.*, 467-469, pour 1426). — « Item, maister Heinrich Ernfels und
maister Tylman sein gekoren zum Cardinal und zum Herzog von
Burgundy in der Botschaft zu schicken » (in Betreff der Hussiten).
(*Ibid.*, IX, 175, pour 1428). — Depuis les récentes publications de
MM. Preger, Goll, K. Muller et Haupt, on considère le mouvement hussite comme préparé par celui des Vaudois qui, des bords
du Rhône, s'étaient ramifiés dans toute l'Allemagne du sud.

Lorraine, le seigneur de Châlon, fournirent leurs contingents[1].
Nous n'avons point à nous en occuper davantage.

Le programme du concile de Constance, tel que l'avait rédigé,
non point les prélats expérimentés et pratiques qui composaient
l'assemblée, mais l'esprit imaginatif et vain de l'empereur Sigismond, comportait cinq grosses questions : 1º l'extinction du
schisme; 2º l'extirpation de l'hérésie hussite; 3º la réconciliation de la France avec l'Angleterre; 4º la réforme de l'Église;
5º la croisade contre les Turcs.

Mais la première seule fut résolue pour un temps. La seconde fut fort engagée par le bûcher de Jean Huss et par la
guerre qui suivit. La troisième fut soustraite à l'action du concile par Sigismond lui-même, comme on pourra s'en convain-
cre dans le chapitre suivant. Quant aux deux dernières, elles
furent ajournées. Elles ne nous occuperont donc que plus tard.

---

[1] Voy. les *D. R. T. A.*, VIII, 26, 46, 158, 160 (pour 1421-1422); *Ibid.*,
IX, 232, 252 (pour 1428); 258, 280 (pour 1429).
Les évêchés que nous venons de nommer sont placés sous la
rubrique de *Welsche Bisthumer*; les seigneurs, y compris le duc
de Bourgogne, sous celle de *Welsche Fursten*. — La présence des
députés de l'archevêque de Besançon à la diète de Nuremberg de
1426 est prouvée par un acte du *Registraturbuch* H, p. 142, des Archives impériales de Vienne, que nous croyons inédit. C'est une
lettre de Sigismond chargeant les ducs de Bavière, Ernest et Guillaume, comtes palatins du Rhin, d'instituer une enquête au sujet
de l'attaque dont les délégués de l'archevêque ont été victimes
entre Ulm et Augsbourg, à leur retour de Nuremberg.

CHAPITRE VIII

LA GUERRE DE CENT ANS

1414-1422

Alliance de Sigismond et de Charles VI contre le duc de Bourgogne, juin 1414. — Alliance de Sigismond avec Henri V d'Angleterre, nov. 1414. — Efforts du roi d'Angleterre pour tourner cette alliance contre le roi de France. — Charles VI requiert par deux fois la médiation de l'empereur à Constance. — Intervention de Sigismond dans le conflit franco-anglais : il négocie avec les représentants français à Narbonne, à Lyon, à Paris, puis avec le roi d'Angleterre à Londres, 1415-16. — Préliminaires de paix, juin 1416, rejetés par le roi de France. — Traité de Cantorbéry entre Sigismond et Henri V, 15 août 1416. — Nouveaux efforts du roi d'Anglererre pour gagner l'appui des princes allemands contre le roi de France, 1417. — Préparatifs faits par Sigismond d'une expédition en France, 1417-20. — Ces préparatifs ne produisent aucun résultat. — Explication de la conduite de Sigismond vis-à-vis de la France et de l'Angleterre.

A la fin de juin 1414, quelques mois après l'invitation qu'il avait adressée au roi de France de se faire représenter au concile de Constance[1], l'empereur Sigismond, qui se trouvait alors à Trino dans le Montferrat, vit arriver les messagers « solennels » du roi de France, qui lui demandèrent assurance au nom de leur maître contre le duc de Bourgogne devenu l'allié de l'Angleterre. La cour de France n'osait encore réclamer davantage, mais elle comptait bien engager par cette voie l'empereur d'Allemagne dans une alliance défensive et offensive contre le roi d'Angleterre même. Sigismond vit peut-être le piège ; néanmoins, dans le dessein de rendre possible la réunion du concile de Constance, il consentit au traité qu'on sollicitait

---

[1] Voy. le chapitre précédent, p. 135.

de lui [1], se réservant à part soi de n'en remplir les obligations qu'autant qu'il s'agirait de réduire la superbe du duc bourguignon dont les prétentions devenaient presque aussi menaçantes pour l'empire d'Allemagne que pour le royaume de France. Sa résolution de barrer la route au trop audacieux Jean sans Peur était si bien prise que, quand deux ans plus tard Guillaume de Hainaut, beau-frère de Jean, osa lui demander à Londres l'investiture de la Hollande pour sa fille Jacqueline, Sigismond refusa net, au nom du droit germanique [2], en réalité dans la crainte, d'ailleurs bien justifiée, que ce grand fief n'arrivât ainsi à la maison de Bourgogne. Le traité de Trino, consenti en apparence pour aider à la réunion du concile, était bel et bien une tentative de résistance de l'Allemagne à la Bourgogne, la première qui se soit produite [3], et fut ainsi interprétée par Jean sans Peur [4]. Il marque donc comme un point tournant dans le développement de notre sujet.

En cette même année 1414, vers le mois de juin-juillet, par conséquent vers le temps où se signait le traité de Trino, Sigismond faisait savoir au nouveau roi d'Angleterre Henri V qu'il serait bien aise de resserrer avec lui les liens d'amitié qui avaient été noués dans le passé. Henri V, dont le père avait vainement tenté de faire alliance avec Sigismond en 1411 [5], se hâta de députer à l'empereur le chevalier Walter Hungerford, Jean Waterton et Simon Sydenham qui, grâce à l'intermédiaire empressé de Louis de Bavière, palatin du Rhin, conclurent à Coblence, en août-septembre [6], un traité d'amitié que cha-

---

[1] (Trente, *corr.*) Trino, 25 juin 1414, dans Godefroy, *Hist. de Charles VI*, p. 67 ; Leibniz, *Codex juris gentium* ; Pray, *Annales Ungar.*, à la date ; Lunig, *D. Reichsarchiv*, VI, 580. — M. Lenz (*Kœnig Sigmund*, p. 43, cité plus loin) a le premier montré qu'il fallait corriger Trente par Trino.

[2] Le droit germanique ne reconnaissait pas les femmes aptes à tenir fief.

[3] Nous ne tenons point compte de celle de Robert, parce qu'elle fut sans grande importance et n'eut d'ailleurs aucun résultat.

[4] Voy. le chapitre suivant.

[5] Rymer, *Foedera.*, VIII, 674, édit. de 1704. — Une autre preuve du désir de Henri IV de se rapprocher de l'Allemagne est le traité d'union qu'il conclut en 1410 avec l'Ordre teutonique (dans Lunig, *D. Reichsarchiv*, VII, 19, où l'on a imprimé Henri V par erreur).

[6] Lenz, *Kœnig Sigmund*, p. 60.

cune des deux parties interpréta à sa manière. Sigismond entendait seulement, comme quelques semaines plus tôt à l'égard de Charles VI, préparer les voies au concile de Constance. Le roi d'Angleterre s'avisait que cette alliance pourrait servir contre le roi de France. Mais trouvant l'empereur insuffisamment lié pour cette affaire, il donnait mission à ses représentants au concile de Constance [1] de reprendre sur de nouvelles bases les négociations commencées. Les ambassadeurs anglais s'étant arrêtés en chemin à Aix-la-Chapelle pour assister au couronnement de Sigismond, saisirent l'occasion qui s'offrait prématurément à eux et réussirent, le 8 novembre, à contracter avec l'empereur un traité en forme [2].

Grande fut sans doute la joie du roi d'Angleterre à l'annonce de ce succès. Cependant, pour ne point faire obstacle à la réunion du concile, il consentit à ajourner l'attaque qu'il projetait contre la France. Charles VI, sentant bien qu'un grand danger le menaçait, chargea ses représentants à Constance [3] de requérir de Sigismond l'intervention qu'il avait offerte. Et comme elle ne se produisait point assez vite à son gré, il la fit solliciter une seconde fois au commencement de 1415 [4]. Elle eut lieu en effet, mais n'aboutit point; car, le 6 juillet suivant, Henri V rompait les négociations engagées et, le 28 du même mois, envoyait à Charles VI une déclaration de guerre.

Une troisième fois, peu après le désastre d'Azincourt, le roi de France recourut à l'empereur d'Allemagne. Sigismond, qui avait quitté Constance pour s'aboucher à Perpignan avec Benoît XIII, se rendit à Narbonne pour donner audience aux députés du roi [5]. Mais ceux-ci ayant refusé de souscrire aux conditions qu'il leur indiquait, la négociation fut suspendue.

Après avoir erré quelques mois à travers le royaume, Sigismond ayant rencontré à Lyon de nouveaux messagers du roi, se décida sur leurs instances à se rendre à Paris pour y repren-

---

[1] Rymer, *Foedera*, IX, 167, sous la date du 20 oct. 1414.

[2] Lenz, ouv. cité, p. 63 et 65.

[3] *Ibid.*

[4] *Ibid.*

[5] Sur cette conférence de Narbonne voy. Lenz, *Koenig Sigmund*, p. 80. Cf. sur le voyage de l'empereur le *Diaire* de Guillaume Fillastre dans Finke, *Forschungen und Quellen*, p. 178.

dre les négociations commencées à Narbonne[1]. A Paris, Sigismond se plut à présider une séance du parlement[2] et à faire preuve de déférence à l'égard de la maison de France. Mais en raison des troubles du moment et des dangers qui en résultaient pour lui, il fut bientôt obligé de quitter Paris et se rendit à Londres.

Les négociations s'y poursuivirent[3], à dater du 28 mai 1416, par l'intermédiaire de Sigismond et de Guillaume de Hollande. Elles aboutirent à un projet de préliminaires qui fut signé au mois de juin[4]. Charles VI s'empressa d'y adhérer[5]. Mais le comte d'Armagnac ayant fait adopter par le conseil du roi l'idée de traîner les négociations en longueur, dans l'espoir de débloquer Honfleur dans l'entre-temps, on s'arrangea pour que la conférence fut transportée de Londres à Beauvais. Finalement, l'armistice que Sigismond voulait très sincèrement ménager entre les parties belligérantes fut repoussé par les Français sous un prétexte spécieux[6]. Il ne restait plus pour l'empereur qu'à quitter Londres et à regagner le continent[7].

[1] « Darnach synt mere kommen daz unser Herre vorgenannt (d. h. Sigismund) von des Konniges Son von Frankreich, czu der Czyt eldeste Son, gebeden were czu Parisz czu kommen..... » Lettre de Pierre Quentin d'Ortenberg aux magistrats de Francfort. Constance, 17 janv. 1416, dans Janssen, *F. Reichscorrespondenz*, I, 296.

[2] Sur ce fait voy. Monstrelet et Juvénal des Ursins, à la date.

[3] Ces négociations, quelquefois obscures en raison de l'insuffisance des textes, ont fait l'objet de deux études très approfondies : *Koenig Sigismund und Heinrich der Fünfte von England : ein Beitrag zur Geschichte der Zeit des Constanzer Concils*, par Max Lenz (Berlin, 1874, 215 pp.), et *Das Bündniss von Canterbury : eine Episode aus der Geschichte des Constanzer Concils*, par J. Caro (Gotha, 1880, 120 pp.) Suivant la méthode que nous avons adoptée, nous nous bornerons à rappeler ici les points acquis.

[4] Dans Caro, *Aus der Kanzlei Sigmunds*, p. 99 (tirage à part de *l'Archiv für œsterr. Geschichte*, LIX). — Cf. la *Chronique de St-Denis*, VI, 18

[5] Par lettre datée de Paris, 7 juillet (1416), dans Caro, *Aus der Kanzlei Sigmunds*, p. 101. — Cf. dans Caro (*Bündniss*, p. 102), une lettre y relative de Charles VI à Sigismond, même date.

[6] Lettre de Charles VI à Sigismond pour lui rendre compte des conférences de Beauvais et expliquer le rejet des préliminaires de Londres. Paris, 13 août (1416), dans Caro, *Aus der Kanzlei*, p. 102. — Cf. dans Caro (*Bündniss*, p. 103) une lettre y relative de Charles VI à Sigismond, même date.

[7] Lettre de Sigismond à Guillaume de Hollande pour l'informer de l'échec de sa médiation. Cantorbéry, (août 1416), dans Caro, *Aus der Kanzlei*, p. 104.

. C'est ce qu'il fit sans perdre de temps, après avoir conclu avec
Henri V à Cantorbéry, le 15 août 1416, un traité[1] qu'il justifiait
en accusant le roi de France d'avoir toujours contribué à entretenir le schisme, fait échouer les conférences de Perpignan
et, à l'exemple de ses prédécesseurs, attaqué à plusieurs reprises le territoire de l'empire[2]. Ces accusations se retrouvent encore dans les lettres que Sigismond expédia de Calais au roi de
France, à la reine Isabeau et au duc de Bourbon[3], avant de
reprendre la route de Constance[4].

Cette issue de la médiation impériale semble avoir excité dans
le public de ce temps une véritable indignation. Jean de Montreuil s'en fit l'écho dans une sorte de pamphlet contre Sigismond qu'il adressa publiquement à l'université de Paris et
bientôt même à l'empereur[5]. C'est un résumé des griefs
français contre l'Empire, aussi long, aussi peu mesuré, mais

[1] Dans Rymer, *Foedera*, IX, 377, édit. de 1704, et dans les *D. R. T.
A.*, VII, 332. — Le revers fut délivré par Henri V à Westminster, le
19 oct. suivant (dans Rymer, *ibid.*, 381, et dans les *Rotuli parliam.*,
IV, 94).

[2] « Sumpta occasione tanquam discordie amator et scismatis an-
tiqui alumpnus (Carolus) detractavit pacem acceptare quam inqui-
rere se asserebat, ut machinacione pestifera pacificum statum et coa-
dunacionem ecclesiasticam disturbaret, sicut recolitur fuisse per
ipsum retroactis temporibus scisma in ecclesia Dei factum et nutri-
tum, etc. » Traité de Cantorbéry, déjà cité.

[3] Lettre de Sigismond à Charles VI en réponse à celle du 13 août.
Calais, 6 sept. (dans Caro, *Bündniss*, p, 105) — Mémoire de Sigismond à Charles VI sur les négociations poursuivies à Londres.
Même date (dans Caro, *Aus der Kanzlei*, p. 109). — Lettres de Sigismond à Isabeau et à Louis de Bourbon, pour expliquer le dit mémoire (*ibid.*, 123 et 125).

[4] Cependant il était encore à Calais le 1er octobre, comme le prouve
la lettre qu'il adresse de cette ville aux magistrats de Strasbourg pour
leur annoncer son retour : « Ir mugt wol wissen wie lang Tzite wir
yetzund die tzwene Kunig zu verrichten... in Franckrigch und Engel-
lant geweist syn. » (*D. R. T. A.*, VII, 309).

[5] Ce pamphlet, qui est selon toute apparence de la fin de 1416 ou
du commencement de 1417, a été publié par Martène (*Ampl. collectio*, II, 1443 et ss) avec une lettre d'envoi qui lui sert de contexte.
Martène a cru que cette lettre était adressée à Charles VI. Mais M.
Finke a bien montré dans l'*Historisches Jahrbuch* (1886, VIII, Heft
3.) qu'elle était adressée à Sigismond. Du reste, avant même cette
démonstration, l'erreur avait été reconnue. M. Ant. Thomas dans sa
thèse *De Johannis de Monsterolio vita et operibus* (publiée en 1883,
p. 40, note 6) rectifie sur ce point l'attribution de Martène.

naturellement moins hautain que celui qu'adressera Maximilien I⁰ʳ à Charles VIII, au nom de l'Empire, 75 ans plus tard. Les
mobiles de l'empereur y sont suspectés, ses intentions incrimi-
nées, sa politique générale condamnée. Le ton passionné de ce
document doit mettre l'historien en garde contre la véracité de
l'auteur, mais répond certainement bien à l'état d'esprit des
politiques de ce temps, de ceux au moins qui avaient suivi la
conduite de Sigismond et mieux auguré de lui [1].

Ce traité de Cantorbéry, Henri V entendait bien lui faire
produire ses effets. A cette fin, il essaya d'amener à son parti
un certain nombre de princes allemands [2]: la hanse teutonique
qui avait mêmes intérêts commerciaux que l'Angleterre [3]; —
le comte palatin du Rhin, plus que jamais décidé à reprendre
le rôle de son grand père [4]; — l'archevêque de Cologne toujours

---

[1] Il y a dans ce pamphlet un curieux passage que l'éditeur n'a
point compris : « O utinam Francorum regi et suo consilio in men-
tes veniret huic homini (sc. Sigismundo) omnium mortalium vanis-
simo et in inconstantia constantissimo, simili contemptu respon-
dere quod ad imperatorem quemdam in pari casu a rege Franciœ
pro omni rescriptione duobus tantum sequentibus verbis respondum
dudum fuit: *Proht Allemant !* » — Il faut corriger *Trop allemand*
et voir dans ce passage une allusion à la réponse que fit un jour
Philippe le Bel aux envoyés de l'empereur Adolphe qui lui apportaient
les doléances de leur maître (Voy. nos premières *Recherches critiques*, p. 67, d'après la *Chronique de St-Denis.*)

[2] Lettres de créance délivrées par Henri V aux représentants qu'il
envoie en Allemagne. Westminster, 2 déc. 1416. (Dans Rymer, *Fœdera*, IX, et Lenz, *Kœnig Sigmund*, 141).

[3] Les *Hanserecesse* sont remplis de documents à l'appui de ce
dire.

[4] C'est sans aucun doute au souvenir de cette ambassade, et pour
expliquer son inertie, que l'électeur palatin envoya quelques mois
plus tard au roi d'Angleterre ses représentants porteurs d'un mémoire (non daté, mais sûrement de la fin de 1418) où ils rappelaient
les sentiments de Sigismond à l'égard de Charles VI après le traité
de Cantorbéry : «... Insuper constat quod, postquam prefatus dominus rex (Romanorum) personaliter a regno vestro revenit Cons-
tantiam, et recessum suum, quem a majestate vestra habuit, domino
nostro duci et aliis principibus ibidem existentibus exposuerat, nominatim quod ipse majestati vestrœ contra Francigenas vellet et deberet dare succursum... Et licet prefatus dominus noster dux ab initio,
postquam conclusum fuit quomodo et qualiter dominus rex deberet
invadere Francigenas, paratus cum numero lancearum sibi deputato
continuo affuit... Tamen devenit ad auditum domini nostri prœ-
tacti qualiter idem dominus noster rex dixerit, qualiter prœfatus dominus noster dux prœfatum transitum suum versus Francasigen

prêt à suivre la tradition de ses prédécesseurs[1], et même l'archevêque de Trèves[2]. Surtout il eut soin de rappeler à l'empereur les engagements qu'il avait contractés et le pressa sans relâche d'y faire honneur.

Sigismond avait effectivement, dès sa rentrée en Allemagne, soumis à l'approbation des électeurs un projet de *Reichskrieg* ; il avait obtenu d'une diète des princes et des villes, convoquée à Constance, la ratification du traité de Cantorbéry avec promesse d'un secours effectif contre le roi de France (déc. 1416), et commencé aussitôt les préparatifs d'une expédition militaire[3]. Il alla jusqu'à envoyer à Charles VI une déclaration de guerre[4], et à faire confirmer le traité de Cantorbéry par les grands électeurs[5] ; mais il ne partit point. Il s'en excusa quelque mois plus tard auprès du roi d'Angleterre en prétextant les embarras que lui donnait le concile (août 1417)[6]. Il eut pu prétexter aussi bien les dissentiments qui avaient surgi entre lui et les électeurs du Rhin. Quant aux électeurs de Brandebourg, de Saxe et de Bohême, ils avaient de bien plus proches ennemis que le roi de France. Wenceslas lui-même, quoiqu'il eut aidé aux armements

---

impediverit. In quo dominus noster indignanter inculpatur. » (*D. R. T. A.*, VII, 353 et 354).

[1] Le 10 mai précédent, l'archevêque avait conclu un traité d'alliance avec l'Angleterre (Lünig, *D. Reichsarchiv*, cont. I, p. 84). Mais la date de 1416 ne devrait-elle pas être corrigée en 1417 ? Dans l'affirmative, ce traité du 10 mai serait une conséquence de l'ambassade qu'Henri V accrédite en déc. 1416.

[2] Il n'est point nommé dans les lettres de créance du 2 décembre. Mais l'acte du 13 mai 1417, que nous citons d'après Hontheim. prouve que l'électeur de Trèves fut aussi gagné à la cause anglaise.

[3] Lenz, ouv. cité, chap. III, passim.

[4] Constance, 22 mars 1417, dans les *D. R. T. A.*, VII, 340. On ne voit point que la cour de France se soit émue de cette déclaration. Cependant elle amena quelques conflits sur la frontière, puisque Sigismond dut promettre à l'archevêque de Trèves protection contre ceux qui l'attaqueraient pour avoir signé le traité de Cantorbéry. Acte du 13 mai 1417, dans Hontheim, *Hist. Trevir.*, II, 356.

[5] Constance, 2 mai 1417, dans les *D. R. T. A.*, VII, 341.

[6] Constance, 4 août 1417, dans Caro, *Aus der Kanzlei*, p. 128. — Autre lettre du même au même : Constance, 16 août 1417. *Ibid.*, p. 132. Sigismond déclare que l'expédition n'est qu'ajournée et qu'elle se fera sûrement, dût-il y perdre sa couronne d'empereur. — Ces excuses furent renouvelées en décembre suivant non seulement au roi d'Angleterre, mais encore à son frère le duc de Bedfort. Lettres datées seulement de Constance. *Ibid.*, p. 139 et 140.

de son frère, se dérobait maintenant. Sigismond oublia l'Angleterre et rentra sous sa tente.

Il entendait cependant être tenu pour ennemi du roi de France. Il s'emportait contre Martin V qui lui contestait ce droit en avril 1418[1], et, au mois de juillet suivant, il entretenait de nouveau les grands électeurs de son projet d'entrer en France[2]. Deux ans plus tard, il parlait encore de faire campagne avec le roi d'Angleterre qui obtenait de lui la ratification du traité de Troyes, mais commençait néanmoins à désespérer du surplus.

Henri V tenta cependant une dernière fois d'arracher à l'empereur l'aide qu'il avait promise. Le palatin du Rhin s'était mis aux champs, vers le mois d'août 1420, avec l'approbation de Sigismond[3], et à travers les territoires de Trèves et de Luxembourg avait joint les troupes anglaises pour assiéger Melun[4]. Cet exemple pouvait en entraîner d'autres. L'archevêque de Cologne fut sollicité, vers la même époque, de payer de ses gens en faveur de l'Angleterre; derechef en janvier 1422, par une ambassade qui visita en même temps les électeurs de Mayence, de Trèves, du Palatinat, et le duc Henri de Bavière pour obtenir à prix d'argent leur appui contre le dauphin Charles[5]. Tous refusèrent. Sigismond, sollicité à son tour, fit de même. Les députés anglais[6] repassèrent la Manche et firent sans doute

---

[1] D'après Lenz, *Kœnig Sigmund*, p. 197, sans indication de source.

[2] Lettre de Sigismond à l'électeur palatin pour l'inviter à se rendre à une prochaine diète où l'on délibérera sur l'expédition projetée contre le roi de France. Haguenau, 11 juillet 1418, dans Rymer, *Foedera*, IX, 604.

[3] Lettres de Sigismond déclarant qu'il prend sous sa protection les domaines du palatin du Rhin pendant la durée de sa campagne contre le roi de France au profit du roi d'Angleterre. Schweidnitz, 24 avril 1420, dans Janssen, *F. Reichscorrespondenz*, I, 336.

[4] Joannis Staindelii *Chronicon*, dans les *Script. rer. boicarum*, I, 530 : [Henricus rex Angliæ] « dum quamdam civitatem (sc. Melun) obsidet timens delphinum, auxilium Ludovici comitis palatini Rheni, filii Ruperti regis, invocat, qui cum exercitu militari et in adjutorium venit sicque compulsa civitas fame a rege Angliæ obtinetur; Ludovicus vero ad propria revertitur. » Ce témoignage n'est pas sans valeur, bien que Jean Staindel n'ait commencé de rédiger sa chronique qu'en 1486. Il importerait néanmoins de savoir à quelle source il a emprunté ces détails.

[5] Lenz, ouv. cité, p. 211.

[6] Les comptes de Nuremberg font mention d'eux à la date du 15 avril 1422 : « Propinavimus des von Frankreich u. England Rete. » (*D. R. T. A.*, VIII, 225.)

comprendre à leur maître que les chefs du saint Empire trouvaient la victoire de l'Angleterre assez grande et la France assez
bas.

Nous venons d'indiquer la série des événements qui condui-
sirent Sigismond au traité de Cantorbéry et du traité de Cantorbéry à la fin de non-recevoir qu'il opposa à Henri V en janvier
1422. Cette série a été tout récemment établie, nous l'avons
dit en commençant, par deux savants qui ont le mérite d'avoir
les premiers précisé toutes les circonstances au milieu desquelles l'empereur eut à se débattre. Cependant M. Lenz s'est
sûrement trompé en admettant chez Sigismond une longue
préméditation du traité de Cantorbéry, en croyant qu'il se décida sous l'impression d'une injuste attaque de la flotte anglaise
par la flotte française, et en affirmant que l'empereur voulait
très sincèrement observer les clauses de l'acte qu'il avait signé.
Mais à son tour M. Caro n'a point vu, à notre jugement du
moins, tous les mobiles qui ont fait agir Sigismond pendant
ces huit années. Que l'empereur ait voulu par le traité de Cantorbéry payer l'Angleterre de son hospitalité, donner satisfaction à l'opinion publique fort irritée contre lui et surtout ne
point rentrer à Constance sans un résultat qui put être tenu
pour effectif, nous n'y contredisons pas. Cependant, et
c'est là le point essentiel à constater, Sigismond n'a point dévié
un instant de la ligne politique qu'il s'était d'abord tracée.

Elle consista dès le début à rendre possible pour lui-même
la conduite du concile de Constance en faisant amitié tour à tour
avec la France et l'Angleterre, puis en essayant de réconcilier
l'une avec l'autre ces deux ennemies. N'y parvenant point,
l'empereur prit à leur égard, à dater d'août 1416, une attitude
équivoque en signant le traité de Cantorbéry qui lui gagna le
suffrage des prélats anglais, et en faisant de ce traité une menace perpétuelle à l'adresse des prélats français. C'est ainsi
qu'il pesa également sur les deux partis et essaya de les plier
à ses desseins pour le plus grand bien de la chrétienté.

D'autre part, l'empereur ne pouvait songer, quelque envie
qu'il en eut depuis le traité de Trino, à attaquer de front le
duc de Bourgogne qui était l'allié du roi d'Angleterre. Il fallait
donc, à tout prix, ménager Charles VI qui pouvait prendre le
duc à revers, tout au moins lui créer des embarras à l'ouest
de ses territoires et faire ainsi, au moment opportun, le jeu de

l'Empire. Par là encore s'expliquent les longs efforts de Sigismond pour éviter de prendre parti entre Henri V et Charles VI,
les longs atermoiements qu'il imagina avant de signer ce traité
de Cantorbéry auquel il ne pouvait cependant pas échapper.
De là par-dessus tout l'inertie dans laquelle il persévéra, en
dépit des appels réitérés de l'Angleterre, durant les années qui
suivirent immédiatement la clôture du concile de Constance.

Si telle est la juste idée à prendre des mobiles qui firent agir
Sigismond au cours des années 1414-1422, il reste à conclure
que la portée du traité de Cantorbéry a été bien exagérée par
quelques historiens. Ce traité ne modifia en aucune façon la
politique que suivaient les Luxembourg vis-à-vis de la France
et de l'Angleterre depuis un siècle. Il fut pour Sigismond une
échappatoire à une situation des plus difficiles, mais ne servit
pas plus la cause d'Henri V qu'il ne nuisit à celle de Charles VI.

CHAPITRE IX

SUR LA FRONTIÈRE

1408-1430

1ᵒ Le continuateur de la politique agressive de Louis d'Orléans sur la frontière de l'Empire fut le duc de Bourgogne. — Agissements de Jean sans Peur dans les Pays-Bas, dans le comté de Bourgogne et en Luxembourg, 1408-1409. — Ses relations avec divers princes de l'Empire (Wurtemberg, Lorraine et Autriche). — Première opposition de Sigismond aux progrès de la puissance bourguignonne, 1414. — Alliance du duc de Bourgogne avec les ennemis de Sigismond, 1414-1415. — Conférence de Calais, 1416, et entrevue de Montbéliard, 1418, entre Jean sans Peur et Sigismond.

2ᵒ Nouveaux progrès de la maison de Bourgogne aux Pays-Bas et en Alsace sous Philippe le Bon, 1421 et ss. — Rupture de 1425-27 entre le duc et l'empereur. — Politique protectrice de Sigismond à l'égard des princes et villes de la rive gauche du Rhin pour mieux résister au duc de Bourgogne.

3ᵒ Sigismond restaure l'autorité impériale dans l'Arélat et dans l'Italie septentrionale pour annuler l'influence française. — Il agit soit directement soit par ses représentants dans le comté de Bourgogne, en Savoie, en Dauphiné, à Gênes, et essaie de contre-balancer le pouvoir des dauphins de Vienne et des angevins de Provence par celui des ducs de Savoie. — Il ne réussit point cependant à récupérer ce que le roi de France a déjà acquis sur la rive gauche du Rhône

Nous reprenons à l'année 1408 la question des frontières, car elle aussi entre, vers cette année-là, dans une nouvelle phase. Nous ne l'étudions qu'après avoir raconté la conclusion du traité de Cantorbéry parce qu'il y a corrélation partielle entre cet acte diplomatique et les événements de frontière qui vont nous occuper.

1

Le continuateur de la politique agressive du duc d'Orléans vis-à-vis de l'Empire, ce ne fut pas le roi de France, trop faible maintenant pour oser recommencer les pointes audacieuses des premières années de son règne ; ce ne sont pas non plus les Armagnacs, uniquement occupés de politique intérieure. Ce fut seulement le duc de Bourgogne.

Le duc d'Orléans avait promené ses visées tour à tour sur le Luxembourg, Metz et Asti, sans les arrêter sérieusement nulle part. La maison de Bourgogne concentra les siennes avec plus de suite sur tous les points d'une ligne brisée qui, partant d'Anvers, longeait d'abord le Pas-de-Calais et se dirigeait sur le Rhône en traversant Arras, Réthel, Luxembourg et Nevers A l'est de cette ligne les ducs bourguignons comptaient bien déjà tout ramener à eux. Nous avons indiqué en leur lieu [1] les premiers gains de cette politique hardie : ils furent suivis de beaucoup d'autres sous Jean-sans-Peur et Philippe le Bon. Nous allons les rappeler brièvement dans leur ordre chronologique [2].

Dès les premières années de son principat, Jean sans Peur avait fortement et activement agi sur divers points pour conserver et même pour agrandir ce qu'il avait reçu de son père.

---

[1] Voy. ci-dessus le chapitre V, p. 89. — Dans un mémoire adressé à Sigismond vers 1433, le duc Philippe de Bourgogne avance hautement que le duché de Brabant contenait au X⁰ siècle « ung très grande pays, c'est assavoir tout le pays entre la Mozelle et l'Escaut.» (Publ. par M. Galesloot dans le *Bull. de la comm. hist. de Belgique*, 1878, V, p. 462).

[2] Nous avons connu trop tard, pour en profiter ici, le mémoire de M. Franz de Lœher, *Kœnig Sigmund und Herzog Philipp von Burgund*, publié en 1866 dans le *Münchener historisches Jahrbuch*, p. 305-419, et riche en informations nouvelles que le savant archiviste de Munich a recueillies dans les archives de Hollande. Le présent sous-chapitre aurait donc dû être supprimé, à la correction des épreuves, s'il n'offrait l'utilité de relier suffisamment la suite des événements et de signaler quelques documents récemment édités que M. de Lœher a ignorés.

L'expédition de 1408 en faveur de Jean de Bavière son beau-frère, expédition qui fut suivie d'une si éclatante victoire sur les Liégeois [1], avait affermi son autorité dans les Pays-Bas.

Dans le comté de Bourgogne il avait également avancé son pouvoir avec l'aide de cet oublié de Wenceslas qui, retraité depuis huit ans dans son royaume de Bohême, redonnait, au commencement de 1408, signe de vie en jouant à Besançon la partie même du duc de Bourgogne. Il approuvait en effet, contre tout droit, le traité par lequel les bourgeois de cette ville reconnaissaient la suzeraineté directe du duc[2], et, par acte donné à Prague, l'année suivante [3], il enlevait à l'archevêque de Besançon certains droits régaliens pour les attribuer au duc bourguignon.

Dans le Luxembourg, où il entendait déjà prendre pied, Jean sans Peur obtenait également l'appui de Wenceslas qui intervenait personnellement auprès du roi de France [4] pour lui faire approuver les conditions du mariage d'Élisabeth de Goer-litz avec Antoine de Brabant, neveu du duc, et qui plus tard poussa la condescendance jusqu'à remettre à Antoine de Bra-bant « tout le droit qu'il [Wenceslas] avoit et povoit avoir es chasteaulx et forteresses assizes entre la Meuze et le Ryn apper-tenans à la duchié de Lembourg » [5].

Cette rentrée en scène de Wenceslas était, à vrai dire, avant toutes choses un coup droit porté à son compétiteur. Robert

---

[1] Cette expédition est trop connue pour que nous songions à la raconter de nouveau. Nous dirons seulement que, depuis M. de Barante, la Chronique d'Augsbourg et celle de Twinger de Kœnigshoven sources essentielles pour l'histoire de cette expédition, ont été rééditées avec grand soin dans les *Chroniken der deutschen Stædte*, IV, 114 et IX, 912. Voy. aussi E. Petit, *Itinéraire des ducs de Bourgogne*, I, p. 366, 367, 372, 585 et 586.

[2] Toerznik, 26 fév. 1408, d'après Wurth-Paquet, *Regestes*, XXV.

[3] Prague, 12 avril 1409, dans Pelzel, *Urkundenbuch*, II, 548, et dans Chevalier, *Mém. sur Poligny*, II, 639. — Cf. l'acte publié dans Dom Plancher, *Hist. de Bourgogne*, III, pr. 268, sous la date de 1410.

[4] Prague, 27 avril 1409, lettre de Wenceslas à Charles VI pour lui annoncer les conditions du contrat de mariage entre Antoine de Brabant et Élisabeth de Goerlitz, dans les *Gestes des ducs de Brabant*, III, 58.

[5] Prague, 25 août 1411, dans Dynter, *Chronique des ducs de Brabant*, III, 190. Ces lettres de Sigismond sont rappelées dans le mémoire que Philippe le Bon adressa vers 1433 à Sigismond et que nous avons signalé tout à l'heure.

mort, les conséquences des actes de Wenceslas subsistèrent [1], et Jean sans Peur continua d'agir en prince souverain et de multiplier les relations directes avec les féodaux de l'Empire : le comte de Wurtemberg [2], le duc de Clève et Mark [3], le duc de Lorraine [4], les ducs d'Autriche surtout [5] apparentés par Catherine à la maison de Bourgogne.

Ces agissements du duc de Bourgogne ne pouvaient passer inaperçus du nouveau roi des Romains, le savant et habile Sigismond, déjà roi de Hongrie. Eut-il, au commencement de 1414, de nouveaux griefs contre Jean-sans-Peur, ou bien voulut-il le provoquer? Nous ne saurions dire avec certitude. Toujours est-il qu'à la diète de Spire, du mois de juillet 1414, il s'emporta en plaintes très vives contre les efforts que faisait le duc Antoine de Brabant pour s'assurer l'héritage d'Élisabeth et diminuer d'autant le territoire de l'Empire [6]. Il est à remarquer en effet que, bien qu'ils respectassent la suzeraineté de l'Empire et prêtassent hommage à l'empereur pour tous les territoires nouvellement acquis, les ducs bourguignons ne réussissaient

---

[1] Il semble bien que les relations aient continué après la mort de Robert entre le duc de Bourgogne et Wenceslas. Nous relevons en effet dans *l'Itinéraire des ducs de Bourgogne*, par M. E. Petit, les mentions suivantes que nous ne savons trop à quels événements rattacher : Paris, 23 déc. 1411, dîner donné aux Anglais et Baihaignons ; — Paris, 15 janv. 1413, dîner donné à un ambassadeur de Bohême et à Mons de Bavière ; — Paris, 15 juin 1413, dîner donné à un ambassadeur de Bohême.

[2] En 1408 (*D. R. T. A.*, VI, 257) — et en 1415 (Petit, *Itinéraire*, I, 417), mais nous avouons ignorer dans quelles circonstances.

[3] En 1410, à propos du mariage projeté dès 1405 entre une fille de Jean sans Peur, nommée Marie, et le duc Adolphe (Voy. Lacomblet, *Urkundenbuch*, IV, 42 et note.)

[4] Strasbourg (5 juin 1440), lettre des magistrats de la ville à ceux de Bâle : « Also wisse uwer Wisheit daz wir nuzemal nit wissent danne das der Kunig von Naferne (Navarre) der Herczougen von Britanye, der Grefe von Armiack und andere Herren der mechtigisten in Franckrich sich zusammene verbunden haben wider den Herczougen von Burgunne... Und het der Herczougenv. Burgunne dem Herczougen von Luthringen embotten mit Hern Johanse von Nuwenburg, daz er ime Volk bringe. Und der bewirbet sich vaste dem Herczougen von Burgunne zu Hulffe... (*D. R. T. A.*, VI, 757)

[5] En 1409, à propos d'une expédition contre les Suisses (voy. ci-dessus, ch. V, p. 95.) — et en nov. 1414, nous ne savons trop à quelle occasion (voy. E. Petit, *Itinéraire*, I, 414.)

[6] Mention des *D.R.T.A.*, (VII, 176 et 179), sans indication de source.

pas à faire oublier leur origine étrangère, même devant la dynastie de Luxembourg, ni à dissiper les défiances des grands électeurs.

« Voulez-vous donc être Français ? » demandait Sigismond aux ambassadeurs de Brabant qui étaient venus le supplier, en décembre 1416, d'investir Jean IV de son fief [1]. Au fond, Sigismond, sous le couvert de l'intérêt de l'Empire, se souciait surtout de son domaine patrimonial. Ses appréhensions étaient telles qu'il avait fait résoudre par la diète de Heilbronn, en octobre 1414, une expédition contre Antoine de Brabant et obtenu même à cet effet, entre autres contingents, celui de Cologne [2]. Ses adversaires se tinrent pour avertis et la démonstration n'eut point de suite. Mais Sigismond eut soin de convoquer aux fêtes de son couronnement les représentants des principales villes de cette région frontière, même ceux de Cambrai, Toul et Verdun [3], comme pour s'assurer de leur fidélité et éprouver leurs sentiments à l'égard du duc de Bourgogne-Brabant, nov. 1414. Celui-ci ayant été tué à Azincourt, le 25 octobre 1415, les défiances de Sigismond se reportèrent tout entières sur le chef même de la maison de Bourgogne, l'âme de toutes les ambitions dont l'Empire se défendait [4].

Ces défiances s'étaient manifestées déjà fort clairement. En juin 1414, étant à Trino dans le Montferrat, Sigismond avait vu arriver les ambassadeurs du roi de France, sollicitant au nom de leur maître une alliance défensive contre Jean sans Peur qui venait de s'unir à l'Angleterre. Les ambassadeurs firent probablement valoir l'intérêt qu'il y aurait pour l'empereur lui-même à prendre ses précautions contre l'ennemi commun, et remportèrent le traité qu'ils avaient demandé [5].

Le duc de Bourgogne eut vent de cette alliance, car nous le

---

[1] *Vultis ita esse Francigene?* Voy. Galesloot, *Revendication du duché de Brabant* dans le *Bull. de la comm. hist. de Belgique*, V, 447.

[2] Lettre du magistrat de Cologne à Conrad de Heinsberg pour annoncer que la ville prendra part à l'expédition de Sigismond contre Jean de Bourgogne et Antoine de Brabant, 25 oct. 1414 (mentionnée dans les *Mittheil. des St.-Archivs Kœln*, liv. 6, 1884).

[3] Voy. Monstrelet, *Chroniques*, I, 135, édit. Buchon.

[4] Ces défiances et les mesures qui en furent la conséquence ont été exposées fort en détail par M. Galesloot, *Revendication du duché de Brabant par l'empereur Sigismond*, 1414-1437, précédemment cité.

[5] Voy. le chap. précédent, p. 142.

voyons, quelques mois plus tard, se rapprocher des ducs de Berg, de Gueldre-Juliers et autres ennemis de Sigismond pour tenter, de concert avec eux et Antoine de Brabant, un coup de main sur Aix-la-Chapelle [1], au moment où l'empereur s'apprêtait à y venir prendre la couronne d'argent. L'énergie dont Sigismond fit preuve en cette occasion suffit à dissiper les conjurés, à préserver le Luxembourg des menaces d'Antoine de Brabant et à rendre plus circonspect le duc sans Peur.

Et en effet, Jean de Bourgogne change alors de politique et s'efforce d'apaiser les susceptibilités de l'empereur. Le 5 octobre 1416, peu après la conclusion du traité de Cantorbéry, il vient trouver Sigismond à Calais, lui rend hommage pour ceux de ses domaines qui relèvent de l'Empire et le suit à Dordrecht [2]. Toutefois cette formalité de l'hommage n'emportait point dans l'esprit du suzerain mêmes conséquences que dans celui du vassal. Quand Sigismond passa par Liège pour regagner Constance, il promit à l'évêque Jean de Bavière, frère unique de Guillaume de Hainaut-Hollande, la protection qu'il réclamait pour occuper les fiefs de son frère. C'était, semble-t-il, de la part de Sigismond prendre parti contre le duc de Bourgogne. En réalité c'était surtout faire pièce à Guillaume qui lui avait demandé pour sa fille Jacqueline l'investiture de ces mêmes fiefs. Bien plus, l'empereur resserrait son amitié avec le duc de Bourgogne en le réconciliant avec Isabeau de Bavière et son parti dans une conférence qui eut lieu à Valenciennes, le 13 novembre 1416. La preuve que Sigismond entendait traiter le duc de Bourgogne comme un féal vassal se trouve dans ces lettres de défi qu'il adressa, peu de temps après [3], à Bernard

---

[1] Rapport des ambassadeurs de Strasbourg sur la diète de Heilbronn, 15 oct. 1414, dans les *D. R. T. A.*, VII, 229. — En relation avec cette conspiration est le passage suivant du *Diaire* du cardinal Fillastre (dans Finke, *Forschungen u. Quellen*, p. 177) : « Item venerunt ad regem (Romanorum) littere ducis Burgundie continentes quod ambaxiatores sui in concilio scripserant sibi, ducem Bavarie Ludovicum, fratrem regine Francie, dixisse regi quod si iret Niciam ad convencionem cum rege Aragonum et transiret per Burgundiam vel Sabaudiam, idem dux conspiraverat quod occideretur. Et excusabat se idem dux asserens falsum et nunquam cogitasse nec velle, set illum honorare pro posse » Cf. *ibid.*, p. 178.

[2] *Gesta Henrici V*, p. 102. Pour les autres sources voy. Lœher, *K. Sigmund*, p. 326.

[3] Le 1er sept. 1417. — Sigismond paraît bien avoir concerté ce plan avec le duc. On lit en effet dans un registre du temps, sous la date

d'Armagnac, coupable d'avoir rouvert les hostilités contre Jean sans Peur [1]. Celui-ci perdit pourtant le bénéfice de cette bienveillance en recommençant une expédition contre Liège, 1417, à la suite de laquelle il fit une paix avantageuse avec le comte de Hollande [2]. C'est alors que Sigismond revendique, une première fois, le Hainaut, la Hollande et la Zélande [3]. Jean sans Peur sut l'apaiser et peut-être même recouvrer sa faveur par l'entrevue qu'il eut avec lui à Montbéliard en mai 1418 [4]. Nous n'en connaissons point les détails ; mais il importe assez peu, car le duc de Bourgogne mourut un an plus tard, avant que les conséquences de l'entrevue de Montbéliard aient pu se produire.

2.

Le successeur de Jean sans Peur fut Philippe le Bon qui n'eut rien de plus pressé que de continuer la politique territoriale de ses deux prédécesseurs. En 1421 [5], il se hâte de fortifier les positions acquises par son père sur la moyenne Meuse en achetant le Namurois au margrave Jean II, mort sans enfant.

En 1425, il obtient le Luxembourg comme héritier d'Élisabeth

d'« Ypres, 5 juillet 1417, » la mention suivante : « Y ot un chevalier et un docteur, ambassadeurs du roy de Hongrie, venuz de par lui devers mon dit seigneur (le duc de B.) avec III hérauts et XVI chevaulx. » (E. Petit, *Itinéraire*, p. 434.)

[1] Datées de Constance, 1er sept. 1417, dans Caro, *Aus der Kanzlei Sigmunds*, p. 133.

[2] Voy. le *Chronicon Bavariæ* de Jean Ebran de Wildenberg, dans les *Rerum boic. scriptores*, I, 309 : «... da kam entzwischen Herzog Philipp von Burgundi und macht ain Frid mit solcher Underschaid das Herzog Johannes (von Brabant) solt regieren ettlich Krais und Stætt in Holland. Da die Vecht bechlossen ward, da gaben die zween Fursten ainer dem andern den freundlich Kuss zu ainem Zaichen des Frids. »

[3] Mars 1418, dans Dynter, *Chronique des ducs de Brabant*, III, 367.

[4] Vers le 25 mai 1418 (Voy. E. Petit, *Itinéraire*, p, 441 et 612). Pendant le séjour du duc de Bourgogne à Montbéliard on vit également venir les ducs de Bavière et de Berg, les marquis de Bade et de Rothelin, l'archevêque de Besançon, les ambassadeurs de Wenceslas de Bohême, le duc Jean de Bavière.

Voy. dans Dom Plancher (*Hist. de Bourgogne*, IV, p. 12) une commission d'emprunt pour l'acquisition du comté de Namur, sous la date du 7 janvier 1420 (n. st. 1421).

de Gœrlitz, mariée en seconde noces à Jean de Bavière, beau-frère du duc [1].

En 1427, il commence à disputer à Jacqueline de Bavière la succession du Hainaut, de la Hollande et de la Zélande [2].

En 1430 enfin, il ajoute à ses domaines le Limbourg, la basse Lorraine, le Brabant et Louvain [3].

1430 est la date finale de la phase que nous étudions présentement. Le duc de Bourgogne est donc déjà en possession effective (à la réserve de ce que Jacqueline de Bavière lui disputera vainement jusqu'en 1433 [4]) de tous les pays assis sur la rive gauche de la Meuse à partir de Namur jusqu'à la mer du Nord, et des pays arrosés par la Sambre et l'Escaut. Il a suffi d'un demi-siècle pour fonder dans cette région une domination nouvelle, française par ses origines et par ses tendances

En Alsace les agissements des ducs de Bourgogne furent les mêmes [5]. Le 3 juin 1411, Léopold IV duc d'Autriche avait terminé ses jours à Vienne. Sa veuve Catherine de Bourgogne ne pouvant ou ne voulant demeurer plus longtemps en Autriche, s'était retirée dans son domaine d'Alsace. Mais comme elle n'avait point d'enfants de son mari, les biens de celui-ci, y compris les domaines antérieurs d'Alsace, passèrent à son frère Frédéric d'Autriche. Alors commence pour Catherine une vie de luttes et de combats contre ses voisins d'Alsace, puis contre ses beaux-frères Frédéric et Albert. Nous n'en raconterons que ce qui a trait à la possession du comté de Pfirt et au rôle que joua le duc de Bourgogne dans ces circonstances.

En dépit des engagements pris par Albert d'Autriche, Cathe-

---

[1] Voy. le *Magnum chronicon belg.* dans Pistorius, *Scriptores*, III, 397. — Le testament de Jean de Bavière du 6 avril 1423 se trouve dans Dom Plancher, IV, pr. 26.

[2] Le traité signé à Delft le 3 juillet 1428, au cours de cette lutte, entre Philippe de Bourgogne et Jacqueline de Bavière, est imprimé dans Lünig, *Codex diplom.*, II, 2490.

[3] Voy. la mention que donne un *Cœlner Jahrbuch* inséré dans les *Chroniken der deutschen Stœdte*, XIII, 159.

[4] Toute la lutte de Jacqueline de Bavière contre le duc de Bourgogne a été admirablement exposée par M. Franz de Lœher dans les deux volumes qu'il a publiés sous ce titre : *Jakobœa von Bayern und ihre Zeit : Acht Buecher niederlœndischer Geschichte* (Nœrdlingen, 2° édition, 1869, t. II).

[5] Nous continuons ici l'analyse, commencée plus haut, (p. 90), de la brochure de Hartl, *Die œsterreichisch-burgundische Heirath,* p. 62-75.

rine avait grand mal à exercer son autorité sur les terres de
son domaine. Par deux accords conclus les 9 et 10 août 1411,
elle avait dû promettre à son beau-frère qu'en cas de second
mariage, elle laisserait ses biens d'Alsace et de Suntgau retourner à l'Autriche, à plus forte raison au cas où elle mourrait
sans avoir convolé en secondes noces. Elle avait même dû
renouveler cette promesse en mai 1412. Aussi le bruit s'étant
accrédité, deux ans plus tard, que Catherine avait secrètement
épousé Smassmann de Rappolstein son grand bailli, Frédéric
s'en était plaint au duc de Bourgogne [1] comme d'une mésal-
liance, au fond inquiet surtout de l'éventualité d'une revendication des biens de Catherine par son nouvel époux. Jean
sans Peur répondit [2] que ces craintes étaient chimériques,
que Catherine venait de lui écrire une lettre des plus bienveil-
lantes pour Frédéric, conseillant même à son frère de conclure
avec lui l'alliance qu'il désirait. Jean ajoutait qu'à l'ouïe de
cette heureuse nouvelle, il avait envoyé ses représentants à
Catherine pour en obtenir confirmation quand, sur ces entrefaites, il avait, à son grand étonnement, appris que Frédéric
poursuivait Catherine de son hostilité. Il ne pouvait, quant à
lui, approuver la deshérence que réclamaient ceux-là mêmes
qui, quelques années plus tôt, lui avaient reconnu son
douaire. Quant au mariage incriminé, rien n'était moins prouvé.
Au reste il se disposait à envoyer ses représentants à Frédéric
pour délibérer plus à plein sur cette double affaire.

Il semble bien que le conflit qui menaçait ait été écarté
par la modération des deux parties, car elles conclurent en
1416 un traité défensif [3] dont les stipulations furent respectées
jusqu'à la mort de Jean sans Peur.

Mais sous son fils, on voit poindre les premiers efforts de la
politique bourguignonne pour tirer à elle le douaire de Catherine
d'Autriche. Philippe le Bon, au fort de sa querelle avec Sigismond, projette même de s'en emparer par la force [4]. Les ducs

[1] 15 février 1415.
[2] 1 mars 1415.
[3] Lille, 24 janv. 1416.
[4] Requête du duc d'Autriche Frédéric à ses frères et cousins pour
obtenir appui contre ses ennemis, vers 1423. Art. 5 : « Wie wir
gewarnt sind, der von Burgund wolle uns von seiner Muhmen
wegen unser Schwester in das Land ziehen und meint es zu haben
um ihres Heiratsgutes wegen, das wir ihr nicht kœnnen ubergeben

d'Autriche s'unissent contre lui et l'obligent à retarder l'exécution de ses projets[1]. Catherine étant morte quelques années plus tard (29 janv. 1426) en instituant le duc de Bourgogne son héritier universel, la question de la succession parut alors franchement ouverte. Par suite de circonstances que nous n'avons pu retrouver, elle fut tranchée pacifiquement en faveur des ducs d'Autriche : une transaction, intervenue au commencement de 1427[2], régla les rapports de bon voisinage des vassaux du comté de Bourgogne avec ceux des domaines antérieures de la maison d'Autriche.

Les mariages et les traités qui avaient préparé cette nouvelle fortune de la maison de Bourgogne appartiennent presque tous à la première phase de notre période ; mais les prises de possession appartiennent à la deuxième et à la troisième, et sont plus particulièrement l'œuvre de Philippe le Bon. Nous n'avons pas à raconter ici comment elles se firent. Il est plus essentiel à notre sujet de montrer les obstacles qu'y apporta l'empereur d'Allemagne.

Durant les premiers mois de son gouvernement, Philippe le Bon avait semblé vouloir vivre en paix avec son suzerain. Mais leurs intérêts étaient trop opposés pour que la bonne intelligence put durer longtemps. Dès le mois de janvier 1420, c'est-à-dire quatre mois seulement après la mort de Jean sans Peur, Sigismond avait manifesté son hostilité envers l'héritier de Bourgogne en faisant porter à ses sujets de Luxembourg l'ordre d'obéir à Jean de Hollande[3]. En décembre 1422, il donne procuration à un petit seigneur du nom de Jean de Châlon, qu'il avait fait vicaire impérial dans l'Arélat[4], pour reprendre dans le comté de Bourgogne tout ce que le feu duc y avait tenu

---

von der Schrift wegen als wir uns gegen unsern Hern den rœmischen Kœnig verbrieft haben..... » (D'après Hartl, ouv. cité).

[1] Le 12 mars 1423, le duc Frédéric concluait avec Catherine un traité par lequel il prenait en sa protection la Haute-Alsace et le Suntgau (Hartl). — Le 13 fév. 1424, Sigismond concédait à Catherine le droit de battre monnaie d'or soit à Thann soit à Ensisheim (*Registraturbuch* H, fo, 28).

[2] 16 février 1427 ; renouvellement à Montbéliard le 19 février 1428 (vidimus sur parchemin, aux Archives impériales de Vienne).

[3] Breslau, 23 janv. 1420, dans le *Registraturbuch* G, fo 57. — L'injonction est faite aux *milites et clientes in ducatu Lutzemburgensi*.

[4] Voy. un peu plus loin le commencement de notre sous-chapitre 2.

en fief de l'empereur, les droits du défunt étant censés dévolus
à l'Empire [1].

Le duc de Bourgogne ne s'était point tenu pour averti des
intentions de Sigismond, si bien manifestées qu'elles fussent,
et il avait lassé sa patience par de nouvelles intrigues en Brabant, à tel point qu'à la mort de Jean de Bavière, comte de
Hainaut-Hollande, l'empereur revendiqua pour la seconde fois
cet héritage [2] et fit citer Philippe de Bourgogne à comparaître
en sa cour pour répondre de sa conduite, 1425 [3]. Le duc fit défaut et, si nous ne nous trompons, chercha aussitôt appui auprès de l'électeur de Mayence [4]. Il feignit plus tard de vouloir
se présenter en demandant un sauf-conduit qui lui fut délivré

[1] (Poson =) Presbourg, 3 déc. 1422, dans le *Registraturbuch* G,
fᵒ 167. — Cet acte est complété par un autre de même date, enre-
gistré comme ci-dessus : *Commissio ex parte civitatis Bisuntinensis Ludovico de Cabilone*, touchant le droit de garde prétendu sur
la ville de Besançon par le feu duc de Bourgogne. Les bourgeois
agissent évidemment sous l'impulsion de l'empereur. — Cf. une
procuration de Sigismond à Nicolas Czeyselmeister (Presbourg,
11 janv. 1423), pour le requérir *ut juxta mandatum prius eidem
principi datum ac scripta nostra sibi destinata pro recuperando
comitatu Burgundie, ad manus nostras opponat diligenter vires
et operam (det) juxta modulum sue potencie.* (*Registraturbuch*
G. fᵒ 175)

[2] Dans Dynter, III, 464. Jean de Bavière mourut le 2 janv. 1425.

[3] Acte daté de Totis (en Hongrie), 22 mars 1425, adressé à Conrad
de Weinsberg, chambellan impérial, et à Ulrich de Helfenstein
(Arch. impér. de Vienne, liasse sans cote), — renouvelé à Bude, le
3 août suivant (*ibid.*), — et encore une fois à Totis, le 14 sept.
suivant (dans les *D. R. T. A.*, VIII, 435). — Le 22 mai 1425, Conrad
de Weinsberg avait mandé à Jean et à Philippe de Bourgogne qu'il
avait fait afficher la citation de l'empereur sur la porte principale
de la cathédrale d'Aix-la-Chapelle (*ibid.*, 435, note). — Cf. dans le
Registraturbuch D, fᵒ 140, une lettre de Sigismond sans date, mais
vraisemblablement de 1423 ou 1424, relative à cette citation. Si notre
transcription est exacte, cette lettre est dite adressée au duc de
Bourgogne. Mais le contenu contredit cette adresse sans que nous
parvenions à lui en substituer une autre.

[4] Notre conjecture repose sur l'article 7 des doléances de l'électeur palatin à l'encontre de l'électeur de Mayence, Conrad III. (Boppard, 29 juillet 1426) : « So habe er sich zu dem Herzogen von Burgundien getan und understehe den in Dutscheland zu ziehen, daz
doch wider alle Dutscheland si. » (*D. R. T. A.*, VIII, 505). Mais
l'accusateur renverse à dessein les rôles en attribuant les premiers
pas à l'électeur de Mayence.

à la date du 14 avril 1427[1] et qui donna ouverture à quelques négociations[2]. Néanmoins, six mois après, Philippe le Bon n'avait pas encore répondu à la citation. Sigismond résolut alors de l'y contraindre et envoya à plusieurs villes de l'Empire l'ordre de mettre sur pied leurs contingents pour faire campagne contre le duc de Bourgogne. A la vérité, nous ne connaissons d'ordre de marche que celui qui fut expédié aux magistrats de Francfort[3]; mais point n'est besoin de prouver qu'il y en eut d'autres, le contingent francfortois ne pouvant suffire à l'expédition projetée. La teneur de cet ordre est des plus explicites : le duc de Bourgogne est prévenu de vouloir usurper à son profit les territoires de l'Empire en Hollande et en Zélande. Comme fidèles sujets et dévoués serviteurs de l'empereur, les Francfortois sont invités à le défendre. Pour des motifs qui nous échappent, l'expédition n'eut point lieu.

*
* *

Afin de mieux asseoir son autorité sur cette frontière de l'ouest, Sigismond reprit à l'égard du duc de Lorraine la politique protectrice de Robert et l'affirma de si bonne heure que nous sommes tenté d'y voir le résultat d'une demande de protection

---

[1] Lettre de Sigismond à tous les princes et seigneurs de l'Empire. Marienbourg en Wurtzland, 14 avril 1427 (dans le *Registraturbuch* H, f° 141) : « Quia illustri Philippo duci Burgundie ac comiti Flandrie, principi consanguineo nostro carissimo, qui propter certas causas nostre majestatis debet accedere presenciam, ac omnibus suis quos secum duxerit..... nostrum salvum et securum dedimus conductum ac damus per presentes ad nos veniendi apud nos in curia nostra regali, standi, morandi.... »

[2] M. Janssen signale (*F. Reichscorrespondenz*, I, 354), sous la date de Nussbach, 2 juin 1427, une lettre de Sigismond aux magistrats de Francfort pour leur recommander Bartold de Pise, chambellan de l'Empire, qu'il envoie au duc de Bourgogne, au roi d'Angleterre et au roi de France.

[3] (Ofen =) Bude, 18 oct. 1427, dans Janssen, *F. Reichscorrespondenz*, I, 355 : «... Nu is uns furkomen wie der hochgeborn Philippus Herczog zu Burgundi, unser und des Richs Fürst und unser Oheim, sich yeczund nicht alleyn der Lande Holland, Zeland.... underziehe, die doch uns und dem heiligen Riche verfallen und lediclich ankomen sind, und das getan hat on Recht, und uns als eynen romischen Kunig, derselben Land obristen Lehenherren unerfordert und unersucht..... »

élevée par le duc lui-même. Dès 1411 en effet, Sigismond le nomme *administrator et curator per dictam provinciam Lotharingiœ et nominatim in Metense, Verdunense ac Tullense civitatibus eorumque districtibus*[1]. En 1418 il lui donne appui contre le palatin Louis[2]. L'année suivante, il essaye de lui faire attribuer la tutelle des enfants du comte de Wurtemberg[3] et, en 1426, le charge de connaître de plusieurs différends qui s'étaient produits à Toul[4] et à Glandières près Metz[5] entre quelques particuliers. Les prédécesseurs du duc Charles avaient certes plus d'une fois exercé de semblables commissions[6]. Mais elles étaient devenues de plus en plus rares depuis le grand interrègne. En relevant cette tradition de l'époque féodale, Sigismond relevait aussi la considération du duc de Lorraine aux yeux des barons et des villes de la région transrhénane.

L'action de Sigismond se fit sentir plus loin encore que la Lorraine proprement dite, et tendit très visiblement à fortifier son pouvoir sur toute la rive gauche du Rhin. En 1414 déjà, il donne commission au comte de Nassau pour investir le duc de Bar du marquisat de Pont-à-Mousson qui était de la mouvance de l'Empire[7]. Trois ans plus tard, il transporte ce marquisat à Adolphe de Berg comte de Ravensperg[8], et n'hésite

---

[1] (Poson =) Presbourg, 12 oct. 1411, dans le *Registraturbuch* E, f⁰ 6.

[2] Mandement de Sigismond y relatif, 21 juin 1418, dans le *Registraturbuch* F, f⁰ 119.

[3] Mandement de Sigismond y relatif, 25 déc. 1419, dans le *Registraturbuch* G, f⁰. 54.

[4] Strigon, 1 mai (1426), dans le *Registraturbuch* H, f⁰ 120.

[5] Bude, *feria quinta post Dionisii* (= 30 mai) 1426 à supposer qu'il s'agisse de saint Denis de Milan et non de saint Denis l'Aréopagite dont la fête tombe le 3 octobre. (*ibid.*, p. 132). L'abbé de St-Martin de Glaudières s'était plaint « qualiter nonnulli domini temporales ac alii bona dicti monasterii per plura tempora tenuerunt et occuparunt vi et violencia ». — D'après le *Dictionnaire topographique de l'ancien département de la Moselle* par M. Bouteiller, l'abbaye de Glaudières est la même que celle de Longeville-lez-Saint Avold.

[6] Voy. ci-dessus p. 86.

[7] Mayence, 17 déc. 1414, dans le *Registraturbuch* E, f⁰ 98.

[8] Constance, 4 mai 1417, dans le *Registraturbuch* F, f⁰ 25. — Exécutoire du précédent acte, donné à Constance, le 6 mai. (*Ibid.*, f⁰ 26). — Lettre y relative de Sigismond aux habitants du marquisat, expédiée de Constance le 12 juillet, (dans Lacomblet, *Urkundenbuch*, IV, 115).

pas, quand il le faut, à soutenir cette transmission par les armes[1]. Enfin il érige le comté de Clève et Mark en duché[2], comme il avait fait quelques mois plus tôt pour la Savoie[3].

Vers la même époque, Sigismond confirmait à l'évêque de Cambrai[4], à ceux de Liège [5] et de Toul[6] leurs droits régaliens. Il se déclarait prêt à recevoir l'appel que le chapitre de St-Gaugéry de Cambrai avait interjeté d'une sentence portée par les échevins de la ville dans une question financière pendante depuis sept ans[7], et il intervenait à deux reprises, comme arbitre[8], dans les démêlés des échevins de Toul avec leur évêque. En 1418 il réglait quelques différends entre les bourgeois de Toul et leurs échevins[9], ratifiait en 1425 les privilèges concédés à leur ville par l'empereur Charles IV et confirmés déjà par Wenceslas[10], autorisait en 1426 les habitants à admettre dans

---

[1] C'est du moins ce qui nous semble résulter d'un acte daté d'Ofen (Bude), 30 mai 1425 (et seulement analysé dans Lacomblet, IV, 191), par lequel Sigismond confirme au duc Adolphe de Berg et Juliers le droit de lever un péage sur le Rhin, en compensation des pertes et dommages qu'il a éprouvés pour le compte de l'Empire (*um des Reichs willen*) dans le marquisat de Pont-à-Mousson.

[2] Constance, 28 avril 1417, dans Lacomblet, IV, 112.

[3] Voy. plus loin, le sous-chapitre 2, p. 171.

[4] Constance, 13 février 1415, d'après Caro, *Aus der Kanzle Sigmunds*, p. 7, mention.

[5] Constance, 26 mars 1417, dans le *Registraturbuch* F, fo 12. Cf. Chapeaville, *Gesta pontif. Leodiensium*, à la date. — Nous avons rencontré (*ibid.* fo 13), sous la date du 28 mars 1417, la mention d'un acte de Sigismond relatif aux Liégeois, mention si brève qu'on ne peut guère savoir de quoi il s'agissait : *Procuratorium Sigismundi ad Leodienses*. Par contre, on trouve mention de la présence d'ambassadeurs liégeois à Lille près du duc de Bourgogne les 17 déc. 1416 et 17 janv. 1417 (Petit, *Itinéraire*, p, 430 et 431).

[6] Constance, 23 fév. et 11 mars 1415, dans le *Registraturbuch* E, fo 126. Il est dit que cette confirmation a lieu sur la demande du prélat, *princeps devotus noster dilectus*.

[7] Schebnicz, 22 juillet 1423, dans le *Registraturbuch* H, fo 3.— Saint-Gaugéry est une autre forme de Saint-Géry.

[8] Une première fois, de Constance, le 11 mars 1415, *ibid.* E, fo 126 ; — une seconde fois de Ofen (c'est-à-dire Bude), le 24 sept. 1426, *ibid.* H, fo 129.

[9] 12 avril 1418, commission d'enquête délivrée par Sigismond pour informer du différend ; 4 octobre 1418, citation des parties ; Patau, 15 nov. 1418, sentence de l'empereur et promulgation de la sentence, dans le *Registraturbuch* D, fo 34. Cf. le G, fo 29.

[10] Bude, 18 juin 1425, dans le *Registraturbuch* H, fo 93. Cf. le D, fo 35 et fo 23, avec suite au fo 30 : « Sane attendentes quod hono-

leurs murs des Juifs et des changeurs, à établir sur eux des taxes équitables[1], et il requérait les contributions dues par la ville à la chambre impériale[2]. Sigismond se mêlait également aux luttes des habitants d'Épinal contre l'évêque de Metz et se prononçait contre celui-ci[3]. Bref il étendait partout sa main de justice et se présentait aux populations de cette région comme un pouvoir protecteur.

Dans deux lettres que les habitants de Toul adressèrent, quelques années plus tard, aux grands électeurs à l'occasion de la guerre contre les Hussites, il est fait un sombre tableau des dangers de toutes sortes auxquels ces villes de la frontière étaient exposées, et de la nécessité où elles se trouvaient de se garder jour et nuit[4]. On devine, à la lecture de leurs doléances,

---

rabiles civitatis Tullensis fideles..... in finibus imperii inter principes plurimos veluti peregrini et unici residentes variis dispendiorum expositi oppressionibus et jacturis multipliciter quatiuntur, nec tamen ulla qualitate temporis et impulsibus adversitatum jactati fluctibus a nostra et imperii sacri fide et subjeccione valeant retorqueri. » — Cf. un exposé tout semblable dans deux lettres des habitants de Toul aux grands électeurs, 1428. (*D. R. T. A.*, IX, 232, 252.)

[1] Totis, *in die corporis Christi* (= 30 mai) 1426, dans le *Registraturbuch* H, f⁰ 118 : « ..... ab ipsis pensiones et alia commoda, dum tamen racionabilia existant ad utilitatem reipublice, exigere, habere et recipere. »

[2] Bude, 31 août 1426, commission de l'empereur à Nicolas Czeyselmeister « ad requirendum..... sex ingentes coronas boni auri et legalis ponderis a magistro scabinorum, rectoribus, gubernatoribus, civibus ac communitate civitatis nostre Tullensis in quibus nobis et camere nostre imperiali obligantur. » *Ibid.*, f⁰ 128.

[3] Bude (août 1426), et Brassonic, 13 mars (1427), dans le *Registraturbuch* H, f⁰ˢ 132 et 140.

[4] « Dolores cordium nostrorum guerrarum tempestatibus cottidianarum contra nos et civitatem nostram, proh dolor, tam de partibus Francie quam diversis aliis quibus jungimur afflictorum insurgentibus multiplicati sunt et anxiati sunt spiritus nostri et corda nostra in vobis turbata..... Firmiter credimus paternitatibus et dominationibus vestris non esse incognitum quod civitas nostra prope regnum Francie inter diversa dominia contra nos cottidie insurgencia et in terris bellicosis situata, guerris multiplicibus de die in diem angariatur. » (Lettre de 1428, déjà citée dans notre chap. VII, d'après les *D. R. T. A.*, IX, p. 232). — Cf. *ibid.*, 252, une autre lettre de la même année : « Credimus vestris principatibus non esse incognitum qualiter et quomodo multitudo gencium armatorum Anglorum, Burgundorum et aliorum diversorum gencium non modica ymo permaxima in hiis partibus........ applicuit. »

qu'elles étaient prêtes à se donner à celui des deux souverains, de France ou d'Allemagne, le plus capable de les protéger. A ce moment du XV⁰ siècle, ce n'était sûrement pas le roi de France.

Nous avons, de parti pris, négligé dans les chapitres précédents les événements relatifs au Luxembourg, pour autant qu'ils n'étaient point nécessaires à l'intelligence de notre récit. Mais nous ne pouvons taire ici les actes de Sigismond destinés à fortifier sur ce point son autorité personnelle. Ils complètent la série de ceux que nous venons de rappeler.

Ainsi en 1428 il confirme les privilèges du monastère de N.D. de Luxembourg[1], en 1429 ceux de la ville d'Arlon[2], en 1430 ceux du chapitre d'Yvoix[3] et du duché de Luxembourg en général[4]. Il accorde en même temps aux habitants de Thionville le droit d'établir un péage à l'entrée de leur ville sur toute marchandise venant du dehors[5], et il réforme, l'année suivante[6], l'assiette des droits d'octroi dans le duché de Luxembourg. Ces diverses mesures sont en relation évidente avec celles que nous connaissons pour d'autres villes de la rive gauche du Rhin menacées par le duc de Bourgogne.

2

Les nombreux actes accomplis par Sigismond sur la rive gauche du Rhin témoignent des tendances autoritaires de sa politique dans la question des frontières[7], mais ne visent guère que

---

[1] Ilied sous Temersbourg, 24 août 1428, dans le *Registraturbuch* I, f⁰ 12. Cf. f⁰ 84.

[2] (Poson =) Presbourg, 27 déc. 1429, *ibid.* I, f⁰ 61.

[3] Vienne, *Freitag nach S. Ulrichstag* (= 7 juillet) 1430, *ibid.* J, f⁰ 83. Cf. f⁰ 86.

[4] 1430, sans autre date, *ibid.* J, f⁰ 86.

[5] 1430, *ibid.* J, f⁰ 73.

[6] Nuremberg, 9 avril 1431, *ibid.* J, f⁰ 123. — Nous ne croyons pas nous tromper en traduisant « Assisien zu Lucemburg » par droits d'octroi, auj. *Accise.*

[7] Vers 1415-1416 on rédigea, dans la chancellerie de Sigismond, un état des revenus de l'empire aliénés et des villes frontières soustraites à l'autorité impériale. Le passage suivant (reproduit par les *D. R. T. A.*, VII, 182, note) s'applique à la fois à la première partie et à la seconde du présent chapitre : « Item, restat Brabant u. Hollant vil und ein Teil Flandern. Item, was der von Burgundi occu

le duc de Bourgogne, sauf sur certains points attaqués de longue
date par le roi de France. Ceux que nous allons énumérer maintenant sont dirigés (sauf quand il s'agit directement du comté
de Bourgogne) contre Charles VI et tendent également à relever
dans l'Arélat la puissance impériale à l'encontre de l'influence royale de plus en plus dominante. Le fait central de
cette politique fut l'institution de l'énergique Jean de Châlon
comme vicaire de l'Empire non seulement dans le Comté, mais
encore en Dauphiné, Valentinois, Avignonnais, Provence et
leurs dépendances, au milieu de l'année 1421 [1].

Dans le comté de Bourgogne, les manifestations de l'autorité
impériale furent plus nombreuses et plus importantes qu'ailleurs. Après avoir concédé en 1415 à Thibaut de Rougemont,
archevêque de Besançon, les droits régaliens auxquels il prétendait [2] et confirmé sur sa demande tous les privilèges de ce
riche bénéfice, en révoquant même les privilèges contraires
des bourgeois [3], Sigismond accorde au prélat, quelques années
plus tard, pour lui et ses successeurs, le droit de battre monnaie [4]
et décide qu'il sera toujours exempt de la juridiction du vicaire
impérial en Arélat, pour ne relever que de l'empereur [5]. Dans
la tentative qu'il poursuit de soustraire le Comté à la directe
de Philippe le Bon [6], Sigismond confirme les privilèges de la commune de Besançon [7], accepte la résolution des citoyens de se

---

piret. Item, Metz, Toll und Verdun geben ouch dem Rich nichts.
Item, so hat der Graff von Safoy, Kung Loys (v. Anjou?) und der
Kung von Frankrich das ganz Kunigrich von Arlat inne. Item, so
hat der von Safoy sust gar fil inne. »

[1] (Poson =) Presbourg, 14 juin 1421, dans le *Registraturbuch*
G, f⁰ 93. — On trouve *ibid.*, f⁰ˢ 91, 92, et 94, trois concessions de privilèges faites par l'empereur au dit Jean de Châlon, 14 et 15 juin.

[2] Constance, 13 fév. 1415, d'après Caro, *Aus der Kanzlei Sigmunds*, p. 6 et 7.

[3] Même date que dessus, dans Sudendorf, *Regestrum*, I, 144.

[4] Bude, 9 oct. 1423, dans le *Registraturbuch* H, f⁰ 9.

[5] Wacie (?), 26 juillet 1425, *ibid.*, f⁰ 92 : « ..... dictis archiepis-
copis hanc gratiam duximus faciendam.... quod nullus sacri romani imperii vicarius generalis seu vicarii generales, quacunque
fulgeant dignitate,..... ipsos et ecclesiam eorum..... ad eorum judicia
citare, evocare seu indicare audeant. »

[6] Voy. ci-dessus, p. 155.

[7] Bude, 9 oct. 1423, *ibid.*, f⁰ 9 : « ..... ipsis hanc gratiam duximus
faciendam quod videlicet ipsi cives, civitas, habitatores et incole
civitatis ejusdem nostre Bisuntinensis habeant gratiam et favorem;

placer sous son autorité immédiate [1] et révoque à cette occasion la citation à comparaître qu'il avait lancée peu auparavant contre l'archevêque et les magistrats de la ville en querelle les uns contre les autres [2].

Ces derniers faits appartiennent à l'année 1423. Quand il s'agit en 1424 de faire exécuter les sentences prononcées par le fisc contre deux bourgeois de Besançon, Sigismond donna procuration spéciale à Nicolas Czeyselmeister, son intermédiaire habituel auprès des vicaires et podestats de l'Arélat, et menaça les récalcitrants de les mettre au ban de l'Empire [8]. Trois ans plus tard, un nouveau différend s'étant élevé entre l'archevêque de Besançon et les recteurs de la cité, Sigismond donna mission à l'évêque de Toul d'instituer une enquête [4], puis char-

et si quam forte, quod absit, nostre majestatis indignationem incurrerint vel offensam, hac ipsis largiflue solita clementia misericorditer indulgemus..... »

[1] Même date que dessus, *ibid.*, f⁰ 9 « ..... quia tamen iidem cives et civitas, ad sacrum romanum imperium singularem gerentes favorem nolentesque a sacro romano imperio in toto vel in parte occasione qualibet removeri, se ipsos suis sumptibus et impensis ordinaverunt, procuraverunt et obtinuerunt ab illustri Philippo duce Burgundie moderno..... idcirco hujusmodi donationem, concessionem..... »

[2] Même date que dessus, *ibid.*, f⁰ 9.

[8] (Albe royale =) Stuhlweissenburg, 10 sep. 1424, commission donnée par l'empereur à Nicolas Czeyselmeister « ad requirendum certas penas quas Jacobus Macheti, miles, et Johannes Michaelis, cives Bisuntinenses, ex latis sententiis pro fisco nostro imperiali per illustrem Ludovicum de Cabilone, principem de Auraye, nostrum et imperii sacri vicarium generalem..... realiter intraverunt ». (*Registraturbuch* H, f⁰ 59). — Une première procuration avait été délivrée au même « ad requirendum Ludovicum de Cabilone ad exequendum sententias pro fisco imperiali adversum Jacobum Macheti militem et Johannem Michaelis..... per cameram nostram latas (janv. 1423, *ibid.* G, f⁰ 175).

[4] Marienbourg en Wurtzland (Transylvanie), *feria quinta ante Ramispalmarum* (= 1er avril) 1427, dans le *Registraturbuch* H, 141. — A cette seconde querelle paraît se rapporter une lettre de Sigismond au pape pour le prier de ne point prendre parti pour les bourgeois de Besançon contre l'archevêque (s. date, dans le *Registraturbuch* D, f⁰ 77) : « Audimus rectores civitatis Bisuntine venerabilem Theobaldum..... in conspectu V. S. detulisse ». Ce *Registraturbuch* étant composé, par exception, d'actes de dates très diverses et sans suite, il n'y a point d'indication à tirer du rang de cette lettre dans le registre. Par la même raison nous ne savon

gea Nicolas Czeyselmeister de procéder contre les bourgeois
qui, condamnés à une amende envers leur archevêque, s'étaient
refusés à la payer [1]. Il agit de même en arbitre suprême dans
une querelle des magistrats de Besançon avec Louis de Châlon,
en confiant à l'évêque de Lausanne le soin de l'enquête [2]. Mais
l'issue de cette seconde affaire, greffée peut-être sur la première,
nous est inconnue.

Peu après l'entrevue qu'il eut à Perpignan avec Benoît XIII [3]
Sigismond au lieu de tirer droit sur Paris, comme le lui demandaient les représentants de Charles VI, se dirige sur Lyon
comme s'il voulait rentrer à Constance. Peut-être en avait-il
très sincèrement l'intention ; mais avec cette mobilité de sentiments et de résolutions qui le caractérise, il s'attarde à Lyon
et, comme pris d'une subite idée, descend jusqu'à Vienne
jusqu'à Valence même, pour de là se rendre à Chambéry et
visiter le comte de Savoie. Les chroniqueurs ne parlent guère
de cette excursion [4] et ne font en rien allusion à des préoccupations politiques. Mais par bonheur nous connaissons une
série d'actes passés en ces diverses villes de l'Arélat par Sigismond même et fort explicites sur la nature des relations du
souverain avec les pouvoirs locaux.

C'est d'abord la confirmation des privilèges du monastère
Saint-Ruf près Valence, concédée à Jean, patriarche d'Antioche
et l'autorisation d'établir un péage sur le Rhône, accordée aux
bourgeois de Valence et à leur évêque [6]. C'est ensuite le renouvellement des priviléges et statuts des communes de Valence [7]
et d'Estelle lez Valence [8]. C'est enfin l'octroi aux bourgeois de
Vienne de nouveaux privilèges, dont l'ensemble ne constitue

---

comment dater une *Executoria citationis contra cives Bisuntinenses,* débiteurs d'un certain Heinrich Halbsen, de Bâle, mentionnée *ibid.,* f⁰ 151.

[1] Marienburg en Wurtzland (Transylvanie), *feria quinta ante
Ramispalmarum* (= 1 avril) 1427, *ibid.* H, f⁰ 141.

[2] Turin, 13 avril 1428, *ibid.* J, f⁰ 5.

[3] Voy. ci-dessus le chap. VII, p. 125.

[4] (Rex Romanorum) « fecit iter suum per Sabaudiam ubi per comitem et populum cum magna exultacione in diversis locis re-
ceptus est et visus. » (*Diaire* de Guill. Fillastre, dans Finke, *Forschungen u. Quellen,* p. 178).

[5] Lyon, 26 janv. 1416, dans le *Registraturbuch* E, f⁰ 199.

[6] Même date, *ibid.,* f⁰ 147.

[7] Lyon, 28 janv. 1416, *ibid.,* f⁰ 147.

[8] Lyon, 3 fév. 1416, *ibid.,* f⁰ 199.

rien moins qu'une *reformatio civitatis Viennensis*, (3 février)[1] — et la confirmation des privilèges du chapître Saint-Bernard de Romans [2] et de la commune de Château lez Vienne, à la demande des intéressés, 5 février [3].

La série de ces actes laisse entrevoir que la présence de Sigismond à Lyon fut l'occasion d'un véritable concours des potentats, petits et grands, du Dauphiné. Il est manifeste qu'il fut provoqué par le désir de balancer l'influence du roi de France, héritier désigné du Valentinois et du Diois [4].

A Valence même, l'empereur concéda à l'évêque une confirmation générale de ses privilèges et l'investit d'un vicariat spécial sur toutes les terres du Valentinois et du Diois [5]. Puis il remonta de Valence à Chambéry par la vallée de l'Isère et, le 16 février 1416, il érigea en duché le comté de Savoie [6] pour

---

[1] Même date, *ibid.*, f⁰ 198 : «... quod cives supradicti possint duplicare commune vini ita videlicet quod ubi hactenus quadragesima pars levabatur, nunc et in futurum vicesima pars levetur ;... quod levare et recipere possint decimam partem panis qui vendetur infra civitatem supradictam ;... quod consules dicte civitatis constituere possint et valeant unum vel plures procuratorem vel procuratores ad defendendum jura dicte civitatis... »

[2] Lyon, 5 fév. 1416, *ibid.*, f⁰ 199.

[3] Même date, *ibid.*, f⁰ 202.

[4] Voy. plus loin. Mais la *Chronique de Saint-Denis* (VI, 56) donne un autre motif que l'on ne peut admettre sans preuve directe : « In horum (Anglorum) inde favorem, cum patrie famosiores urbes Theutonicorum imperio subditas ab antiquo visitasset, et quamplurium ducum et principum homagia et fidelitates flexo genu et junctis manibus, ut moris est, recepisset, omnes attente monuit ut deinceps ipsos juvarent ad suppeditandum Galliam. » Comme le chroniqueur place ces faits en l'année 1416, il n'y a aucun doute que les villes dont il parle sont celles de l'Arélat.

[5] Valence, *dominica proxima ante Laurencii* (= 1er fév.) [1416], *ibid.* f⁰ 190 : « Data est generalis confirmatio pro epo Valentinensi et Diennensi unacum comitatu palatinensi et cum isto articulo quod quoscunque in diocesi sua reperiret non habiles seu ydoneos, quod illos hujusmodi officio notariatus et tabellionatus privaret... Eciam data est littera vicariatus generalis pro eodem per civitates Valen. et Dien. ac comitatum et districtum earumdem... » La date nous parait douteuse. Peut-être faudrait-il corriger *post Laurencii* = 8 février .

[6] Cf. Joannis Staindelii *Chronicon* dans les *Rerum boic. script.*, I, 529 : « Rex Sigismundus in causa concilii Constantiensis proficiscitur ad regem Aragoniæ, ubi inter hanc profectionem Amedeum, comitem Sabaudiæ ducalis tituli honore exaltat. » L'acte est daté de

lui donner le premier rang féodal parmi toutes les seigneuries
de la région. C'était un honneur mérité. Depuis l'année 1207,
les possesseurs de ce grand fief n'avaient jamais varié dans leur
fidélité à l'Empire [1]. Mais l'isolement où ils se trouvaient, maintenant que les cantons suisses interposaient leur ligue entre
l'Empire et la Savoie, inspirait à Sigismond le désir de fortifier
le lien féodal. D'autres considérations l'y invitaient encore.
Amédée VI avait aidé Louis d'Anjou à se mettre en possession
du royaume de Naples. Amédée VII avait combattu à Rosebec-
que pour le roi de France et pris pour femme une fille du duc de
Berry. Amédée VIII avait épousé lui aussi une princesse française, la fille du duc de Bourgogne (1401); il venait d'acquérir
le comté de Genève, 1401; il était le plus proche héritier du
comte de Piémont, qui mourut en 1418, et il convoitait déjà
les villes du littoral de la Provence que Yolande d'Aragon, tu-
trice de Louis III d'Anjou, lui légua effectivement en 1419. Il
était donc de bonne politique de faire tourner cet accroissement
de puissance au profit de l'Empire et de constituer dans cette
région un pouvoir féodal capable de balancer celui que les dauphins de Vienne et les angevins de Provence prenaient si visiblement. Sigismond n'y manqua pas et sut soustraire ainsi la
Savoie à l'influence française, diminuée déjà de bien des manières [2]. Dès 1412 [3], l'empereur avait concédé au jeune « prince »
Louis de Savoie le vicariat de l'Empire en Piémont, et intervenait bientôt, à deux reprises [4], dans la querelle de Louis de

---

Chambéry, dioc. de Grenoble, 19 fév. 1416 (et non M C C C C XIX
comme porte le texte imprimé) dans Lunig, *D. Reichsarchiv*, X, 25.
Cf. *ibid.*, 27 et 165, les lettres d'investiture données par Sigismond à
Amédée, sous la date de Chambéry, 20 février 1416.

[1] Voy. dans Lunig, *D. Reichsarchiv*, X, passim, les nombreux
traités entre la Savoie et l'Empire depuis 1207.

[2] Voy. dans Dupuy, *Traité des droits du roy*, p. 49 et ss., 63 et ss.
les nombreuses contestations de Charles VI avec la maison de Savoie à propos : 1° de Faucigny et Bonne en Génevois, que l'on
prétendait relever du Dauphiné ; 2° de Nice et Villefranche en
Provence ; 3° de Coni, Mondovi, Cherasco et autres villes du Piémont. — Il résulte néanmoins de plusieurs documents publiés par
Dom Plancher (*Hist. de Bourgogne*, IV, preuves) que le duc de Savoie joua un rôle conciliateur dans les démêlés de Charles VII avec
le duc de Bourgogne entre 1424 et 1428.

[3] Bude, 1er juin 1412, dans Lunig, *D. Reichsarchiv*, X, 24.

[4] Strasbourg, juin 1418, commission de Sigismond à Nicolas Czeyselmeister, docteur en droit, pour juger entre Louis de Châlon et

Châlon avec AmédéeVIII au sujet du comté de Genève qu'il attribuait d'abord à celui-ci [1] pour le transférer ensuite au premier [2]. Pris pour juge par eux dans une autre querelle relative à la possession du château-fort de Berthier, il n'avait garde de se récuser, et chargeait l'évêque de Genève d'informer sur le cas [3].

Les soins de la médiation entre la France et l'Angleterre détournèrent bientôt Sigismond de l'Arélat; mais il ne l'oublia point, et quand, après le traité de Cantorbéry, il se sentit libre de tout ménagement à l'égard du roi de France et assuré de ne rencontrer aucune protestation de la part du vaincu d'Azincourt, il reprit sur notre frontière du sud-est ses immixtions et ses agissements.

De Constance même, où il assiste aux débats du concile, Sigismond peut suivre d'assez près les affaires de l'Arélat. En hostilité avec l'archevêque d'Embrun, il invite ses diocésains, sous peine de bannissement, à refuser obéissance [4], et charge le duc de Savoie de faire exécuter cette décision [5]. Puis réconcilié sans doute avec ce même prélat, il en obtient le paiement d'une grosse somme de 2000 écus qu'il lui avait prêtée [6].

Amédée de Savoie *de et super comitatu Gebennensi*, à charge de recevoir les dépositions des témoins dans tout le royaume d'Arles, (*Registraturbuch* F, f⁰ 120.) — (Poson =) Presbourg, 1er oct. 1421, commission de Sigismond à Antoine de Pise, secrétaire et notaire de la chancellerie impériale, pour juger entre les deux parties, *occasione et causa comitatus Gebennensis* (*ibid.*, G. f⁰ 105)

[1] Nuremberg, 25 août 1422, investiture du comté de Genève, faite par Sigismond au duc Amédée de Savoie, (*ibid.* G, f⁰ 135).

[2] (Poson =) Presbourg, 11 janv. 1423, inféodation du comté de Genève, faite à Louis de Châlon (*ibid.* G, f⁰ 174.)

[3] Skalitz, dioc. de Strigon, 8 déc. 1426 (*ibid.* H, f⁰ 105).

[4] Lettre aux diocésains d'Embrun. Constance, 29 juin 1417, dans Caro, *Aus der Kanzlei Sigmunds*, p. 74.

[5] Première lettre à Amédée de Savoie. Constance, 29 juin 1417 (*ibid.*, p. 79) ; — deuxième lettre au même. Constance, 13 août 1417 (*ibid.*, p. 80) ; — troisième lettre au même. Constance, 14 oct. 1417 (*ibid.*, p. 81).

[6] Constance, 14 fév. (1418), *ibid.* F, f⁰ 92: « *Sigismundus... notum facimus universis quia honorabilis Ponzetus de Parillos, nepos venerabilis archiepi Ebrudinensis* (sic)... *racione debiti videlicet duorum milium et XL scutorum, in quibus nobis ipse Ponzetus una cum patre suo fidejussorio nomine predicto archiepo juxta tenorem cujusdam publici instrumenti... extiterant* (sic) *legitime et debitorie obligatus, de mandato nostro et pro nobis* 1040 *scuta*

Au commencement de l'année suivante, Sigismond investit l'archevêque de Vienne du principat de son église ainsi que des droits régaliens qui y sont attachés[1]. Et comme ce prélat se plaint d'être lésé par les privilèges accordés à quelques citoyens de la ville, l'empereur commet l'archevêque de Besançon et l'évêque de Bâle pour rendre justice à chacun[2]. A la demande de l'évêque de Maurienne, il tranche un litige d'argent que ses diocésains avaient provoqué[3], et se montre prêt à faire justice à tout le monde.

Au cours d'un différend, assez obscur pour nous, qui éclate vers 1421 entre les bourgeois de Valence et leur évêque, Jean de Poitiers, violateur des libertés communales, Sigismond confie au duc de Savoie le soin d'en juger[4] et remet à Louis de Châlon l'exécution de la sentence[5]. Le procès traîna en longueur et dura plusieurs années[6]. Finalement, à la suite d'une

venerabili magistro Rodii dedit integraliter et persolvit; idcirco ipsum archiepum et eundem Ponzetum ac eciam patrem ejus de predictis mille et XL scutis... absolvimus. »

[1] Constance, 8 janv. (1418), ibid. F, f⁰ 82.

[2] Constance, 16 janv. 1418, ibid. F, f⁰ 83 :«... Pro parte venerabilis Johannis archiepi et comitis Viennensis, nostri et imperii sacri principis... nostre est expositum majestati qualiter quidam cives civitatis Vienne... quedam privilegia, litteras, gracias et indulta in prejudicium... archiepi et ecclesie Viennensis... impetrarunt. »

[3] Constance, (1418), ibid. F, f⁰ 96.

[4] (Regensburg =) Ratisbonne, 3 oct. 1422, dans le Registraturbuch G, f⁰ 161.

[5] Procuration donnée par l'empereur à Nicolas Czeyselmeister pour que celui-ci fasse exécuter par Louis de Châlon diverses sentences : « ad requirendum Ludovicum de Cabilone ad exequendum sententias super comitatu Valentinensi.... ut [idem Ludovicus et alii sacri imperii principes] procedant et prestant consilium, auxilium et favorem contra rebelles sacri rom. imp. in eorum dominiis constitutos » (Cette seconde procuration se rapporte peut-être à une autre affaire que celle de Valence). — Ces deux documents ne sont pas datés, mais semblent être de janvier 1423, d'après leur rang dans le Registraturbuch G, f⁰ 175.

[6] Wissegrad, 30 juillet 1426, commission donnée par l'empereur à Nicolas Czeyselmeister pour commencer une nouvelle instruction : « Notum facimus.... quamvis dudum venerabilis Johannes de Pictavia. epus et comes Valentinensis et Diensis, princeps devotus noster ac nostre imperialis majestatis in partibus Valentin. et Dien. vicarius imperialis ad nostram noticiam deduxerit..., » (Registraturbuch H, f⁰ 126). — Wissegrad, 31 juillet 1426, lettre du même aux bourgeois de Valence pour leur annoncer cette commission (Ibid.,f⁰ 132).

exclusion motivée sans doute par l'appui que Jean de Poitiers donnait au roi de France, héritier du comté depuis 1419[1], l'empereur résolut de rétablir le prélat dans tous ses biens et chargea de ce soin l'archevêque de Besançon et Louis de Châlon[2].

A cette première partie du règne de Sigismond correspond donc bien réellement une nouvelle restauration des droits de l'empire sur la Lorraine et l'Arélat par les voies de droit que nous avons rappelées[3]. Mais ce fut tout. En dépit de ses protestations de 1416[4] et 1417[5], émises sous l'influence du roi d'Angleterre, et répétées encore en 1418[6], Sigismond ne reprit jamais sur le roi de France ce que celui-ci avait acquis depuis un quart de siècle au delà de la Meuse et du Rhône; il ne l'empêcha même pas, quelque envie qu'il en eut manifesté en instituant un vicaire de l'empire dans l'Arélat[7], d'incorporer au Dauphiné

---

[1] (Poson =) Presbourg, 11 janv. 1423, acte par lequel Sigismond donne à Louis de Châlon l'investiture du comté de Valence (comme aussi celle du comté de Genève, voy. ci-dessus, p. 172) : « *Prefato Ludovico et heredibus suis comitatum Valentinensem in feudum contulimus et conferimus per presentes omneque jus nostrum* » — Tous ces actes seraient d'un grand secours pour l'histoire interne du Dauphiné. Nous n'avons à les considérer ici que comme manifestations de l'autorité impériale sur cette région.

[2] Marienburg en Wurtzland (Transylvanie), 24 mai 1427 (*Ibid.*, fo 144).

[3] Par là se trouvent contredites les conclusions trop absolues du livre, d'ailleurs excellent, de M. Paul Fournier, *Le royaume d'Arles et de Vienne jusqu'en 1378.* (Paris, 1891). Nous reviendrons plus longuement sur cet ouvrage dans notre chapître XVI.

[4] Cantorbéry, 15 août 1416, lettre de Sigismond à Henri V, citée dans le chapitre précédent : «...idem ipse rex Francorum et ceteri principes sue prosapie, ambicionis et cupiditatis oculos et manus rapaces in messem alienam mittentes, plurima bona, terras ac jura ad nos et sacrum romanum imperium de jure pertinentes et pertinencia propria auctoritate pro se a dudum usurparunt et detinent occupata, nec illas et illa curaverunt hactenus a nobis et sacro imperio, prout merito debuissent et deberent, recognoscere. » *D. R. T. A.*, VII, 332)

[5] Constance, 22 mars 1417, lettre de Sigismond à Charles VI citée dans le chapitre précédent : «... injuriarum denique et offensarum antiquarum in occupationibus, usurpacionibus et detencionibus bonorum et jurium nostrorum et sacri imperii per predecessores vestros et consequenter per vos et vestros multipliciter attemptatarum et indebite continuatarum amore pacis et caritatis accensi pene immemores et obliti.... » (*D. R. T. A.*, VII, 340).

[6] Voy. ci-dessus, p. 149.

Voy. ci-dessus, p. 168.

le comté de Valence et Die légué par le comte Louis II[1]. Le roi d'Angleterre, qui convoitait ces territoires et quelques autres en litige[2], ne put obtenir de l'empereur qu'il les lui cédât. Les embarras de la politique intérieure et tout spécialement la guerre contre les Hussites semblent avoir été la vraie raison qui empêcha l'empereur de poursuivre ses revendications.

Du royaume d'Arles nous passerons en Italie.

En 1413[3] Sigismond avait franchi les Alpes pour surveiller de plus près les affaires italiennes. A cette date, depuis quelques années déjà, Boucicaut avait abandonné Gênes et était rentré en France. Les Gênois rendus à eux-mêmes n'avaient point réussi à mettre fin à l'anarchie qui les affaiblissait. Profitant de la présence de Sigismond en Lombardie, ils réclamèrent donc son assistance. Sans plus hésiter, l'empereur cassa comme illégalement conclus tous les actes qui avaient été passés entre Gênes et le roi de France, déclara que la ville ne relevait que de l'Empire et confirma ses anciens privilèges[4]. Vis-à-vis du jeune fils du duc d'Orléans il fait également acte de suzerain en l'investissant du duché d'Asti, 1414[5]. En un

---

[1] Pour l'origine de cette incorporation, voy. ci-dessus le chapitre IV, p. 87. Réalisée en 1419, elle ne devint définitive qu'en 1426 (Dupuy, *Traité des droits du roy*, p. 351).

[2] 17 juillet 1421, créance d'Henri V à ses représentants pour traiter avec Sigismond de la cession du Dauphiné, de divers territoires du Languedoc et du Luxembourg (Rymer, *Fœdera*, X, 143). — Déjà au congrès de Calais, qui suivit de trois semaines seulement le traité de Cantorbéry, les Français, prévoyant que le roi d'Angleterre demanderait une cession de territoire, avaient insinué qu'on pourrait le satisfaire en s'adressant à l'empereur (Caro, *das Bündniss von Canterbury*, p. 72.

[3] Voy. la *Chronique de St. Denis*, IV,255.

[4] *In patria Forijulii*, c'est-à-dire en Frioul, 14 mai 1413 (dans le *Registraturbuch* E, f⁰ 55, des Arch. impériales de Vienne) : *Cum cives Januenses dictam civitatem Januensem) « cum suis attinentiis absque imperialis culminis licencia et assensu, salvis tamen juribus et honoribus que et quos habet sacrum romanum imperium in civitate et districtu Januensi, in serenissimi principis Karoli Francorum regis.... tuicionem et salvaguardiam... sub miserunt nos..... etc. »*

[5] Crémone, 5 fév. (1414), dans le *Registraturbuch* E, f⁰ 71. — Il y a aux Archives nationales, sous la cote K, 58 et 67, diverses pièces relatives aux relations de Sigismond avec Charles d'Orléans.

mot Sigismond agit en maître[1], au grand déplaisir de la cour de France[2], et l'on compte si bien désormais avec l'empereur dans cette région de l'Italie, qu'en 1422[3] Gênes s'adresse directement à lui pour obtenir protection contre le duc de Milan qui recommence ses attaques. Du roi de France nul n'a plus souci pour longtemps dans la ville des doges.

A ce même désir de fortifier sa suzeraineté sur les territoires menacés se rattache la confirmation que fit Sigismond en 1415[4] de l'érection du comté de Milan en duché, et des privilèges que Wenceslas avait accordés à la ville à cette occasion. Quant à la vente de la ville de Zara, que l'empereur consentit aux Vénitiens en 1410, elle donna lieu, au bout de quelques années, à des démêlés entre les parties contractantes. Le roi de France, qui y fut impliqué, jugea bon d'offrir sa médiation aux belligérants. Ce curieux épisode de l'histoire politique est sans portée au point de vue où nous sommes ici. Il a d'ailleurs été récemment exposé en détail[5].

[1] Les deux actes qui suivent sont une curieuse conséquence du rétablissement de l'autorité impériale à Gênes: 1°. Sept. 1421, traité de commerce entre Gênes et les Allemands (*Registraturbuch* H, f° 1); 2° Strigon, 16 août 1423, autorisation accordée par Sigismond à des marchands de se rendre à Gênes *dummodo commercia et conventicula Venetorum denitent*. Ibid., f° 3.

[2] Cette reprise de Gênes par Sigismond est un des griefs que formule Jean de Montreuil dans ce pamphlet de 1416 ou 1417 que nous avons mentionné ci-dessus, chap. VIII, p. 146: « Clam tentavit [Sigismundus] Januenses ab obsequio regis Francorum divertere, fucatas suasiones multas immixtas rogatibus adducendo. In quo quantum ab honore suo discedebat, tantum Januenses in fidelitate regis Franciæ permanserunt. »

[3] Gênes, 14 sept. [1422], dans le *Registraturbuch* D, f° 195.

[4] (Constance), 7 avril 1415. Cette confirmation fut renouvelée à Constance le 2 avril 1418, et à Vizegrad le 6 juillet 1426.

[5] Voy. M. Perret, *L'ambassade de l'abbé de Saint-Antoine de Vienne et d'Alain Chartier à Venise en 1425* (dans la *Revue historique*, 1891, t. XLV, p. 298 et ss.).

LIVRE III

CHAPITRE X

LE DUC DE BOURGOGNE ET L'ALLEMAGNE

1430-1448

1º Les ducs de Bourgogne membres du saint empire. — De la suzeraineté de l'empereur sur le comté de Bourgogne. — Philippe le Bon se fait représenter comme prince souverain au concile de Bâle, 1432. — Ses prétentions politiques. — Il mécontente l'empereur dans diverses occasions. = 2º Nouvelle phase dans les relations de Philippe de Bourgogne avec l'Empire: opposition de Sigismond aux progrès territoriaux du duc, 1434-35; — son alliance avec Charles VII contre Philippe. — Nouvelles manifestations de l'hostilité de Sigismond contre le duc de Bourgogne, 1437 et ss. — Premières relations de Philippe le Bon avec Frédéric III : entrevue de 1442. — Succès politiques de Philippe. = 3º Alliance de Philippe de Bourgogne avec le duc de Bavière et l'empereur contre le roi de France, 1444. — Négociations de Philippe avec Frédéric relativement à ses domaines d'Empire : Philippe demande d'abord l'investiture du Brabant, de la Hollande, de la Zélande et du Hainaut, mars 1446 ; — Frédéric l'ayant donnée à son frère Albert, ne réserve à Philippe que l'arrière-fief et charge Albert de conduire les négociations en ce sens, avril-juillet; — les premiers pourparlers, auxquels Albert mêle ses affaires personnelles, n'aboutissent point. — Reprise des négociations en janv. 1447 ; — conférences de Cologne, Bruxelles et Bruges où se conclut plus tard (18 mai) un traité particulier entre Philippe et Albert ; — échec de la demande d'investiture élevée par Philippe auprès de l'empereur (juillet). — Philippe recourt alors à l'entremise de Gaspard Slick et du comte de Cilly pour obtenir de l'empereur l'érection d'un royaume de Bourgogne, juin-août ; — l'empereur ajourne sa réponse. — Conférence de Besançon entre les représentants de Philippe et ceux d'Albert (11 sept.) pour traiter avant tout de leurs affaires personnelles ; — sollicité de nouveau, l'empereur concède à Philippe l'investiture de ses fiefs d'Empire, puis retire subitement cette concession — Mission d'Adrien van der Ee chargé par Philippe de reprendre les négociations auprès de l'empereur, oct.-nov. 1447; — l'empereur consent à donner l'investiture de quelques-uns des domaines d'Empire sous le titre de royaume de Brabant, à charge d'hommage ; — Philippe mécontent refuse d'accepter ; — conférence de Bruxelles (15 mars 1448) où Albert donne à Philippe l'investiture pure et simple de ses domaines d'Empire, sans titre royal,

— refroidissement entre Philippe et Frédéric III dans les derniers mois de l'année 1448. = 4° Examen de cette question, si le duc de Bourgogne a réellement tenté en 1447 de détrôner Frédéric III pour lui substituer Albert d'Autriche.

Il n'est point possible de laisser les ducs de Bourgogne en dehors du cadre de nos recherches. Leur opposition au roi de France et les visées de leur ambition ont intimement mêlé pendant plus d'un demi-siècle leur histoire à celle de l'Empire. Ce sont ces relations mutuelles que nous allons étudier dans le présent chapitre, avant de préciser l'influence qu'elles ont eue sur la politique de la royauté française vis-à-vis de l'Empire [1].

1

En tant que possesseurs de la Flandre flamingeante et du comté de Bourgogne, les ducs de Bourgogne étaient depuis 1384 membres de l'Empire germanique. Rien n'est plus certain, en effet, que la continuité de l'autorité impériale sur ces deux fiefs et particulièrement sur le second. Ainsi, dans les derniers mois de l'année 1429 ou peut-être dans les premiers de l'année suivante, l'empereur Sigismond, écrivant à Isabelle de Portugal pour la féliciter de son récent mariage avec Philippe le Bon, l'informe qu'il vient de recommander au pape Fernand Lucen comme successeur du défunt archevêque de Besançon, et il prie Isabelle d'obtenir de son époux qu'il joigne ses sollicitations à celles de la cour de Vienne [2]. Toutefois ce fut Jean de la

---

[1] Nous demandons la permission de rappeler que l'histoire des relations politiques de la France avec l'Allemagne sous Charles VII a été le sujet de notre thèse à l'École des Chartes en 1878. Ceci explique comment, dans le présent travail, nous pouvons citer de première main plusieurs manuscrits de la Bibliothèque nationale auxquels M. Beaucourt se réfère également dans sa grande *Histoire de Charles VII*.

[2] Sigismundi litteræ benivolentiæ pro ducissa Burgundie. S. date. Copie dans le *Registraturbuch* D, f° 78, des Archives impériales de Vienne : «... Nos inicia peticionis aggredimur rogando dilectionem vestram sincere quatinus... eciam vos unacum favorabili sponso vestro, apud quem thori socia obtinere poteritis quicquid vultis, domino nostro apostolico placeat scribere ut ipse F. consequatur optatum. »

Rochetaillée, cardinal de Rouen, qui fut préféré. Entre le nouvel élu et l'empereur les relations habituelles de foi et hommage se nouèrent immédiatement[1] et lorsque, quelques années plus tard, l'archevêque se trouva en lutte avec les bourgeois de sa ville, ce fut auprès de l'empereur qu'il chercha appui[2]. C'était aussi l'empereur d'Allemagne qui continuait de confirmer les privilèges de la ville, sans que le nom du duc de Bourgogne fût même prononcé[3]. C'est à lui encore que les bourgeois de la ville s'adressaient lorsqu'ils poursuivaient l'investiture d'un bien quelconque[4]. Nous constatons ce régime jusque sous le règne de Frédéric III[5]. Il est probable cependant que l'investiture obtenue par Philippe en 1447 y apporta quelque modification.

Par la possession de la Haute-Alsace qui leur fut assurée vers 1425, par celle du Luxembourg qu'ils obtinrent en 1427, par l'acquisition du comté de Namur en 1429, les ducs bourguignons furent davantage encore poussés dans les rangs des magnats de l'Empire germanique. Cependant, au moins en Luxembourg, il n'y eut point tout d'abord de subordination effective, de vassalité franche vis-à-vis de l'empereur, parce que la pos-

---

[1] Voy. dans le *Registraturbuch* D, fo 876, une reconnaissance consentie à l'empereur au nom de l'archevêque, à Ratisbonne le 15 juillet 1430; — et dans le *Registraturbuch* I, fos 70 et 198, deux actes des 3 juillet (1430) et 9 déc. 1432, portant investiture de fiefs en faveur de l'archevêque.

[2] Voy. dans les *Registraturbücher* D, fo 53, I, fo 191, et K, fo 158 divers actes y relatifs, des années (1430), 1432 et 1434.

[3] Bâle, 1 janv. 1434, confirmation par Sigismond des privilèges de Besançon reconnus par Wenceslas et statuts (*ordinancia*) de la ville de Besançon (dans le *Registraturbuch* K, fos 89 et 91). — Une autre confirmation des mêmes privilèges se retrouve dans le même registre, fo 169, sous la date de Ulm, 25 juillet 1434. — Des lettres patentes, expédiées à Ulm le 12 juin (*corr.* juillet) 1434, transportent aux bourgeois de Besançon les droits régaliens de l'archevêque (*Registraturbuch* K, fo 169): « Idem archiepiscopus, qui vasallus imperii est, presumpsit attemptare in dedecus majestatis nostre et sacri romani imperii... » — Le *Registraturbuch* O, fo 79, contient sous la date de Neustadt, 8 août 1441: 1o la *Revocatio* (*a Friderico facta*) *privilegii civitatis Bisuntinensis concessa a rege Wenzeslao;* 2o les *Regalia episcopi Bisuntinensis (a Friderico concessa)* ; 3o la formule de serment du nouvel archevêque Quentin Ménart.

[4] Il y a deux actes de ce genre, donnés à Bude, 14 avril 1436, dans le *Registraturbuch* L, fo 6.

[5] Voy. Chmel, *Regesten Friedrich III*, passim, et *Materialien*, I, 132 et 240.

session de fait ne se changea que plus tard en possession de droit.

Il en fut autrement quand le Brabant, le Limbourg et le Lothier, convoités dès 1390, tombèrent en 1430 aux mains de Philippe le Bon, — et quand le Hainaut, la Hollande, la Zélande, espérés depuis 1385, obtenus en 1428, lui échurent définitivement en 1433. Le duc de Bourgogne était désormais pour les deux tiers de son vaste domaine prince de l'Empire. Il n'y avait plus moyen pour lui de se soustraire légalement à la suzeraineté impériale, et Philippe eut sans aucun doute consenti à rendre hommage à Sigismond si celui-ci l'eut accepté[1]. Mais ce nouveau venu parut d'abord un intrus dans les Allemagnes. Car cette poussée de la Bourgogne vers l'est, c'était, comme nous l'avons dit ailleurs, un épisode de la question des frontières, de cette très vieille question que les ducs de Bourgogne avaient faite leur, depuis 1409, à tel point que le roi de France entrera en conflit avec eux toutes les fois qu'il s'avisera de reprendre pour son propre compte la politique territoriale de Philippe le Bel en Flandre, en Lorraine ou en Luxembourg. Aussi l'empereur Sigismond, témoin de ces rapides progrès, ne pouvait-il se résoudre à les sanctionner et il prétextait de ses droits de dévolution sur l'héritage de Jeanne de Brabant, de Jacqueline de Bavière et d'Élisabeth de Gœrlitz pour refuser à Philippe l'investiture qu'il désirait inconditionnellement. Avant de raconter la lutte qui s'ensuivit de l'empereur contre le duc, il faut au moins rappeler l'attitude que prit celui-ci vis-à-vis du premier en diverses circonstances.

Depuis 1425 environ, tout l'effort de la politique bourguignonne était tourné à parfaire entre Meuse et Rhin l'œuvre commencée par Philippe le Hardi et Jean sans Peur. Une fois maître des territoires convoités, le premier soin de Philippe le Bon fut de profiter de l'abaissement de la royauté française pour s'élever d'autant, en traitant d'égal à égal comme puissance distincte avec les puissances étrangères. Ce fait si grave pour l'époque où il se produit, (puisqu'il tendait à ramener la France

---

[1] Pour la connaissance des guerres et des négociations qui préparèrent ces diverses annexions, nous renvoyons le lecteur à la grande *Histoire des ducs de Bourgogne* de M. de Barante et au bel ouvrage de M. de Loeher, *Jakobaea von Bayern* (2 vol. in 8, déjà cités). Nous n'avons rien à y ajouter.

à l'anarchie féodale d'où l'avaient tirée Louis IX, Philippe IV
et leurs successeurs), perd cependant quelque chose de son caractère d'audacieuse réaction si l'on considère que Philippe le
Bon était lui-même de la maison de Valois et se croyait issu
de Charlemagne. Simple descendant de l'aristocratie féodale, il
n'eut sans doute jamais élevé pareille prétention.

Les circonstances le servirent d'ailleurs à souhait. Le concile
de Bâle venait de se réunir ; il invita le duc de Bourgogne à se
faire représenter[1] et accueillit ses ambassadeurs avec les égards
réservés aux représentants des têtes couronnées. Comme si
tant d'honneurs ne suffisaient point, Philippe le Bon exigea
qu'on leur donnât rang avant ceux des grands électeurs. C'était
plus qu'on ne pouvait accorder. Mais le duc menaçant de rappeler ses envoyés si on ne faisait droit à sa demande, le concile
dut délibérer sur la question. On aboutit provisoirement à une
transaction en vertu de laquelle les représentants du duc de
Bourgogne siégèrent immédiatement après ceux des rois, au
milieu des grands électeurs (4 juillet 1433)[2]. C'était beaucoup
concéder. Aussi la question fut-elle reprise, l'année suivante,
et un décret conciliaire régla définitivement que les ambassadeurs bourguignons siégeraient après ceux des rois, à la droite
de l'assemblée, tandis que les grands électeurs et leurs représentants siégeraient auprès de l'empereur (5 juillet 1434)[2]. Sigismond, qui avait présidé la 17e session (avril-mai 1434)[3], approuva cet ordre des préséances[4], qui fut mis en vigueur dans
la 19e session.

En réalité, cette approbation avait été arrachée à Sigismond qui ne pouvait voir d'un bon œil le rôle pris, dès le début, par le duc de Bourgogne auprès du concile. Philippe avait en
toute occasion soutenu le pape contre les évêques et avait
même, pendant quelques mois, refusé d'envoyer à Bâle le
clergé de ses états, pour ne point déplaire à Eugène IV. Il s'était

---

[1] Lettre de Guillaume, comte palatin du Rhin, gouverneur du
concile au nom de l'empereur, au duc de Bourgogne, datée de Bâle
14 février (1432). (Orig. pap. aux Archives du royaume (Reichsarchiv) à Munich, *Fuerstensachen*, B. V, 72).

[2] Dans Gudenus, *Sylloge*, p. 671 et *Codex diplom.*, IV, p. 201. Cf.
les *Script. rerum Moguntinarum*, I, 1025.

[3] Dans Muller, *Reichstagstheatrum unter Friedrich III*, pars V
p. 373.

[4] Lettre datée d'Ulm, 19 juillet 1434, dans Muller, ouv. cité, p. 463.

fait centre de tous les mécontents, de tous ceux qui désap-
prouvaient la conduite de l'empereur et du concile, et il avait
osé proposer sa médiation entre le pape et l'assemblée, pour
arriver à un compromis. C'était purement et simplement usurper le rôle qui appartenait à l'empereur [1]. Mais le duc semblait
comme grisé par les nouvelles relations que sa participation
au concile lui ménageait avec divers princes et prélats et tout
spécialement avec le comte palatin Guillaume de Bavière, qui
dans son office de protecteur de l'assemblée faisait preuve de
prévenances calculées vis-à-vis des ambassadeurs bourguignons [2].

En plusieurs autres circonstances Philippe avait encore,
comme à dessein, mécontenté l'empereur. Ainsi, sans tenir
compte de l'invitation que Sigismond lui avait adressée d'éloigner de Bâle le théâtre des hostilités contre le duc d'Autriche,
il avait continué de guerroyer aux portes de la ville [3] et, sous
le spécieux prétexte de cette méchante querelle, refusé de fournir son contingent contre les Hussites [4]. Aux Pays-Bas il était
resté l'allié d'Arnold de Gueldre, que l'empereur avait mis au ban
de l'empire; puis il avait conclu avec Adolphe de Berg un traité
par lequel celui-ci reconnaissait toutes les prétentions territoriales de Philippe et se mettait à son service pour les éventua-

---

[1] Voy. la lettre de Sigismond au concile, pour lui ordonner de faire
respecter les droits de l'empereur. (Martène, *Ampl. collectio*, VIII,
722; *Monum. concil. gen.*, 521).

[2] Les Archives du royaume à Munich possèdent quatre lettres
(inédites, croyons-nous), du duc de Bourgogne à Guillaume de Bavière. L'une, datée seulement de Dijon 22 mars, félicite Guillaume
de la naissance de son fils (*Fuerstensachen*, B. V, 68, orig. pap.)

L'autre, datée de Dijon 14 décembre, est également de pure courtoisie (*ibid.*, B. V, 69).

La troisième, sans date, a pour objet d'informer Guillaume que
le duc de Bourgogne a écrit au concile en faveur de Messire Jean
Desquay, évêque élu de Bayeux, dont le pape diffère d'approuver
l'élection (*ibid.*, B. V, 59).

La quatrième, datée de Middelburg, 3 avril (1434), a trait à la
compétition survenue pour le siège d'Utrecht. Philippe recommande Rodolphe de Diepholz à la bienveillance de Guillaume (*ibid.*,
B. V. 50. Cf. Pistorius, III, 407). — Nous en avons cité une cinquième ci-dessus, p. 185.

[3] Voy. ci-dessous le chapitre XI.

[4] *Monum. concil. gener.*, p. 99.

lités de guerre que l'on prévoyait déjà [1]. Enfin en Lorraine le duc de Bourgogne avait pris parti pour Antoine de Vaudemont contre René d'Anjou que soutenait Sigismond [2]. Bref, il était en tout et partout opposé à l'empereur.

2

Aussi, avec l'année 1434, commence une nouvelle phase dans l'histoire des relations de la Bourgogne avec l'Empire. Rentré d'Italie en octobre 1433, tranquille du coté des Hussites avec lesquels il a signé en novembre les *Compactata* de Prague, Sigismond se décide à la lutte ouverte contre celui qu'il considère désormais plus comme un factieux que comme un intrus [3], et il proclame de nouveau ses droits de dévolution sur le Brabant et la Hollande. C'était la même revendication, mais plus altière et plus menaçante, qu'en 1418 et 1425 [4]. Philippe répondit par un long mémoire destiné à prouver ses droits personnels sur ces mêmes provinces [5]. Mais Sigismond n'y voulait point entendre, déclarant que, par le décès de son oncle Wenceslas de Brabant, les duchés étaient échus à l'Empire et que d'ailleurs les fiefs mouvants de l'empereur ne pouvaient être tenus par des femmes.

A la faveur de ce litige, le roi de France songea à lier partie avec l'empereur pour occuper sur la frontière de l'est le redouté duc de Bourgogne. Mis déjà par ses représentants à Bâle au courant des sentiments de Sigismond contre Philippe le Bon, il envoie une ambassade à l'empereur, lui fait remémorer tous les empiétements du duc, pique sa susceptibilité et lui soumet

---

[1] Traité du 13 novembre 1431, dans Lacomblet, *Urkundenbuch*, IV, 233.

[2] Voy. ci-dessous le chapitre XI.

[3] M. de Lœher a traité de cette lutte en détail dans un mémoire que nous avons déjà cité : *Kaiser Sigmund und Herzog Philipp von Burgund* (dans le *Münchener histor. Jahrbuch*, 1886, à partir de la page 359). Nous nous bornerons donc à rappeler ici les faits essentiels.

[4] Voy. ci-dessus le chapitre IX, p. 158 et 162.

[5] Ce mémoire, rédigé en 1433 ou au commencement de 1434, a été publié par M. Galesloot dans le *Bull. de la comm. d'histoire de Belgique*, 1878, V, p. 453-470. C'est dire que M. de Lœher ne l'a pa connu.

un projet d'alliance offensive contre la Bourgogne. Le projet fut peut-être modifié dans ses détails, mais en tout cas agréé dans le fond et transformé dans le courant d'avril en traité effectif. Le 8 mai suivant, Charles VII, qui se trouvait à Vienne en Dauphiné, promulgue ce traité [1], autant dans le dessein d'effrayer son adversaire que de bénéficier personnellement de la considération qui résultait pour lui d'une alliance avec l'empereur. En effet, non seulement Sigismond s'engageait à porter défi dans les six mois au duc de Bourgogne, mais encore il reconnaissait implicitement la royauté des Valois à l'encontre de celle que le roi d'Angleterre s'attribuait sur le royaume de France. C'était pour Charles VII un véritable triomphe [2].

Philippe le Bon, qui avait eu vent sans doute des intrigues de Charles VII, se hâta d'envoyer ses représentants à Bade où se trouvait Sigismond (mai 1434), pour lui faire hommage des terres d'Empire nouvellement acquises. L'empereur s'avisa d'exiger d'abord la cession pure et simple de certains domaines de mainmorte qui, à son avis, ne pouvaient passer en des mains étrangères. Philippe ne voulant point y consentir, Sigismond refusa l'hommage qui lui était offert [3].

---

[1] Lettre circulaire (datée de Vienne en Dauphiné, 8 mai 1434) dont nous avons trouvé un exemplaire aux Archives impériales de Vienne : « ..... Persuasum habemus..... ut cum his benivolenciam, amiciciam, convencionem et ligam adversus tam induratum. rebellem et inhumanum hostem tractare et componere debeamus qui usticie partes nobiscum agere valeant et debeant, maxime cum serenissimo principe Sigismundo, imperatore..... contra cujus serenitatem multa dominia, que eciam ex omni jure ad feudum imperii spectare et pertinere noscuntur, que eciam recognoscere debet atque tenetur ab ipso imperio, sua insolentia maxima et temeritate presumptuosa destinet, occupat et usurpat..... » — Il est fait allusion au traité de 1434 dans un acte de 1436 (publié par Chmel, *Materialien*, I, 35), rappelé plus loin : *Item (placeat) quod citra duos annos dominus imperator tunc existens Basilee post certum fedus initum inter eum et dominum regem Francie predictum.*

[2] Nous nous séparons, dans ce paragraphe, de M. de Lœher (*K. Sigmund*, 362 et ss). Notre récit est déterminé par la lettre du 8 mai citée ci-dessus. Or M. de Lœher ne l'a pas connue et a suivi la *Chronique* de Dynter qui place le traité au mois de juin 1434 et en attribue l'initiative à Sigismond. Notre version explique d'ailleurs beaucoup mieux la conférence qui eut lieu à Bade au mois de mai entre Sigismond et les représentants de Bourgogne.

[3] Voy. la première lettre de Philippe de Bourgogne aux magis-

A la diète d'Ulm de juin suivant, l'empereur s'empressa de manifester son hostilité à l'égard du duc de Bourgogne, annonça son alliance avec Charles VII, requit l'appui des princes de l'Empire[1] et, fort de leur consentement, expédia à Philippe le Bon ses lettres de défi [2]. C'était une reprise des provocations de 1427. L'empereur affectait de traiter le duc en sujet rebelle, en vassal félon qui refusait à son souverain les devoirs ordinaires d'hommage et de service militaire, et faisait ainsi obstacle à la principale fonction de l'empereur, *cujus est augere imperium.*

Cette déclaration de guerre ne paraît pas avoir ému le duc de Bourgogne outre mesure, soit qu'il en comprit l'inanité, soit qu'il se sentit de force à repousser les attaques. De Bruxelles où il était alors (14 juillet 1434), il écrivit à tous les princes d'Allemagne qui ne s'étaient pas encore déclarés contre lui[3], aux rois de Pologne, de Danemark et de Suède, au prince de Lithuanie[4] et aux bourgeois de Francfort pour leur communiquer la lettre de Sigismond [5]. Sa missive trahit le plus profond dédain de l'alliance conclue contre lui. Il appelle Charles VII « le dauphin de France, » comme pour affirmer une fois de plus la royauté d'Henri VI. Il mentionne incidemment les efforts que fait Sigismond pour entraîner à sa suite certains prélats, princes et villes d'Allemagne, et déclare bien mesquins les motifs de cette alliance du chef de l'Empire avec le soi-disant roi

---

trats de Francfort, et celle de Sigismond aux mêmes, que nous citons toutes deux plus loin. C'est par erreur que la *Chronique* de Dynter, III, p. 512, fixe le lieu de cette entrevue à Bréda.

Cf.[1] Dynter, *Chronique des ducs de Brabant*, III, p. 508 et 509 ; Orth, *Ausführliche Abhandlung von den berühmten zwoen Reichsmessen in der Reichsstadt Frankfurt*, p. 680 ; Dom Plancher, ouv. cité, IV, p. 187 ; Guichenon, *Hist. de Savoie*, III, 290.

[2] Dynter, *Chronique*, III, p. 207, — Cf. dans Senckenberg (*Selecta*, VI, 473) l'acte de défi, reproduit aussi dans Wencker (*Apparatus*, p. 333) et dans Lœher, (K. *Sigmund*, p. 363). — Comme nous avons déjà eu l'occasion de le remarquer, les lettres de défi ne sont autre chose qu'une déclaration de guerre en forme.

[3] Dynter, qui les énumère (III, 517 de sa *Chronique*) a, comme le remarque M. de Lœher (p. 368) oublié les princes de Hesse, d'Autriche, de Wurtemberg, les évêques d'Augsbourg, Eichstædt, Passau, Freysing, les villes impériales d'Augsbourg, Lindau, Memmingen.

[4] Dynter, III p. 208 ; Senckenberg, *Selecta*, VI, 476.

[5] Texte dans Senckenberg, *Selecta*, VI, 476-483 ; analyse dans Janssen, *F. Reichscorrespondenz*, I, 402

de France, meurtrier de Jean sans Peur. *Heu, quam exigua est hujusmodi occasio! Quam exilis hic color tanti principis non perpendentis qualiter idem adversarius noster dictum dominun genitorem nostrum pro bono pacis regni Franciae et sub omni fœdere ac securitate in ejus provincia existentem, dira fecit morte consumi et inhumaniter trucidari.* L'empereur ferait vraiment mieux d'aider le duc de Bourgogne à venger la mort de son père que de prêter un si scandaleux appui au meurtrier. — Philippe ajoute qu'il n'a jamais refusé de rendre hommage à Sigismond pour les fiefs de sa mouvance et affirme qu'il lui a même envoyé dans ce dessein ses conseillers : messire Jean comte de Fribourg et Neubourg, messire Guillaume comte de Hochberg et seigneur de Reuthlingen. Mais l'empereur a refusé leur serment[1]. Toutefois il s'est offert à réconcilier le duc avec le roi de France, et lui, Philippe, a témoigné de son esprit de paix en envoyant ses procureurs au concile de Bâle pour traiter de cette affaire. Pourquoi donc Sigismond change-t-il maintenant de conduite à son égard? D'arbitre de la paix il se fait le fauteur de la guerre; de protecteur de son vassal il devient son ennemi. Philippe terminait sa lettre en suppliant les magistrats de Francfort de n'aider en rien à cette injuste attaque et, en dépit des menaces de l'empereur, de continuer, comme devant, leur protection aux marchands néerlandais qui vont commercer à Francfort.

Cette dernière demande était des plus habiles et devait emporter les résolutions des Francfortois. En montrant que la guerre allait interrompre les relations commerciales, porter le trouble dans toutes les transactions, Philippe prenait ses correspondants par l'endroit sensible. Cette politique commerciale n'est point absolument nouvelle dans l'histoire du moyen âge[2]. Mais les ducs de Bourgogne l'ont pratiquée plus souvent que d'autres.

Il n'est pas vraisemblable que Sigismond ait eu connaissance

---

[1] Dans la lettre de Sigismond, que nous analysons plus loin, les rôles sont renversés. Il est dit que ce sont les représentants de Philippe qui ont repoussé les justes conditions de l'empereur à Bade.

[2] Cf. ci-dessus p. 147, et dans nos premières *Recherches critiques*, p. 209.

de cette lettre de Philippe le Bon. Mais l'inertie des Francfortois, gagnés à la neutralité par les arguments que nous connaissons, put lui faire deviner leurs secrets sentiments. Au commencement de décembre 1434 (les préparatifs de l'expédition
étant toujours retardés), Sigismond qui se trouvait à Presbourg,
c'est-à-dire à trois cents lieues au moins du duc de Bourgogne,
annonce aux magistrats de Francfort ses démêlés avec Philippe
le Bon, son alliance avec Charles VII, son projet d'expédition,
et leur enjoint de mobiliser leurs contingents [1]. Cette reprise
d'un traité que l'on pouvait croire abandonné ou tout au moins
fort compromis, avait eu lieu sous l'influence d'une lettre que
le duc de Bourgogne venait d'écrire à Sigismond, dans laquelle
il lui reprochait sans ménagement de s'être laissé acheter par
le roi de France et d'agir contre le roi d'Angleterre.

Les Francfortois reçurent l'ordre de l'empereur à la fin de
décembre. Ils semblent avoir temporisé de parti pris avant de
faire connaître leur résolution, car leur réponse (non datée, il
est vrai, dans la forme où elle nous est parvenue) est attribuée
par la critique au mois de février et même au mois de mars
1435 [2].

Cette réponse fut telle qu'on pouvait la prévoir. Les Francfortois firent savoir à Sigismond, dont l'éloignement les rassu-
rait sans doute, que les marchands de Brabant et des Pays-
Bas venant aux foires de Francfort, ceux de Francfort se rendant aux foires des Pays-Bas et de Brabant, eux ne pouvaient
faire autrement que de rester en dehors des hostilités, conformément d'ailleurs au privilège qui leur avait été accordé à cet
égard par Charles IV en 1376 et par Sigismond lui-même
en 1433.

Cette réponse avait été quasi dictée par Philippe le Bon
qui, au commencement de mars 1435, se trouvant à Dijon et
apprenant que Sigismond recommence ses préparatifs de
guerre [3], se hâte d'écrire aux magistrats de Francfort pour se

---

[1] Texte dans Janssen, *Frankfurts Reichscorrespondenz*, I, 404.
Il avait été publiée déjà par Orth dans son *Ausführliche Abhandlung von den berühmten zwoen Reichsmessen in der Reichsstadt
Frankfurt* (p. 680), par Senckenberg, *Selecta*, VI, 473, et par Wencker, *Apparatus*, 333,

[2] Texte dans Orth (ouv. cité, p. 681).et dans Janssen (ouv. cité,
p. 406).

[3] C'est dans ces conjonctures sans doute que Sigismond fit rédi-

plaindre de cette injuste attaque et protester encore une fois
contre l'alliance de l'empereur avec le « soi-disant roi de
France[1] ». Il reproche à Sigismond son ingratitude et l'oubli
des services qu'il a reçus de Jean sans Peur en Hongrie contre
les infidèles; il affirme de nouveau qu'il lui a offert l'hommage,
l'année précédente, mais en vain, et il conclut en renouvelant
aux Francfortois la prière de demeurer neutres, dans l'intérêt
des relations commerciales de leur ville avec les Pays-Bas.

Les Francfortois ne demandaient pas mieux, comme nous
l'avons constaté. Le 20 mai suivant, la grande foire de l'année
approchant, ils mandent au duc de Bourgogne[2], par le canal
des bourgeois de Maestricht[3], qu'en dépit des bruits de guerre
ils sont prêts à délivrer des sauf-conduits à tous les sujets de
Philippe qui voudront se rendre à Francfort. Au cas où eux se
trouveraient dans l'impossibilité de faire respecter ces sauf
conduits, ils se hâteront d'en informer leurs bons amis de
Maestricht pour qu'ils transmettent l'avertissement aux intéressés.

Une diète se tint à Francfort même, quelques mois plus tard[4].
Sigismond demanda quelle attitude on comptait prendre vis-
à-vis de ce duc de Bourgogne qui détenait contre tout droit les
terres de l'Empire. Nous ne savons ce que les princes répliquè-
rent; mais déjà il devenait évident pour tout le monde que
l'expédition projetée n'aurait point lieu. Dès le mois de décembre 1434, Philippe avait entamé des négociations avec Char-

---

ger certaine lettre circulaire que l'on trouve dans un *Registratur-*
buch des Archives impériales de Vienne (K. f⁰ 228) et qui appartient
par son rang à l'année 1435. L'empereur invite tous les nobles qui
sont sous sa suzeraineté à prêter aide et secours à Gerhalt Haltevet
von Goch qui, créancier du duc de Bourgogne, se prépare à arrêter
les sujets du duc et à s'emparer de leurs biens partout où il pourra
en pays d'Empire.

[1] Analyse dans Janssen, ouv. cité, p. 407, d'après le texte imprimé
dans Senckenberg, *Selecta*, VI, 483. Mais Janssen a rectifié la date
erronée donnée par Senckenberg (4 mars 1435 au lieu de 9 mars
1434).

[2] En allemand dans Janssen, I, 407; en latin dans Senckenberg,
VI, 481.

[3] Lettre d'envoi du 24 mai, dans Janssen, I, 408.

[4] En décembre 1434. Voy. Wencker, *Apparatus*, p, 328 ; « Artikel
welche der Keyser den Stœnden ubergeben...,.... § 7. Von des
Hertzogen von Burgunden wegen, der vil Lande inn hat die dem
Reich zugehoren, wie dem zu tunde sey. »

les VII pour arriver à une réconciliation[1]. Les Pères de Bâle
offrirent à Sigismond le moyen de sortir d'embarras en le suppliant d'épargner au concile les ennuis et les dangers d'une
guerre si voisine[2]. L'empereur qui, au dire de Monstrelet[3],
était venu à Bâle avec l'intention de mettre fin à la lutte de
l'Angleterre contre la France, s'empressa de souscrire à cette
prière, sous ombre de la paix publique, et promit d'envoyer
ses représentants au congrès d'Arras dont le concile avait pris
l'initiative. C'était la seconde fois, depuis dix-huit ans, que
Sigismond s'inquiétait de terminer cette déplorable guerre,
mais il y travaillait maintenant dans un esprit fort différent de
celui qu'il avait montré en 1416[4]. Il semblait alors maître de la
situation : en 1435 il la subissait, sans autre désir que celui d'é-
chapper aux fâcheuses conséquences qui pouvaient résulter
de la réconciliation de son ennemi, le duc de Bourgogne, avec
le roi de France. D'autres princes allemands se rendirent aussi
à l'abbaye de Saint-Waast : le duc de Clèves, le comte de Meurs,
père de l'archevêque de Cologne, le duc de Gueldre. A vrai dire
leur rôle au congrès fut surtout représentatif, et le *Journal de
la paix d'Arras*[5] ne nous les montre pas particulièrement agis-
sants dans un sens ou dans un autre. Ce furent en somme les
députés du concile qui, « en compassion du royaume de France
moult désolé..... labourèrent de mettre paix et union au dict
royaume ». Les princes allemands votèrent suivant leurs indications et ne purent empêcher que Charles VII, renonçant à
son alliance avec Sigismond, en conclut une avec Philippe non-
seulement contre le roi d'Angleterre, mais encore contre l'empe-

---

[1] Martène, *Ampl. coll.*, 788.
[2] Voy. dans le *Registraturbuch* K, f° 219, des Archives impériales de Vienne, un *Mandatum Sigismundi* qui, en raison de son
rang dans le registre, paraît devoir être attribué au mois de mai 1435 :
« ..... Wir haben ouch dem heiligen Concilio nachgegeben und ver-
willet durch bessers Fridens und Sicherheit willen, das wir mit
demselben Herzogen und dem Landi zu Burgundi..... Fride halden
wellen..... »
[3] *Chronique*, VI, p. 83, édit. de la *Soc. de l'hist. de Fr.* Cf. la *Chronique* de Jean de Ségovie dans les *Monum. conciliorum*, III, 529.
[4] Voy. ci-dessus le chapitre VIII, p. 145.
[5] Voy. en outre la *Speierische Chronik* dans Mone, *Quellensammlung*, I, 374 ; l'écrit de Gilles Carlier, *De legationibus* dans
les *Monum. conciliorum*, I, 568 ; la *Chronique* de Jean de Ségovie
ibid., II, 650, 780, 795, 805, 832.

reur d'Allemagne. La situation politique de l'année précédente
était retournée [1].

Ce fut un grand bonheur pour le duc de Bourgogne qui,
quelques mois plus tard, avait à réprimer un soulèvement
des Flamands [2]. Mais Sigismond fut sans doute bien aise, lui
aussi, d'échapper à la nécessité de cette expédition pour laquelle il n'avait point de secours suffisants [3]. Cependant il ne
se résignait pas encore à voir le duc de Bourgogne en possession de la Hollande et du Hainaut. En 1437, c'est-à-dire quelques
mois seulement avant d'expirer, il revendiqua de nouveau pour
l'Empire le droit de disposer de ces deux grands fiefs [4]. Sa mort
rendit cette revendication caduque. Albert, qui essaya de la relever [5], mourut lui-même peu après. Frédéric III, qui lui succéda,
ne pouvait manquer non plus de manifester son inimitié contre
Philippe le Bon : c'était, de vieille date, celle des ducs d'Autriche contre leurs rivaux dans les domaines antérieurs de la
maison de Habsbourg.

---

[1] M. de Lœher a déjà rendu attentif à ce changement de front de
la politique royale (*K. Sigmund.....* p. 378), et il a raison d'ajouter :
« Wollte der Kaiser jetz ihn (den Hzg. v. Burgund) angreifen, so
musste er zugleich Frankreichs Macht bestehen. » Mais il est douteux qu'à cette date Sigismond eut encore envie de se mesurer avec
Philippe le Bon.

[2] En 1436-37. Voy. le *Cœlner Jahrbuch* publié dans les *Chroniken der deutschen Stœdte*, XIII, p. 174; le *Chronikon* de Jean
Ebran de Wildenberg dans les *Rerum boic. scriptores*, I, p. 313;
le *Chronikon* de Mathias Dœring dans les *Scriptores* de Mencken,
III, p. 8; et le *De Europa* d'Eneas Sylvius, édit. de Bâle, p. 442.

[3] Cf. Gilles Carlier, dans les *Monumenta concil.*, I, 698, à la
date de janvier 1436 : « De pace domini ducis Burgundie dixit
(Sigismundus) quod deputarentur aliqui qui cum ipso imperatore
essent ; et quod rex Francie tractaverat cum eo, erat liber ad trac-
tandum eciam cum eo. Bene placebat ei quod fierent treuge, sic
quod comprehenderetur dominium de Luxenburgo. »

[4] Eger, 27 juillet 1437, lettre de pleins pouvoirs donnée par l'empereur Sigismond au landgrave Louis de Hesse pour récupérer les
territoires de Brabant, Hollande, Zélande, Hainaut, Anvers, Frise et
Limbourg usurpés par le duc de Bourgogne (dans Dynter, ouv.
cité, III, 529.) — Cette dernière revendication de l'empereur pourrait
bien avoir été motivée par l'accord intervenu le 1er février précédent entre le duc de Bourgogne et le comte de Saint-Pol au sujet
de ces duchés. (Voy. Dom Plancher, *Hist. de Bourgogne*, IV,
pr. 157).

[5] Voy. l'acte du 7 avril 1447 que nous citons plus loin.

Le duc de Bourgogne vit clairement quel parti les ducs d'Autriche allaient tirer contre lui de leur nouvelle situation féodale. En politique habile il préféra s'entendre avec eux et, par l'intermédiaire du duc de Saxe et de l'archevêque de Cologne, il fit les premières avances [1]. On peut soupçonner cependant qu'elle ne tournèrent pas tout à fait au gré du duc de Bourgogne [2] et que celui-ci obtint de l'empereur tout au plus la promesse d'accepter les faits accomplis, à la condition de ne poursuivre point ses entreprises. En effet, l'année suivante, Frédéric III convient avec l'archevêque de Trèves de la nécessité de n'accorder à Philippe l'investiture d'aucun fief nouveau [3], — et au mois d'octobre 1442, il accorde au duc de Bourgogne une entrevue, qui eut lieu à Besançon [4]. Preuve manifeste que les négociatious précédentes n'avaient pas donné toute satisfaction à Philippe. C'est dans une conférence secrètement tenue entre les deux princes et leurs conseillers intimes que le duc obtint enfin ce qu'il désirait tant et ce que Sigismond lui avait si opiniâtrement refusé : la reconnaissance de sa souveraineté, non seulement sur la Hollande, la Zélande et le Hainaut, mais encore sur le Brabant et le Limbourg [5]. En retour, il renonçait à la créance de 100.000

[1] Voy. dans Lacomblet (*Urkundenbuch*, IV, 280) un acte daté de Francfort, 28 janv. 1440, par lequel le duc de Saxe promet à l'archevêque de Cologne de déterminer le futur empereur à confier au dit archevêque le soin de terminer la querelle entre le roi des Romains et le duc de Bourgogne.

[2] Nous n'avons pu discerner à quel point le duc de Bourgogne réussit à mêler les princes allemands aux intrigues de la Praguerie. Nous savons seulement que les bourgeois de Strasbourg avaient délégué un des leurs à l'assemblée de Nevers. (Voy. lettre à Frédéric de Seckingen, prévôt de Strasbourg, datée de Bâle, 13 mars 1442. A A. 183, des Archives municipales de Strasbourg, lettre à nous communiquée par M. Tuetey.)

[3] Vienne, 5 juillet 1441, dans Lichnowsky, *Gesch. des Hauses Habsburg* : VI, *Regesten*, à la date.

[4] *Chronique* d'Olivier de la Marche (dans Petitot, *Coll. de mémoires*, IX, 307) : L'empereur Sigismond « traversant partie de l'Empire pour s'en retourner en ses païs d'Austriche et ailleurs, par moyens trouvés d'un costé et d'autre, passa et vint en la cité de Besançon au comté de Bourgogne, laquelle est cité et siège d'empereur. » Cf. une relation contemporaine anonyme publiée par Dunod dans son *Hist. de l'église de Besançon*, I, 265-268, et Le Glay, *Invent. sommaire des Archives départementales du Nord*, B, 1531.

[5] Heuterus, *Rer. burgund. libri VI*, p. 122 ; Olivier de la Marche, *Chronique*, p. 310.

florins dont il était détenteur du chef de sa grand'tante Catherine, mariée jadis à Léopold d'Autriche.

Au cours des événements que l'on vient de rappeler, d'autres
se produisirent qui contribuèrent encore à fortifier le prestige
de Philippe de Bourgogne dans les Pays-Bas et expliquent aux
yeux de l'historien les hardiesses de sa politique. Ainsi une
guerre ayant éclaté en 1437 entre Adolphe de Berg-Juliers et
Arnold de Gueldre, le duc de Bourgogne s'était entremis et avait
fait signer un armistice. Cependant il ne réussit pas à pacifier
les deux parties et dut passer la main à l'archevêque de Cologne[1].
D'autre part, Philippe comme héritier de Jacqueline de Bavière
exigeait de la grande ville de Nuremberg le paiement de rede-
vances annuelles et confirmait en retour ses droits et privilèges[2]. Au début de sa lutte contre Sigismond, il avait eu soit pour
adversaires soit pour alliés les villes hanséatiques, les ducs de
Sleswig, le comte de Holstein, Christophore de Danemark,
les grands maîtres de l'Ordre teutonique en Prusse et Livonie[3].
Mais ce sont là des relations occasionnelles[4] qui ne trahissent
point encore la pensée d'une politique suivie à l'égard de ces
puissances étrangères.

En ce qui touche le Luxembourg revendiqué après la mort de
Sigismond par sa fille Élisabeth, mariée au nouvel empereur
Albert II[5], il convient de rappeler qu'il fut donné en 1440 par

[1] Un premier armistice, moyenné par les conseillers de Bourgogne, nous est connu par un acte du 10 mars 1436 (n. st. 1437) publié
par Lacomblet, *Urkundenbuch*, IV, 257. Cf. Nyhoff, *Gedenkwaar-*
digkeiten, IV, n° 155. — Les négociations subséquentes qui, aux
mains de l'archevêque de Cologne, durèrent jusqu'en 1444, sont ré-
sumées dans une note de Lacomblet.

[2] Les *Regesta boica* mentionnent trois actes qui témoignent de ces
relations. Ils sont datés respectivement des 30 mars 1431, 29 janvier
1432 et 10 décembre 1433.

[3] Traités de paix des mois d'août et septembre 1441, dans le *Deut-*
sches Reichsarchiv de Lünig, XIV, 9e section, p. 21 et ss.

[4] Sauf pourtant avec la Hanse tentonique. Mais les relations du
duc de Bourgogne comme celles du roi de France avec la célèbre
compagnie n'ont eu qu'à de rares moments (dont nous tiendrons
compte), un caractère proprement politique. Ce sont avant tout des
relations commerciales, et, à ce titre, elles ne peuvent prendre place
dans le cadre de nos recherches.

[5] Les négociations relatives à la succession du Luxembourg pendant la période qui nous occupe sont fort compliquées. Nous renvoyons à l'excellent exposé qui en a été fait par M. Wurth-Paquet aux

l'impératrice veuve à son gendre Guillaume de Saxe. Élisabeth
de Gœrlitz dut se retirer à Dijon. Décidé à ne point rendre ce
qu'il avait une fois pris, Philippe le Bon, après avoir obtenu du
duc de Saxe[1] et d'Élisabeth de Gœrlitz[2] le désistement de leurs
droits, de l'empereur une sorte d'approbation des faits accomplis[3], occupa le Luxembourg militairement, (décembre 1443[4]).
En 1447, il essaya d'assurer à sa maison les droits que Ladislas de Hongrie s'attribuait sur le Luxembourg du chef de son
père, en mariant son fils le comte de Charolais à Élisabeth, fille
d'Albert, roi des Romains, et par conséquent sœur de Ladislas[5].
Ce fut en vain, et nous verrons, jusqu'à la fin du règne de
Charles VII, se reproduire les compétitions de divers princes à
ce grand fief.

3

Détourné pendant quelques mois des affaires de l'est, Philippe
y fut ramené à la fin de l'année 1444 par la nécessité de chercher
appui auprès des mécontents d'Allemagne contre le dauphin
et le roi de France qui menaient alors contre lui cette campagne de Lorraine que nous raconterons bientôt[6]. Un premier
traité fut conclu avec le duc de Bavière-Ingolstadt Louis le
Riche[7]. Un second, passé en novembre avec Frédéric III,
bien qu'il n'ait point eu les effets particuliers qu'on en attendait, servit cependant les intérêts de Philippe le Bon en le
rapprochant pour quelque temps de l'empereur[8]. Cette alliance

tomes XXVI et ss. des *Public. histor. du Luxembourg*, et nous ne
rappellerons ici que les actes essentiels de cette longue négociation.

[1] et [2] Le 17 mars 1441 (n. st. 1442), Philippe avait conclu avec l'un
et l'autre un armistice par l'entremise de l'archevêque de Trèves
(Orig. aux Archives de Coblence, d'après les *Regesta* de Goerz).

[3] Sentence de Frédéric III, datée de Vienne, 14 octobre 1443, mentionnée par Chmel, *Regesta*, à la date

[4] Voy. Eneas Sylvius, *De Europa*, édit. de Bâle, p. 442, et le *Cœlner Jahrbuch* publié en 1886 au t. XIII des *Chroniken d.d. Stœdte*.

[5] Instructions à Henri de Hessel, citées plus loin.

[6] Voy. plus loin le chap. XII.

[7] Heidelberg, 11 oct 1444, dans Dom Plancher, *Hist. de Bourgogne*, IV, pr. 172; Gachard, *Rapport sur les archives de Dijon*, n° 99.
Cf. sur cette alliance M. de Lœher, *Beitraege*, II, 223.

[8] Nous n'avons point ce traité, mais son existence résulte pour
nous (comme nous l'exposerons dans le chapitre suivant) d'une su-

est même, à y bien regarder, le point de départ des hardiesses
auxquelles le duc de Bourgogne va maintenant s'abandonner
et qui n'iront à rien moins qu'à prétendre tenir tête à Charles VII en fondant définitivement, à l'est du royaume de France,
ce royaume de Bourgogne depuis si longtemps projeté et si
patiemment construit pierre après pierre. De Charles VII il
n'y avait rien à espérer dans l'espèce ; tout au contraire. C'est
donc à l'empereur que Philippe comptait demander l'investiture de son nouveau fief, l'octroi de son nouveau titre, la légi-
timation de cette nouvelle et suprême usurpation.

Toutefois les négociations en ce sens ne paraissent avoir
commencé qu'avec l'année 1446, lorsque Charles VII devint
tout à fait suspect à Frédéric par ses alliances avec les grands
électeurs[1] et le rôle qu'il jouait dans les affaires d'Italie[2]. Le
duc de Bourgogne fit d'abord demander à l'empereur l'investiture, qu'il n'avait point encore obtenue depuis 1433, des pays
de Brabant, Hollande, Zélande, Hainaut, et de ceux qu'il avait
hérités de son père en Flandre et en Bourgogne. Frédéric III
se montra disposé à l'accorder[3], mais sous certaines conditions,
et chargea son frère puiné Albert d'Autriche de traiter l'affaire[4]. Les instructions qu'il fit rédiger à cette occasion (8 avril
1446) sont précieuses pour nous[5], car elles nous donnent le
fond de sa pensée. A la première demande du duc de Bourgogne, Frédéric s'était hâté de faire d'Albert le suzerain du
Brabant, de la Hollande, de la Zélande et du Hainaut, comme

bite déviation survenue dans les opérations militaires du moment.
D'ailleurs Chmel a reproduit (dans ses *Materialien*, si nos notes
sont exactes) une lettre datée de Vienne, 22 février 1445, adressée
par l'empereur à son frère Albert d'Autriche, dans laquelle il est
parlé d'un accord intervenu avec le duc de Bourgogne et d'un projet
de mariage entre Catherine, duchesse d'Autriche, et un neveu de
Philippe. A cette lettre est jointe la copie de la missive de l'empereur
au duc de Bourgogne relativement à cet accord.

[1] Voy. plus loin le chap. XIV.

[2] Voy. plus loin le chap. XVII.

[3] Bachmann (dans un mémoire que nous citerons souvent au chapitre XV de ces *Recherches*) voit dans ces bonnes dispositions de
Frédéric III un calcul destiné à séparer le duc de Bourgogne du roi
de France et du duc de Savoie dans l'affaire du schisme (*Die deutschen
Kœnige....* p. 178)

[4] La procuration est datée de Vienne, 7 avril 1446, dans Chmel,
Materialien, I, 203.

[5] Dans Chmel, *Materialien*, I, 205 et ss.

de domaines en deshérence[1], pour ne laisser à Philippe que l'arrière-fief. Tout l'effort du négociateur devait consister à faire accepter cette combinaison au duc de Bourgogne. Les objections étaient prévues, et les refus aussi. Si, par exemple, Philippe repoussait absolument l'arrière-fief, l'empereur se déciderait peut-être à lui donner le domaine direct, mais sous condition d'une alliance offensive et défensive dans laquelle lui Frédéric serait partie à la fois comme empereur et comme duc d'Autriche, — sous condition aussi que Philippe renoncerait à toute prétention sur Pfirt, le Suntgau et les autres territoires antérieurs de la maison d'Autriche. Mais Albert ne promettrait l'investiture des Pays-Bas qu'à charge de retour à l'Empire si la descendance mâle de Philippe venait à s'éteindre.

Quant au Lothier, au Luxembourg et au margraviat d'Anvers, si le duc de Bourgogne demande que ces pays soient compris dans l'acte d'investiture, Frédéric III se déclare prêt à céder ; mais il entend refuser la Frise, à moins que Philippe ne s'entête à l'obtenir. Frédéric prévoit aussi le cas où le duc de Bourgogne réclamerait la garantie des princes de l'Empire, c'est-à-dire l'approbation de la diète. Il souscrit à cette exigence, mais repousse au contraire celle qui tendrait à se passer de la diète.

Les pourparlers furent confiés par Albert d'abord à l'évêque d'Eichstædt Jean, remplacé bientôt, à sa prière[2], par le margrave Guillaume de Rœteln (9 juillet 1446)[3]. Les actes de l'ambassade de Guillaume subsistent[4], ainsi que les instructions

---

[1] C'est à la date des 3, 6, 7 et 8 avril 1446 que cette mutation eut lieu par une série d'actes qui nous ont été conservés. En raison de leur importance ces actes ont dû être publiés depuis longtemps; nous ne les connaissons toutefois que par les copies qui existent aux Archives impériales de Vienne.

[2] Sa lettre de désistement, adressée au duc Albert d'Autriche, porte la date d'Eichstaedt 18 juin 1446 (dans Chmel, *Materialien*, I, 208). Elle fut introduite par une autre lettre, adressée à André de Golnecke et Berchtold de Stein, ses codélégués, sous la date du 14 juin, et que nous avons retrouvée aux Archives impériales de Vienne. — Le sauf-conduit délivré par le duc de Bourgogne aux ambassadeurs d'Albert d'Autriche fait mention de l'évêque d'Eichstædt. Il est du 7 juillet, date à laquelle la démission du prélat ne pouvait être connue à Dijon (Archives impériales de Vienne).

[3] Dans Chmel, *Materialien*, I, 208.

[4] Dans Chmel, *Geschichte Friedrich's IV*, II, 744 et ss.

qu'il avait reçues d'Albert[1]. Ces documents nous permettront de démêler la complexité des questions en jeu et de retracer la série des incidents qui s'élevèrent avant qu'on aboutit à la rupture des négociations.

Il s'agissait en premier lieu de décider Philippe le Bon à une entrevue avec le duc d'Autriche, dans telle ville qu'il lui plairait, pour recevoir, au nom de l'Empire, son serment d'hommage et conclure plus étroitement amitié ; — en second lieu, d'obtenir promesse de secours contre les gens de Fribourg en Uchtland ; — enfin, de liquider la vieille créance de la maison d'Autriche sur celle de Bourgogne à l'occasion du mariage de Catherine de Bourgogne avec Léopold d'Autriche. Cette première ambassade semble n'avoir point abouti dans sa mission, car les mêmes questions se représenteront plus tard.

D'autres instructions, délivrées par Albert à la date du 22 janvier 1447[2], avaient trait à la conclusion d'un mariage entre une nièce du duc de Bourgogne, duchesse de Gueldre, et Albert d'Autriche, à charge par Philippe de payer une dot de 100,000 florins. Elles visaient aussi un emprunt de 50,000 florins, destiné sans doute à couvrir des frais de guerre. Mais devinant que le duc de Bourgogne refuserait de financer, Albert enjoignait à ses représentants de porter en ce cas leurs efforts sur d'autres points et, par exemple, d'obtenir un secours d'hommes contre les Suisses et le duc de Savoie rebelle à l'Empire.

Les ambassadeurs d'Autriche rencontrèrent les représentants de Bourgogne à Cologne, en mars 1447. Ceux-ci conseillèrent de discuter uniquement la question d'alliance et de mariage et d'abandonner provisoirement les autres points. Guillaume de Rœteln et sa suite se rendirent alors à Bruxelles où ils conférèrent d'abord avec les conseillers de la duchesse de Bourgogne, puis avec la duchesse elle-même, et s'abouchèrent même avec quelques personnages qui se trouvaient alors près d'elle, comme l'évêque de Tournai, le duc de Gueldre, la duchesse de Clève. Le mariage projeté ne semblait guère possible, la jeune princesse étant déjà destinée au roi de Danemark et demandée même par plusieurs grands électeurs. Cependant on écouta les

Ibid., 742.

[2] Rudlingen, dominica ante Margareta. Ibid., 743. — Nous supposons qu'il s'agit de sainte Marguerite de Hongrie dont la fête tombe le 28 janvier.

ouvertures de Guillaume de Rœteln et on se résolut à y donner suite en ajoutant que, si le mariage était conclu, la question d'un secours contre les Suisses serait en même temps résolue.

C'étaient là pour le duc d'Autriche d'agréables perspectives. Guillaume de Rœteln lui en montrait d'autres encore, en affirmant que, si l'investiture était accordée au duc de Bourgogne, celui-ci par reconnaissance céderait volontiers à Albert le comté de Pfirt et les pays environnants.

De Bruxelles les ambassadeurs autrichiens suivirent la cour de Bourgogne à Bruges, d'où ils envoyèrent bientôt à leur maitre une série de comptes rendus de leur mission [1], moins optimistes que le premier. Le duc de Bourgogne faisait des objections, voulait que le fief fut transmissible aux filles, le cas échéant. Il avait cependant écouté la lecture que Guillaume de Rœteln lui avait faite d'une pièce portant quittance des joyaux reçus, d'une autre stipulant un renouvellement d'alliance entre Frédéric et lui, d'une troisième énumérant les revenus établis par Catherine de Bourgogne en faveur de Léopold sur Schiltburg en Alsace. Il avait même fait parler à Guillaume, très en particulier, de projets de mariages auxquels il semblait tenir, entre son fils et la sœur de Ladislas de Bohême [2], ou bien entre une fille du duc de Bourbon et Sigismond d'Autriche. Malheureusement, les ambassadeurs d'Autriche n'avaient point de pouvoirs suffisants pour trancher toutes ces questions, et durent les demander.

Ils retrouvèrent leur maitre à Zurich tout au commencement de mai et lui firent leur rapport. Puis, très secrètement encore, à ce qu'il semble, ils lui apprirent que le duc de Bourgogne consentait à conclure avec lui un traité particulier qui ne lie-

---

[1] *Ibid.*, p. 747 et ss., les 5, 14, 23 et 29 avril.

[2] C'est sans doute ce projet qui donna lieu au bruit que le duc de Bourgogne voulait assurer à son fils le trône de Hongrie vacant par la mort de Ladislas IV de Pologne : « *Rumorem namque in populos divulgat se (sc. Laurentium Palatinum) jam cum duce Burgundie convenisse ut ejus filium in Ungariam navigio transmitteret ejusque rei mediatorem quendam Hispanum fuisse asserit.... Sed nemo est qui Palatino fidem habeat... Sciunt insuper omnes ducem Burgundorum unicum duntaxat habere filium quem minime ire perditum vellet, cum sit dives ac potentissimus et regi Ladislao sanguine junctus.* » Eneas Sylvius, *Epistola* n° XCIII.

rait qu'eux-mêmes. Albert accepta, dans l'espoir de quelque
profit personnel, ce que Philippe lui faisait offrir dans des vues
non moins intéressées, et le traité fut signé à Bruges le 18 mai [1].
Comme nous le verrons bientôt, il mit le duc d'Autriche à la
dévotion du duc de Bourgogne.

Mais, en tant que représentant de l'empereur, Albert avait
un autre rôle à jouer. Le rapport de ses ambassadeurs entendu,
il en avait référé à son frère et écrit à Philippe pour lui faire prendre patience (7 mai) [2], tant il craignait déjà de le mécontenter.
La réponse de Frédéric se fit en effet attendre et le duc de Bourgogne, toujours pressé, la réclamait bientôt [3], se plaignant des
retards apportés à la solution d'une affaire qui lui tenait tant
à cœur. La réponse arriva pourtant; mais comme elle ne satis-
faisait guère aux désirs de Philippe, Albert prit grand soin de
fournir par ses ambassadeurs toutes les explications qui lui
parurent nécessaires [4]. En ce qui touchait la dot demandée par
Philippe pour la sœur de Ladislas, c'était là une question hors
de la juridiction de Frédéric, puisqu'il était mainbourg de Ladislas en Autriche seulement (*in partibus Austrie*) et non ailleurs. De même en ce qui concernait le mariage de Ladislas
avec la fille du duc de Bourgogne, Frédéric ne pouvait en tant
qu'empereur reconnaitre au futur le droit de disposer du
Luxembourg, du Hainaut, de la Hollande et de la Zélande,
comme le demandait Philippe pour les mieux tirer à lui dans
l'avenir. Encore moins voulait-on entendre parler de lui céder
l'Alsace, objet de litige entre tant de prétendants et actuelle-

---

[1] Voy. dans Chmel (*Materialien*, I, 247), l'acte daté d'Inspruck,
13 sept. 1447, où le traité du 18 mai est explicitement mentionné.

[2] Voy. la lettre mentionnée dans la note suivante.

[3] Lettre datée de Gand, 3 juin, s. date d'année, dans Chmel,
Materialien, I, 240 : « Ex manibus presentium latoris literas vestre
celsitudinis Thuregi VII die proxime lapsi mensis maii datas rece
pimus... »

[4] Voy. le *Memoriale Adrian van der Ee's* à lui donné par Albert
d'Autriche (dans *l'Oesterr. Geschichtsforscher*, I, 264). L'acte n'est
point daté ; mais les faits déjà connus nous permettent de l'attribuer à la fin de juin. — L'ordre dans lequel ce document et ceux
que nous citons plus loin, sont publiés dans *l'Oesterr. Geschichtsforscher* ne répond pas à celui des événements. S'il correspond à
celui du manuscrit, il faut supposer dans celui-ci une transposition
de pièces.

ment détenue par le palatin du Rhin. Quant à soumettre à la suzeraineté du duc de Bourgogne tel ou tel seigneur vassal de
l'Empire, suivant le désir de Philippe, Frédéric ne pouvait en
droit ni en conscience faire servir son autorité à de telles fins.
Albert conseillait donc de s'entendre sur ce point avec les grands
électeurs de l'Empire, auquel cas l'empereur donnerait les
mains à tout ce qui serait convenu. De même encore, l'empereur ne pouvait, sans violer le serment du couronnement, rien
céder à Philippe dans la Frise orientale ni dans tout autre domaine de la mouvance de l'Empire. A cette ancienne objection
du duc de Bourgogne que les trois fils de Louis le Débonnaire
s'étaient bien partagé jadis l'empire de leur père, Albert répon-
dait qu'ils n'avaient fait que se partager un héritage commun,
tandis qu'actuellement on demandait à l'empereur de démem-
brer l'empire au profit d'un simple vassal.

Cette réponse, qui porte la date du 18 juillet 1447[1], fut remise
au duc de Bourgogne par Adrien van der Ee. Un paragraphe
final contenait l'offre de soumettre les questions en suspens à
un conseil d'arbitres (*dietam amicabilem*), qui se réuniraient
à Besançon, le 11 septembre, avec ceux que choisirait le duc.

Philippe le Bon fut bien marri de ces refus. Craignant
que ses espérances ne tournassent à rien, il s'avisa d'une autre
voie. Un de ses hérauts d'armes, Henri de Hessel revenant
d'Allemagne, lui avait apporté les offres de service de Gaspard
Slick, chancelier du saint empire. Philippe s'empressa d'uti-
liser cette bonne volonté, quelque louches qu'en fussent les
motifs. Dès la fin de juin, il donnait ses instructions à Henri
de Hessel et l'envoyait secrètement au chancelier[2].

---

[1] Voy. dans Chmel, *Materialien*, I, 241, une lettre du duc Philippe au duc Albert, datée de Mons, 15 août [1447] : « Litteras vestras ex opido Waldshut XVIII mensis julii proxime lapsi datas per
manus earum et presentium latoris recepimus de mente et inten-
tione regie majestatis in materia differentiarum nostrarum et qualiter pro eisdem sedandis et pacificandis ad dietam amicabilem,
quam per utriusque nostrum fundatos oratores coram excellentia
vestra XI mensis futuri septembris celebrandum indixistis, condes-
cenderit ipsa regia majestas... ». — C'est peut-être au reçu de ces
lettres que le duc de Bourgogne, déçu dans son attente, donna à
son maréchal l'ordre d'envoyer du secours à la garnison de Luxembourg contre le duc de Saxe. Cet ordre, qui ne porte d'autre date
que juillet 1447, a été reproduit par Dom Plancher, *Hist. de Bourgogne*, IV, pr. 195.

[2] « Instruction et mémoire en brief à Henry de Heessel, roy

Gaspard Slick avait offert de s'employer au succès du mariage entre Albert d'Autriche et la jeune duchesse de Gueldre. Philippe de Bourgogne préféra user de ses bons offices pour une cause plus importante, celle de Pfirt. Sur d'autres points encore on dédaigna les services du chancelier, ou du moins on ne paraît pas en avoir fait emploi, désireux qu'on était de concentrer son activité sur l'affaire importante entre toutes. Ici nous laisserons la parole au rédacteur des instructions données à Henri de Hessel.

Gaspard Slick avait jadis chargé Henri de dire au duc de Bourgogne que, s'il lui plaisait « estre roy et prendre couronne au titre d'aucun de ses pays, comme de Frise qui d'ancien temps a esté royaume, ou de Brabant qui est la plus ancienne et excellent duchié de toute la chrestienneté et dont les plus nobles princes ont naissance, il a espérance de conduire le fait à bonne fin, disant que par ce moyen toutes les duchiez, contez et seigneuries qui sont en bas empire seroient subgettes à mon dict seigneur le duc, et luy il ne seroit subget d'aucun. » Henri de Hessel fut chargé de répondre que « le duc cognoist et aperçoist bien clerement par ces choses la grant amour et affection que le dict messire Caspar a envers lui », et de faire remarquer que, dans le cas présumé, non seulement le Brabant et la Frise, mais tous les autres domaines du duc, comme le Hainaut, la Hollande, la Zélande, Namur « et autres par deça estans en l'empire, devroient estre tous uniz soubz la monarchie dudit royaume. » Il devait rappeler aussi que « les duchiez de Gueldres, Juliers, Mons et autres duchiez, contés et seigneuries estans es basses Alemaignes devroient estre féodales et subgettes du dict royaume et couronne »; autrement dit, que l'empereur devrait transporter au futur royaume de Bourgogne tous les droits de souveraineté qui appartenaient à ces seigneuries et spécialement ceux que possédait la Frise occidentale.

Ces négociations secrètes, poursuivies dans l'entre-temps des autres, ne furent pas sans difficultés. Henri de Hessel s'y employa pendant le mois de juillet 1447; mais comme il n'était

d'armes de Ruhers, de ce qu'il devra respondre et dire à messire Caspar Slik, chancelier du saint empire, touchant les matières dont icelui messire Caspar a parlé dernièrement au dit Henry ». S. date. (*Oesterr. Geschichtsforscher*, I, 233, et *Messager des sciences histor. de Belgique*, p. 420 et ss.)

que simple héraut d'armes, sans titre plus relevé, il dut bientôt remettre l'affaire directement aux mains de Gaspard Slick
et d'un autre personnage de la cour, Ulrich comte de Cilly, secrètement dévoué à la Bourgogne. Ceux-ci comprenant la gravité
de l'affaire hésitèrent quelques jours, puis se résolurent enfin à
la proposer à l'empereur. Frédéric demanda le temps de la
réflexion et donna sa réponse le 29 juillet suivant.

Cette réponse, Slick et Cilly craignirent de la confier au
papier et décidèrent[1] de la communiquer de vive voix au jeune
Guillaume, fils de Henri de Hessel, qui venait d'arriver à
Vienne, porteur de lettres dont nous parlerons tout à l'heure.
Elle fut cependant couchée par écrit en latin et en allemand,
pour être conservée dans les archives de la maison d'Autriche[2], et c'est ainsi qu'elle nous est parvenue [3].

Après avoir affirmé qu'entre les trois prétendants à la main
de la sœur de Ladislas, il préférait le fils du duc de Bourgogne
et était prêt à donner à la jeune épousée une dot de 30,000 ducats,
mais rien plus, sans vouloir entendre parler du Luxembourg
qui ne le regardait pas, Frédéric passant à la question des
questions, à l'érection du royaume de Bourgogne, avait fait
simplement réponse qu'il en traiterait avec les ambassadeurs
de Philippe quand ils se présenteraient devant lui. Quant à
l'entourage de l'empereur, aux barons et prélats du duché
d'Autriche, ils avaient beaucoup insisté pour que Henri de
Hessel se rendît en Hongrie et sollicitât directement des évêques
et des seigneurs du royaume leur consentement au dit mariage,
afin que l'alliance de la Hongrie avec la France, de virtuelle
qu'elle était, pût devenir réelle. Justement Henri de Hessel ve-

---

[1] et [2] Voy. dans l'*Oesterr. Geschithtsforscher*, I, 239, la délibération secrète, du 4 août, entre Gaspard Slick et les envoyés bourguignons; — et I, 245, la lettre datée de Vienne, 6 août, par laquelle
Henri de Hessel informe le duc et la duchesse de Bourgogne qu'il a
rempli la mission dont ils l'ont chargé, mais qu'il ne peut leur en
faire connaître le résultat par écrit *propter viarum pericula*.

[3] Rapport des ambassadeurs bourguignons à leur maître, en latin,
août 1447 (dans Chmel, *Materialien*, I, 241). Ce rapport contient la
réponse annoncée : « Hec est responsio de verbo ad verbum Udalrici
comitis de Ciliis et... Casparis... cancellarii, per illos ab ore proprio...
Friderici Romanorum regis concepta nobisque Heinrico et Wilhelmo
de Heessel... data die sabbathi post Jacobi » (= 29 juillet 1447).
Cette réponse a été reproduite en allemand dans l'*Oesterr. Geschichtsforscher*, I, 237, 240 et 242.

naît de recevoir du duc de Bourgogne la mission de s'entendre
avec l'archevêque de Gran et les magnats de Hongrie au sujet de
ce mariage[1]. Cette seconde mission, qui n'était que le prolongement de l'autre, lui avait été apportée par son fils Guillaume, vers le milieu du mois de juillet[2]. Le négociateur bourguignon ne put faire autrement que de se rendre à Gran. Il ne
paraît pas toutefois que ses démarches aient eu grand succès,
car la question resta longtemps encore en suspens.

A l'ouïe de ce rapport, Philippe de Bourgogne, qui venait
d'écrire au duc Albert d'Autriche[3] pour annoncer son désir de
se faire représenter à la conférence de Besançon du 11 septembre, crut devoir faire remercier Slick et Cilly de leurs bons offices[4], mais aussi leur faire renouveler expressément toutes ses
prétentions.

Elles semblèrent devoir aboutir à la diète de Besançon. C'est
là qu'eut lieu par procureurs, entre la maison de Bourgogne
et celle d'Autriche, une entente qui put paraître décisive puisqu'elle amena les actes que nous allons rappeler.

D'une part Philippe et Albert renouvelèrent le traité du
18 mai et vidèrent le vieux différend relatif au paiement de la
dot de Catherine (11 sept).[5] Le surlendemain 13, d'Inspruck où
il résidait, Sigismond d'Autriche-Tyrol, prévenu par son neveu,
déclara vouloir entrer lui aussi dans l'alliance du 18 mai[6].
Huit jours plus tard (20 sept.), Frédéric faisait rédiger par les
clercs de sa chancellerie des lettres[7] portant investiture pour le

[1] Lettre de Heinrich von Heessel au cardinal-archevêque Denys
de Gran, datée de Vienne, 19 juillet 1447 (dans l'*Oesterr. Geschichs-
forscher*, I, 237).

[2] Voy. ci-dessus p. 205.

[3] Lettre datée de Mons, 15 août 1447, dans Chmel, *Materialien*,
I, 241, déjà citée.

[4] Voy. le Mémorial d'Adrien van der Ee. S. date, dans l'*Oesterr.
Geschichts forscher*, I, 255.

[5] Le traité est reproduit dans la lettre d'adhésion du duc Sigismond,
citée dans la note suivante.

[6] Dans Chmel, *Materialien*, I, 247.

[7] Citées par Chmel, *Regesta*, à la date, avec cette indication : «Am
Rande, *non transivit*. Die im geh. Haus-Archive vorhandenen
Originale sind zerschnitten. » On en retrouve copie aux Archives
impériales de Vienne dans le *Registraturbuch* O, fᵒˢ 252 et 253,
et dans le ms. 11 suppl. que nous décrivons plus loin (*burgundisches Copialbuch*). Ces lettres ont au nombre de cinq, chacune d'elles con-

duc de Bourgogne des duchés de Brabant, Lothier, Limbourg, margraviat d'Anvers, Hollande, Zélande, Frise, Hainaut, comté de Bourgogne et Flandre [1], sous la seule condition d'hommage au duc Albert d'Autriche. C'était un acheminement à de plus grandes concessions, et qui eut pu satisfaire Philippe. Mais ces lettres ne furent point expédiées. Les originaux subsistent, en morceaux, aux Archives impériales de Vienne. Frédéric III avait hésité et finalement s'était ravisé. Cette mollesse dans la volonté, cette indécision dans le caractère que l'on relève si souvent chez cet empereur, se trahissent ici d'une façon pour ainsi dire palpable [2]. Elles seront le principal obstacle au succès des ambitieux projets de Philippe le Bon.

Le traité du 11 septembre avait stipulé quelques réserves qui devaient faire l'objet d'une délibération ultérieure [3]. L'évêque de Tournai et le président du conseil de Bourgogne furent chargés de les débattre, d'accord avec Albert. Par défaut d'entente entre les parties quant au jour et au lieu où elles devaient se rencontrer, il semble que cette nouvelle délibération n'ait pu s'ouvrir. En tout cas elle était encore en projet à la date du 23 octobre [4].

---

cernant un groupe de provinces. Leur teneur est la même, *mutatis mutandis* : « Fridericus.... notum facimus quod cum Philippus.... dum proximo in Aquisgrani insula nostre regalis recepcionis tempore eramus, postea Frankfordie cum nostram inibi curiam regalem tenebamus, per suos solennes oratores, deinde in persona propria nobis in civitate nostra Bisuntinensi constitutus se obtulerit et iterato hodie data presentium per suos nuncios et litteras ad homagium et fidelitatis juramentum nobis prestanda et facienda de omnibus hiis que a sacro romano imperio in feodum et homagium tenere et recipere debet in ducatibus et dominis Lotharingie... et eciam in castris et dominiis inter Mosam et Renum situatis... »

[1] Chmel ne cite ni le comté de Bourgogne ni la Flandre; mais les lettres qui concernent ces deux fiefs figurent dans le *Burgundisches Copialbuch*.

[2] Nous donnerons cependant à la fin de ce chapitre une explication probable de ce revirement.

[3] Déjà à la date du 23 septembre, Albert avait dû déclarer expressément à ses deux cousins que l'approbation par eux donnée au traité du 11 septembre ne porterait aucun préjudice au traité particulier conclu entre eux trois dans un intérêt de famille, pour six années (Voy. Chmel, *Regesta*, à la date.)

[4] Lettre des plénipotentiaires bourguignons au duc Albert d'Autriche. Dijon, 23 octobre (1447), dans Chmel, *Materialien*, I, 274.

Aussi en dépit des bonnes paroles échangées à Besançon entre les ducs de Bourgogne et d'Autriche, l'affaire principale n'était guère plus avancée après que devant. Philippe, qui se trouvait alors à Bruxelles, sentit qu'il devenait nécessaire de presser l'empereur : le 22 octobre, il fit partir pour Vienne Adrien van der Ee, avec mission de s'aboucher d'abord avec Gaspard Slick et le comte de Cilly.

Les instructions que reçut cet envoyé ne portaient cette fois que sur deux questions [1]. La première était celle du mariage projeté entre le comte de Charolais et Élisabeth sœur du roi Ladislas. Le duc de Bourgogne s'étonne qu'un souverain « si grand terrien que chacun scet » (il s'agit de Frédéric III), n'accorde que 30,000 ducats de dot à sa pupille alors qu'il en a donné 120,000 à une sœur de cette même Élisabeth, mariée au duc de Saxe. Il pourrait au moins lui en assigner autant sur le duché de Luxembourg. En tout cas, Philippe jugeait qu'on devait prendre en considération ses droits sur ce duché ainsi que sur le comté de Chiny et l'avouerie d'Auxois.

Ulrich de Cilly et Gaspard Slick transmirent ces réclamations à l'empereur qui répondit ne pouvoir faire davantage que ce qu'il avait promis. Il consentit cependant à élever la dot jusqu'à 70,000 florins et à l'asseoir sur le Luxembourg, à condition que, si le comte du Charolais et Élisabeth mouraient sans enfants, le duché serait relevé de cette hypothèque.

La seconde question avait trait à l'érection du royaume de Bourgogne. Le duc déclare expressément qu'il désire y faire entrer non seulement les domaines qui lui sont actuellement reconnus, mais encore les duchés de Gueldre, Juliers, Clève, Mark et Meurs, le comté de Vaudemont, le Barrois, la Lorraine et généralement tout ce qui a appartenu au royaume de Lothaire I. C'était la première fois que Philippe le Bon formulait si clairement ses prétentions.

De son côté la duchesse de Bourgogne se mêlait aux négociations en recommandant [2] l'envoyé de Bourgogne directement à Albert d'Autriche qui venait de lui écrire, nous ne savons trop

---

[1] « Instruction à Me Adrien van der Ee, secrétaire du duc de Bourgogne,... envoyé à Vienne devers le roi des Romains, de ce qu'il aura à dire au comte de Cyl, à Gaspard Slyck sgr. de Neufchâtel, et à Henri de Heessel, roi d'armes de Rouyère ». Bruxelles, 22 oct. 1447, dans l'Oesterr. Geschichtsforscher, I, 246.

[2] Lettre datée de Bruxelles, 24 oct. 1447, dans Chmel, Gesch. Friedrichs IV, II, 751.

à quel sujet. Bref on fit à la cour de Bruxelles un grand effort qui ne fut pas sans récompense. Frédéric III consentit à faire le duc de Bourgogne roi de Brabant, à lui soumettre tout ce qu'il tenait de l'Empire, à charge d'hommage, mais déclara ne pouvoir rien de plus. *Qui nomen Augusti tenet, non expediret minorare vel dimembrare imperium ; sed illud si augere non potest, saltem in statu quo hoc suscepit, Deo adjuvante, manutenere intendit* [1]. Le 13 novembre, il fit rédiger le protocole du serment d'hommage à prêter, et chargea Albert de le recevoir [2].

Mais le serment ne fut pas prêté. Les concessions de Frédéric paraissaient insuffisantes au duc de Bourgogne puisque le futur royaume de Brabant ne devait point englober la totalité de ses domaines. Sur ces entrefaites l'hiver arriva, qui interrompit les négociations [3]. Quand on les reprit au mois de mars, ce fut sur quelques points seulement. Aux conférences de Bruxelles du 11 mars 1448 on se contenta de conclure mariage entre Albert d'Autriche et Marie de Gueldre, nièce du duc de Bourgogne. Celui-ci s'engagea à payer la moitié de la dot, soit 25,000 florins, à Montbéliard en deux pactes, et donna ses garants [4]. On décida en outre que, si quelque différend s'élevait entre les deux maisons de Bourgogne et d'Autriche ou leurs sujets, il serait soumis à l'arbitrage de quatre prud'hommes qui se réuniraient à Montbéliard [5]. En

[1] Réponse du comte Ulrich de Cilly et du chancelier Schlik (*sic*) dans l'*Oesterr. Geschichtsforscher*, I, 261, avec cette date erronée: (1448). Cette réponse fut suivie quelques jours plus tard d'une autre toute semblable, reproduite *ibid.*, p. 266, avec la même date erronée.

[2] Dans Chmel, *Materialien*, I, 277, sans date. Chmel n'a pas reproduit le mandement adressé par l'empereur au duc Albert. Nous l'avons trouvé aux Archives impériales de Vienne, avec cette date: Vienne, 13 nov. 1447.

[3] Non point complètement cependant, car une lettre adressée par Albert d'Autriche à son frère Frédéric, à la date du 27 janv. 1448 (dans Chmel, *Gesch. Fr. IV*), parle, d'une façon fort obscure d'ailleurs, des taxes à imposer au duc de Bourgogne à l'occasion de l'investiture qu'il poursuivait.

[4] *Sequuntur articuli tractatus matrimonialis...* Bruxelles, 15 mars 1448, aux Archives impériales de Vienne (Filial-Archiv, suppl. 11, p. 31).

[5] *Minuta ordinacionis super querelis subditorum.* Avec la *Ratificatio regis Romanorum et ducis Sigismundi* (*Ibid.*, p. 26, 29 et 31).

cas de partage des voix, l'évêque de Bâle devait trancher le
conflit si le duc d'Autriche était défendeur, l'archevêque de
Besançon si c'était le duc de Bourgogne. On s'entendit également pour remettre au jugement des quatre prud'hommes la
vieille question de la créance sur Altkirch, Belfort et autres
biens environnants [1]. On régla aussi les dépenses afférentes à
chacune des deux parties pour le cas où elles feraient campagne contre un ennemi commun [2]. Puis le duc Albert d'Autriche
investit le duc de Bourgogne de ses domaines d'empire, après
serment de foi et hommage [3]. Enfin un traité d'alliance fut
conclu entre Philippe le Bon et son fils d'une part, le duc
Albert d'Autriche, Frédéric son frère et Sigismond leur neveu,
de l'autre [4]. Le tout fut ratifié par le roi des Romains [5], et
l'on se sépara sans avoir tranché la question du royaume de
Bourgogne, ni même celle du Luxembourg.

Mais trois mois plus tard, Adrien van der Ee faisait savoir,
d'Arras où il se trouvait, au duc Albert d'Autriche, à Ulrich de

---

[1] *Minuta compromissi super querelis dominorum (Ibid.*, p. 21.)
Suit la ratification du roi des Romains et du duc Sigismond, p. 25
et 26.

[2] *Minuta declaracionis super sumptibus et expensis armatorum
(Ibid.*, p. 20).

[3] *Minuta litterarum recognitionis domini ducis Alberti Austrie
super homagiis factis et juramentis prestitis per dominum Philippum ducem Burgundie (Ibid.*, p. 6).

[4] *Minuta confederacionum inter Philippum ducem Burgundie et filium suum, ex una, Albertum Austrie ducem, ex altera
(Ibid.*, p. 7).

[5] *Ratificatio Romanorum regis super dictis confederacionibus
(Ibid.*, p. 11.)

Le ms. 11 suppl. (burgundisches Copialbuch) auquel nous empruntons les actes qui viennent d'être rappelés, a été décrit par Bœhm
dans son *Catalogue des mss. des Archives impériales de Vienne*.
— Il a été signalé aussi dans *l'Archiv* de Pertz, VI, 106. Au dernier
feuillet de ce ms., on lit ces mots : « Suprascripti tractatus, minute,
ordinaciones et articuli modo et forma premissis et sicut in presenti
dupplicato registro de verbo ad verbum continetur, concepti, prelo-
cuti et concordati sunt inter illustrissimum principem et dominum,
dominum Philippum... ex una, ac nobilem (*sic*), spectabiles et egre-
gios vires Henricum, comitem de Furstenberg, magistrum Ulricum
Rieder in utraque jure licenciatum, Wilhelmum de Lapide et Thurin-
gum de Halwiler, milites, oratores et ambassiatores illustrissimi
principis domini Alberti Austrie... ducis, partibus, ex altera, in opido
Bruxellensi, die decima quinta mensis marcii, anno a nativitate
Domini millesimo quadringentesimo quadragesimo octavo... »

Cilly et à Gaspard Slick[1] que son maître n'était nullement disposé à conduire à son dénouement le mariage du comte de Charolais avec Élisabeth de Bohême aussi longtemps que son droit sur le Luxembourg ne serait pas reconnu et que les prétentions rivales du duc de Saxe ne seraient pas mises à néant. Cette lettre expliquait ainsi pourquoi le duc de Bourgogne n'envoyait pas ses représentants à Vienne pour la Saint-Jean, conformément au désir exprimé par l'empereur. Il y a donc lieu d'admettre qu'elle était dictée par le duc de Bourgogne même. Des circonstances qui nous sont inconnues en retardèrent l'expédition.

Cette insistance à réclamer ce que l'empereur ne voulait pas accorder alla contre son but. A la date du 17 août[2], Albert faisait savoir à Philippe le Bon combien l'empereur était mécontent de ce que le duc présumait que l'investiture avait été faite à lui et à ses successeurs et avait offert de prêter un serment inusité, tout différent de celui qu'on lui demandait.

Ulrich de Cilly et Gaspard Slick répondirent à leur tour, sous la date du 6 septembre[3], prétextant n'avoir reçu la lettre d'Adrien van der Ee que le 25 août. Ils exprimèrent leur regret de l'entêtement du duc, affirmèrent qu'il n'y avait plus rien à obtenir de l'empereur, qu'il recevrait cependant volontiers à la Saint-Martin les ambassadeurs bourguignons qui avaient fait défaut à la Saint-Jean, mais qu'ensuite il entendait bien être absolument débarrassé de cette affaire. Le duc de Bourgogne dut comprendre alors qu'il avait trop présumé de ses forces et trop affiché son ambition. Après 1448 il n'y a plus trace de négociations contre Philippe le Bon et Frédéric III sur ce terrain.

4

Maintenant que nous connaissons dans leur détail les négociations de la Bourgogne avec l'Allemagne au cours des années 1446-48, nous pouvons examiner, avec quelque sureté, la valeur d'une accusation qui se produisit au milieu de juillet 1447, à Vienne même, contre Philippe le Bon. Deux correspondants de la ville de Francfort s'en firent l'écho en écrivant aux ma-

---

[1] Lettre datée d'Arras, 3 juin 1448, dans l'*Oesterr. Geschichtsforscher*, I, 266, et dans Chmel, *Materialien*, I, 287.

[2] *Ensisheim*, 17 août 1448, dans Chmel, *Geschichte Friedrich IV*, II, 492.

[3] Vienne, 6 sept. 1448, dans l'*Oesterr. Geschichtsforscher*, I, 270.

gistrats de cette ville que le duc s'entendait avec l'archevêque de Trèves pour détrôner l'empereur [1].

Et en effet au mois de mars précédent, Philippe le Bon recevant à Bruxelles le marquis de Rœteln, ambassadeur d'Albert d'Autriche [2], lui avait laissé comprendre que plusieurs électeurs s'étaient adressés à lui pour déposer Frédéric, et qu'il pouvait ainsi disposer de deux ou trois voix en faveur d'Albert. Si le fait est exact, Jacques de Sierck, archevêque de Trèves, serait l'un des initiateurs du projet. Il était tenu pour ennemi par l'empereur depuis qu'il avait tenté, une première fois en 1443, de lui substituer Albert. Le complot en lui-même n'a donc rien qui doive nous surprendre : en 1445 déjà, les grands électeurs, que l'inertie de Frédéric mécontentait, avaient tenté de le faire renoncer à l'Empire, et nous savons d'autre source que les ducs des diverses branches de la maison d'Autriche vivaient entre eux en mauvaise intelligence.

Enfin, le soin que prit Albert de conclure avec Philippe, à la date du 18 mai, un traité particulier, donne une nouvelle force à ces présomptions. Les clauses connues de ce traité sont sans grande importance; mais n'y en eut-il point de secrètes en vertu desquelles les deux ducs, hantés à ce moment de l'ambition du rang suprême, auraient conclu un marché : Philippe devant aider Albert à se faire élire roi des Romains, Albert devant octroyer à Philippe ce titre de roi de Bourgogne qu'il convoitait si ardemment? Le complot devient plus probable encore si nous considérons que subitement, sans raisons apparentes, Frédéric refuse à Philippe l'investiture promise et déchire les lettres déjà rédigées, pendant qu'il exige d'Albert l'assurance que le traité par lui conclu avec Philippe, le 18 mai, ne porte aucun préjudice au traité de famille que les ducs d'Autriche ont scellé entre eux quelques années plus tôt. Frédéric venait donc d'apprendre les projets du duc de Bourgogne ; mais mal renseigné ou volontairement trompé, il n'avait pu que soupçonner la part qu'y avait prise Albert. Par là s'expliquent pour nous le refus qu'oppose l'empereur à la demande du duc de Bourgogne, l'investiture qu'il lui accorde cependant plus tard pour désarmer son hostilité, et enfin la confiance qu'il continue de témoigner à Albert en le chargeant, comme devant, des négociations à poursuivre avec la Bourgogne.

[1] Dans Janssen, *F. Reichscorrespondenz*, à la date, si nos souvenirs sont exacts.
[2] Chmel, *Gesch. Friedrich IV*, II, 745.

CHAPITRE XI

LUTTE DU ROI DE FRANCE CONTRE LE DUC DE BOURGOGNE
DANS L'EMPIRE.

1º ALLIANCES AVEC LES DUCS D'AUTRICHE ET DE LORRAINE.

1430-1444

1º Premier dessein de Charles VII d'arrêter les progrès territoriaux
du duc de Bourgogne, 1430. — Proposition de mariage faite à
Charles VII par le duc d'Autriche, Frédéric à la Bourse vide. —
Alliance politique du roi de France avec le duc d'Autriche et
autres princes ou villes d'Allemagne contre le duc de Bourgogne
comme allié du roi d'Angleterre, 1430. — Avantages territoriaux
promis au duc d'Autriche. — Essai de constitution d'une ligue
entre Meuse et Rhin contre le duc de Bourgogne. = 2º Intervention armée du duc d'Autriche et du duc de Brunswick contre le
duc de Bourgogne, 1431-32. — Trêves de mars 1432. — Continuation des relations entre la maison de France et celle d'Autriche. —
Alliance de Charles VII avec l'empereur Sigismond contre le duc
de Bourgogne, 1434. — Réconciliation du roi de France avec le
duc de Bourgogne par l'entremise de Sigismond, 1435. — Inutilité
des efforts tentés par quelques princes allemands pour réconcilier
le roi de France avec le roi d'Angleterre. = 3º Nouveaux projets de
mariage entre la maison de France et celle d'Autriche, 1436-37. —
Nouvelle demande de secours adressée par le roi de France au
duc d'Autriche contre la Bourgogne, 1438. — Relations de
Charles VII avec le duc Sigismond d'Autriche-Tyrol après la
mort de Frédéric à la Bourse vide. = 4º Rôle de la maison d'Anjou-Lorraine dans les événements qui précèdent. — Son hostilité
contre la Bourgogne, ses projets en Lorraine. — La France et
l'Allemagne sur la frontière de la Meuse.

1

Les faits qui viennent d'être exposés une fois connus, on
s'explique bien que l'un des très gros soucis de la royauté
française, pendant près de cinquante années du quinzième
siècle, ait été de faire obstacle aux agrandissements territo-

toriaux de la maison de Bourgogne. Ce souci prit naissance le jour où se révéla le grand dessein de Philippe le Bon de se tailler un large fief sur les marches de l'est aux dépens de la France et de l'Allemagne. Pour l'historien moderne le dessein est manifeste dès 1426 au moins, à partir du moment où le duc de Bourgogne essaie d'obtenir d'Élisabeth de Gœrlitz le duché de Luxembourg. Né en 1396, le fils de Jean sans Peur était en 1426 un homme d'âge mûr et d'ambition fort excitée par les événements. Il n'y a donc aucune exagération à lui attribuer déjà l'idée de réunir, comme il le tenta ouvertement plus tard, ses domaines de Bourgogne à ceux de Flandre. Mais pour les contemporains ignorants de ses négociations secrètes, absorbés par le spectacle de la guerre contre l'Angleterre, et d'ailleurs sans vue bien nette des relations géographiques entre le comté de Bourgogne et celui de Flandre, l'ambition ne se trahit que le jour où Philippe le Bon succéda dans le Brabant, le Lothier et le Limbourg au duc Philippe Ier qui venait de mourir (1430), et entreprit encore de gagner le Hainaut, la Hollande, la Zélande et la Frise. On prit alors ombrage dans l'entourage du roi de cette situation de vassal de l'empereur, de ce titre de marquis du saint empire dont s'enorgueillissait le duc de Bourgogne [1]. On se mit à réfléchir sur l'étendue de sa puissance territoriale; on supputa ses domaines : on vit d'une part la Flandre, l'Artois, le pays d'Outre-Meuse, le comté de Namur, le Lothier, le Limbourg, le Brabant; d'autre part le comté et le duché de Bourgogne [2]. On tint compte des récriminations des ducs d'Autriche contre les empiétements de la Bourgogne dans la Haute-Alsace. On interrogea vraisemblablement les plus savants pour se rendre compte du lotissement de tous ces territoires. Et alors on aperçut le but que poursuivait Philippe; on en vit aussi les dangers et l'on saisit la première occasion qui se présenta de faire obstacle à l'ambitieux vassal.

Nous avons montré précédemment que le roi de France, si profondément abaissé par la défaite d'Azincourt et le traité de

---

[1] On le rencontre déjà dans une lettre de Sigismond aux magistrats de Francfort, du 18 octobre 1427, (dans Janssen, *F. Reichscorrespondenz*, I, 355).

[2] Voy. ci-dessus le chapitre IX, p. 158. — Il est bon de remarquer que le plus ancien traité de géographie nationale, celui de Gilles le Bouvier dit Berry, date du règne de Charles VII.

Troyes, ne trouva d'abord auprès de l'Empire qu'une miséricordieuse neutralité [1]. Mais les succès inespérément remportés par Jeanne d'Arc au cours de l'année 1429, le couronnement de Charles VII à Reims, quelques mois plus tard, furent tenus pour miracles dans la chrétienté et rendirent au roi de France bon nombre d'alliés perdus. Le plus empressé à se recommander au vainqueur fut le duc d'Autriche-Tyrol, de la branche léopoldine, celui-là même dont nous avons raconté les longues négociations avec le duc de Bourgogne pendant les années 1411-1416 [2]. Inquiété dans ses domaines d'Alsace par Philippe le Bon, Frédéric à la Bourse vide s'avisa qu'il serait opportun de se rapprocher de Charles VII et il lui fit proposer, en février ou mars 1430, d'unir par mariage Radegonde de France avec son propre fils Sigismond. La proposition fut acceptée en principe, et les pourparlers commencèrent [3].

On s'est étonné que le duc d'Autriche ait songé à faire entrer un de ses enfants dans l'illustre maison de France [4] et l'on a prétendu que la première idée de ce mariage était venue du roi, pressé par l'échéance des trêves [5] de trouver des alliés contre la Bourgogne. Nous répondrons qu'à cette date Jeanne d'Arc portant encore l'étendard royal et conservant encore la

---

[1] Voy. ci-dessus le chapitre VIII.

[2] Voy. ci-dessus le chapitre IX, p. 159.

[3] M. Armand d'Herbomez a étudié cette négociation de fort près dans une brochure qui a pour titre Le traité de 1430 entre la France et l'Autriche (tirage à part de la Revue des Quest. historiques. Janv. 1882). Nous croyons bon de la reprendre, parce que notre devancier n'a point vu le véritable point de départ de cette alliance avec l'Autriche, ni compris tout à fait qu'elle avait été engagée par Frédéric d'Autriche. Il n'a point montré non plus qu'elle se rattachait au conflit dont la haute Alsace avait été l'objet entre l'Autriche et la Bourgogne quelques années plus tôt, ni indiqué l'importance de cette première entreprise du roi de France contre le duc de Bourgogne avec l'aide des princes allemands. Nous avons recueilli d'ailleurs quelques actes qui ont échappé à M. d'Herbomez et qui justifient notre reprise du sujet, mieux encore que la prétention de redresser sur quelques points l'étude si approfondie de notre confrère.

[4] « Dass von Friedrich der Gedanke ausgegangen, will uns nicht glaublich erscheinen. » Dr Joseph Lampel, Herzog Friedrichs IV Politik gegen Frankreich und Bœhmen in den Jahren 1430-1437 (dans la Ferdinandeums-Zeitschrift, 1885, p. 128).

[5] Les trêves conclues entre Philippe le Bon et Charles VII en août 1429 prenaient fin en 1430.

confiance de Charles VII, devait paraître un plus sûr appui
contre le duc de Bourgogne que Frédéric à la Bourse vide. Lui
au contraire gagnait en honneurs d'abord et dans l'avenir en
pouvoir effectif à unir sa cause à celle du roi. Car il va de soi
que le projet de mariage devait conduire, dans l'état des choses,
à une alliance politique. Et d'ailleurs Frédéric lui-même
n'était-il point membre de la maison des Habsbourg et descendant de l'empereur Rodolphe ? Le fils qu'il présentait pour
époux à Radegonde n'était-il pas l'héritier présomptif des
domaines léopoldins ? Le zèle que mit bientôt le duc d'Autriche à faire campagne contre Philippe le Bon, les efforts qu'il
tenta pour faire réussir le mariage de son fils, jusqu'à se mêler
aux affaires de Bohême qui ne regardaient que la branche
albertine, dans l'espérance de gagner la couronne de ce pays
à sa propre maison [1], prouvent bien qu'il désirait personnellement l'alliance du roi de France. Par contre, les tergiversations
de Charles VII en ce qui touchait les conditions du mariage
et l'alliance politique, montrent assez qu'il n'en avait pas
le premier recherché les profits.

Mais il n'eut garde de les dédaigner quand ils se présentèrent à lui, et il chargea les ambassadeurs qu'il envoyait à
Inspruck pour négocier le mariage [2], de demander secours
contre le duc de Bourgogne, même contre le roi d'Angleterre.
Et non seulement aux ducs d'Autriche, mais encore à certains
princes et villes d'Allemagne que l'on croyait favorablement
disposés, nommément à Louis le Barbu de Bavière-Ingolstadt,
à Frédéric II comte de Cilly, beau-frère de l'empereur Sigismond, aux villes de Strasbourg, Bâle, Berne et Zurich.

Ici également, et à meilleur titre, on pourrait s'étonner de
l'initiative prise par le roi. Mais il est hors de doute pour nous
que Charles VII suivait les suggestions des représentants du
duc d'Autriche, et que la demande de mariage qu'ils avaient
apportée avait été accompagnée d'ouvertures politiques très
franches.

Malheureusement nous ne savons rien de ces négociations
du roi avec les princes et villes d'Allemagne [3] ; nous relèverons

---

[1] J. Lampel, ouv. cité, p. 132-134.

[2] Leurs lettres de créance portent la date du 4 avril 1430 (dans
d'Herbomez, ouv. cité, p. 33 et 35.)

[3] En ce qui touche le comte de Cilly, il est vraisemblable qu'on
ignorait encore à Tours aussi bien qu'à Inspruck ses étroites relations

seulement par quels arguments les ambassadeurs avaient charge d'obtenir secours contre le duc de Bourgogne : *ostendentes quanti periculi esset Philippum in diem crescere, animo et victoriarum felicitate subnixum eumque graviorem accolam fore qui ipse ad ferrum armaque natus videretur*[1]. Ne vient-il pas encore de se faire donner par le roi d'Angleterre la Champagne et la Brie ? Et s'il parvient à se mettre en possession de ces provinces, va-t-il donc réunir ses états des Pays-Bas (la Flandre et l'Artois qu'il possède déjà, le Brabant, le Limbourg, le Lothier qu'il vient d'acquérir) avec ses états de Bourgogne et former ainsi, aux portes de l'Allemagne, un vaste état, le plus vaste du monde ? C'est l'intérêt de tous les princes, des villes libres de l'Allemagne et de la Suisse de s'opposer aux visées envahissantes du duc de Bourgogne : le meilleur moyen d'y parvenir, c'est de prêter secours au roi de France[2].

C'est la première fois que l'on trouve aussi nettement exposé le grand dessein des ducs de Bourgogne de se constituer un état entre la France et l'Allemagne, aux dépens de l'une et de l'autre. C'est la première fois que ce dessein, tout nouvellement conçu dans l'esprit de Philippe le Bon, est dénoncé aussi clairement comme une atteinte aux droits existants, qu'il faut empêcher, un danger pour la paix publique, qu'il faut écarter.

Cette dénonciation eut dû venir, ce semble, de l'empereur d'Allemagne qui avait vu passer aux mains de princes français tour à tour le comté de Bourgogne, la Flandre, le Lothier, le Brabant, le Limbourg. Mais c'était depuis longtemps et ce sera, jusqu'à Maximilien I, la destinée du chef du saint empire de se lamenter sur les empiétements du voisin de l'ouest sans rien faire pour les arrêter. Le roi de France, quelles que fussent encore à cette heure sa faiblesse et son impuissance, osait passer de la protestation à la défense, de l'idée à l'action, et ne proposait à l'Allemagne rien moins qu'une ligue préven-

---

avec le duc de Bourgogne. En cette même année 1430, le comte de Cilly, présent à Bruxelles, servit de parrain à un fils nouveau-né de Philippe le Bon (Lampel, ouv. cité, p. 127).

[1] Cf. l'*Oratio ad Pium papam*, dans les *Chron. relatives à l'hist. de la Belgique sous la domination des ducs de Bourgogne*, III, 144.

[2] D'Herbomez, ouv. cité, p. 5. Nous avons modifié en quelques points le passage que nous empruntons à notre confrère, afin de lui donner plus de précision.

tive qui, si elle eut été constituée, eut arrêté le développement
de la puissance bourguignonne.

Retardés dans leur marche par les négociations avec les
villes allemandes, les ambassadeurs français n'atteignirent
Inspruck qu'au milieu de juillet pour débattre d'abord l'affaire
du mariage. En elle-même cette affaire nous importe assez
peu : nous devons pourtant relever qu'elle aboutit à la date du
22 juillet[1], mais qu'un peu plus tard, il fut stipulé qu'en cas
de mort de Sigismond, Radegonde ne pourrait épouser que le
successeur présomptif de Frédéric, parce que, disent les instructions du roi, « ce n'est pas l'usage que le roi de France
donne sa fille aînée à un prince puiné de moindre maison »[2].

Les ambassadeurs du roi, Simon Charles et Jean Franbri-
quet (al. Frauenberger) avaient charge aussi de remémorer au
duc d'Autriche les bonnes amitiés qui unissaient autrefois les
deux maisons, « affin de brief avoir de luy aide et secours de
puissance de gens d'armes à dejetter et bouter hors de sa seigneurie les Anglais, et leurs adhérens, ses rebelles, remettre en
son obéissance »[3].

Cette fois le duc de Bourgogne est représenté uniquement
comme l'allié de l'Angleterre, et c'est à ce titre seulement
qu'on demande secours contre lui en retour du mariage consenti. Mais nous avons le droit de supposer qu'on fit valoir
aussi l'utilité qu'il y aurait pour la maison d'Autriche à écarter un ennemi trop disposé à s'approprier les domaines antérieurs d'Alsace et de Suisse.

Frédéric promit en effet ce qu'on voulut, jusque-là de déclarer la guerre au roi d'Angleterre et à son allié de Bourgogne,
tant il avait à cœur de se concilier la faveur de Charles VII. Et
cependant, les conditions du contrat politique furent l'objet
d'assez longs débats, puisque l'instrument porte la date du 10
aout 1430. Il stipulait une alliance offensive et défensive contre
le roi d'Angleterre et le duc de Bourgogne et donnait ainsi
dans le présent satisfaction à Charles VII[4]. Le duc d'Autriche
allait même jusqu'à offrir au roi de France de se constituer son

---

[1] Texte dans Leibnitz, *Codex diplom.*, p. 349 ; dans Lünig,
Deutsches Reichsarchiv, VII, 231, et *Codex diplomat.*, II, 538. Cf.
d'Herbomez, ouv. cité p. 37.

[2] D'Herbomez, ouv. cité, p. 37.

[3] D'Herbomez, ouv. cité, p. 14.

[4] Texte dans d'Herbomez, ouv. cité, p. 43.

champion contre ses ennemis, de les provoquer en combat singulier.

A l'annonce de ce succès, Charles VII s'empressa de décerner au duc d'Autriche-Tyrol le titre de vicaire du roi de France dans les négociations à poursuivre auprès des princes d'Allemagne et d'Italie (24 août)[1]. C'est la première fois que l'on voit un prince de l'Empire pourvu de ce titre et honoré d'une pareille mission par le roi de France. Il y avait cependant comme un précédent, mais inverse, peut-être connu à la cour de France, dans ce double fait qu'en 1338, Louis de Bavière, au moment de commencer la guerre contre Philippe VI, avait décerné à Edouard III le titre de vicaire impérial dans les Pays Bas[2], et qu'en 1378 l'empereur Charles IV avait donné au dauphin Charles le titre de vicaire de l'Empire en Dauphiné[3].

Quoiqu'il en soit, les conventions tant matrimoniales que politiques arrêtées entre les représentants français et le duc d'Autriche, les 22 juillet et 10 août, furent ratifiées par Charles VII à Sens, le 15 septembre[4], et l'alliance des deux maisons parut plus solidement établie que jamais. L'échéance des engagements militaires avait été fixée au mois de juin 1431.

Un mois plus tard, c'est-à-dire au milieu d'octobre 1430, les mêmes ambassadeurs de Charles VII se retrouvent à Inspruck, sollicitant le duc d'Autriche de suspendre les effets de ses promesses[5]. Que s'était-il passé dans l'intervalle et quel puissant motif pouvait donc déterminer le roi de France à arrêter maintenant les conséquences d'un traité qu'il avait été si heureux de conclure ?

Les ambassadeurs ne le dirent pas et ce mystérieux silence

---

[1] Texte mentionné seulement par Brandis, *Tirol unter Friedrich von Oesterreich*, p. 198. Cf. ci-dessous la confirmation du 24 déc. 1430.

[2] Voy. nos premières *Recherches critiques*..... p. 210.

[3] *Ibid..*, p. 283. — Voy. ci-dessus p. 66 et 184, et ci-dessous ch. XIV ce qui est dit de quelques autres titres accordés par le roi de France à des princes allemands.

[4] Et non le 13, comme il est imprimé dans plusieurs ouvrages. — Texte dans Leibnitz, *Codex juris*, I, 351 ; Hergott, *Monumenta Austriæ*, III, pars I, p. 25; Dumont, *Corps diplom.*, II, pars II, p. 232; Lunig, *Deutsches Reichsarchiv*, VII, 228 et *Codex diplomat.*, II, 539. Cf. Brandis, *Tirol*, p. 196.

[5] Voy. d'Herbomez, ouv. cité, p. 47.

ouvre la porte aux conjectures les plus diverses. La plus vraisemblable est suggérée par les instructions que reçut une troisième ambassade française en janvier 1431 [1]. Elles stipulaient
en effet que les représentants du roi proposeraient au duc certaines modifications au traité du 10 août. Ces modifications
furent soigneusement libellées et remises à Wauchelin [2] de la
Tour pour être portées au duc d'Autriche qu'on avait eu soin de
bien disposer, quelques semaines plus tôt [3], en lui confirmant
le titre de vicaire du roi de France.

Les nouvelles propositions se réduisaient à ceci :

Le duc ne devra jeter son dévolu que sur les villes et châteaux qui n'appartiennent pas au roi par droit d'hérédité ; le
duc devra préciser avec quelles forces et pendant combien de
temps il entend venir au secours du roi, qui compte pour le
moins sur 6000 hommes et quatre mois de présence.

Quant au territoire à tenir en fief du roi, le duc devra comprendre qu'il ne peut s'agir que d'un territoire par lui conquis
sur la Bourgogne et présentement en dehors de la mouvance
royale. S'il trouve les comtés d'Artois, St. Pol, Boulogne et
Guines à sa convenance [4], le roi l'aidera volontiers à les prendre et l'en investira au même titre qu'il investit d'autres sei
gneurs de leurs fiefs. Mais du Bassigny et de Chaumont il ne
peut être question.

En effet, comme le remarque fort bien M. d'Herbomez [5],
l'investiture d'un fief en Champagne « aurait offert l'incon‑
vénient de mettre le duc d'Autriche en possession de domaines
relativement voisins de ceux qu'il avait en Alsace, et il fallait
s'opposer à une agglomération possible de ces divers domaines.
De plus, on devait prévoir l'éventualité d'une cession volontaire ou forcée des états de Frédéric au duc de Bourgogne. Le
roi devait donc conserver la Champagne intacte et se réserver

---

[1] Texte dans d'Herbomez, ouv. cité, p. 52 et 56.

[2] Nous préférons la forme Wauchelin (Vauquelin) à la forme
Wanchelin adoptée par M. d'Herbomez, bien que celle-ci soit plus
rapprochée de l'allemand *Wenzellein*, diminutif de *Wenzel* = Wenceslas.

[3] A la date du 24 déc. 1430. Texte dans d'Herbomez, ouv. cité,
p. 50.

[4] Il est vraiment curieux que les territoires offerts à la maison
d'Autriche soient justement de ceux qu'elle devait prendre en 1477
pour le plus grand malheur de la maison de France.

[5] Ouv. cité, p. 15.

le soin de la défendre contre les entreprises bourguignonnes. On conçoit du reste que le roi préférât céder au duc d'Autriche un domaine appartenant au duc de Bourgogne qu'un comté à lui appartenant en propre. Dépouiller le duc de Bourgogne au profit du duc d'Autriche..... était de la meilleure politique. »

C'est donc sur la question des compensations territoriales réclamées par Frédéric d'Autriche comme dot de Radegonde, mais plus particulièrement comme prix de son appui contre le duc de Bourgogne, que portait la difficulté. Le duc avait demandé Chaumont et le pays de Bassigny alors vacants [1]. Le roi lui faisait offre de l'Artois [2], à charge de le conquérir. Le 10 avril 1431, après un nouvel échange d'ambassades que nous devons supposer, bien qu'il ne soit nulle part documenté, les ambassadeurs français présents à Inspruck promettent à Frédéric que l'acte de donation du comté d'Artois lui sera remis le jour où il entrera en Alsace avec son armée [3]. Le même jour 10 avril, ils transcrivent, de concert avec les conseillers du duc, le traité du 10 août en forme de vidimus, par suite des nombreuses ratures dont l'original était chargé [4].

On doit inférer de ces faits que le traité du 10 août dépassait, en matière de concessions territoriales, ce que Charles VII pouvait loyalement promettre; que la faute en remontait aux ambassadeurs français, soit qu'ils eussent dépassé les instructions reçues, soit qu'ils se fussent laissé abuser par les Alle-

---

[1] Nous ne sommes pas plus en état que M. d'Herbomez d'expliquer comment ces terres étaient alors féodalement vacantes et pourquoi le duc d'Autriche jetait sur elles son dévolu. Les érudits locaux pourront sans doute élucider un jour ce point d'histoire.

[2] M. d'Herbomez considère (ouv. cité, p. 31) que cette promesse de l'Artois fut faite à Frédéric uniquement en faveur du mariage de Radegonde. Nous ne pouvons nous ranger tout à fait à cette opinion. L'Artois était moins la dot de Radegonde que le prix du secours prêté par Frédéric. S'il en eut été autrement, la question de la dot eut été reprise, tôt ou tard, lorsqu'il fut bien prouvé que l'Artois n'était point disponible.

[3] Texte dans d'Herbomez, ouv. cité, p. 63.

[4] Voy. Brandis, *Tirol*, p. 193. — Suivant M. Lampel (ouv. cité, p. 130), ces ratures provenaient seulement du changement apporté à la date du jour où le duc devait se trouver en Alsace. Ratures de peu de conséquence auprès de celles que dut amener le changement réclamé par le roi dans la nature des domaines à concéder au duc d'Autriche.

mands; que le roi s'en aperçut trop tard, c'est-à-dire après la ratification du 15 septembre, et ne trouva d'autres biais pour sortir
honorablement d'embarras que de prier Frédéric d'ajourner
l'exécution de ses engagements. C'était de toute manière prendre le temps de mûrir de nouvelles propositions.

Ce dessein de réformer le traité du 10 août sur un point aussi
important que celui des domaines à concéder au duc d'Autriche,
se rattache à un autre plus général dont l'auteur n'est point
connu, mais doit être cherché dans l'entourage même du roi.
Cet autre dessein consistait à fonder sur le vaste territoire
compris entre la haute Meuse et le moyen Rhin un faisceau
d'alliances contre la maison de Bourgogne, en réunissant les
duchés de Lorraine et de Bar, qui appartenaient par droit
d'hérédité à René d'Anjou, puis le margraviat d'Alsace et le
duché de Luxembourg dans une solidarité d'intérêts communs [1].
Pour atteindre ce but on faisait fond d'abord sur la parenté
des ducs de Lorraine et de Bar avec la maison royale, leur
désir éprouvé de l'aider contre ses ennemis, certain mariage
projeté entre la maison de Bar et celle d'Autriche, enfin sur la
possibilité d'acheter le Luxembourg à la maison de Bohême
au nom du duc de Lorraine pour en gratifier le duc d'Autriche.
On ne tendait ainsi à rien moins qu'à obstruer par une lourde
et gigantesque pierre la route que les ducs de Bourgogne
voulaient se frayer de Besançon à Anvers.

René d'Anjou était naturellement le principal instrument
de ce dessein et celui au nom de qui Wauchelin de la Tour,
ambassadeur du roi, devait se présenter au duc d'Autriche [2].
Est-il sans portée de constater que cet effort du nouveau duc
de Lorraine pour tirer la royauté des griffes de la Bourgogne
suit de très près celui que Jeanne, la bonne Lorraine [3], avait si
bien soutenu, au profit de cette même royauté, contre les
Anglais ?

---

[1] D'Herbomez, ouv. cité, p. 16.

[2] Voy. dans d'Herbomez (ouv. cité, p. 61) les *Instructions données
par les ducs de Lorraine et de Bar à Vauchelin de la Tour pour
négocier en leur nom une alliance avec Frédéric d'Autriche*. C'est
à bon droit que M. d'Herbomez attribue ces instructions au mois de
janvier 1431.

[3] Nous n'ignorons pas que M. Siméon Luce penche pour l'origine
champenoise de Jeanne d'Arc. Mais cela importe assez peu à notre
dessein, qui est seulement de montrer que les secours vinrent, dans
l'un et l'autre cas, de la frontière de l'est.

Pour admettre la réalité de ce dessein, il faut savoir que le roi
de France jouait, depuis quelque temps déjà, un rôle actif
dans les événements qui se déroulaient sur cette frontière. Il
avait donné appui à René d'Anjou, devenu duc de Lorraine par
la mort de Charles III, contre Antoine de Vaudemont que Philippe le Bon n'avait point craint de soutenir, même contre l'empereur Sigismond. L'intérêt porté par le duc de Bourgogne au
compétiteur de René d'Anjou avait semblé suspect à Charles
VII et paru s'adresser moins à l'homme qu'à son fief. On verra
plus tard que la remarque ne fut pas oubliée.

2.

Cette ligue des féodaux d'entre Meuse et Rhin ne fut jamais
formée : le projet n'aurait par conséquent qu'un intérêt historique s'il n'avait influé sur les résolutions du duc d'Autriche
et hâté son entreprise. Dès le 10 avril 1431, il remettait aux
ambassadeurs francais ses lettres de défi pour le duc de Bourgogne et le roi d'Angleterre [1], et chargeait en même temps
Wauchelin de la Tour de lever deux mille hommes d'armes en
Lorraine [2] pour entrer en France au terme nouvellement convenu, c'est-à-dire au 10 juin [3]. Mais cette échéance du 10 juin
et celle du 24 passèrent sans que le duc d'Autriche eut pris les
champs. Ce retard était motivé par l'habileté du duc de Bourgogne qui, au reçu de la déclaration de guerre, fit d'abord simplement exprimer au duc d'Autriche son étonnement de ce qu'il
ne préférât pas conduire contre les Hussites l'armée qu'il ras-

---

[1] Texte dans d'Herbomez, ouv. cité, p. 65.

[2] Lettre du 8 mai 1431, *ibid.*, p. 67, par laquelle Wauchelin de la
Tour réclame à Frédéric d'Autriche la solde des gens d'armes qu'il
a levés en Lorraine pour le compte de ce prince. Cette lettre fut rédigée à Conflans-en-Jarnisy (Meurthe-et-Moselle).

[3] Une lettre de Charles VII, de juin 1431, mandant de faire tenir
l'assemblée des états de la province de Languedoc à Montpellier,
contient le passage suivant : « Comme... soit ainsi que, nonobstant
la prochaine et briesve venue de notre très cher et très aimé cousin
et allié le duc d'Autriche a bien grand armée et puissance en nostre
royaume à nostre ayde et secours contre nos adversaires et rebelles,
et pour autres graves occupations que avons en nos autres afaires... »
(Ms. 89, f⁰ 131, de la collection du Languedoc à la Bibliothèque nationale).

semblait[1]; puis, pour gagner du temps, lui fit proposer une conférence à Montbéliard à la date du 15 juin [2]. La proposition fut
acceptée et la conférence eut lieu par procureurs. Bien que les
instructions données par Philippe à ses représentants eussent
pour but de concilier tous les intérêts, les pourparlers n'aboutirent point. A la date du 20 juillet suivant, 248 petits vassaux
de Frédéric adressaient au duc de Bourgogne leurs lettres de
défi et ouvraient les hostilités aux environs de Bâle [3]. Que les
Autrichiens l'emportent maintenant sur les Bourguignons, et
ils pourront répondre en quelques semaines à l'attente de
Charles VII.

Celui-ci, dans son impatience de voir se produire les effets
des conventions du 10 avril, faisait presser le duc d'Autriche
d'amener ses gens. Mais quand sa lettre, partie d'Amboise le 26 [4],
atteignit l'Alsace, le sort de l'expédition était déjà à moitié
décidé en faveur des Bourguignons. La prise de Belfort et la
victoire de Dannemarie près Montbéliard (fin juillet) leur per-
mirent de rejeter les Autrichiens au delà du Rhin et de garder
pour eux le théâtre des opérations.

Le concile de Bâle, qui venait justement d'ouvrir ses ses-
sions (23 juillet et ss.), s'émut naturellement de cette guerre
qui grondait à ses portes et allait peut-être troubler ses délibérations. Il fit écrire à l'empereur pour le prier de s'interposer
entre les belligérants et de peser en faveur de la paix sur le roi
de France que tout le monde savait être l'instigateur des hostilités [5]. La guerre n'en continua pas moins, même après que
Sigismond eut fait promesse au cardinal de St. Ange de forcer
le duc d'Autriche à abandonner la partie (6 sept. 1431) [6]. Aussi

---

[1] Acte du 23 juin 1431, dans Lampel, ouv. cité, p. 141.

[2] Instructions datées de Dijon, 10 juin 1431, dans Dom Plancher,
Hist. de Bourgogne, IV, pr. 87.

[3] Archives départementales de la Côte-d'Or, B. 11880, d'après
M. d'Herbomez (p. 19).

[4] Publié par M. d'Herbomez, ouv. cité, p. 70. — Nous en avons
une copie prise, comme la sienne, sur l'original (sans date d'année)
des Archives impériales de Vienne. Longtemps nous avons cru que
ce document appartenait à l'année 1430, et cette attribution pourrait
se défendre. Toutefois nous nous rangeons finalement à l'avis de
M. d'Herbomez, qui le date de 1431.

[5] 2 août 1431. Voy. les *Monum. conciliorum* publ. par l'Académie
impériale de Vienne, I, 96.

[6] *Ibid.*, 106.

les prélats du concile trouvèrent-ils bon de prêcher eux-mêmes les deux adversaires et de les faire consentir pour le moins à une trêve aussi longtemps que durerait le concile (22 sept.)[1]. Le cardinal Jullien fut chargé d'écrire au duc d'Autriche [2], sans doute aussi au duc de Bourgogne [3], et de leur exposer comment, au bruit de leurs luttes, bon nombre de prélats n'osaient se rendre au concile. L'œuvre ecclésiastique que l'on entendait poursuivre se trouvait donc compromise par la faute des belligérants. — Peine perdue. Frédéric se piquait d'agir en vassal fidèle et déclarait ne pouvoir suspendre la guerre tant qu'il ne serait pas relevé de ses engagements par le roi de France. Les prélats s'adressèrent alors aux représentants de Charles VII, qui se trouvaient encore auprès de l'empereur à Feldkirch dans le Vorarlberg. Ceux-ci promirent de soutenir cette demande auprès de leur maître, selon leur pouvoir.

Leurs exhortations ne furent pas sans effet. Le 12 octobre 1431, les capitaines autrichiens des pays de Pfirt, Suntgau, Alsace et Brisgau concluaient à Feldkirch avec les représentants bourguignons, par l'entremise du cardinal Jullien et de l'empereur Sigismond, un armistice de deux mois et demi [4] que Philippe reconnut quelques jours plus tard [5]. Les hostilités devaient être suspendues jusqu'au 21 décembre. A la nouvelle de ce résultat, l'empereur se hâta d'écrire aux parties contendantes pour les presser de faciliter l'accès du concile et le transport des approvisionnements nécessaires [6]. Les deux ducs lui donnèrent satisfaction : ce fut le premier résultat pratique de leur réconciliation.

---

[1] *Ibid.*, 112.

[2] Lettre sans date, dans Martène, *Ampl. collectio*, VIII, 40.

[3] Nous n'en avons pas la preuve directe ; mais le rôle imposé au cardinal Jullien par le concile induit à croire qu'il sollicita le duc de Bourgogne aussi bien que le duc d'Autriche.

[4] L'acte n'est connu que par le vidimus redigé, le 17 octobre, par le cardinal Jullien et inséré dans la confirmation donnée par le duc de Bourgogne le 23 octobre suivant.

[5] Dijon, 24 *(sic)* octobre 1431, dans Dom Plancher, *Hist. de Bourgogne*, IV, preuves, 95. Mais ce quantième est erroné; il faut corriger 24 en 23. L'original existe aux Archives impériales de Vienne.

[6] Lettre au duc de Bourgogne, datée de Ffeltkerech, Turiensis *(sic)* diocesis (= Feldkirch, dioc. de Coire), 25 oct. 1431, dans Dom Plancher, IV, pr. 96. Elle est datée de Faltkreth, 30 oct. 1431, dans Dom Martène, *Ampl. collectio*, VIII, 41, et dans les *Monum. conciliorum*, I, 129.

Cette trève ne fut pas tout d'abord rigoureusement observée, et il fallut que le concile intervint auprès de Humbert de
la Roche, du parti bourguignon, pour arrêter ses incursions
dans le comté de Pfirt et faire prolonger l'armistice jusqu'à la
Purification[1] de 1432. Une trève générale, préparée dès le 13
déc. 1431 entre la France et la Bourgogne, ouvrit heureusement
bientôt la perspective d'une paix générale. Les Pères de Bâle
s'y employèrent et donnèrent à cet effet leurs instructions au
margrave de Bade[2], Guillaume de Reuchelin. Il était chargé
de décider le duc d'Autriche à envoyer ses représentants à
Bâle avec pouvoirs suffisants pour conclure la paix. On fit
agir aussi très vraisemblablement auprès du duc de Bourgogne
dans le même sens[3], et si bien que, vers le 20 mars 1432, les
deux adversaires concluaient une trève de six ans[4].

Le roi de France s'était empressé, dès le 14 janvier 1432[5],
d'informer son fidèle allié Frédéric de sa prochaine réconciliation avec Philippe le Bon. Sa missive rappelait probablement aussi au duc d'Autriche qu'il n'était point pour cela
délivré de ses engagements et que le roi avait encore besoin de
son secours contre les Anglais. Seulement, comme il ne fallait point heurter directement le duc de Bourgogne, on s'entendit pour substituer au duc d'Autriche son beau-frère le duc
de Brunswick qui, avec l'aide de Wauchelin de la Tour[6] et des
subsides de Frédéric, avait réuni quelques centaines d'hommes
sur les terres d'Autriche, prêts à entrer en France à la date du
25 février. C'est en réalité ce qui advint, et nous suivons la
marche du duc de Brunswick par Metz et Reims jusqu'aux
confins de l'Ile de France. Mais quel était au juste l'objectif
de cette expédition ? Guerroyer de nouveau contre le duc de

---

[1] C'est-à-dire jusqu'au 2 février.

[2] « Instructiones ex parte sacri concilii Basiliensis nobili viro marchioni *de Ruchelinc* super agendis cum illustrissimo duce Austrie.»
(Orig. scellé sur papier aux Archives impériales de Vienne). — Le
synchronisme des faits connus nous autorise à attribuer ces instructions au mois de janvier 1432.

[3] Cependant nous n'en avons pas trouvé la trace écrite.

[4] Lettres patentes de Philippe de Bourgogne annonçant les trèves
conclues avec Frédéric d'Autriche à la demande du concile. Dijon,
30 mars 1431, n. st. 1432. (Archives du royaume à Munich : *Fuerstensachen*, V, 50. Copie du temps).

[5] Voy. Brandis, *Tirol*, p. 198, d'après Ulrich Putsch.

[6] A la date du 3 janv. 1432, dans d'Herbomez, ouv. cité, p. 72
et 74.

Bourgogne, nous disent quelques chroniqueurs. Et aucun témoignage contemporain n'infirme véritablement le leur [1]. Pour expliquer cette violation des trêves qui avaient été conclues vers le 20 mars, nous sommes obligé de supposer que le roi de France n'avait appelé le duc de Brunswick que contre les Anglais, tout en laissant au duc d'Autriche le droit de le jeter, à ses risques et périls, sur les Bourguignons, moins sans doute pour venger sa défaite de 1431 que pour essayer de conquérir les terres qui lui avaient été concédées. Sur ce dernier point, Frédéric n'eut point gain de cause, mais seulement sur le premier, s'il est vrai que le duc de Brunswick ait battu à plusieurs reprises les troupes bourguignonnes dans l'intervalle qui s'étend du 22 février au 18 avril 1432.

Les hostilités avaient continué d'ailleurs de diverses manières puisque, au mois d'avril 1432 [2], Philippe de Bourgogne se plaignait pour la troisième fois au comte palatin du Rhin de ce qu'un marchand de Lille avait été dépouillé de son argent sur le Rhin, à la hauteur de Brisach par les gens du duc d'Autriche. De leur côté, les vassaux du duc de Bourgogne avaient pris prétexte de ces faits pour considérer les trêves comme rompues et avaient recommencé leurs incursions sur les terres autrichiennes. Le comte palatin, protecteur du concile, s'en étant plaint, le chancelier de Bourgogne répondit que la faute en était au duc d'Autriche, et que, d'ailleurs, ses lettres étant enfin arrivées, on allait prendre des mesures pour que la trêve fut réellement observée [3].

La responsabilité du duc d'Autriche dans cette prolongation des hostilités nous parait indéniable. Comme il avait commencé par retarder l'envoi au duc de Bourgogne des lettres reversales de la trêve, Guillaume qui sentait bien l'incorrection de ce procédé, priait [4] et faisait prier [5] le duc de Bourgogne

---

[1] Cf. d'Herbomez, ouv. cité, p. 23, 24 et 25.

[2] Lettre datée de Dijon, 2 avril (1432). (Archives du royaume à Munich : *Fuerstensachen*, V, 63. Orig. pap.) La date d'année manque; celle que nous adoptons est rendue certaine par l'itinéraire diplomatique de Philippe le Bon.

[3] Lettre de Nicolas Robin, sgr. d'Anthume, à Guillaume de Bavière. Autun, 16 avril [1432]. (Archives du royaume à Munich : *Fuerstensachen*, V, 65. Orig. pap.)

[4] Sa lettre est mentionnée dans la réponse du duc de Bourgogne (2 avril), citée ci-après.

[5] Sa lettre à Robin d'Anthume, chancelier de Bourgogne, est mentionnée dans la réponse de ce dernier (2 avril), citée ci-après.

de ne point s'en offusquer et de respecter le traité intervenu. Philippe s'y engageait [1] et protestait dè son respect pour le concile [2]. Les reversales attendues arrivèrent enfin aux mains de Guillaume, qui s'empressa de le faire savoir au duc de Bourgogne, en attendant qu'il put les lui expédier par l'entremise de l'évêque de Constance et de l'abbé de Vercillac [3].

En accusant réception de cet avis, Philippe ajoutait qu'il avait déjà expédié ses propres lettres sans attendre celles de la partie adverse, et stipulé que le duc d'Autriche en tant qu'allié du roi de France était également compris dans la trêve qui venait de se conclure entre la France et la Bourgogne [4]. Quant aux dissentiments particuliers qui existaient entre l'Autriche et la Bourgogne, il entendait les laisser dormir tant que durerait le concile, et même trois mois au delà. Il regrettait donc de ne point trouver dans les lettres de Frédéric les mêmes nettes assurances, et priait Guillaume de les obtenir et de les transmettre à l'abbé de Vercillac [5].

Fidèle à sa parole, le duc de Bourgogne déclarait, le 8 mai suivant[6], vouloir comprendre le duc d'Autriche dans la trêve

---

[1] Lettre du duc de Bourgogne à Guillaume de Bavière. Dijon, 2 avril (1432). (Archives du royaume, à Munich, *Fuerstensachen*, V, 70, orig. pap.): « Litteras vestras theutonice scriptas recepimus mentionem inter cetera facientes de treugis apud ducem Austrie observandis... »

[2] Lettre de N. Robin, sgr. d'Anthume, à Guillaume de Bavière. Dijon, 2 avril (1432). *Ibid.*, V, 64, orig. pap: « Litteras vestras.. recepimus... »

[3] Voy. la réponse du duc de Bourgogne à Guillaume de Bavière. Dijon, 8 avril (1432). *Ibid.*, V, 62, orig. pap.: « Litteras vestras harum per latorem nobis allatas... »

[4] *Ibid.*: « *Ante recepcionem quarumquidem litterarum vestrarum ac illarum dictorum reverendorum principum litteras nostras super eisdem abstinenciis et treugis prelibato abbati transmiseramus sub forma congrua ac rationabili conceptas, hac videlicet quod dicte abstinencie, in quantum tangit querelam Karoli regem Francie se asserentis adversarii nostri, in quibus dictus Austrie dux eidem Karolo confederatus comprehensus existit et comprehendi vult et declaravit, durare habeant sex annis, sicut inter nos et dictum Karolum concordate sunt.* »

[5] *Ibid.*: « *Quapropter, magnifice princeps, instare velitis ut literas consimiles nostras a dicto Austrie duce obtinere valeatis, dicto abbati Verziliacensi realiter tradendas...* »

[6] Déclaration sous la date de Dijon, 8 mai 1432. L'analyse que nous avons prise de cet acte aux Archives impériales de Vienne nous fait croire qu'il est assez différent de celui qu'a publié Dom Plancher sous la même date dans son *Hist. de Bourgogne*, IV, pr. n° 118 (et non n° 100, comme M. d'Herbomez l'a laissé imprimer par erreur).

de six ans qui allait se conclure à Auxerre avec le roi de France. Ainsi prit fin cette guerre entre deux des plus puissants féodaux de ce temps. De l'alliance si passionnément poursuivie avec l'Autriche, le roi de France n'avait tiré profit ni contre la Bourgogne ni contre l'Angleterre.

Il semble que dès lors la trêve conclue sera respectée. Tant s'en faut. Au milieu de l'année 1433, les nobles de la haute Alsace font savoir au duc d'Autriche qu'ils sont journellement menacés par les gens du duc de Bourgogne et se trouvent hors d'état de leur résister [1]. De leur côté les conseillers de Philippe de Brabant s'adressent au comte palatin pour obtenir justice d'attaques dirigées entre Brisach et Rheinhoffen contre deux marchands bourguignons qui revenaient de Gênes, par des gens armés qui se disaient ennemis de Philippe [2]. Nous ignorons l'issue de ces réclamations, mais l'état de guerre qu'elles révèlent méritait d'être consigné ici. Il prit fin cependant quelques mois plus tard par un armistice [3].

La déception qui était résultée pour le duc d'Autriche aussi bien que pour le roi de France des événements de 1432, amena entre eux une certaine froideur. Lorsqu'au mois d'octobre 1433 [4] Charles VII s'interposa pour faire restituer à deux marchands italiens les biens qui leur avaient été dérobés par les gens de Frédéric, ce ne fut point par négociation directe, mais par l'entremise du concile de Bâle. Sous l'impression de ce changement de conduite, Frédéric crut compromise même l'union matrimoniale qui avait été projetée en 1430, en même temps que l'alliance politique. Il voulut s'en éclaircir. Apprenant en

---

[1] Instructions données par la noblesse de la haute Alsace à ses envoyés près le duc d'Autriche, 20 août 1433, dans Mone, *Zeitschrift*, XI, 338.

[2] Lettre datée de Bruxelles, 6 août 1433. (Archives du royaume à Munich, *Fuerstensachen*, V, 60, orig. pap.)

[3] Lettre du duc de Bourgogne au concile de Bâle pour l'informer de l'armistice qu'il vient de conclure avec le duc d'Autriche. Dijon, 26 octobre [1433], dans Martène, *Amp. collectio*, VIII, 369.

[4] Lettre du concile de Bâle à Frédéric, 5 oct. 1433, citée dans Lichnowsky, *Gesch. des Hauses Habsburg: VI, Regesten*. — Il existe aux Archives impériales de Vienne un acte analogue (daté de Bourges, 24 avril 1436) par lequel Charles VI réclame auprès du duc d'Autriche la mise en liberté de son parent le comte Robert *de Saraponte* (Saarbrück ?), emprisonné, alors qu'il revenait de Terre sainte, par le comte de Lupfen, vassal du duc.

¹uin 1434 que le roi était à Lyon ¹, il le fit questionner directement par son chapelain Hugues Pryat². Charles VII s'empressa
de rassurer son interlocuteur sur l'un et l'autre point³, et annonça pour traiter plus particulièrement du premier, l'envoi
d'une ambassade⁴, qui dut se mettre en route dans le courant
de l'été. On aboutit finalement à un compromis par lequel le
duc fut, entre autres faveurs, délié de sa promesse d'entrer en
campagne, et ce moyennant le paiement de 1,000 ducats d'or⁵.

¹ Voyez le début des *Instructions* données à Hugues Pryat (Archives impériales de Vienne).
Le roi arriva en effet à Lyon, le 25 juin 1434 (De Beaucourt,*Hist.
de Charles VII*, II , 305). Cette constatation permet de dater les
instructions en toute sureté. Faute d'avoir connu ce document, Putsch
et Brandis fixent cette nouvelle négociation à l'année 1433. M. d'Herbomez les a suivis (p. 26), mais non sans défiance — A l'encontre de la date que nous admettons on pourrait citer le passage
suivant des *Obsequia* de Raoul de Gaucourt : « *Verum est quod
anno Domini M. CCCC* ᵐᵒ *tricessimo quinto predictus dominus
Fredericus dux defunctus per dominum Hugonem Aubriot, Bel-
lefortis curatum, ejus servitorem, et per suas litteras notificavit
serenissimo principi Francie regis predicto quod cum a modico
tempore idem rex sibi misisset ecquos suos officiarios pro matrimo-
nio defuncte domine Radegunde ejus filie et prefati domini Sigismundi contrahendo, nullo modo poterat super hiis cum eisdem
concordari, quod ei multum displicebat.....* » (Archives impériales
de Vienne). Mais ces *Obsequia*, dont nous reparlerons plus tard,
furent rédigées de mémoire en 1448 et peuvent par conséquent fort
bien pécher en ce point.
² Très certainement le même personnage que M. d'Herbomez (p.
26) appelle Hugues Briet de Beaufort, d'après un document de 1434,
et Hugues Aubriot (p. 81), d'après un acte de 1448.
³ Faute encore d'avoir connu les instructions données à Hugues
Pryat, Brandis a cru, sur la foi de Putsch, que l'initiative de cette
nouvelle négociation appartenait au roi de France.
⁴ Lettre du 12 juillet 1434, dans d'Herbomez, ouv, cité, p. 75 et 76.
Cf. les *Obsequia* de Raoul de Gaucourt, déjà citées « *: Item et ad
requestam predictam dicti domini ducis Friderici,·idem de
Gaucourt accepit conductum illius operis et taliter fecit quod ex
precepto regio ipse et alii consiliarii regis missi fuerunt erga ipsum ducem apud civitatem suam de Yssepurg, in qua concor-
datum fuit inter predictum ducem Fredericum et prefatos ambassiatores regios super complementum matrimonii predicti.....*»
⁵ Voy. les *Obsequia* : « *Item et quia per alios tractactus matrimonii predicti idem dux juraverat et promiserat diffidare et guer-
riare regem Anglie et ducem Burgundie cum magno exercitu
gencium armorum et suis propriis sumptibus qui ascendere po-
terant ad summam trium centum mille (sic) ducatorum auri vel
circa ; et ut de hiis promissis quitus existeret, initum fuit pactum*

La série de ces négociations laisse déjà prévoir que les ducs d'Autriche vont tenir désormais dans la politique royale la place qu'avaient prise les ducs de Bavière sous Charles VI, les ducs de Luxembourg sous Charles V et Jean le Bon. La suite de cette histoire justifiera pleinement cette prévision.

Toutefois ce système politique parut un instant devoir faire place à un autre lorsque, au commencement de 1434, Charles VII s'efforça de provoquer une nouvelle diversion à l'est par le moyen de Sigismond. Le lecteur connaît déjà cette tentative[1], les premiers succès, les déceptions qui suivirent, et finalement le changement de front qu'amena la paix d'Arras. Ce fut une faute, que Charles VII s'efforça de réparer pendant toute la durée de son règne, sans complètement réussir.

Ce n'était point seulement la réconciliation du roi de France avec le duc de Bourgogne qui, au gré du concile et de l'empereur[2], eut dû sortir du congrès d'Arras : c'était aussi la pacification de la France et de l'Angleterre. Elle ne s'obtint pas aussi vite qu'on avait espéré. Livré à ses propres forces, Charles VII dut compter avant tout sur les succès militaires, et ne chercha guère appui auprès des princes de l'Empire. Il n'y avait plus rien à attendre de l'électeur de Cologne, maintenant qu'il était le vassal et le pensionnaire du roi d'Angleterre[3]. Pourtant, en 1440, Dietrich de Meurs proposa à Henri VI de lui ménager la paix avec le roi de France. Henri VI repoussa cette médiation, tout en protestant de ses intentions pacifiques[4]. Il affirmait qu'en ces dernières années il avait, à plusieurs reprises, envoyé aux

---

inter eundem ducem et ambaxiatores predictos quod hoc loco ipse persolveret seu persolvi faceret regi aut ejus certo mandato in villa Gebenis per mercatores sufficientes et ydoneos pro execucione guerre predicte octoginta millia ducata auri inmediate...

[1] Voy. le chapitre précédent, p. 189.

[2] Il y a dans le *Registraturbuch* D (f° 139) des Archives impériales de Vienne, la minute d'une lettre de Sigismond au pape, qui est malheureusement sans date. Elle a trait au projet de réconciliation du roi de France avec le roi d'Angleterre et appartient probablement à l'année 1433.

[3] Voy. dans Lacomblet, *Urkundenbuch*, IV, 273, un acte du 15 juillet 1437 ou 1438, par lequel le roi d'Angleterre Henri VI, promet au dit archevêque de continuer à lui payer la rente féodale (*Lehnrente*) qu'il recevait de Henri V. — Cf. *ibid.*, 275, un acte du 21 mai 1439, et dans Lunig, *D. Reichsarchiv*, VII, 92, le traité du 22 décembre 1448 entre le roi d'Angleterre et l'archevêque de Cologne.

[4] *Ibid.*, 286, lettre du 2 septembre 1440.

diètes d'Allemagne dans le même dessein, mais sans le moindre succès. On ne trouve point trace d'entremises de la diète auprès du roi de France : comme ce n'est point une raison suffisante pour mettre en doute l'assertion du roi d'Angleterre, nous concluons que les princes allemands se bornèrent à transmettre à Charles VII les propositions anglaises.

3

Quand, à la suite du traité d'Arras, Charles VII, pour sceller sa réconciliation avec le duc de Bourgogne, consentit à donner une de ses filles au comte de Charolais[1], ce fut l'aînée, c'est-à-dire Radegonde qui fut désignée sur la demande expresse de Philippe le Bon, bien aise de rompre ainsi les espérances de son vieil ennemi le duc d'Autriche[2]. Celui-ci fut certainement informé de cette perfidie, car, au milieu de l'année 1436, il envoya demander encore une fois à Charles VII confirmation des engagements antérieurs[3]. Il faut croire que le roi ne se sentait pas sérieusement engagé vis-à-vis du duc de Bourgogne, car il laissa la reine de France Marie d'Anjou, hostile aux Bourguignons, rassurer le duc d'Autriche[4] ; il fit même dire à

---

[1] Le Fèvre de Saint-Remy, *Mémoires*, II, 366.

[2] Ces faits résultent d'un texte erroné de Monstrelet (*Chroniques*, V, 344), qui s'éclaire par les événements subséquents : « En cet an (1439), environ le mois de juin, le roi de France fit départir dame Catherine sa fille hors de son hôtel..... pour la mener et conduire devers le duc de Bourgogne, auquel, comme dit est ailleurs par ci-devant, il l'avoit accordée pour son fils le comte de Charolais avoir en mariage ». M. de Beaucourt qui a rappelé ce passage (III, 101, note 6) a relevé l'erreur de Monstrelet en ce qui touche le prétendu décès de Radegonde, mais n'a point soupçonné que le surplus du texte déguisait un fait exact.

[3] La date approximative de cette demande nous est fournie par la date précise de la réponse. Cette demande ayant été apportée par le prévôt de Brixen (même source), on ne peut la confondre avec l'ambassade de Jean Pechlein, de mars ou avril 1436, relative au mariage de Jacques, fils du roi, avec une princesse d'Autriche, que nous exposons plus loin.

[4] Lettre latine, en forme, datée d'Amboise, 20 juillet (1436), contenant un billet en français, de la main de la reine : « Mon très cordial filz, tres doulcement vous remercie des gracieuses letres que m'avez escriptes et aussi du beau don et riche que m'avez envoyé. L'amour et la grant cordialité que j'ay a vous comme a mon propre

celui-ci, par une ambassade spéciale, qu'il était prêt à traiter la question, c'est-à-dire à discuter les conditions du mariage, celles qui avaient été fixées en 1430 ne tenant plus. Satisfait de ces bonnes dispositions, Frédéric se laissa détourner de cette affaire par d'autres plus pressantes, si bien qu'à la fin de décembre 1435, il n'avait point encore envoyé à la cour de France les procureurs qu'on lui avait demandés [1].

Le roi de France était sincère dans les assurances qu'il donnait au duc d'Autriche, puisque le comte de Charolais épousa en 1438 une sœur puînée de Radegonde, du nom de Catherine. Il est vraisemblable que Charles VII ne se montra pas moins favorable à une proposition de Frédéric, apportée en mars ou avril par un certain Pechlein [2], tendant à faire entrer les deux branches de la maison d'Autriche dans une alliance de famille avec la maison de France par le mariage du second fils de Charles VII, Jacques, avec une fille d'Albert d'Autriche, de la branche albertine, — et par celui de Charles d'Anjou, frère du duc de Lorraine et de la reine de France, avec une fille d'Ernest d'Autriche-Styrie, de la branche léopoldine. Ces ouvertures ne pouvaient que sourire à la cour de France et tout spécialement au parti angevin dont elles fortifiaient la puissance. Mais elles rencontrèrent l'opposition des ducs d'Orléans, de Bourgogne, de Bretagne, de Bourbon et d'Alençon [3], intéressés à ne point laisser la maison d'Anjou grandir encore. Elles furent donc sinon repoussées, du moins ajournées.

Toutefois le roi se ravisa bientôt et, dans les derniers mois de l'année 1435, il fit prier Frédéric de reprendre les négocia-

filz vous dira Peschel vostre servitour, vous priant que me tenez comme propre mere, car de ma part tele me tien. Mon très cordial filz, afin que vous cognoessez que du cuer je di ces paroles. j'ay escriptes de ma main ces letres. Vostre mere, MARIE. »

[1] Lettre datée d'Inspruck, 19 déc. 1436, dans Brandis, *Tirol...* p. 574.

[2] et [3] « Lettre inédite de Raoul de Gaucourt gouverneur du Dauphiné, à Frédéric d'Autriche. Grenoble, 4 juin (1436), aux Archives impériales de Vienne : « Vestre celsitudini libeat notum fore me apud serenissimum illustrissimumque principes et dominos meos regem, reginam et dalphinum cum Johanne Pechlein vestro servitore interfuisse et negocium pro quo a vobis destinatus erat cum eo, ut melius scivi ac potui, fuisse libentissime prosequtum, et quanquam domini duces Aurelianensis, Burgundie, Britanie, Borbonii, Alenconii et nonnulli alii consanguinei et proceres hujus regni hoc totis viribus impediverint. »

tions ouvertes à ce sujet. Nous nous expliquons par ces tergiversations le contenu d'un curieux document, que nous datons de septembre ou octobre 1436 [1]. C'est un exposé, présenté à Frédéric par des ambassadeurs de Charles VII (ce dernier point ne peut faire doute), des motifs qui doivent le porter à faire réussir le double mariage dont nous avons parlé tout à l'heure. Ces motifs sont en effet de nature à faire impression sur l'esprit du duc autrichien. On lui remontre que le prince Jacques, maintenant âgé de cinq ans, avait été distingué déjà, deux ans auparavant, par l'empereur Sigismond qui avait même songé à le faire entrer dans sa famille en lui fiançant une de ses filles [2]. C'était en effet un jeune prince beau et bien conformé, destiné à de grandes choses, au jugement des sages. En ce qui touchait Charles d'Anjou, on rappelait son illustre parenté, issu qu'il était d'une famille qui, non contente de posséder l'Anjou, la Lorraine, le Barrois, la Provence et le Maine, avait fait asseoir quelques-uns de ses rejetons sur le trône de Naples et sur celui de France. On faisait remarquer que le premier était de cette maison de France dont les fils pros-

---

[1] Texte dans Chmel, *Materialien*, I, 35, sans date. — La date résulte pour nous : 1° du passage où il est dit que le prince Jacques de France (né en 1432) est dans sa cinquième année ; 2° du passage où est rappelé le traité conclu à Bâle entre Sigismond et Charles VII *citra duos annos*, c'est-à-dire en mai 1434 ; 3° de ce fait que le document est postérieur à la lettre de Gaucourt (du 4 juin 1436, citée plus haut), et non antérieur, comme il faudrait l'admettre si l'on se rangeait à l'avis de M.M. d'Herbomez et Lampel qui attribuent à Charles VII l'initiative de la proposition de ce double mariage. — Il y a cependant une difficulté. La mort de Louis III d'Anjou roi de Sicile est dite survenue dans le courant de l'année (*hoc anno est ingressus viam carnis universæ*), alors qu'elle est en réalité de novembre 1434. Peut-être avait-on quelque intérêt à cacher sur ce point la vérité au duc d'Autriche.

[2] *Ibid.* : « Item, quod citra duos annos dominus imperator tunc existens Basilee post certum fedus initum inter eum et dominum regem Francie predictum multum inquisivit de dispositione domini Jacobi, dicens hec verba : Volo cogitare de magnificatione dicti domi Jacobi et taliter quod fortassis erit michi filius et heres. » C'est le seul témoignage que nous connaissions de ce projet de mariage. En ce qui touche l'hérédité de Sigismond, il ne peut s'agir que de celle dont il était encore le maître, c'est-à-dire l'hérédité dans ses domaines patrimoniaux du Luxembourg. En ce cas nous aurions ici une nouvelle preuve du désir de Sigismond de se lier à la maison de France pour arrêter le développement de la puissance bourguignonne.

péraient partout où ils s'établissaient ; de cette race qui avait
produit Robert roi de Sicile, Louis roi de Hongrie, Philippe
roi de Navarre, et qui avait donné des rois à l'île de Chypre [1].
On eut pu rappeler aussi bien le nom de Philippe le Hardi,
fils du roi Jean et tige de la seconde maison ducale de Bourgogne ; mais la grandeur de celle-ci était alors chose importune.

On désirait si fort le succès de ces alliances qu'on se déclarait prêt à députer au roi des Romains [2], si Frédéric le jugeait
nécessaire pour obtenir son consentement. On les représentait
comme le point de départ d'autres unions entre les maisons
de France et d'Autriche. Bref on accumulait un tel luxe d'arguments que l'historien est tenté de chercher dans ces négociations la révélation de quelque dessein politique à longue portée. Nous reviendrons sur cette question à la fin de ce chapitre.
Nous constaterons auparavant que le mariage de Jacques de
France ne put aboutir par suite de la mort de ce jeune prince,
survenue le 2 mars 1437 [3], et que celui de Charles d'Anjou ne fut
point davantage conclu par des raisons qui nous échappent [4].

L'allusion au traité politique de 1430, que Frédéric avait ris-
quée au début de ses nouvelles négociations, ne fut pas relevée ;
mais elle ne fut pas oubliée et, quelques années plus tard, en
1438, Charles VII fait demander au duc d'Autriche-Tyrol, par
l'entremise de l'archevêque de Tours [5], un secours d'hommes

---

[1] *Ibid.* : « Item, legimus de filiis regum Francie quod quocienscun-
que fuerunt plantati in regnis aut aliis dominiis, quod plurimum
magnificaverunt et augmentarunt hujusmodi regna et dominia, cum
depressione hereticorum et infidelium... » M. d'Herbomez a déjà
rendu attentif à ce curieux passage (p. 28 de l'ouv. cité).

[2] *Ibid.* : « Et quod si ad rem ipsam videatur eidem illustrissimo
domino Friderico necesse vel opportunum ut rex destinet super hoc
aliquam ambaziatam ad imperatorem et ad predictum dominum
ducem Albertum, placeat sue celsitudini consilium suum significare
archiepiscopo Turonensi vel in ejus absentia archiepiscopo Lugdu-
nensi... »

[3] Cette mort est du 2 mars 1437. Charles VII en informa le duc
d'Autriche par une lettre, du 3 juin, que nous avons retrouvée aux
Archives impériales de Vienne. Par suite d'une distraction singulière,
la cote indique que la lettre annonce la *naissance* du prince Jacques.

[4] Il épousa en 1443 Isabelle de Luxembourg.

[5] M. d'Herbomez, qui a bien connu cette ambassade, (ouv. cité,
p. 29-30), la fixe à l'année 1438. A l'appui de son dire, il cite (p 29.
note 5) le *Gallia christiana* (t. XIV) parlant d'une mission de l'archevêque de Tours à Bâle, en avril 1433. Ce renvoi ne prouve pas
grand chose. Mais on peut rappeler le passage du même ouvrage

contre le duc de Bourgogne ou tout au moins un subside de
300,000 florins pour solder une armée. Après avoir consulté
l'empereur, le duc refusa : mais se ravisant, l'année suivante,
il fit offrir à Charles VII de reprendre les négociations sur de
nouvelles bases[1]. Nous ignorons s'il fut donné suite à cette
proposition ; mais la mort de Frédéric à la Bourse vide, arrivée le 25 juin 1439, et les conférences de Graveline tenues la
même année avec le roi d'Angleterre, devaient rendre inutile
l'alliance politique de 1430.

Les relations de la maison de France avec la maison d'Autriche se trouvèrent encore plus profondément modifiées par
le fait que Sigismond, héritier de Frédéric à la Bourse vide,
était à peine d'âge adulte et tenu en tutelle fort étroite par son
oncle Frédéric, de la ligne d'Autriche-Styrie, qui devint
bientôt empereur sous le nom de Frédéric III. Néanmoins le
projet de mariage ne fut pas abandonné, et c'est encore la reine
de France, Marie d'Anjou, qui se chargea de le négocier. Au
commencement de l'année 1441, apprenant que Sigismond a
expédié un courrier au roi pour s'informer s'il n'y a rien de
changé au mariage projeté, elle lui adresse une lettre affec-
tueuse [2], où elle exprime sa joie d'apprendre qu'il donne tous
les avant-signes d'un excellent prince. Elle lui annonce en
même temps que le roi va lui envoyer une ambassade. L'objet
n'en est point indiqué, mais il nous est révélé par une lettre du
roi, postérieure de quelques semaines à la précédente [3], et qui

---

où il est dit qu'après avoir quitté Bourges (1438), l'archevêque de
Tours *rursus Basileam tendebat regii oratoris titulo insignitus.*
Faute de pouvoir préciser à quelle époque de l'année l'archevêque
se rendit de Bâle à Inspruck, nous sommes fort empêché de dire
sous l'empire de quelles circonstances il fut chargé de cette importante mission. M. de Beaucourt ne paraît pas l'avoir connue.

[1] Nous avons trouvé aux Archives impériales de Vienne la minute d'un document en allemand, daté de Totis, 1438. Il contient
l'indication de quelques points à soumettre au roi des Romains, à
propos d'une demande d'alliance avec la maison d'Autriche apportée
par Gancourt : « Etliche Punkte zu einer von dem französischen
Gesandten von Gacourt (sic) an Hand gegebenen œsterreischer Werbung an dem rœm. Kœnig wegen einer Verbindung mit Frankreich. »

[2] Datée de Chinon, 7 janvier (1441), dans Chmel, *Materialien*, I,
61. La suscription révèle déjà le ton du contenu : « Illustri et pla-
cido principi Sigismundo duci Austrie, filio nostro carissimo atque
dilectissimo. »

[3] Lettre datée de Troyes, 30 janv., dans Chmel, *Materialien*, I,
61. La date de 1441 que nous adoptons résulte de ce fait que

rassure le jeune Sigismond sur l'affaire qui lui tenait tant à cœur. Au dire du roi, c'est le défunt duc d'Autriche qui est responsable du retard apporté au règlement de ce mariage. Ce reproche nous semble assez mal fondé, à nous qui savons le grand désir qu'avait eu Frédéric à la Bourse vide de voir se réaliser le dessein de 1430. Nous soupçonnons que le roi avait plutôt cherché le moyen d'échapper aux engagements qu'il avait contractés à cette occasion et qui exigeaient maintenant des sacrifices pénibles.

Quoiqu'il en soit, dans les premiers mois de l'année 1442, Sigismond revint à la charge et obtint du roi, qui se trouvait alors à Limoges[1], même réponse dilatoire. De la reine qui séjournait à Beaucaire [2], la réponse est postérieure d'une quinzaine de jours à la précédente. Comme elle est de même teneur, rédigée à peu près dans les mêmes termes, nous avons le droit d'y voir le résultat d'une entente entre le roi et la reine, dans le dessein de ne point promettre à Sigismond plus qu'on ne voulait accorder. On se déclara prêt néanmoins à approuver ce qui aurait été convenu entre le jeune duc et Raoul de Gaucourt, représentant du roi. Malheureusement ces conventions ne nous sont pas connues.

Il fallut les démêlés politiques qui accompagnèrent l'expédition de Suisse pour renouer et pour faire aboutir la longue négociation relative au mariage de Sigismond. A une date que nous ignorons, mais qui est très probablement postérieure à cette diète de Nuremberg, de septembre 1444, où Charles VII saisit les princes allemands des griefs qu'il prétendait avoir contre l'empereur, le contrat de mariage de Sigismond et de Radegonde semble avoir été conclu à la hâte [3], dans le dessein de séparer le duc de son cousin l'empereur Frédéric. Ce contrat devait être sans effet, par les raisons que l'on indiquera au chapitre XIII de cette histoire.

Charles VII arriva à Troyes le 16 janv. 1441 (Beaucourt, III, 169). C'est donc à tort que Chmel attribue cette lettre par conjecture à l'année 1440.

[1] Lettre du 14 mai (1442), dans Chmel, (*Materialien*, I, 62), qui indique à tort l'année 1440. Voy. la *Relation du passage de Charles VII à Limoges* que nous avons publiée dans la *Biblioth. de l'École des Chartes*, t. XLVI, 1885.

[2] Lettre du 27 mai (1442), dans Chmel, *Materialien*, I, 63, avec même erreur que dessus.

[3] Voy. dans Leibnitz, (*Codex dipl.*, p. 349), un acte sans date, relatif à ce mariage. Ce n'est qu'une minute, un projet peut-être, qui ne suffit pas pour affirmer que le contrat ait été réellement signé.

Les faits que l'on vient de rappeler n'étaient point totalement inconnus des historiens. Mais ils étaient considérés comme destitués d'importance politique et motivés simplement
par les circonstances du moment [1]. M. J. Lampel a eu raison
d'y voir davantage [2] ; mais il se trompe, à notre avis, lorsqu'il
croit que Charles VII cherchait depuis 1434 une compensation
à l'échec des espérances qu'il avait conçues pour sa fille du côté
de la Bohême [3]. S'il en avait été ainsi, Charles VII eut mené
les négociations à leur terme, au lieu de les laisser tomber.
Son but était plus prochain. Il consistait à prendre ses précautions contre le duc de Bourgogne en fortifiant à la fois, comme
en 1430 [4], la maison d'Autriche et la maison d'Anjou-Lorraine,
adversaires naturels de la Bourgogne [5]. La reine de France,
René d'Anjou, Yolande de Sicile et tout le parti angevin étaient,
si nous ne nous trompons, les véritables inspirateurs de cette
politique. Mais il importe d'insister sur ce point.

4.

Au retour de son inutile expédition d'Italie, en 1442, René
d'Anjou bien convaincu de sa défaite sur ce lointain théâtre,
conçut, comme par compensation, le projet de fonder sa puissance en Lorraine et de changer la possession de droit en possession de fait. Il avait reçu de l'empereur, en 1434, le marquisat
de Pont-à-Mousson [6] et quelques petites villes voisines [7] ; mais

---

[1] C'est encore l'avis de M. d'Herbomez (ouv. cité, p. 29) : « Ceci,
dit-il, n'est qu'un épisode de l'histoire de la négociation pour le mariage de Radegonde avec Sigismond ». — M. de Beaucourt, dans sa
belle *Hist. de Charles* VII, ne semble pas avoir davantage mesuré
la portée de ces mêmes négociations.

[2] *Herzog Friedrichs IV Politik gegen Frankreich und Bœhmen*,
p. 139.

[3] Voy. *ibid.*, p. 132.

[4] Voy. ci-dessus page 222.

[5] Voy. M. de Beaucourt, *Hist. de Charles VII*, t. III, chap. II.

[6] Ducis Lotharingie infeodacio super marchionatum Pontemontis,
Bâle, 7 avril 1434, (dans le *Registraturbuch* K, f° 120, des Archives
impériales de Vienne) : « Accedens nostre majestatis presenciam illustris Renatus Lotharingie ac Barensis dux et marchio Pontemontis...
nobis supplicavit quatinus marchionatum Pontemontensem sibi, qui
a nobis et sacro romano imperio dependet, in feudum conferre digna-
remur. »

[7] Duci Lotharingie littera feudalis pertinens advocaciam civitatis
in Tholeya ac eciam advocaciam monasterii in Ramelsperg diœcesis

d'autre part, il avait engagé au duc de Bourgogne Neufchâteau et Clermont-en-Argonne pour la somme de 420,600 écus. Il fallait unifier ces territoires, occuper le marquisat, reprendre les villes de l'Argonne et, par même occasion, ramener celle de Metz à une plus étroite dépendance féodale. De là à l'idée de restaurer l'ancien duché de Lorraine [1] dans son intégrité il n'y avait qu'un pas pour des gens qui se piquaient d'histoire et fondaient leur droit sur la tradition [2]. Ce pas fut bientôt franchi.

Charles VII, marié depuis 1422 à Marie d'Anjou, ne pouvait manquer de se prêter assez bien à pareille entreprise. Depuis nombre d'années il n'avait cessé de prodiguer aux angevins des marques de sa faveur, soit en essayant de faire réussir le mariage de Charles d'Anjou avec une princesse d'Autriche, soit en aidant René dans son expédition de Naples, 1438, soit même en donnant la main au projet du mariage entre Marguerite d'Anjou et l'empereur Frédéric III. De novembre 1438 à février 1439, il avait soutenu René contre les écorcheurs qu'Antoine de Vaudemont avait appelés en Lorraine ; en 1441 il avait imposé à ce dernier son propre arbitrage et, par une sentence solennellement rendue à Reims, s'était de nouveau prononcé en faveur de René d'Anjou ; en janvier 1444, il faisait épouser à Charles d'Anjou, Isabelle de Luxembourg et de Saint-Pol, et donnait son consentement au mariage de Yolande, seconde fille de René, avec Ferry de Vaudemont, fils de l'ancien compétiteur. Bref le roi faisait montre de ses sentiments pour la famille d'Anjou-Lorraine et justifiait bien ce mot d'un contemporain, que « le roy René est celuy par qui tout est mené dans le royaume. »

C'est qu'en effet, dans l'esprit de Charles VII, fortifier le parti angevin c'était faire pièce au parti bourguignon qui ne cessait de croître en puissance. La restauration du duché de Lorraine put donc paraître au roi fort appropriée au but poli-

---

Tholensis, item villam Yve (*ibid.*, même date,) : « Pretendit dictus dux juris sui existere quod quicunque in terra inter Renum et Mosam duellare voluerint, quod hujusmodi duella coram eo fieri debeant et non alibi consummatum... »

[1] Nous prouverons dans le chapitre suivant la réalité de ce projet, affirmé déjà par Jean de Muller. Mais voy. déjà ci-dessus, p. 238, note 7, la prétention élevée par René en 1434 d'évoquer à son tribunal toutes les causes de guerre qui pourraient surgir entre *Meuse et Rhin*.

[2] Voy. au chapitre précédent, p. 203. une allusion au partage de Verdun, — et *ibid.*, p. 208, la mention de l'ancienne Lotharingie.

tique qu'il poursuivait, et le moment de la réaliser d'autant plus
opportun que Philippe le Bon venait de se brouiller avec son
vieil allié le roi d'Angleterre [1]. L'étude de la mise à exécution
de ce dessein politique fera l'objet du chapitre suivant.

Le lecteur a pu remarquer qu'au second livre de ces *Recherches* il n'a point été question de la vieille querelle du roi de
France et de l'empereur d'Allemagne au sujet de la frontière de
l'est. Le duc de Bourgogne s'est alors substitué à Charles VI
et à Charles VII. Il en est de même dans la phase dont nous
traitons actuellement. Cependant quelques actes se rencontrent
qui prouvent que, du côté du roi aussi bien que du côté de
l'empereur, on n'abandonnait rien des droits acquis ou conservés sur les lignes de la Meuse. Sans parler de l'investiture
de Montbéliard soigneusement continuée à la maison de Wurtemberg depuis un demi-siècle et renouvelée en 1431 [2], Sigismond ne juge pas inutile en 1432, bien qu'il fut alors à Fornoue,
d'intervenir dans une querelle qui avait éclaté entre les bourgeois de Toul, et de prononcer sa sentence [3]. En 1434 il confirme
les statuts de Metz [4], écoute les doléances des Verdunois qui
lui demandent appui contre les gens de guerre [5], et donne à

---

[1] Diplôme de Henri VI d'Angleterre se disant roi de France et, à
ce titre, dépossédant le duc de Bourgogne du comté de Flandre.
Cantorbéry, 30 juillet [1443]. (Lunig, *Codex diplom.*, II, 2198).

[2] 1431, *Suntag vor unser lieben Frau Tag purificationis* (=
28 janvier), dans le *Registraturbuch* I, fº 102. Cf. *ibid.*, fº 109.

[3] Fornoue, 25 mai 1432, *ibid.*, I, fº 186 : *suspensio executionis sen-
tentie in causa Tullensi.*

[4] Bâle, 25 janv. 1434, *ibid.*, K, fº 71.

[5] 1434, *ibid.*, K, fº 80. Les doléants rappellent leur vieille fidélité à
l'Empire : « .... *fere in imperii limitibus quasi peregrini inter
exteros principes et dominos residentes, nullis temporum quali-
tatibus seu sinistrorum successuum impulsibus ab imperio pote-
runt retorqueri.* » Il y a dans ce même registre quelques actes té-
moignant de l'exercice de l'autorité impériale sur Verdun : nous
avons eu le tort de ne point les relever. — Au moment de donner
le « bon à tirer » de cette feuille, nous recevons l'*Invent. des archives comm. de Verdun* par MM. Labande et Vernier. L'art. AA. 1
signale seul quelques documents (en copies) utiles pour notre sujet,
mais que nous avons déjà mentionnés d'après de meilleures sources.
Par contre, l'introduction de cet inventaire précise, sur quelques
points, ce que nous avons dit, dans notre chapitre IV, de la situation féodale de Verdun. Elle nous apprend entre autres choses qu'à
partir de la fin du XIVe siècle jusqu'à sa réunion définitive à la
France, la ville de Verdun admit sur son sceau l'aigle impériale.

René d'Anjou l'investiture du marquisat de Pont-à-Mousson [1]. C'était le temps de son alliance avec le roi de France contre le duc de Bourgogne. Son successeur Frédéric III abandonna à peu près cette politique, bien qu'en 1442 il ait, à son tour, confirmé les privilèges de Metz [2] et déclaré que les bourgeois de ce diocèse comme ceux du diocèse de Bâle étaient exempts de toute juridiction étrangère [3]. Postérieurement à cet acte, il n'y en a plus qu'un seul, d'avril 1455 [4], qui montre Frédéric soucieux de faire respecter sur sa frontière de l'ouest les droits de l'Empire en se mêlant à la querelle de l'évêque contre les bourgeois.

Le roi de France n'était pas moins timide. Son expédition de Lorraine et de Suisse n'eut en effet, en aucune façon, le caractère d'agression violente à l'égard de l'Empire qu'on lui a prêté jusqu'ici, sauf pourtant en ce qui touche Épinal [5]. Les seules relations que Charles VII ait eues avec les trois évêchés se bornent à quelques actes sans grande portée. En 1437 par exemple, il mande aux prévôts de Sainte-Menéhould et de Vitry que la communauté de Verdun étant sous sa sauvegarde, elle est redevable de ce chef d'un subside annuelle de 700 livres [6]. Cette sauvegarde lui avait été accordée par Charles VII dès 1422 [7] et lui sera renouvelée en 1445 [8]. A l'égard de Metz le roi débuta par un acte de rigueur en l'obligeant à réparer les violences commises par elle contre l'abbaye de Gorze, qui était en la protection royale [9]. Mais après le siège de 1444 il essaiera de s'attacher la grande cité impériale en lui accordant des lettres de protection [10]. Vis-à-vis de Toul, Charles VII agit d'abord de même, en faisant défendre aux bourgeois de nuire aux religieux de Saint-Mansur qui sont sous sa garde [11]. On ne voit point toutefois qu'il ait accordé à Toul, comme à Verdun et à Metz, des lettres de protection spéciale.

---

[1] Bâle, 7 avril 1434, *ibid.*, K, f° 120.
[2] Brisach, 31 août 1442, *ibid.*, N, f° 47. Cf. les *Regesta* de Chmel.
[3] Bâle, 16 novembre 1442, *ibid.*, N, f° 29.
[4] Chmel, *Materialien*, II, 80.
[5] Voy. le chapitre suivant.
[6] Agen, 24 juillet 1437. Wurth-Paquet, *Regestes*, XXXIII, à la date.
[7] Dupuy, *Traité des droits du roy*, p. 666, mention. C'est à tort, croyons-nous, que Dupuy attribue cet acte à Charles VI.
[8] Dupuy, *ibid.*
[9] Dupuy, *ibid.*, p. 628.
[10] Nancy, février 1444-45, dans le ms. franc. 20587 de la Bibl. nationale, coll. Gaignières.
[11] Dupuy, *ibid.*, p. 646.

CHAPITRE XII

LUTTE DU ROI DE FRANCE CONTRE LE DUC DE BOURGOGNE
DANS L'EMPIRE.
2° L'EXPÉDITION DE SUISSE ET DE LORRAINE EN 1444.

État de la question : trois interprétations ont été données de la
double expédition de 1444. Aucune ne satisfaisant à toutes les données du problème, il faut en chercher une quatrième. — L'expédition de Suisse sous la conduite du dauphin. — L'expédition de
Lorraine sous la conduite du roi. — Les revendications territoriales du dauphin ; leur objet, leurs conséquences. — En résumé,
la double expédition de 1444 fut dirigée contre le duc de Bourgogne au profit de René d'Anjou duc de Lorraine.

1

Les historiens modernes ne se sont pas encore mis d'accord
sur le véritable caractère de la double expédition de 1444 [1].

[1] Le nombre des documents d'origine allemande qui se rapportent
à ces deux expéditions, particulièrement à celle de Suisse, parait
tout simplement prodigieux si l'on remarque que la campagne du
Dauphin ne dura guère que sept mois. Seul le siège de Neuss par le
duc de Bourgogne, quelque trente ans plus tard, provoqua même
abondance de témoignages écrits. — Voy. en particulier Chmel,
Materialien, I, 150-161 ; Fechter, *Vier Berichte ueber die Schlacht
bei St Jacob* (dans le *Basler Taschenbuch*, 1864) ; Wülcker, *Urkun-
den u. Schriften betreffend den Zug der Armagnaken* (dans les
Mittheilungen aus dem Frankfurter Stadtarchive,1873); Janssen,
Frankfurts Reichscorrespondenz, II, passim ; Tuetey, *Les Ecor-
cheurs sous Charles VII*, t. II; Brucker, *Invent. des arch. communales de Strasbourg*, A A. 178 à 185. Les chroniques allemandes de
cette époque surabondent elles aussi de détails. Celle du chapelain
Erhard d'Appenweiler, tout récemment publiée dans les *Basler Chroniken* (t. IV), contient des renseignements nouveaux sur la bataille
de St-Jacques. Sauf erreur de notre part, la chronique latine de
Nicolas Amberg, abbé de Lucelle, n'a pas encore été utilisée par les
historiens de l'expédition de 1444.

M. Janssen dénonce dans cette entreprise[1] la première tentative
de la royauté française pour étendre jusqu'au moyen Rhin la
frontière de son territoire. Il ne fait que reprendre, sur le ton
indigné, une opinion émise par deux contemporains, Jean
d'Esch et Walter de Schwangenberg qui écrivaient sous le coup
des événements[2], soutenue par Wimpheling[3] pour son propre
compte et suivie depuis lors par Schilter[4], Jean de Muller[5],
Vallet de Viriville[6], Henri Martin[7], Hæusser[8], Héfelé[9]. Cette
opinion ne supporte guère l'examen[10]. Sous la plume de Jean

[1] J. Janssen, *Frankreichs Rheingelüste und deutsch-feindliche
Politik* (1861 et 1883, p. 12) : « Um eben diese Zeit hatten sich die
franzœsischen Kœnige ihrer æusseren Feinde entledigt und erkann-
ten nun, dass zur Herstellung und Aufrechthaltung der innern Ruhe
kein geeigneteres Mittel aufzufinden sei, als durch auswærtige Ver-
grœsserung und durch Einmischung in fremde Staats-und Kriegs-
hændel die Ruhmsucht und Eroberungsgier zu beschæftigen, welche der franzœsischen Nation als Erbstück ihrer gallo-romanischen
Ursprung geblieben ist. » — Ce travail du célèbre historien allemand est des plus superficiels pour ce qui concerne la période médié,
vale et les origines de la question.

[2] Lettre de Jean d'Esch au magistrat de Strasbourg (21 juillet
1444) et lettre de Walter de Schwangenberg au magistrat de Francfort (1er oct. 1444) dans Janssen, *Frankfurts Reichscorrespondenz*
II, à la date.

[3] Dédicace de la *Germania ad rempublicam*. — C'est ce même
Wimpheling qui, dans les premières années du XVIe siècle, sou-
leva une controverse sur les limites de la France avec l'Allemagne.
Il prétendait englober l'Alsace dans l'Allemagne proprement dite, et
fut combattu sur ce point par le franciscain Thomas Murner (Voy.
L. Gallois, *Les géographes allemands de la Renaissance*, Paris
1890).

[4] *Remarques sur la chronique de Kœnigshoven*, p. 1002. — La
chronique de Twinger de Kœnigshoven a elle-même perdu de l'autorité qu'on lui attribuait jadis. Elle a été battue en brèche par
Hegel (*Chroniken d. d. Stœdte*, VIII et IX), par Scherer (*Gesch. des
Elsasses*, I, 83), par Lorenz (*Deutsche Geschichtsquellen*, I, 38) et surtout par Topf (*Zeitschrift fur Gesch. des Oberrheins*, XXXVI, p. 1).

[5] *Hist. de la confédér. suisse*, VI, p. 83 et 89 de la traduction.

[6] *Hist. de Charles VII*, p. III, 49.

[7] *Hist. de France*, VI, 417.

[8] *Deutsche Geschichte*, 2e édit., II, 12.

[9] *Hist des conciles*, XI, p. 535 de la traduction.

[10] Nous avons imprudemment suivi ces autorités, il y a quelques
années, dans notre brochure sur *Les antécédents historiques de la
question allemande* (1886).

d'Esch et de Walter de Schwangenberg, elle est la traduction
d'appréhensions populaires fort explicables, mais tout à fait
exagérées. Dans la bouche de Wimpheling, elle a moins de valeur encore : ce patriote alsacien, chroniqueur attitré de Maximilien I, n'est que l'écho de la réaction qui eut lieu sous cet
empereur, à la cour de Vienne et dans les pays du Rhin, contre
l'influence dissolvante de la monarchie française en Allemagne. Pour ce qui est de Schilter, il n'a fait peut-être que répéter
ce qu'il avait lu dans le traité de Wimpheling. Établi à Strasbourg depuis 1686, il s'imagina trouver dans l'imputation de
son prédécesseur comme une justification des prétentions de
Louis XIV sur l'Alsace et signala cet antécédent sans y regarder de plus près. Quant à Muller, on sait aujourd'hui que son
prétendu manifeste du dauphin pour justifier les droits de la
couronne de France sur la rive gauche du Rhin, a été rédigé par
Muller lui-même à l'aide de passages empruntés à des documents contemporains, mal interprétés par lui, mais rapprochés de bonne foi.

Pour admettre dans l'esprit du roi de France le projet de
faire du moyen Rhin la limite de son royaume, il faudrait ne point
tenir compte des embarras politiques — tels que la lutte à peine
interrompue contre l'Angleterre et la Bourgogne, les négociations en cours avec l'Allemagne et l'Italie, — qui, à ce moment
même, interdisaient à Charles VII de si ambitieuses visées. Il
faudrait oublier la timidité que les rois de France avaient montrée depuis un siècle dans leurs empiétements sur la frontière
d'Empire, se contentant de pousser leurs baillis de ville en
ville, à petit bruit, sans étalage de troupes et sans guère dépas-
ser les lignes de la Meuse. Il faudrait ignorer cette déclaration
de Gilles le Bouvier dit le héraut Berry, chroniqueur officiel de
Charles VII, que la Meuse et d'Escaut sont les limites du
royaume de France[1]: déclaration importante, qui prouve que la
royauté du xvᵉ siècle n'outre passait pas en cette question les
prétentions de Philippe le Bel. Il faudrait encore méconnaître
le peu de profit que Charles VII pouvait retirer politiquement
de la possession d'un territoire isolé derrière la Lorraine, sans
avenues naturelles, sans dégagements commodes, — et la faiblesse des moyens dont il disposait pour résister à la levée

---

[1] Cité par M. Longnon dans son étude sur *Les limites de la
France*, (dans la *Revue des questions historiques*, XVIII, 445).

d'armes que pareille mainmise sur l'Alsace eut certainement provoquée dans tout l'Empire.

Circonstances politiques, antécédents immédiats du sujet, conception géographique du temps, intérêts en jeu, insuffisance des moyens d'exécution : tout concourt à démontrer qu'attribuer à Charles VII, sur la foi de contemporains apeurés, le projet de reculer jusqu'au moyen Rhin la frontière de son royaume, c'est lui attribuer le plus fou des projets.

S'attachant de préférence aux témoignages du commandeur d'Issenheim[1], de Cosme de Médicis[2], d'Énéas Sylvius[3], de Naucler[4], et à l'opinion du président Faucher[5], M. Tuetey est allé moins loin que Janssen. Il croit seulement au dessein de « se débarrasser » des écorcheurs sur le dos des Suisses[6]; car, à son jugement, « aucune question ne préoccupa davantage Charles VII » que celle des grandes compagnies entre 1439 et 1444.[7] C'est beaucoup dire. En tout cas les perspectives de guerre soit contre l'Angleterre, soit contre le duc de Bourgogne, soit avec les princes d'Italie, interdisaient au roi de France de se priver, par raison d'ordre public, de l'appoint considérable que ces grandes compagnies fournissaient à l'armée permanente à peine organisée. D'ailleurs le rassemblement des écorcheurs fut trop rapide et l'expédition du Dauphin trop courte, puisqu'elle ne dépassa guère la ville de Bâle, pour que l'on puisse voir dans cette campagne la réalisation du projet que M. Tuetey croit discerner. Et puis, notre érudit confrère n'a point tenu compte, autant qu'il le fallait, de l'expédition que Charles VII conduisait parallèlement en Lorraine. L'origine et le but de certaines prétentions territoriales du Dauphin lui ont ainsi échappé.

---

[1] Lettre aux habitants de Strasbourg (5 sep. 1444), reproduite par M. Tuetey, *Les Écorcheurs sous Charles VII*, II, 511.

[2] Lettre à Sforza (26 déc. 1444), citée par M. de Beaucourt, *Hist. de Charles VII*, IV, 15, note 1.

[3] *Europæ status*, ch. XXXIX. *Epistolæ*, n° 87.

[4] *Chronici commentarii…*

[5] *Origines des chevaliers…* dans les *Antiquitez gauloises* (1610, p. 527).

[6] « Débarrasser le royaume de ces compagnies plus dévorantes que tous les fléaux réunis, tel était donc le but secret de cette expédition du dauphin contre les Suisses ». *Ouv. cité*, I, 137.

[7] *Ibid.*, I, 129.

M. de Beaucourt, qui a si consciencieusement étudié l'ensemble de la politique de Charles VII, était certainement mieux placé pour bien juger de toutes choses. Cependant il fait siennes à la fois l'opinion de M. Tuetey et celle de Janssen[1]. A l'égard de celle-ci, il s'exprime cependant avec une évidente circonspection. M. de Beaucourt a eu en effet l'intuition d'une autre pensée du roi derrière les prétextes invoqués pour commencer la campagne de 1444. Que n'a-t-il suivi plus obstinément cette lueur, brillant on ne sait d'où, qui conduit si souvent l'historien à la pleine lumière. La démonstration que nous allons tenter eut gagné de toutes manières à être faite par l'habile historien du règne de Charles VII.

Une troisième interprétation a été donnée récemment de l'expédition qui va nous occuper. Dans une étude approfondie des motifs de la neutralité observée par les grands électeurs à l'égard du nouveau schisme qui éclata en 1437[2], M. Bachmann insinue fort clairement que les opérations du Dauphin dans le Bâlois et la persistance qu'il mit à retenir ses troupes pendant plusieurs mois dans le voisinage de Bâle avaient pour principal objet de peser, par l'effet de la peur, sur les Pères du concile en faveur d'Eugène IV. L'explication n'est pas sans séduire: elle peut se réclamer d'un ou deux témoignages contemporains et de quelques paroles menaçantes que le Dauphin proféra contre les prélats assemblées. Elle a pour elle encore le fait que l'empereur mit grande hâte, dès le début de la campagne, à réunir une diète à Nuremberg pour s'occuper des affaires ecclésiastiques et protéger le concile qu'il croyait en danger[3]. Mais cet autre fait que le fils de Charles VII laissa, dès le 10 septembre, comprendre Bâle dans le traité d'Ensisheim et s'abstint désormais de toute démonstration hostile à l'égard de

---

[1] *Hist. de Charles VII*, t. IV, p. 9. 13, 14 et 15.

[2] Adolph Bachmann, *Die deutschen Kœnige u. die Kurfurstliche Neutralitæt*, 1438-47. *Ein Beitrag zur Reichskirchengeschichte Deutschlands* (dans l'*Archiv für œsterr. Geschichte*, t. LXXV et ss).

[3] L'ordre de mobilisation qu'il envoya de Nuremberg aux magistrats de Ratisbonne en faveur du palatin du Rhin, ne paraît pas avoir été publié. Nous l'avons trouvé aux Archives du royaume à Munich (*Fuerstensachen*, 955. Orig. pap.), où il est ainsi daté : « *Nurnberg, Freitag nach S. Matheus Tag des heyligen Fvang.* » (= 25 septembre). Les écorcheurs sont appelés « *Ein fremdes gross Volck aus Frankreich.*

l'assemblée conciliaire, suffit à prouver que son séjour prolongé dans la Haute-Alsace avait d'autres visées que de favoriser la cause d'Eugène IV.

Il nous paraît oiseux de passer en revue tous les historiens qui se sont occupés des événements militaires de l'année 1444[1]. Si un seul les eût présentés sous le point de vue que nous adopterons dans le présent chapitre, il est à croire que sa doctrine eut déjà trouvé écho quelque part.

« Mon fils, disait un jour Catherine de Médicis à Charles IX, il est bien de découdre, mais il est mieux de recoudre. » — C'est ce qu'il nous faut tenter maintenant, pour notre compte, à petits coups d'aiguille. Mais nous serons sobre de notes et de références, car il s'agit moins de rectifier des faits depuis longtemps acquis à l'histoire que de modifier l'interprétation qui en a été donnée jusqu'ici.

2

Au mois d'août 1443 les ducs d'Autriche avaient réclamé du roi de France le secours des écorcheurs contre les communes suisses révoltées[2]. Encore occupé des Anglais, Charles VII ajourna le service qu'on lui demandait. La trève de Tours une fois connue, les ducs d'Autriche renouvelèrent leur requête.

Ils s'étaient, dans l'intervalle, adressés à Philippe de Bourgogne qui mit si haut prix au secours réclamé (il demandait l'investiture du Luxembourg) qu'on dut y renoncer. Philippe le Bon n'était pas fâché d'ailleurs de voir ses voisins dans l'embarras. Au contraire, le roi de France, pour les motifs que nous avons exposés dans le chapitre précédent, saisit avec empressement l'occasion d'aider son vieil allié d'Autriche, sous cou-

---

[1] Le premier qui en ait spécialement traité est Barthold (*Der Armegeckenkrieg* dans *l'Historisches Jahrbuch* de Raumer, 1842, p. 33). Le dernier est M. H. Witte (*Die Armagnaken im Elsass. 1439-1445*. Strasbourg, 1889). L'auteur a rassemblé beaucoup de faits inconnus à ses prédécesseurs. Mais lui aussi attribue à la politique française des projets machiavéliques. Peut-être eût-il vu plus clair dans le sujet s'il n'avait point, de parti pris, négligé l'expédition de Lorraine que Charles VII conduisait parallèlement à celle du Dauphin.

[2] Schœpflin, *Alsatia dipl.*, II, 371.

leur de donner issue à l'humeur maraudeuse des grandes compagnies maintenant sans emploi. Sous quelles conditions le secours fut accordé, les textes ne le disent point précisément [1]; mais nous verrons plus tard que les ducs d'Autriche promirent la cession de vingt-deux places fortes. C'est le dauphin Louis, alors âgé de 21 ans, qui fut chargé de prendre le commandement des routiers et de les pousser sur Zurich assiégé par les communes suisses.

Le rassemblement se fit à Langres, du 20 juillet au 5 août. Le surlendemain de l'Assomption, le Dauphin concluait ce traité de Dampierre qui lui ouvrait Montbéliard pour une durée de 18 mois.

Le prétexte de cette mainmise sur une possession des comtes de Wurtemberg était des plus futiles ; mais le gouverneur de la place avait compris que, devant les 30,000 gendarmes du Dauphin, le mieux était de composer. L'expédition entreprise contre les Suisses déviait déjà de son but apparent et faisait des comtes de Wurtemberg les adversaires secrets de l'expédition. Le Dauphin n'obéissait-il, comme on l'a dit, qu'à la nécessité de prendre une solide base d'opérations contre les Suisses ? Nous ne saurions admettre cette explication. Belfort, qui appartenait aux ducs d'Autriche, lui eut aussi bien convenu et, à défaut de Belfort, l'ensemble des 22 places fortes de cette région, que ses alliés lui avaient promises par ambassadeurs ayant l'occupation de Montbéliard. C'est contre le duc de Bourgogne, — allié de Metz et de Verdun assiégés à ce moment même par le roi de France, allié aussi des comtes de Wurtemberg [2] et peut-être même des communes suisses, — que le fils de Charles VII prenait ses précautions en prévision d'une attaque possible.

---

[1] Sauf cependant un passage de Math. Dœring que les historiens de l'expédition nous paraissent avoir négligé : « *Anno igitur 1444, rex Romanorum prefatus ut commoveret Switzenses et confederatos suscitaretque bella ubi pacem ex debito procurare debuisset, invitavit gentem Arminiacam gallice dictam quatenus pro confederatorum humiliacione partes Rheni invaderet, eis castra et civitates obtulit et stipendia larga promisit.* » Ap. Riedel, *Codex brandeburg.*, D, I, 219.

[2] Au printemps de l'année 1444, le comte de Würtemberg était venu rendre visite au duc de Bourgogne et avait vraisemblablement conclu avec lui quelque accord. (Voy. Olivier de la Marche, *Mémoires*, II, 53.)

Les gens de guerre du Dauphin prouvaient du reste, à leur manière, qu'eux aussi tenaient Philippe le Bon pour ennemi, en foulant aux pieds ses armoiries et en proférant à son endroit des paroles outrageantes. Le duc sentait bien que sa personne était en cause au fond de cette expédition, car il travaillait déjà à se concilier par des présents les bonnes grâces du Dauphin.

Nous venons de formuler la première proposition de notre thèse. En attendant la série des preuves indirectes qui vont se dérouler jusqu'à la fin, nous ajouterons que Thiébaut de Neufchâtel, nommé maréchal de Bourgogne dès le 11 août [1], s'empressa de faire occuper par ses hommes d'armes toutes les places du pays de Montbéliard que les comtes de Wurtemberg avaient négligé de pourvoir, en sorte qu'à la fin de novembre, la garnison laissée par le Dauphin dans la ville se trouvera enfermée dans une vaste ceinture de garnisons bourguignonnes.

Ses derrières paraissant assurés par l'occupation de Montbéliard, le Dauphin continua sa marche. Quelques jours après, bien qu'il rencontrât les Suisses plus tôt qu'il n'avait prévu, il remportait sur eux la victoire de Saint-Jacques (26 août) [2].

Les conséquences de ce succès furent assez inattendues. Au lieu de pousser droit sur Zurich assiégé, comme le demandaient les ducs d'Autriche, le Dauphin se dirige sur Bâle, sans égard pour le grand concile qui y était rassemblé, et fait mine de vouloir s'emparer de la place au nom du roi de France. Seconde déviation du but primitif, qui sera expliquée tout à l'heure. Il fallut que la diète de Nuremberg, les prélats du concile et le duc de Savoie intervinssent pour sauver la ville (31 août-2 sept.).

Le Dauphin feignit alors de marcher sur Zurich pour donner satisfaction aux demandes réitérées de ses alliés, et laissa ses gens fourrager sur les deux rives du Rhin jusqu'à la hauteur de Schaffouse. En réalité, il était déjà résolu à ne pas s'enfoncer davantage dans les Alpes, tant il est vrai qu'il n'avait jamais

---

[1] Tuetey, *ouv. cité*, II, p. 17 — et non le 11 avril, comme il est dit par erreur *ibid.*, I, 337.

[2] La défaite des Suisses donna lieu à une sorte de complainte populaire qui a été publiée dans les *Historische Volkslieder* de Liliencron, (T. I).

songé à « se débarrasser », par quelque grande tuerie, de ceux qu'il conduisait. Lorsqu'il apprit que les Suisses avaient levé le siège de Zurich pour se porter à sa rencontre,il pensa immédiatement à les réconcilier avec les ducs d'Autriche et à faire lui-même sa paix avec les communes. Elle eut lieu effectivement à la suite des conférences d'Ensisheim (10-17 sept.), où se conclut entre les deux partis une trêve qui, de l'avis même de M. Tuetey, « n'avait d'autre but que de préparer les voies pour arriver à une paix définitive.»

La trêve d'Ensisheim une fois conclue et la certitude de la paix obtenue[1], que va faire le Dauphin de ses écorcheurs qu'il a si bien ménagés? Les ramener en France? Mais c'est ramener en même temps les ravages et les excès dont les populations ont tant souffert depuis un demi-siècle.

Les laisser vivre en Suisse comme en pays ennemi? Mais il n'y a plus de pays ennemi puisque la paix est faite avec les Suisses et que l'un des articles du traité porte que les écorcheurs évacueront le territoire de la confédération.

Rejoindre Charles VII arrêté devant Metz avec ses 20,000 hommes et l'aider à prendre la ville pour le compte du duc de Lorraine? Mais l'effort eut été disproportionné au résultat et n'eut fait d'ailleurs que reculer de quelques semaines l'échéance de la terrible question : Que faire des écorcheurs?

Le Dauphin se résolut alors, contre toute attente, à cantonner ses troupes sur les domaines de l'Autriche dans la décapole d'Alsace. Contre toute attente, disons-nous en nous plaçant au point de vue des ducs d'Autriche ; car la cause de la campagne cessant, l'effet devait cesser aussi. Tout au contraire, conduit d'abord vers l'est, le corps expéditionnaire remonte maintenant vers le nord, malgré les protestations des ducs d'Autriche. Les situations primitives sont donc, à partir de ce moment, complètement renversées. Après la paix avec les Suisses, la guerre latente avec les alliés de la première heure. Jusqu'à quel point ceux-ci avaient mérité ce nouveau sort, c'est ce qu'il convient d'examiner.

Depuis le commencement de la campagne, les ducs d'Autriche n'avaient eu d'autre souci que celui d'éloigner de leurs domaines d'Alsace et de jeter tout entier sur les Suisses le flot de routiers que conduisait le Dauphin. Malgré la promesse faite,

[1] Elle eut lieu en effet à Zofingen, le 21 octobre, et fut confirmée à Ensisheim le 28 suivant.

dès le 15 août, de livrer 22 places fortes à leur allié pour y mettre garnison, ils n'en avaient encore livré que deux, Altkirch
et Ensisheim, au moment de la bataille de Saint-Jacques. Une
fois la victoire gagnée, une fois le siège de Zurich levé, les ducs
se sentirent quémandeurs repentis et cherchèrent le meilleur
moyen de faire rebrousser chemin à leurs alliés. Sous prétexte
qu'ils n'avaient plus besoin de secours, ils refusèrent nettement de tenir les engagements contractés. C'est alors que, après
plusieurs jours de vains pourparlers, le Dauphin décida de
prendre par force ce qu'on lui refusait et fit occuper Herrlis-
heim, Ste-Croix et Kestenholz (Chatenois) avant la fin d'août, —
Bar, Ingenheim, Marlenheim, Bergbieten, Ballbronn, Schar-
rachbergheim à partir du 9 septembre,— Marckolstein près
Schlestadt, le 26 suivant, — Rosheim, Bischofsheim, Niedernai,
Wangen et Saint-Hippolyte, du 29 au 30 septembre, — enfin
Dambach, du 7 au 10 octobre. Partout les écorcheurs s'établis-
sent en maitres et recommencent comme en pays conquis leurs
déprédations et leurs violences. Toute la contrée était véritablement en leur pouvoir, bien que le Dauphin eût renoncé à s'emparer de Mulhouse et n'occupât ni Belfort ni Pfirt, parce
que, sans doute, ces deux villes n'étaient point comprises dans
les stipulations du 15 août. Par contre, il avait complété cette
prise de possession de la Haute-Alsace en obtenant de Conrad
de Bussnang, évêque démissionnaire de Strasbourg, les places
de Rouffach et d'Eguisheim [1]

En somme le Dauphin ne faisait que bénéficier des conditions qu'il avait mises au secours demandé. Certes ni lui ni
les ducs d'Autriche n'avaient espéré une si prompte issue de
cette campagne. On avait vraisemblablement calculé de part
et d'autre qu'il faudrait plusieurs mois pour avoir raison des
Suisses et faire lever le siège de Zurich, par conséquent qu'il ne
serait guère possible de rentrer en France avant l'hiver. D'où
la nécessité de rester en Suisse ou en Alsace jusqu'au retour
du printemps. Mais en exigeant des ducs d'Autriche le respect de leurs engagements, alors que les circonstances prévues
ne se réalisaient pas, le Dauphin se brouillait avec eux et manquait ainsi l'un des buts de l'expédition, qui était de se fortifier
ensemble contre la Bourgogne [2]. C'est la troisième et la plus

---

[1] Voy. M. Tuetey, *ouv. cité*, I, 292 et ss.
[2] Nous n'ignorons pas que, depuis l'entrevue de Besançon, Phi-

considérable déviation de cette campagne de Suisse et celle qu'il est le plus difficile d'expliquer.

En occupant, comme de vive force, les domaines antérieurs de la maison d'Autriche, que voulait en effet le Dauphin ? A notre sens, la réponse ne peut faire doute. Il voulait simplement garder ses troupes sous la main aussi longtemps que durerait le siège de Metz, pour en disposer au printemps et suffire alors à cette double alternative : marcher contre le duc de Bourgogne si cet ennemi de René d'Anjou faisait mine d'entrer en campagne, — ou bien se porter en Italie[1] si les négociations entamées avec la Savoie et Milan, depuis le mois de juin précédent, aboutissaient.

Or il eut atteint même but en ajournant sa paix avec les Suisses et en laissant jusque là son armée tenir garnison dans leurs principales villes. S'il agit autrement ce fut sans doute sous l'empire de hautes considérations politiques, que nous essaierons de retrouver en étudiant plus loin les revendications territoriales du Dauphin.

Blessé devant Dambach, vers le 10 octobre, le fils de Charles VII en prit prétexte au bout de six semaines pour quitter Ensisheim où il avait établi son quartier général et gagner Nancy où séjournait le roi. Mais au lieu de tirer droit vers cette ville par Sainte-Marie-aux-Mines, par exemple, il se dirigea d'abord sur Montbéliard, où il demeura environ trois semaines (de la fin de déc. 1444 au milieu de janv. 1445), sans autre mobile, croyons-nous, que de juger de la force de résistance de cette place et d'en renforcer la garnison. De Montbéliard il se rendit ensuite à Nancy à travers les domaines du duc de Bourgogne où il fut fort mal reçu, ne rencontrant partout que « défiance et nostilité »[2].

---

lippe de Bourgogne et Frédéric d'Autriche étaient dans les meilleurs termes. Mais nous croyons que cet accord dans les questions de politique générale n'avait point modifié l'antagonisme de la maison de Bourgogne et de la maison d'Autriche dans les questions qui se débattaient entre elles depuis un demi-siècle au sujet de la haute Alsace.

[1] Le commandeur d'Issenheim affirme, à la date de nov. 1444, que le dauphin se proposait à l'issue de l'hiver de ramener ses gens contre les Anglais et de les jeter ensuite sur l'Italie. (D'après M. Tuetey, *ouv. cité*., II, 520). Il eut été plus logique d'intervertir l'ordre de ces deux projets puisque la trêve de 22 mois avec l'Angleterre n'expirait qu'à la fin de mars 1446.

[2] Voy. sa protestation aux conseillers de Bourgogne, datée de

C'est qu'en effet un grave événement venait de se produire, qui explique le départ d'Ensisheim, l'itinéraire suivi par le Dauphin et l'hostilité des Bourguignons. Philippe le Bon venait de conclure alliance avec l'empereur Frédéric d'Autriche contre Charles VII, à telles enseignes qu'à la fin de janvier 1445, ses conseillers adressèrent leurs griefs au roi et au dauphin. Ceux-ci, qui avaient déjà pris langue, résolurent de rassembler leurs troupes et, dans ce dessein, consentirent dès le 23 février (c'est-à-dire avant même la fin de l'hiver) à l'évacuation de l'Alsace, que quelques princes allemands réclamaient maintenant plus impérieusement que jamais. La plupart des écorcheurs quittèrent donc leurs cantonnements le 17 mars et se dirigèrent sur Saint-Dié par le Val de Liepvre où ils essuyèrent inopinément une défaite bien méritée. D'autres se retirèrent sur Montbéliard. Les derniers évacuèrent sur la vallée de la Sàone ou rentrèrent en France à la suite du dauphin et du roi. L'expédition conduite par le premier était bien définitivement finie. Mais qu'advenait-il de celle que conduisait Charles VII ?

3

Les bourgeois de Metz, créanciers du duc de Lorraine depuis de longues années, s'avisèrent au commencement de 1444 qu'ils ne pouvaient mieux s'indemniser de leur créance qu'en pillant les bagages de la duchesse venue en pèlerinage à Pont-à-Mousson[1]. Isabelle d'Anjou, après avoir vainement demandé réparation de cet outrage aux magistrats de Metz, réclama satisfaction auprès de son mari alors en France. René d'Anjou, peu confiant sans doute en ses propres forces, alla trouver Charles VII à Tours et lui exposa le cas. C'était un motif de plus, s'ajoutant à ceux que nous connaissons déjà, pour déterminer le roi à l'expédition projetée. La Lorraine allait donc re-

---

Nancy, 4 fév. 1445, dans Tuetey, (*ouv. cité*, II, 29), et les *Lettres de Louis XI*, (édit. Vaesen, I, 19).

[1] M. de Beaucourt a révoqué ce récit en doute (*Hist. de Charles VII*, IV, 17, note 2), parce qu'à la date de mai 1444 la duchesse de Lorraine était encore en Anjou. — Il est possible que la date soit erronée ; mais est-ce une raison suffisante pour suspecter le fond même du récit ?

voir ces compagnies d'écorcheurs qui, depuis 1437, l'avaient visitée chaque année et avaient même osé, sous la conduite de Robert de Sarrebruck, damoiseau de Commercy, s'attaquer à Metz en avril 1443. Le jeune duc de Lorraine, Louis de Pont-à-Mousson les avait définitivement chassés en février 1444. Maintenant son père les ramenait comme alliés.

On se mit en marche peu de jours après le Dauphin, sans même se préoccuper de savoir ce que l'Empire penserait de cette invasion. A ce point de vue, à d'autres encore, l'expédition de Lorraine n'est pas sans ressemblance avec celle de Gueldre[1]. Charles VII et son entourage formaient une sorte d'arrière-garde qui racolait les traînards et subordonnait ses opérations à celles du Dauphin. Si celui-ci avait été arrêté devant Montbéliard, par exemple, il est à croire que le roi eut provisoirement renoncé à son expédition pour se porter au secours de son fils.

On fit route par la Champagne et la vallée de la haute Meuse. Puis, tout à coup, on changea de direction pour atteindre Épinal qui relevait de l'évêque de Metz. La ville surprise ouvrit ses portes sans beaucoup d'hésitation (27 août) et, par les traités des 4 et 11 septembre, reconnut l'autorité directe du roi de France. C'est entre ces deux dates que le Dauphin proclamait ses droits sur le Bâlois. Il y a une sorte de parallélisme dans la marche et les opérations des deux corps expéditionnaires : nous pouvons croire par conséquent à une entente préalable.

Le consentement tacite que donnait le duc de Lorraine à la cession d'Épinal au roi de France, était comme le prix dont René d'Anjou payait le secours qu'il recevait contre Metz. De l'approbation impériale il ne fut point question. Au fait la conquête n'eut rien de violent, car les Spinaliens, en lutte ouverte avec l'évêque de Metz depuis 1422, ne désiraient pour eux-mêmes rien tant que la suzeraineté d'un pouvoir fort qui put les défendre contre leurs ennemis, tout en les laissant jouir de leurs libertés communales.

D'Épinal l'armée royale tira sur Toul et Verdun qu'elle soumit sans peine à l'autorité du duc de Lorraine, puis bientôt sur Metz, principal objectif de la campagne.

C'était la première fois qu'un roi de France franchissait ainsi à la tête d'une armée les lignes de la haute Meuse. Les efforts

[1] Voy. ci-dessus, p. 72.

de Charles VII et de Louis d'Orléans pour introduire l'influence française dans les principales villes de cette région, nommément à Metz, Toul et Verdun[1], avaient cessé depuis 1410 environ. Charles VII les reprenait maintenant sous le prétexte d'un secours au duc de Lorraine et clôturait définitivement le long interrègne de l'influence française dans ces quartiers. Au point de vue du progrès de cette influence, il n'était que temps ; car le chef du saint Empire avait, lui, profité de l'éclipse de la royauté française pour rattacher plus étroitement au corps germanique ces membres extrêmes qui avaient si souvent dans le passé semblé pencher vers la France. Si cette loi de statique, que *l'on tombe toujours du côté où l'on penche*, est applicable en histoire, Metz, Toul et Verdun devaient tôt ou tard tomber du côté de la France. L'interrègne dont nous avons parlé permit à Sigismond de les redresser pour un siècle. En 1434 il confirme les statuts de Metz et intime au duc de Lorraine sa volonté que tous les différends à naître entre Meuse et Rhin soient portés devant l'empereur et non ailleurs[2]. A son exemple Frédéric III fait savoir aux bourgeois de Metz et de Bâle, en 1442, qu'ils ne peuvent être cités devant une autre justice que la sienne[3]. C'était, comme déjà au siècle précédent, le roi de France qu'on visait par ces actes. Au commencement de 1444, les bourgeois de Verdun, demandant à l'empereur l'autorisation de procéder contre ceux qui les attaquent, rappellent leur vieille fidélité à l'Empire et les dangers de leur situation de ville frontière[4]. Il faut se souvenir qu'en 1437, Charles VII arguant de ce que Verdun était en sa garde, avait fait lever sur la ville un impôt de 700 ll. et lui avait donné Wauchelin de la Tour pour gouverneur.

Aussi l'empereur protesta-t-il, dès le mois de septembre 1444, contre la violence faite aux trois évêchés[5]. Il protesta

---

[1] Voy. ci-dessus les chap. IV, IX et la fin du chap. XI.

[2] *Registraturbuch* K des Archives impériales de Vienne (f°s 71 et 120), déjà cités p. 238, notes.

[3] *Registraturbuch* N (f°s 29 et 47).

[4] *Registraturbuch* K des Archives impériales de Vienne (f° 80), déjà cité p. 240, note 5.

[5] Contrairement à ce que dit M. Duhamel, (*Négociations de Charles VII..... pour la châtellenie d'Épinal*, p. 21), nous ne voyons pas que d'autres princes allemands aient à ce moment là directement protesté. Nous ne voyons pas non plus que Charles VII ait

également contre la réunion d'Épinal au royaume de France, comme d'une atteinte directement portée à l'intégrité du saint Empire. Charles VII répondit en proclamant hautement son dessein de restaurer l'ancien duché de Lorraine [1] et poursuivit le siège de Metz. Mais la vaillante cité se défendit bien : sa résistance ne dura pas moins de sept mois (sept. 1444-mars 1445), et se termina par une transaction en vertu de laquelle les bourgeois se rachetèrent pour une somme de 300 florins et reconnurent la suzeraineté de René d'Anjou.

Bien des choses nous paraissent ressortir de ce rapide exposé de l'expédition de Lorraine. Il est clair d'abord que Charles VII méconnut de parti pris les droits de suzeraineté de l'empereur. Mais il est non moins évident, en dépit des apparences, que la campagne fut menée au profit du duc de Lorraine bien plus qu'au profit du roi [2]. Enfin il semble bien que, loin de vouloir se débarrasser des écorcheurs par des combats répétés, Charles VII, tout comme le Dauphin, chercha à les conserver et ne s'entêta à soutenir en plein hiver, contre toute habitude, le siège de Metz, que pour suivre, au printemps, les projets déjà arrêtés dans son esprit d'une autre expédition soit en Bourgogne [3], soit en Italie.

affirmé, comme le prétend M. Duhamel (p. 39), que Toul était de son royaume.

[1] D'après Müller (*Reichstagstheatrum unter Kaiser Friedrich,* part. I, p. 274), Charles VII aurait expliqué entre autres choses que René d'Anjou étant par droit d'héritage duc de Lorraine, avait droit aussi aux appartenances de l'ancien royaume d'Austrasie. — C'est la justification de la thèse que nous soutenons. Cf. ci-dessus p. 203, 208 et 239. Malheureusement Müller ne cite pas le texte d'où il a tiré cette réponse.

[2] On est surpris de relever sous la plume de Dom Calmet l'assertion, si peu justifiée par l'issue de la campagne, que « le vrai motif (de l'expédition) était la résolution que ce monarque (Charles VII) avait prise de réunir les trois évêchés à son domaine ». *Hist. de Lorraine* II, 832, édit. d. 1728. Il est vrai que Dom Calmet s'accorde ainsi avec le chroniqueur Mathieu d'Escouchy (I, 26 et 31). Mais les déclarations que celui-ci prête à Charles VII sont en opposition avec celles que fit le roi à l'évêque d'Augsbourg, quelques semaines plus tard (Müller, *Reichstagstheatrum unter Kaiser Friedrich,* part. I, p. 269), et ne cadrent point avec les mobiles de l'expédition.

[3] M. de Beaucourt a déjà signalé ce fait (ouv. cité, IV, 126-127) qu'en janv. 1445 un envoyé du duc de Saxe, Blankenheim, vint demander à Charles VII d'aider son maître à reprendre le Luxembourg que le duc de Bourgogne tenait en engagère.

Pour René d'Anjou et le Dauphin, la restauration du duché de Lorraine et la lutte contre le duc de Bourgogne n'étaient que partie de leurs préoccupations. C'est l'Italie qui les attirait, tout comme le duc d'Orléans. De fait, à peine la double expédition qui nous a occupé était-elle commencée, que Charles d'Orléans envoyait solliciter l'intervention de l'empereur auprès du duc de Milan pour obtenir la remise d'Asti. Au mois de juillet, Charles VII donnait absolution aux habitants de Gênes de toutes les offenses dont ils s'étaient rendus coupables envers lui. En septembre, le Dauphin recevait à la fois du pape, du duc de Milan et de la ville de Gênes toutes sortes de propositions flatteuses et, quelques semaines plus tard, faisait alliance avec le duc de Savoie pour se ménager la possibilité d'une descente en Provence. Au mois de mai 1445, lui et les autres princes déclaraient encore, « en manière de raillerie », aux ambassadeurs milanais qu'ils étaient tous résolus, à tenter par n'importe quel moyen le passage en Italie [1].

Il suffit d'indiquer ici ces premières négociations pour comprendre l'intérêt qu'avaient le roi et le dauphin non point à se débarrasser des écorcheurs, comme on l'a dit, mais au contraire à les ménager jusqu'au moment où les négociations d'Italie prendraient tournure. On eut alors inauguré une campagne d'outre monts auprès de laquelle celle de Lorraine et de Suisse n'eut plus été qu'un épisode préparatoire.

4

Maintenant que nous connaissons la conduite des deux expéditions, il nous est possible de prendre en considération l'ensemble des revendications territoriales élevées par le Dauphin, pour en examiner le caractère et en peser la gravité.

Tout d'abord il importe de se rendre compte de l'état de l'opinion publique dans la région du Rhin au moment de l'expédition. Les premières invasions des écorcheurs français du côté de l'Alsace avaient commencé en 1436 [2]. Depuis lors elles s'é-

---

[1] Voy. M. de Beaucourt, *ouv. cité*, IV, 328.
[2] Celles de 1365, 1376 et 1388, d'ailleurs moins longues, étaient sans doute à peu près oubliées.

taient renouvelées trois fois (février 1439, juin 1439, 1441) [1] et, par les excès dont elles furent accompagnées, avaient laissé dans l'esprit des victimes les plus sombres impressions. Comme on se rendait fort mal compte des raisons qui amenaient ainsi périodiquement ces incursions de brigands, et qu'en tout temps et en tout lieu l'imagination populaire est prompte à découvrir aux événements les plus invraisemblables causes, on ne tarda pas à exagérer toutes choses et à mettre à l'actif du roi de France les maux dont on souffrait. C'était lui évidemment qui poussait les écorcheurs sur le Rhin ; et c'était sans aucun doute pour conquérir le territoire de l'Empire et régner en maître sur l'Allemagne [2]. Mais comme chacune de ces invasions rétrogradait bientôt sans avoir rien conquis, les populations rhénanes, toujours fermes dans leur idée, s'attendaient à une nouvelle et plus décisive entreprise du roi de France. L'expédition de 1444, conduite par Charles VII et le Dauphin en personnes, leur parut aussitôt l'accomplissement de leurs prévisions [3].

Dès le mois de juillet, la correspondance des magistrats de Strasbourg prouve que l'on prêtait au Dauphin des visées fort ambitieuses [4]. Inconsciemment ou non, (nous n'osons nous prononcer), celui-ci justifia immédiatement les appréhensions lorsque, après la victoire de Saint-Jacques, il se comporta en maître vis-à-vis des ducs d'Autriche, ne parlant de rien moins que de mettre Bâle en la main du roi de France et déclarant formellement aux ambassadeurs du roi des Romains « qu'il

---

[1] Ces premières invasions ont été étudiées de près par M. H. Witte (*Die armen Gecken od. Schinder u. ihrer Einfall ins Elsass im Jahre* 1439, dans un programme du gymnase de Strasbourg que l'auteur a refondu dans l'étude plus développée que nous avons citée précédemment p. 247, note 1), — et par M. de Fréminville (*Les Écorcheurs en Bourgogne*, dans les *Mémoires de l'Académie de Dijon*, X, année 1887).

[2] Cette accusation, de vouloir prendre la couronne impériale, se retrouve deux ou trois fois dans les documents de l'époque. Nous n'avons pas cru nécessaire de la discuter dans le présent travail. Mais nous en montrerons ailleurs la continuité, de Philippe le Bel à Louis XI et Charles VIII.

[3] M. de Beaucourt (*ouv. cité*, IV, 26) a déjà fourni les preuves de ce fait. Aux indications qu'il donne il faut ajouter celles que fournissent diverses chroniques contemporaines récemment publiées dans lés *Chroniken der deutschen Stœdte*, tomes V et XIII.

[4] Voy. les lettres publiées par M. Tuetey, *ouv. cité*, II, 505 et ss.

était venu pour faire rentrer sous l'autorité royale certaines terres soumises de longue date à la couronne de France, lesquelles s'étaient soustraites depuis peu à son obéissance » [1]. Le 8 septembre, ses représentants renouvelaient cette déclaration aux Bâlois, et prétendaient que leur ville « avoit toujours été sous la protection du roi de France [2] ».

Il n'y a point de motifs suffisants pour nier le fond de ces déclarations. Sous une forme ou sous une autre elles ont été admises par des chroniqueurs contemporains, de l'autorité d'Énéas Sylvius et de Naucler. Elles ont été naturellement grossies dans les siècles suivants, et Schilter, nous le savons déjà, n'hésite point à dire que le roi de France avait fait publier que Strasbourg et toute la contrée jusqu'au Rhin lui appartenaient de droit. Mais dans leur substance nous les considérons comme authentiques et par conséquent comme marquant d'un caractère nouveau l'expédition de Suisse, à partir de ce moment. Ces déclarations du Dauphin laissent entrevoir des projets politiques qu'il s'agit maintenant de pénétrer.

Dans sa réponse aux ambassadeurs du roi des Romains, le fils de Charles VII ne pouvait, semble-t-il, viser que le territoire du Suntgau (Pfirt et Belfort), possédé par la maison d'Autriche depuis 1319 seulement. Peut-être cependant, dans la prévision que les comtes de Wurtemberg se joindraient contre lui au duc de Bourgogne, songeait-il aussi à Montbéliard acquis par Eberhard de Wurtemberg en 1397 [3]. En ce qui touche le ville de Bâle, nous ne voyons à invoquer aucun motif analogue. D'ailleurs, antérieurement aux dates qui viennent à être rappelées, Pfirt, Belfort et Montbéliard relevaient déjà de l'empire germanique. Il faut donc de toute nécessité admettre que le Dauphin fait allusion aux temps éloignés où ces villes appartenaient aux Carolingiens de France, dont le *rex Francorum* du XVe siècle se croit, comme descendant de Charlemagne, l'héritier direct. Quelque étrange que paraisse de premier abord

---

[1] Relation du commandeur d'Issenheim, dans Tuetey, *ouv. cité*, II, 511.

[2] Dans l'*Amtliche Sammlung der œltern eidgenossischen Abschiede*, II, no 279.

[3] Le *Registraturbuch*, coté I, des Archives impériales de Vienne, contient (f. 102 vo) l'acte d'investiture de la seigneurie et comté de Montbéliard par Sigismond en faveur de dame Henriette de Montbéliard, comtesse de Wurtemberg: « Suntag vor unserer Liebfrauen Tag purificationis (= 28 janv.) 1431 ».

cette explication, elle se fonde sur une théorie qui a eu cours pendant tout le moyen âge et même au delà [1]. Nous ne pouvons donc hésiter à en reconnaître l'esprit dans la réponse du Dauphin.

Ceci posé, nous nous refusons à croire, pour les motifs indiqués en commençant, que le Dauphin convoitât ces territoires au nom du roi et pour la couronne de France. Si les paroles qu'on lui prête sont authentiques, elles ne sont que l'exagération de ses desseins vrais, de ceux qu'il avait charge ou volonté d'accomplir. Mais alors, demandera-t-on, au profit de qui réclame-t-il quelque chose dans ces parages éloignés ? — Au profit du duc de Lorraine. Et c'est là notre seconde thèse, qui n'est que le prolongement de la première.

La preuve directe ne se peut malheureusement pas administrer ; mais si la conjecture semble pouvoir être acceptée, on trouve réponse à la question que nous avons laissée en suspens dans la seconde section de ce chapitre : pourquoi le Dauphin a-t-il préféré cantonner ses troupes sur les terres d'Autriche plutôt que sur celles de Suisse? — et l'on est autorisé à croire qu'il cherchait par là prétexte à prendre pour le duc de Lorraine ce que le duc de Bourgogne convoitait depuis si longtemps pour lui-même. Il est vrai qu'une autre difficulté subsiste, celle de dire si le Dauphin a, en cette occasion, agi conformément aux ordres du roi. Pour notre part, nous appuyant sur les déclarations de Charles VII à l'évêque d'Augsbourg [2], nous ne le croyons pas. La conduite du Dauphin modifia si profondément le dessein premier de l'expédition, elle eut des conséquences si fâcheuses et pourtant si faciles à prévoir, que nous sommes enclin à y voir une première manifestation de cet esprit d'opposition brouillonne dont le fils de Charles VII a été coutumier vis-à-vis de son père.

Nous disons que la conduite du Dauphin eut des conséquendes fâcheuses, parce qu'elle rapprocha les ducs d'Autriche du duc de Bourgogne. Lorsque Philippe le Bon, pour se défendre de l'hostilité de moins en moins déguisée dont il était l'objet depuis le commencement de la campagne, proposa à l'empereur Frédéric de prendre à revers les troupes françaises, il fit certainement fond sur les ducs d'Autriche pour créer des embar-

---

[1] Nous le démontrerons dans notre étude sur la *Royauté française et le saint Empire romain au moyen âge.*

[2] Voy. Tuetey, ouv. cité, I, 265.

ras au fils de Charles VII du côté de l'Alsace. Par là s'explique
la concentration des gens du Dauphin autour de Nancy en mars
1445, lorsque la guerre avec le duc de Bourgogne parut immi-
nente.

Philippe le Bon avait mis pour prix au service offert cette
condition, que Frédéric III obtiendrait du pape la déposition
des archevêques de Cologne et de Trèves pour faire attribuer
leurs sièges à deux Bourguignons (fin nov. 1444)[1].Frédéric eut
la maladresse d'accepter cette offre et de commencer les négociations qui lui incombaient, avant même que Philippe se fut
mis aux champs. Ce fut l'origine d'un grave dissentiment entre l'empereur et les grands électeurs, dont nous aurons à parler ailleurs. Philippe, qui en eut bruit, ne bougea point. Mais
la menace de guerre avait paru si sérieuse que le roi de France
se crut obligé de composer avec Metz et de prolonger son séjour
en Lorraine jusqu'au mois de mai 1445, sans pousser ses premiers avantages.

Le conflit avec le duc de Bourgogne n'eut donc point lieu.
Les conférences entre les procureurs des deux parties, tenues
à Reims en mars-avril 1445 et continuées à Châlons au mois de
mai[2], aboutirent au traité du 6 juillet qui, entre autres articles,
portait que Montbéliard serait restitué au comte de Wurtemberg
et que la dette de René d'Anjou lui serait remise. Anjou et
Bourgogne furent ainsi réconciliés. Nouvelle preuve qu'au
fond de cette entreprise il y avait eu la rivalité d'intérêts de ces
deux maisons.

Quant aux demandes en dommages-intérêts dont le roi de
France et l'empereur d'Allemagne se poursuivirent mutuelle-

---

[1] Cette date approximative résulte pour nous de ce que : 1º Charles VII, après avoir vers le milieu de novembre laissé partir, sans
rien concéder, l'évêque d'Augsbourg que Frédéric III lui avait envoyé pour l'affaire des Écorcheurs, se ravise peu après et le fait
ramener pour reprendre la négociation (Voy. Müller, *Reichstagstheatrum*, part. I, p. 269). Cette subite résolution fut inspirée selon
toute vraisemblance par la nouvelle du traité conclu entre la Bourgogne et l'Empire; 2º la conférence de Trèves où furent présents non
seulement l'archevêque de cette ville, mais encore celui de Cologne
et les représentants de Charles VII, est du 21 décembre 1444. Elle
fut également déterminée, à notre avis, par la conduite du duc de
Bourgogne.

[2] M. Tuetey a raconté ces négociations avec grand détail aux
ch. XI et XII de l'ouvrage déjà cité.

ment jusqu'en 1447, elles restèrent sans résultat et trahirent seulement le désir des deux parties de rejeter l'une sur l'autre le tort des conséquences inattendues qu'avait produites l'expédition contre les Suisses [1].

Résumant sous forme narrative les diverses conclusions auxquelles nous nous sommes arrêté, nous dirons :

La double expédition de 1444 fut la réalisation des projets d'opposition au duc de Bourgogne que Charles VII avait conçus dès 1430 et repris en 1440. Ces projets consistaient à reconstituer au profit de René d'Anjou l'ancien duché de Lorraine et à fortifier la maison d'Autriche dans ses domaines antérieurs. L'exécution en fut dissimulée sous le double prétexte de secourir le duc d'Autriche contre les Suisses, le duc de Lorraine contre Metz, et de débarrasser le royaume des écorcheurs. Ceux-ci furent en réalité non le mobile, mais l'instrument disponible de cette politique, instrument d'autant mieux indiqué que les princes du saint empire s'en étaient déjà servis à deux reprises.

Mais les projets de Charles VII avortèrent puisque le duc de Lorraine ne réussit qu'à faire rentrer quelques villes dans le devoir, sans agrandir les limites de son duché — et que, d'autre part, les ducs d'Autriche eurent moins à se féliciter qu'à se plaindre de l'intervention du Dauphin. A l'égard du duc de Bourgogne, le but de l'expédition fut également manqué puisque Philippe le Bon sortit fortifié de cette attaque et entra résolument, l'année suivante, dans la nouvelle voie politique au bout de laquelle il comptait bien trouver une couronne de roi.

En ce qui concerne l'occupation des places d'Alsace, elle n'avait d'autre motif que de permettre aux écorcheurs d'hiverner jusqu'au moment où le Dauphin pourrait les mener contre le duc de Bourgogne ou le duc de Milan. Quant aux revendications territoriales elles furent faites au profit du duché de Lorraine que l'on voulait reconstituer, et nullement au profit du domaine royal. Mais il est vraisemblable que le Dauphin a outrepassé sur quelques points les instructions de son père, particulièrement à l'égard des domaines autrichiens, et induit ainsi les historiens en erreur quant aux véritables desseins de Charles

[1] Voy. M. Tuetey, *ouv. cité*, t. I, ch. IV, sect. 2.

VII. En Lorraine l'acquisition d'Épinal, en Suisse l'alliance avec les cantons furent les seuls gains que le roi retira de cette double expédition.

A vrai dire aucun chroniqueur contemporain ne parle de ce projet de restauration de l'ancien duché de Lorraine. Mais l'on sait de reste que les chroniqueurs du moyen âge n'ont pas tout connu et sont souvent mal informés de la raison des événements. Le roi de France et le duc de Lorraine ne mirent naturellement personne dans le secret de leurs délibérations. L'historien est donc contraint à chercher ailleurs le sens des événements.

Comme nous l'avons remarqué dans un autre travail, l'invasion de 1444 a tenu une place énorme dans l'esprit des populations de ce temps et excité très vivement les populations germaniques contre leurs voisins de l'ouest [1]. Dans cette tourbe d'écorcheurs, composée pour un grand tiers d'Anglais, d'Écossais, d'Italiens et d'Espagnols, les victimes ne voulurent voir que des Français et, par une injustice habituelle aux sentiments populaires, étendirent à la nation tout entière la haine qu'elles avaient si légitimement conçue contre leurs bourreaux. La double expédition de 1444 a donc eu, presque en tous points, des conséquences diamétralement opposées aux prémisses.

---

[1] Au jugement de M. Bachmann (dans la brochure que nous avons citée à la page 246, note 2), les excès des écorcheurs ne furent pas plus grands en Alsace qu'ils n'avaient été ailleurs. Seulement ils durèrent plus longtemps. En Limousin, en Bourgogne, en Lorraine les écorcheurs n'avaient guère fait que passer. En Alsace ils séjournèrent six mois.

CHAPITRE XIII

LUTTE DU ROI DE FRANCE CONTRE LE DUC DE BOURGOGNE DANS L'EMPIRE

3° RELATIONS AVEC LES PRINCES ET LES VILLES

1445-1450

1° Premières alliances de Charles VII avec les princes allemands de la région du moyen Rhin, 1439 et ss. — Ces alliances sont tournées contre le duc de Bourgogne et l'empereur au commencement de 1445. — Traités de février et avril 1445, aboutissant à la constitution d'une ligue du Rhin contre le duc de Bourgogne. — Première conséquence de ces traités : modifications dans l'état des relations de Charles VII avec Frédéric III, 1445 et ss. ; — Charles VII est obligé de secourir l'archevêque de Cologne contre le duc de Clève allié de la Bourgogne, 1445 et ss. == 2° Rapports de Charles VII avec Sigismond d'Autriche, 1446 et ss : le roi gagne ce duc contre la Bourgogne, négocie son mariage avec Éléonore d'Écosse, le réconcilie avec les Suisses et conclut avec lui un traité d'alliance. — Rapports de Charles VII avec l'évêque de Liège, les Liégeois, l'évêque de Metz et la ville de Nuremberg. — Les villes libres d'Allemagne et la royauté française. — Renouvellement en 1450 des alliances conclues précédemment entre le roi de France et les princes allemands.

La campagne de Suisse et de Lorraine marque, dans l'histoire que nous racontons, le commencement d'une phase nouvelle. Frappé et peut-être effrayé de l'action que le duc de Bourgogne exerçait toujours plus sur certains princes d'Allemagne, Charles VII entreprend d'y substituer la sienne. Cette lutte d'influence, que M. de Beaucourt a du reste indiquée, est le second acte de la rivalité qui régnait entre la maison de France et la maison de Bourgogne. C'est notre tâche de mettre en lumière la suite de son développement.

1

Les préliminaires de cette politique se doivent chercher dans les négociations que l'archevêque de Mayence et le palatin de Bavière en août 1439, l'archevêque de Trèves en août 1444 entamèrent avec Charles VII pour obtenir que leurs territoires respectifs fussent épargnés par les écorcheurs. Le roi de France n'eut garde de repousser de si justes demandes et il multiplia les promesses d'intervention [1]. Dans la réalité les ravages ne cessèrent point et les princes allemands continuèrent leurs doléances. Pour les faire accepter du roi, trois d'entre eux lui proposèrent de reconnaître Eugène IV comme vrai pape. Cette proposition devint le point de départ d'une série de traités qui furent conclus au mois de novembre entre Charles VII et les intéressés [2]. Vers le même temps, mais probablement quelques jours plus tôt, si nous ne nous trompons, Philippe de Bourgogne avait lui aussi fait alliance avec l'empereur Frédéric sur d'autres bases. L'opposition d'intérêts qui s'était déjà vue en 1434 se reconstituait, mais à l'inverse.

Ces prémisses portèrent d'amples conséquences aussitôt que les écorcheurs eurent évacué les territoires de l'Alsace. Grâce aux mobiles d'ordre politique qui étaient venus s'ajouter aux mobiles d'intérêt privé, les alliés allemands de Charles VII persévèrent dans leur conduite et trouvèrent des adhérents. Fort mécontents des concessions faites par Frédéric au duc de Bourgogne dans l'affaire des archevêchés de Cologne et de Trèves [3], la féodalité allemande ne prit plus la peine de dissimuler ses vieilles tendances oligarchiques à l'égard de l'empereur. Le roi de France en était instruit, et comme la politique était traditionnelle chez les Valois d'exploiter ces dissentiments, Charles VII fit comme ses prédécesseurs : il favorisa le parti des princes.

L'ensemble de ces préliminaires aboutit à la conclusion de divers traités, qui eut lieu à Trèves, le 13 février 1445, avec le comte palatin [4], l'évêque de Strasbourg [5], l'archevêque de

---

[1] Voy. entre autres une lettre du roi, du 20 août 1439, dans Tuetey, *Les Écorcheurs*, I, 110.

[2] Voy. ci-dessous le chapitre XV.

[3], [4] et [5] Dans Lunig, *D. Reichsarchiv*, p. 33; Schilter, *Chron. de*

Trèves [1] ; — puis à Nancy, le 23 suivant, avec l'archevêque de
Cologne [2] et le duc de Saxe [3]. Les contractants allemands
eurent soin d'excepter des clauses du traité leurs alliés, comme
aussi le pape, le roi d'Angleterre et, par forme, l'empereur.
Seul l'électeur de Cologne ne stipula pas le nom de Frédéric,
mais celui de Sigismond d'Autriche. En somme c'était bien
réellement, dans le fond, une ligue du Rhin qui se constituait,
la première en date de toutes celles que la France formera sur
cette frontière [4].

Cependant, dès le mois d'avril, il est clair que le différend
entre le roi de France et le duc de Bourgogne est en voie de se
règler pacifiquement, et que, par conséquent, les traités de
février vont devenir sans utilité pour Charles VII. Néanmoins
le roi et le dauphin poursuivent sans repos l'extension de la
ligue politique qu'ils avaient ébauchée, en concluant, à la date
du 2 avril 1445, avec le duc Gérard de Juliers et de Berg un
traité d'alliance offensive et défensive, analogue dans ses

Kœnigshoven, p. 1016 ; Dumont, Corps diplom., III, 144 ; Tuetey,
Les écorcheurs, II, 105. — Les lettres de Charles VII et du dauphin, délivrées à Nancy, le 23 février suivant, peuvent être consi-
dérées comme reversales de celles du 13 février. Elles se trouvent
dans Dumont, Corps diplom., III, 143 ; dans Schœpflin, Alsatia
diplom., I, 374 et 375 ; dans Müller, Reichstagstheatrum, I, 273.

[1] Le traité avec l'archevêque de Trèves n'a pas été publié, sauf
erreur de notre part. Nous le connaissons par une copie du temps,
que nous avons trouvée aux Archives grand-ducales de Weimar
(Reg. C, n° 2) : Confederacio Treverensis cum corona Francie,
1445, Trèves, 13 février. Le traité est conçu dans les mêmes termes
que celui qui fut conclu à la même date avec le comte palatin, et
dont une copie se trouve aussi à Weimar (ibid.).

[2] Dans Lacomblet, Urkundenbuch, IV, 307.

[3] Dans Lunig, D. Reichsarchiv, VIII, 221 ; Dumont, ouv. cité,
III, 127 ; d'Achery, Spicilège, III, 765 ; Tuetey, ouv. cité, II, 106. —
En ce qui touche l'électeur de Mayence, on sait assez qu'il était,
depuis plusieurs années déjà, en relation avec le roi de France.
Quant aux électeurs de Bohême et de Brandebourg, nous n'avons
aucune preuve directe de leurs rapports avec Charles VII à ce moment. Ils semblent être restés en dehors de toutes les négociations
et, en tout cas, n'assistèrent pas à la diète de Boppard de mars 1445
(Tuetey, II, 138). — Si l'acte publié par d'Achery a réellement été
expédié, les conférences de Trèves et de Nancy auraient une portée
politique qu'on ne leur a pas attribuée jusqu'ici.

[4] M. Tuetey a exposé, dans l'ouvrage que nous avons si souvent
cité, les négociations qui eurent lieu à cette occasion. Nous lui renvoyons le lecteur.

termes à ceux de février[1]. Les conférences de Reims et de Châlons (mai-juin), où l'on vit les représentants de tous ces princes alliés groupés autour du roi de France, furent pour celui-ci véritablement un triomphe. Les conséquences vont s'en révéler peu à peu.

Le contre-coup des traités de février 1445 se fit en effet immédiatement sentir dans les rapports du roi avec l'empereur. Sans se déclarer contre Frédéric III ni faire acte d'hostilité à son égard, Charles VII en prit à son aise quand son voisin lui réclama le paiement de l'indemnité à laquelle il prétendait pour couvrir les dommages causés par les écorcheurs. Aux griefs formulés il opposa les siens. Les négociations ouvertes sur cette double question devant la diète de Boppard, en mars 1445, et devant celle de Nuremberg, en mars 1447, traînèrent pendant deux années par le mauvais vouloir évident des deux parties. Elles tombèrent sans avoir reçu de solution[2]. Entre autres motifs qui purent inspirer le roi de France, il faut certainement compter le désir d'affaiblir l'autorité morale de Frédéric III, auprès de qui le duc de Bourgogne était alors justement en instance pour obtenir la couronne du roi[3].

Une autre conséquence des traités de février 1445 fut de mêler Charles VII à la querelle de l'archevêque de Cologne avec le duc de Clève, « à l'occasion d'aucunes seignouries que ung chacun d'eulx disoit estre siennes[4] ». Beau-frère de

---

[1] Dans Lacomblet, *Urkundenbuch*, IV, 324. Cf. Tuetey, ouv. cité, II, 107. — Le revers de cet acte fut délivré par le roi de France à Reims, le 23 mai suivant.

[2] M. Tuetey a raconté ces négociations, ouv. cité, I, 264 et ss. Nous n'avons rien de plus à en dire, sauf l'explication que nous donnons de la conduite de Charles VII; sauf encore cette remarque que le roi entra, à cette occasion, en rapports directs, pour la première fois, avec plusieurs princes et villes de l'Empire. Voy. dans le ms. franc. 20.587, fos 44, 45 et 48, de la Bibliothèque nationale : 1o un sauf-conduit, en allemand, délivré par l'évêque de Wurzbourg aux ambassadeurs français qui se rendent à la diète (Wurzbourg, 13 mars 1447) ; 2o un autre sauf-conduit, en allemand, du duc Albert de Brandebourg aux mêmes (Roth, 15 mars 1447); 3o une lettre des bourgeois de Nuremberg au roi pour lui accuser réception des lettres apportées par ses ambassadeurs (Nuremberg, 17 avril 1447) Ces documents ont échappé aux patientes recherches de M. Tuetey.

[3] Voy. ci-dessus le chapitre X, p. 197 et ss.

[4] Math. d'Escouchy, *Chronique*, édit. de la Soc. de l'histoire de France, I, 89. Le chroniqueur, qui consacre tout son chapitre XV à

celui-ci, le duc de Bourgogne s'y était déjà jeté, avec l'esprit de résolution qu'il portait en toute chose, et il avait entrainé avec lui non seulement le seigneur de Lippe, les villes de Paderborn et d'Osnabruck, mais aussi le duc de Juliers allié du roi de France. Dietrich de Meurs avait pour lui le comte palatin, les ducs de Saxe et de Brunswick, le margrave de Brandebourg[1]. Il demanda d'abord au roi de France d'intervenir. L'intervention n'ayant produit aucun résultat[2], il fit alors proposer à son adversaire l'arbitrage de Charles VII. Le roi y consentait[3]; mais, conseillé par le duc de Bourgogne, le duc de Clève refusa. L'archevêque, qui n'avait peut-être que cherché le moyen d'engager le roi de France dans son parti, lui fit alors réclamer le secours effectif qui lui était dû en vertu du traité de février 1445. Cette demande est du mois de mai suivant. Charles VII ne pouvait refuser; mais, craignant de s'engager à fond, il n'envoya que 400 hommes et 1200 archers[4].

La guerre traîna du reste en longueur. Elle ne prit toute son acuité qu'en juin 1447, lorsque Dietrich de Meurs commença le siège de Soest et que la possession de cette ville devint pour les deux partis le véritable objet du débat. Sollicité d'envoyer un nouveau secours de 1800 chevaux, Charles VII se borna à fournir 600 hommes, mais promit d'intervenir auprès des ducs de Bourgogne et de Clève pour qu'ils traitassent l'allié du roi de France avec équité[5]. Pareille promesse ne pouvait satisfaire Dietrich de Meurs. Aussi, l'année suivante, par lettre datée du

---

raconter cette querelle de Cologne avec Clève, ne parle pas une seule fois du roi de France.

[1] Pour tous ces faits voy. M. de Beaucourt, ouv. cité, IV, 342.

[2] Document de la Bibliothèque nationale, ms. franc. 20587, cité par M. de Beaucourt, IV, 342. C'est uniquement par cette réponse du duc de Clève que nous connaissons la demande de l'archevêque et l'intervention du roi.

[3] Lettre, sans date, de Charles VII au duc de Clève, dans d'Achery, *Spicilège*, III, 786, et Leibnitz, *Codex juris*, 413.

[4] Lettre, sans date de temps, de Charles VII à l'archevêque de Cologne, dans d'Achery, *Spicilège*, III, 786, et Leibnitz, *Codex juris*, 414. — M. de Beaucourt a bien vu que la date de lieu *Datum Caynone* ne pouvait être *Chinon*, et il propose de corriger *Cayurne = Kœur*, où le roi se trouvait au mois de mai 1445.

[5] D'après une lettre de l'ambassadeur saxon, Henri Engelhard, à son maître sur les affaires de France, 15 juin 1447. Cette lettre, conservée aux Archives de Dresde, est citée et reproduite en partie par M. de Beaucourt, IV, 362-363.

17 avril 1448, il insiste encore une fois auprès du roi pour obtenir son secours[1]. Peine perdue. Charles VII, qui voyait déjà s'ouvrir quelques perspectives d'accommodement avec le duc de Bourgogne, fit la sourde oreille et laissa son allié succomber.

Cette conduite n'est pas sans surprendre l'historien. Depuis 1337, les archevêques-électeurs de Cologne avaient presque toujours pris parti pour l'Angleterre contre la France; récemment encore on les avait vus soutenir contre elle la Bourgogne. N'était-il point prudent de saisir l'occasion présente pour rattacher les intérêts de l'électorat à ceux de la maison de France? D'ailleurs, à ce moment même, la cause de Philippe le Bon faiblissait en Allemagne. Brouillé avec l'empereur qui protégeait ouvertement l'archevêque, Philippe voyait encore le duc de Saxe se déclarer contre lui en revendiquant le Luxembourg.

Il paraîtrait même qu'on espérait beaucoup, en haut lieu, voir le duc de Bourgogne se jeter à corps perdu dans la lutte et fournir ainsi à ses adversaires secrets ou connus l'occasion de l'attaquer. On lui prêtait toutes sortes d'intentions criminelles, comme de vouloir détrôner l'empereur avec l'aide de l'archevêque de Trèves[2]. Il eut certainement suffi au roi de France d'attiser ce feu et de prendre résolument parti en faveur de Cologne pour se mesurer enfin sur terre d'Empire avec son rival. Nous pouvons croire que Philippe le Bon appréhendait lui-même ce conflit; car pour l'éviter il avait obtenu du pape, à la date du 23 mai 1447, une bulle qui instituait un arbitrage pour prononcer sur les difficultés soulevées par l'application du traité d'Arras[3]. Cet arbitrage eut lieu aux conférences de Paris, d'octobre 1448, qui amenèrent une détente dans les relations des deux princes. D'ailleurs, en septembre 1447[4], le duc de Bourgogne avait réconcilié Adolphe de Clève avec l'archevêque de Cologne. De l'aide des Allemands contre Philippe le Bon, il ne pouvait plus être momentanément question pour le roi de France.

---

[1] Orig. dans le ms. franc. 20597 de la Bibliothèque nationale, d'après M. de Beaucourt, IV, 365. Cette lettre ne parvint au roi que le 4 juin, s'il faut en croire une note à la main.

[2] Voy. ci-dessus chapitre X, p. 211.

[3] Document des Archives de la Côte-d'or (B. 11907), cité par M. de Beaucourt, IV, 374.

[4] Voy. une déclaration d'Adolphe de Clève, sous la date du 16 sept. 1447, dans Lacomblet, *Urkundenbuch*, IV, 341.

Du reste, si bien noués que parussent les traités de février-avril 1445, ils n'avaient pas tous résisté à l'épreuve du temps. On sait déjà que, dès la fin de l'année, le duc de Juliers avait fait défection[1]. Il y a même quelques raisons de croire que le comte palatin avait lui aussi chancelé dans sa fidélité, puisqu'en 1447 Charles VII revient sur la vieille question de la créance d'Isabeau de Bavière[1] et réclame du comte la libération de son frère, Louis le Barbu[2], que ses propres enfants retenaient prisonnier depuis 1436. Le roi s'était déjà entremis en sa faveur une première fois vers 1438[3], de nouveau en septembre 1444[4], une troisième fois en 1445[5], mais toujours sans succès. Il fit de cette affaire, aussi bien que de l'autre, l'objet de deux articles des remontrances qu'il adressa à la diète de Nuremberg. Mais la mort de Louis le Barbu, survenue sur ces entrefaites[6], décida le roi à abandonner toutes ses revendications.

Il est bon de remarquer que Charles VII ne fit jamais acte d'hostilité ouverte à l'égard de Frédéric III, quelques griefs qu'il eut contre lui. Il se souvenait sans doute de quelle aide la maison d'Autriche lui avait été en 1430-34[7] et ne désespérait peut-être point d'en recueillir encore une fois le bénéfice. Mais Frédéric III ne se prêtant plus à une alliance mutuelle et Albert étant fort avant dans les intérêts bourguignons, c'est du côté de Sigismond, leur neveu, que se tourna le roi de France.

---

[1] Voy. ci-dessus p. 268.

[2] Remontrances du roi à la diète de Nuremberg, 1447. Dans Tuetey, ouv. cité, II, p. 156 et 166.

[3] Lettre à Frédéric d'Autriche, datée seulement de Chinon, dans d'Achery, *Spicilège*, III, 764, avec cette indication marginale, « vers 1438 », qui nous paraît juste.

[4] Remontrances du roi à la diète de Boppard, 1445, dans Tuetey, ouv. cité, II, p. 138.

[5] Instruct. de Charles VII aux ambassadeurs qu'il envoie à Mayence, dans Tuetey, ouv. cité, II, p. 137.

[6] En 1447, et non 1439 comme dit l'*Art de vérifier les dates* (édit. de 1770).

[7] Voy. ci-dessus le chapitre XI, p. 213.

2.

On se rappelle que Charles VII avait promis dès 1430 sa fille Radegonde à ce Sigismond[1]. A la date où nous sommes maintenant parvenu, le mariage pouvait être consommé. Mais loin d'y aider, Frédéric III y mettait obstacle en se refusant à émanciper son pupille, en le tenant même, par raisons politiques, dans une sorte de captivité à peine déguisée. Ce fut, à plusieurs reprises, l'objet des réclamations du roi de France, en 1437[2], 1438[3], 1444[4], mais toujours vainement. Cependant, au commencement d'avril 1445, prenant sans doute en considération les dernières réclamations de Charles VII[5], Frédéric se décida

[1] Voy. ci-dessus le chapitre XI, p. 215.

[2] et [3] Voy. d'Achery, *Spicilège*, III, 764, avec cette mention marginale « vers 1438. »

[4] Lettre du 14 octobre 1444 dans la collection Fontanieu à la Bibl. nationale. Cf. Énéas Sylvius, *Epistola* LXXVII ; Leibnitz, *Codex juris*, 349 ; Müller, *Reichstagstheatrum*, I, 225 ; les *Remontrances* de Charles VII aux grands électeurs, dans Tuetey, ouv. cité, II, p. 138 ; et surtout ce passage des *Obsequia* de Raoul de Gaucourt, rédigés vers 1448 et que nous avons déjà cités d'après l'original des Archives impériales de Vienne : « *Et quia nova obsequia non sunt obmittenda, est notandum et memorie commendandum quod anno Domini M° CCCC°° quadragesimo tercio, idem dominus Sigismundus ad presens Austrie dux, existens in potestate et manibus serenissimi principis Romanorum regis, sui germani, communitates patrie ejusdem ducis miserunt erga christianissimum principem Francie regem ambaxiatores proprios supplicando ut ob reverenciam matrimonii tunc jam initi inter predictum dominum Sigismundum eorum ducem et dominam Radegundam prefati regis filiam, eisdem scortum et provisionem dare vellet pro redemptione ejusdem ducis* ». — C'est peut-être à la suite de cette démarche que furent rédigés les « *Pourparlers* contenant la demande que Louis XI dauphin (plus exactement Charles VII) fait au duc de Milan d'intercéder auprès du roi des Romains pour la délivrance de Sigismond ». (Coll. Fontanieu, n° 119). Une main moderne a inscrit la date de 1495, une autre celle de 1447. Il faut probablement corriger 1444 ou 1445.

[5] Instruct. de Charles VII aux ambassadeurs qu'il envoie à Mayence, 24 février 1445, dans Tuetey, ouv. cité, II, 137.

C'est donc à tort que M. d'Herbomez (ouv. cité, p. 31) et avec lui M. Lampel (ouv. cité, p. 140) croient que la question du mariage de Radegonde avec Sigismond d'Autriche prit fin en fait par la mort de Frédéric à la Bourse vide en 1439.

à mettre son pupille en liberté. Or, quelques jours plus tôt
(19 mars)[1], Radegonde de France était morte à Tours. Y aurait-
il relation entre ces deux faits, autrement dit la mort de Radegonde était-elle connue de Frédéric quand il délivra Sigismond? Le fait est de toute vraisemblance, et induit à croire
que le duc d'Autriche n'avait résisté jusqu'ici aux demandes de
Charles VII que dans le dessein bien arrêté, mais assez inexplicable pour nous, d'empêcher le mariage projeté[2].

Par politique autant que par affection, Charles VII et Sigismond, devenu duc de Tyrol, continuèrent les relations si tris-
tement troublées. Il subsiste une lettre de Sigismond, d'allu-
res discrètes, et la réponse non moins discrète du roi de
France, qui prouvent que celui-ci, dans les derniers mois de
1446, tenta de ranger le jeune duc d'Autriche à ses desseins[3].
Mais lesquels? On ne le dit point. Nous conjecturons que le
roi conseillait au duc de ne pas se prêter aux alliances que Philippe de Bourgogne essayait, à ce moment même, de nouer avec
la maison d'Autriche. Sollicité en effet, quelques mois après,
de donner son adhésion au traité conclu le 18 mars 1447 entre
Philippe le Bon et Albert d'Autriche, Sigismond refusa[4]. S'il
y consentit un peu plus tard, à la date du 13 septembre, ce
fut sous certaines réserves qui pouvaient suffire à tranquilli-
ser le roi de France[5].

Une autre affaire se greffa bientôt sur celle-ci. En juin 1447
Sigismond avait fait prier Charles VII de lui obtenir la main

----

[1] La date de 1444 donnée par le P. Anselme et suivie par beaucoup
d'autres, est erronée si l'on tient compte du style de Pâques.

[2] On connaît une lettre, dénuée d'ailleurs d'importance politique,
de Charles VII à Sigismond d'Autriche ainsi datée : *Apud Nan-
ceium, XII° marcii*. Chmel qui l'a publiée (*Gesch. Friedrich IV*,
II, 762) l'attribue à l'année 1450. M. de Beaucourt a montré (IV,
346), qu'elle ne peut être que de 1445.

[3] La lettre de Sigismond est datée de Bulsan, 12 déc. 1446 (ms.
franc. 20587 de la Bibl. nationale, p. 43). La réponse de Charles VII
porte la date de Montilz, 7 février. L'année manque. Chmel, qui a
publié cette lettre (*Gesch. Friedrich IV*, II, 761), l'attribue à 1450.
Nous la rapportons à 1447, parce que son début vise clairement la
précédente : « Vestras habuimus litteras in Bulsano die XII decem-
bris proxime lapsi confectas.... »

[4] Observations du duc Sigismond, dans les *Fontes rerum austriacarum*, II, 135.

[5] Voy. l'instrument du traité, dans Chmel, *Materialien*, II, 247
et ss.

d'Éléonore sœur du roi d'Écosse. Après avoir hésité quelque temps, le roi de France se chargea de la négociation et en prit si bien à cœur le succès que, sans attendre réponse de la cour d'Écosse, il pressa Sigismond d'envoyer à Tours ses procureurs pour conclure les fiançailles. Ce fut l'objet de nombreuses ambassades entre Tours et Inspruck, qui durèrent jusqu'à la fin d'avril 1448[1]. Le mariage eut lieu quelques mois plus tard, en septembre[2].

Sigismond conçut bientôt une plus haute espérance : celle de voir le roi de France servir et appuyer les intérêts de l'Autriche en Suisse. Les habitants de Fribourg, sujets de Sigismond et alors en guerre avec le duc de Savoie, étaient soutenus par leur suzerain[3]. Mais le duc de Savoie avait su mettre les Bernois de son côté, en sorte que ces autres sujets de Sigismond étaient tournés contre lui. Peu soucieux de les combattre, Sigismond fit prier le roi de s'interposer[4]. Déjà fort

---

[1] Tous les actes relatifs à cette négociation sont imprimés dans l'*Oesterreichischer Geschichtsforscher*, II, 448 à 465. — Il faut en rapprocher une lettre de Charles VII à Sigismond (datée seulement de Montaure près Laverdin et publiée par d'Achery, *Spicilège*, III, 776) pour le presser de donner son approbation aux clauses du contrat. Cette lettre appartient certainement à la seconde moitié de l'année 1448. — Il est encore fait allusion à ce mariage dans une lettre de Charles VII à un conseiller du duc d'Autriche publiée par Chmel (*Materialien* I, 307) sous la date de Moulins, 13 décembre (1449). L'itinéraire diplomatique du roi prouve que cet acte ne peut appartenir qu'à l'année 1456 : « Nous avons entendu que feu le commandeur d'Achèse en la conté de Thirol, au temps qu'il fut devers nous envoié par nostre tres cher et tres amé filz et cousin le duc d'Autriche, pour le fait du mariage d'entre lui et nostre belle fille et cousine d'Escoce sa femme, fist certaine promesse etc. » — Cf. le compte dixième de Xaincoing, f° 180, qui fixe au mois d'avril 1448 le départ des ambassadeurs du roi envoyés à Sigismond, et le compte cinquième de Robert Parcaut (dans le ms. franc. 6965, f°ˢ 284 et 286, de la Bibl. nationale), cités par M. de Beaucourt.

[2] Hergott, *Monum Austriæ*, III, pars I, n° 30.

[3] Sur cet épisode de l'histoire de Suisse voy. la *Relation* du notaire Jean Gruyère et la *Chronique* de Benoît Tschachtlan dans le tome I des *Quellen zur schw. Geschichte* (Bâle, 1877).

[4] Lettre du 6 mai 1448, dans le ms. franc. 6963, f°. 15 de la Bibl. nationale : « *Relatione venerabilis fidelisque nostri dilecti Ludovici de Landsee, commendatoris generalis districtus patrie nostre Achesis, clare percepimus bonam voluntatem generosumque propositum quod regia vestra majestas pro submovendis gravaminibus, temeritatibus ac litibus. . . . . .concepistis.* »

avant dans la confiance des cantons depuis les alliances de
1444 et désireux de s'attacher le duc de Savoie autant que le
duc de Tyrol, Charles VII était prêt à l'intervention qu'on lui
demandait[1]. Il envoya donc ses représentants à Lausanne, en
compagnie de ceux de Bourgogne, et y fit convoquer ceux de
Fribourg et de Savoie (mai 1448)[2]. Les conférences, auxquelles prirent part plusieurs villes de Suisse, durèrent près de
six semaines et se terminèrent, non sans peine, par le traité de
Morat (16 juillet), qui réconcilia les parties[3].

C'est au cours de ces diverses négociations que Sigismond,
prenant occasion des circonstances, voulut conclure avec
Charles VII une alliance politique. Les lettres de créance qu'il
délivra à ses ambassadeurs portent la date du 1er juin 1448[4].
Le roi de France, prenant ces propositions en considération,
fit rédiger les siennes sous la date du 27 août[5]. Les conditions
furent débattues et l'on conclut à Chinon, le 7 septembre[6],
d'une part l'acte du mariage projeté, d'autre part un traité
d'alliance qui contenait ces trois articles essentiels : si les gens
de guerre de l'une des deux parties portent préjudice à l'autre,
le préjudice sera réparé; si l'une des deux parties est attaquée,
l'autre lui portera secours; si l'un des articles du traité est
violé, le traité ne sera pas pour cela détruit. L'acte du 7 septembre fut ratifié et confirmé par le roi aux Roches-Trenchelion, le 30 juin 1449[7]. C'est plus tard seulement qu'il produira
tous ses fruits.

Dans les mois qui suivirent jusqu'au commencement de
1450, Charles VII entretint avec Sigismond diverses relations
d'ordre privé, qui semblent n'avoir eu d'autre but que de maintenir le duc d'Autriche dans les espérances qu'il avait conçues
de l'amitié de Charles VII[8]. Au point de vue politique il n'y a
rien de plus à y voir.

---

[1] Lettre de Charles VII à Sigismond. Brouillon sans date dans le
ms. franc. 5444 A, f° 80, de la Bibl. nationale. Cette lettre en vise une
autre de Sigismond, qui doit être celle du 6 mai: « *Vestras novissime
iteras suscepimus earumque tenorem inspeximus.* »

[2] et [3] Voy. M. de Beaucourt, ouv. cité, IV, 367.

[4] Insérées dans le traité du 7 septembre, mentionné plus loin.

[5] Dans Chmel, *Materialien*, I, 289.

[6] Dans Hergott, *Monumenta Austriæ*, III, pars I, 25, et Chmel,
Materialien, I, 290 et 292.

[7] *In Rupibus Scissileonis*, dans Chmel, *Materialien*, I, 304.

[8] Ainsi dans une lettre publiée par Chmel (*Gesch. Friedrich IV*,

En si bonne voie de supplanter le duc de Bourgogne dans tout l'Empire, le roi de France ne négligea, à partir de 1445, aucune occasion grande ou petite de se mêler aux affaires des princes allemands et de s'avancer dans leur amitié. Conseillé par le comte de Blankenheim, il avait un instant espéré mettre aussi les Liégeois dans son alliance et les tourner ainsi contre le duc de Bourgogne. Des tentatives en ce sens furent faites en février, mars et juin 1445, mais inutilement [1].

Quant à l'évêque de Liège il était partisan du duc de Bourgogne et, à ce titre, il le soutint contre Évrard de la Mark dans la guerre qui prit naissance entre eux au mois de juin 1445. Charles VII, qui aida Évrard de quelques compagnies, eut donc l'évêque de Liège contre lui. Ce fut pourtant ce prélat que le pape désigna en 1446 pour prendre connaissance des infractions au traité d'Arras dont se plaignait le duc de Bourgogne. Il y eut essai de rapprochement entre le prélat et le roi en 1448, à l'instigation de l'archevêque de Cologne [2] dont nous connaissons les relations avec Charles VII. Cet essai n'eut point de résultat [3].

Vers la fin de juin 1448, l'évêque de Metz, Conrad de Boppard, entama avec Charles VII une série de pourparlers pour rentrer en possession d'Épinal qu'il considérait comme une

II, 763) sous la date du 24 août [1450], Charles VII recommande à Sigismond un certain *Hilprandus Fux de Fuxberg, sculifer*, qui, après avoir été quelque temps au service de Charles VII, se dispose à retourner en Allemagne et à prendre service auprès de Sigismond.

[1] Voy. M. de Beaucourt, ouv. cité, IV, 128 et 139.

[2] Voy. une lettre de l'archevêque de Cologne à Charles VII, datée de Cologne, 17 avril 1448, dans le ms. franc. 20587, f° 50, de la Bibliothèque nationale, — et la réponse de Charles VII à l'archevêque de Cologne, [1448], *ibid.*, ms. latin 5414 A, f° 80 : « *Litteras vestras per dilectum. . . . Johannem, comitem de Blankenheim, nuper suscepimus earumque tenorem inspeximus et super iis que retulit ad plenum audivimus, ad id vero quod inter cetera scribitis de consanguineo nostro dilecto Leodiensi episcopo. Cui quidem, cum ecclesia sua voluntatem habet et disposicionem intelligendi se nobiscum et obsequendi, respondemus quod in his que statum et honorem ipsius ac ecclesie sue contingere possent, libenter sibi complacere vellemus.* » Cette lettre a été publiée, avec quelques différences de texte, par d'Achery, *Spicilège*, III, 786, et par Lünig, *D. Reichsarchiv*, XVIII, 596, sous la date erronée de 1455.

[3] Voy. d'ailleurs pour plus de détails M. de Beaucourt, ouv. cité, IV, 138 et 340.

dépendance immédiate de son siège. Charles VII feignit d'écouter ses doléances, d'autant plus qu'elles étaient soutenues par le marquis de Bade, les seigneurs de Boppard, les princes de Salm, et le furent même, deux ans plus tard, par l'archevêque de Trèves et l'empereur d'Allemagne. Il ordonna une enquête, fixa des ajournements, accepta l'arbitrage de la cour de Rome et par ces procédés dilatoires échappa finalement à l'obligation de rendre ce qu'il avait pris en 1444 [1]. Cependant la question sera encore une fois débattue en 1460 [2].

Mais nous n'avons pas encore parlé des deux plus importants traités que Charles VII conclut, en cette année 1448, avec les princes allemands. Sur la fin d'avril, il envoya ses représentants à l'électeur de Saxe pour renouveler l'alliance qui existait entre eux depuis trois ans [3]. L'électeur fit bon accueil aux envoyés français et s'empressa de leur délivrer les lettres reversales qu'ils sollicitaient. La teneur de ce nouveau traité étant identique à celle du traité de 1445, nous ne saurions rien des vrais motifs de ce renouvellement si Thomas Basin n'avait pris soin de nous dire que le roi se préoccupait fort, à ce moment, de s'assurer partout des appuis contre le duc de Bourgogne [4]. En même temps que le duc de Saxe, Charles VII fit également solliciter l'archevêque de Trèves et rencontra auprès de lui le même accueil empressé qu'en février 1445 [5]. La fidélité de ces deux alliés ne s'était donc pas démentie : grâce à eux, la question du Luxembourg allait bientôt changer de face.

---

[1] Voy. M. de Beaucourt, ouv. cité, IV.

[2] Voy. ci-dessous le chapitre XIV.

[3] Le traité rédigé par Charles VII est daté de Montilz lez Tours, 26 avril 1448, dans Tentzel, *Hist. gothanæ suppl. secundum*, p. 676. — Le revers est attesté par la lettre de Charles VII citée ci-dessous.

[4] « *Nam et fœdera... cum pluribus sacri imperii electoribus atque principibus iniit, tam ecclesiasticis quam secularibus et cum iis presertim quibus magis invisum vel exosum fore eundem ducem Burgundionum agnosceret.*» (*Hist. de Charles VII*, édit. Quicherat, I, 295). Cf. la *Chron. de l'abbaye de Florreffe* dans les *Mon. pour l'hist. des prov. de Namur*, VIII, 163.

[5] Lettre de Charles VII au duc Frédéric de Saxe, (juin 1448), dans le ms. lat. 5414 A, f°s 79 et 89, de la Bibliothèque nationale : «... *Ceterum litteras mutui federis parte vestra per Javonem antedictum nobis presentatas grata mente recipimus et nostras confederacionis reciprociter petitas litteras, earundem vestrarum insequendo tenorem litterarum, consanguineo et confederato nostro carissimo Jacobo, Treverensi archiepiscopo... destinamus.* »

Plus ou moins fortifié par ses alliances avec les féodaux allemands, Charles VII eut dû, semble-t-il, en chercher également auprès des villes libres de l'Empire. Charles VI n'y avait guère songé, bien que l'importance politique de ces membres du saint Empire prenne naissance dans les dernières années du xɪvᵉ siècle. Cependant en 1408-1410 ses ambassadeurs avaient essayé d'entraîner Francfort dans leur opposition à Robert [1]. Plus habile ou mieux informé, Philippe le Bon n'avait eu garde de dédaigner cet élément de puissance, et nous avons montré précédemment [2] le parti qu'il en sut tirer. Charles VII ne pouvait, à la longue, méconnaître entièrement l'importance croissante de ces nouvelles forces politiques. Les nombreuses ambassades qu'il envoya aux diètes d'Allemagne étaient souvent reçues par les magistrats municipaux, hébergées par eux, et durent enfin comprendre que ceux-ci prenaient dans l'Empire une place qui, dans le royaume de France, devenait au contraire pour les villes chaque jour plus étroite. Et puis traiter avec la Hanse, comme cela avait eu lieu en 1436 [3],

[1] Voy. ci-dessus le chapitre II, p. 52.

[2] Voy. ci-dessus le chapitre X, p. 196.

[3] Des nombreuses relations de Charles VII avec la Hanse teutonique, nous ne voulons rappeler que celle-là, en raison de son caractère politique. A la demande des bourgeois de la Rochelle, le roi s'était entremis avec eux entre la Hanse et l'Espagne pour amener entre ces deux parties belligérantes la conclusion d'un armistice de six ans. (Voy. la lettre d'un marchand de Bruges aux magistrats de Dantzig, juillet 1436, analysée dans les *Hanserecesse* du baron Goswin von der Ropp, I, p. 504. Cf. ibid., II, 5, 6, 7, 25 et 105). L'accord manqua d'ailleurs son but. Voy. la note que nous avons publiée sur ce point dans la *Revue de Saintonge et d'Aunis*, 1888, p. 40-43. — Nous avons déjà fait allusion à la politique commerciale des ducs de Bourgogne avec les villes d'Allemagne (p. 190). Les rois de France ont eu aussi la leur. Ce seul sujet mériterait d'être étudié de près à l'aide des nombreux textes que l'on trouve dans le *Hamburgisches Urkundenbuch* (1842 et ss), dans le *Lübeckisches Urkundenbuch* (1843 et ss), dans le *Bremisches Urkundenbuch* (1864 et ss), dans le *Hansisches Urkundenbuch* de Hœhlbaum (1876 et ss) et surtout dans les publications du *Verein für hansische Geschichte* de Lubeck qui comprennent trois séries en cours : Koppmann, *Recesse der Hansetage* (1256-1430), Goswin von der Ropp. *Hanseceresse* (1430-1476), et Dietrich Schaeffer, *Hanserecesse* (1477-1530). Nous avons recueilli dans les volumes déjà parus la mention d'environ 300 actes où il est question de villes de France et des Pays-Bas bourguignons. Malheureusement ces actes sont en un bas-allemand (*plattdeutsch*), qui, n'étant jamais parvenu à une existence

ou bien avec les cantons Suisses, comme cela s'était vu en
1444 [1], n'était-ce point déjà traiter avec des puissances indépen-
dantes de toute autorité princière ? — Et cependant, sur ce
terrain Charles VII ne fut guère novateur. Cette timidité semble d'ailleurs résulter de l'impuissance où il se sentait et
qu'expliquent quelques faits peu connus.

En l'année 1378, c'est-à-dire deux ans seulement après la
constitution de la ligue des villes de Souabe, un agent de
Strasbourg chargé de mettre les magistrats de cette ville au
courant des événements qui les intéressaient, les informait
que le duc de Bavière et le comte de Wurtemberg, en guerre
avec les villes de Souabe, avaient essayé de jeter sur celles-ci
les soldats du roi de France [2]. Il y a dans cette information
comme un avertissement de se défier du monarque. On le
retrouve plus tard, et il est sensible pour l'historien que les
villes libres de la région du Rhin n'attendent d'abord rien de
bon de leur puissant voisin. Bientôt se propage parmi elles
cette opinion que le roi médite de prendre pour lui la couronne
impériale. La perspective semble désirée, car on sait vaguement que Charles a fait alliance chez lui avec la bourgeoisie
contre les féodaux et que, par conséquent, il sera moins à
craindre comme souverain que comme voisin. Sur ces entrefaites arrivent les affaires de Suisse, à l'occasion desquelles le
roi accorde aux ducs d'Autriche l'aide qu'ils ont implorée contre
leurs sujets. Un nouveau courant d'opinion prévaut alors
parmi les villes de l'Allemagne occidentale, et l'on considère
résolument le roi de France comme l'ennemi des bourgeois
puisqu'il est l'ami des princes [3]. Cette opinion est nettement
formulée en novembre 1444 dans des termes qui nous permet-

---

littéraire, reste fermé à quiconque n'en a point fait une étude
particulière. Cf. Mone, *Zeitschrift*, IV, 44 et ss., pour les relations
commerciales de Constance avec la Champagne, la Provence, la
Lorraine et la Savoie. Sur le tirage du sel par le roi de France dans
Empire, c'est-à-dire en Provence au XVe siècle, voy. A. Spont
dans les *Annales du Midi*, 1891, p. 457-460.

[1] Voy. ci-dessus p. 250.

[2] Rapport d'émissaires strasbourgeois aux magistrats de leur ville :
« Herzog Stefan von Peigern und der Wurtemberg kriegen wider die
schwæbischen Stette. Haben die Fürsten die Frantzosen gen Swaben
bringen wollen inen zu Helfe wider die Stette ». (*Deutsche Reichstagsacten*, II, 224.)

[3] Voy. sur ce point Énéas Sylvius, cité ci-dessus, p. 245, note 3.

tent assez bien de mesurer jusqu'à quel point elle était répandue [1].

Cependant, lorsqu'en avril 1450 les bourgeois de Nuremberg apprirent que leur grand ennemi le margrave de Brandebourg avait invoqué contre eux l'aide du roi de France, ils ne craignirent point de l'implorer pour eux-mêmes et de réclamer son arbitrage [2]. Ils avaient même, par une innovation habile, écrit aux universités de Paris, Bologne, Padoue, Venise, Pérouse et Pavie [3] pour les faire juges de la justice de leur cause. Mais déjà René d'Anjou, qui résidait alors à la cour de France, avait pris les devants en sollicitant le roi, dès novembre 1449 [4], à l'instigation du margrave de Bade son allié et celui de Brandebourg, de se déclarer pour les féodaux contre les bourgeois. Les féodaux avaient eux-mêmes agi en députant à Charles VII une ambassade solennelle qui rencontra le roi à Alençon, vers la fin de mars 1450, et lui présenta ses doléances à l'endroit des communes qui violaient, disait-on, les droits et privilèges des églises et entreprenaient contre l'autorité de leurs seigneurs [5].

Or à la même date de l'année 1450, on constate directement que le roi de France tente un grand effort pour resserrer tous les liens d'amitié et de solidarité qui existaient entre lui et un grand nombre de princes allemands. Le rôle que René d'Anjou avait joué dans le conflit entre les communes allemandes et leurs seigneurs induit fort légitimement à croire que le duc exerçait de nouveau à ce moment sur l'esprit du roi l'influence prépondérante que nous avons déjà constatée de 1442 à 1445, et qu'il méditait de faire tourner cette influence au profit de ses intérêts en Italie, en fortifiant mieux que jamais la royauté contre les entreprises du duc de Bourgogne. Et en effet René d'Anjou reparut bientôt dans le royaume de Naples avec l'appui au moins moral du roi de France. C'est donc encore à son intervention personnelle qu'il convient d'attribuer les assu-

---

[1] Voy. la lettre de Peter van Hasselt à Jacques de Sierck, citée par M. Janssen qui a pris un passage de cette lettre pour épigraphe de sa brochure *Frankreichs Rheingelüste und deutsch-feindliche Politik*.

[2] Lettre du 8 mai 1450, dans les *Chroniken d.d. Stædte*, II, 519

[3] *Ibid.*, II, 517.

[4] Lettre datée de Rouen (où était alors le roi), 17 novembre 1449. *Ibid.*, II, 516.

[5] Voy. le préambule de la lettre de Charles VII, du 24 mars 1450, citée dans la note suivante.

rances de médiation et d'appui que Charles VII prodigua aux
ambassadeurs allemands [1], et le soin qu'il prit d'envoyer ses
propres représentants à chacun de leurs princes : archevêque
de Mayence, margrave de Brandebourg, marquis de Bade, comte
de Wurtemberg [2], — pour renouveler les traités existants. Et
non seulement à ces princes, mais à quelques autres encore
qui n'avaient point alors député près de lui, tels que le duc de
Saxe, le palatin de Bavière, les archevêques de Cologne et de
Trèves, le duc d'Autriche [3], le roi de Hongrie [4], le duc de
Juliers [5].

Des promesses faites par le roi contre les communes allemandes, il ne sortit aucun effet. Tout occupé des Anglais, Charles VII ne put répondre aux espérances que l'un et l'autre parti
fondaient sur lui, et peut-être fut-il bien aise d'échapper à l'o-
bligation de se prononcer entre eux. Mais ce renouvellement
et ce développement des alliances politiques commencées en
1444-1445, n'en eurent pas moins une grande importance qui
aide à comprendre les succès de Charles VII sur le duc de
Bourgogne durant la phase qui va suivre.

---

[1] Alençon, 24 mars [1450], lettre du roi à l'archevêque de Mayence,
à Albert de Brandebourg, au margrave de Bade, et à Ulrich de
Wurtemberg (dans d'Achery, *Spicilège*, III, 798).

[2] Lettres de créance de Charles VII auxdits ambassadeurs, 23 mars
1449 (n. st. 1450), dans le ms. lat. 5414 A, f° 73, de la Bibliothèque
nationale : « *Apud serenissimum principem carissimum fratrem
et consanguineum nostrum regem Romanorum destinamus dilectos et fideles consiliaros et ambaxiatores nostros...* »

[3] Mêmes lettres que ci-dessus.

[4] Lettres de créance, sans date, dans le ms. lat. 5414 A, f° 72,
déjà cité : « *Apud serenissimum principem fratrem et consangui-
num nostrum regem Romanorum destinamus dilectos et fideles
consiliarios et ambaxiatores nostros...* »
Ce préambule comme le précédent vise certainement l'ambassade
qui nous est connue par une lettre de Charles VII au roi des Romains, *datum Montebasonis* [1450], dans d'Achery, *Spicilège*, III,
788.

[5] Lettre de Charles VII à Gérard de Juliers, où il est seulement
question d'échange de présents. (S. date, mais vraisemblablement
de 1450, dans le ms. lat. 5414 A, f° 81, déjà cité).

CHAPITRE XIV

LUTTE DU ROI DE FRANCE CONTRE LE DUC DE BOURGOGNE DANS L'EMPIRE.

4° RELATIONS AVEC LES PRINCES ET LES VILLES

1450-1461.

1° Relations du duc de Bourgogne avec l'Empire pendant cette dernière phase. — Projets de mariage avec les maisons de Clève et de Saxe. — Traités de paix avec les ducs d'Autriche et Ladislas de Hongrie. — Philippe le Bon se rend à la diète de Ratisbonne en 1454 et y traite avec divers princes. — Ses nombreux rapports avec la maison de Bavière. — La succession au siège archiépiscopal de Trèves et le duc de Bourgogne. = 2° Relations occasionnelles du roi de France avec les cantons suisses, le duc Sigismond d'Autriche, le comte palatin du Rhin, le marquis de Bade, l'archevêque de Cologne, Étienne de Bavière candidat au siège d'Utrecht, les adversaires du comte palatin, etc., 1452-1460. — La succession au siège épiscopal de Tournai et le roi de France, 1460. = 3° Projet de mariage d'une fille de Charles VII avec Ladislas le Posthume, roi de Bohême-Hongrie, 1455. — Négociations y relatives rendues vaines par la mort de Ladislas, 1457. = 4° Alliance politique de Charles VII avec Ladislas contre le duc de Bourgogne 1457. — A la mort de Ladislas, Charles VII, comme représentant de ses droits sur le Luxembourg, prend ce duché en sa garde. — Négociations de Charles VII avec le duc de Saxe touchant l'acquisition du Luxembourg, 1458-59. — Protestations du duc de Bourgogne, 1459. — Charles VII candidat au trône de Bohême. — Le duc de Saxe lui demande appui contre Georges Podiebrad. = 5° Négociations de Charles VII à Vienne en 1458. — Contre-négociations du dauphin Louis en Allemagne. — Protestations du duc de Bourgogne. = 6° Efforts de Charles VII pour réunir ses alliés allemands contre le duc de Bourgogne, 1460.

1

L'échec des négociations que le duc de Bourgogne avait si laborieusement poursuivies en 1446-48 pour obtenir une couronne de roi, amena, pendant les années qui suivirent, un surprenant ralentissement dans ses relations avec l'Allemagne. Convaincu sans doute de l'inutilité de ses efforts, Philippe se contente de surveiller de ce côté les progrès du roi de France et porte ailleurs sa fièvreuse activité, en attendant que la mort donne à Frédéric un successeur moins opiniâtre. Aussi n'aurons nous plus à enregistrer que d'insignifiants épisodes de la politique bourguignonne dans l'Empire.

Ainsi, en mars 1450, Philippe avait donné son consentement à un partage des domaines patrimoniaux intervenu entre Jean et Adolphe de Clève, ses alliés [1]. Au mois de mars 1455, on le voit préparer le mariage de sa petite-fille avec le fils du même Jean de Clève [2]. Au milieu de l'année 1451 le duc Frédéric de Saxe lui avait fait demander pour sa propre fille la main de son fils; la demande avait été bien accueillie, et Philippe s'était empressé d'envoyer ses procureurs à Frédéric pour rédiger le contrat. A Erfurt où ils comptaient trouver le duc, les procureurs apprirent qu'il était à Nuremberg. Ils étaient déjà en route pour cette ville quand un certain Abel Viczthum, un chef de brigands sans doute, arrêta les représentants de Philippe près du village d'Hassinhausen, les dépouilla de ce qu'ils avaient et les retint en prison (2 ou 3 novembre 1451) [3]. Il n'y a pas à douter que Philippe n'ait obtenu justice de ce guet-apens. Mais il est possible aussi qu'il n'ait point donné suite au mariage projeté, car on n'en trouve plus trace à partir de ce moment.

Chose curieuse, quelques années plus tard, l'évêque de Toul chargé par Philippe de porter des présents au duc de Bavière-Landshut était lui aussi fait prisonnier par le comte d'Eberstein entre Ulm et Augsbourg, 1456 [4], sans que nous sachions au juste les motifs de cette nouvelle violation du droit des gens.

En février 1454 Philippe le Bon avait fait sa paix dans la Haute-Alsace avec ses voisins d'Autriche [5], sans pourtant déta-

---

[1] 13 mars 1450, dans Lacomblet, *Urkundenbuch*, IV, 359.

[2] Bruges, 27 mars 1455, dans Lacomblet. *Urkundenbuch*, IV, 375.

[3] *Annales Erfurtenses*, dans Mencken, *Scriptores*, III, 1208 ; *Schœppenchronik* de Magdebourg dans les *Chroniken d. d. Stœdte*, VI, 386 ; *Thur.-Erfurtische Chronik* de Konrad Stolle dans la *Bibl. des litter. Vereins* de Stuttgart, XXII,3, 41, 43.

[4] *Speierische Chronik* dans Mone, *Quellensammlung*, I, 409.

[5] Articles préliminaires de paix entre les pays de Bourgogne et

cher ceux-ci de l'alliance du roi de France. Philippe réussit
également à s'entendre avec Ladislas de Hongrie dans l'affaire
du Luxembourg, sans pourtant séparer ce prince de la cause
de Charles VII. L'intermédiaire entre le duc de Bourgogne et le
roi de Bohême-Hongrie fut l'archevêque de Trèves, Jacques de
Sierck qui, au mois de septembre 1453 [1], moyenna un premier
accord entre les deux princes, accord en vertu duquel le
Luxembourg restait provisoirement à Ladislas. Une alliance
avec Anne de Saxe, fille de l'électeur Frédéric, que Philippe
négocia quelques mois plus tard, avait sans doute le Luxembourg pour objet [2]. Ces demi-succès semblent avoir inspiré à
Philippe de nouvelles ambitions. Ne croyant pouvoir payer à
trop haut prix l'appui des princes allemands dans sa lutte contre
le roi de France, il se rendit personnellement en Allemagne
(pour la seconde fois depuis quinze ans), sous prétexte de
prendre part à la diète de Ratisbonne convoquée extraordinai-
rement pour s'occuper des Turcs, 1454. Il y vit à Landshut et
derechef à Ratisbonne (3 juin) le duc de Bavière-Landshut,
avec lequel il avait fait amitié en avril 1453 [3]. Il y vit aussi les
représentants du duc de Saxe [4], fort peu satisfait, semble-t-il,
du traité intervenu entre Philippe et Ladislas son beau-frère.
A Stuttgart, il se rencontra avec le margrave Albert de Brandebourg, grand électeur de l'Empire, qui crut politique de venir
conférer personnellement avec le duc français [5]. On ignore ce
que Philippe put tirer au juste de chacun de ces princes alle-

ceux de Ferrette (Pfirt), et les officiers des ducs de Bourgogne et
d'Autriche. Février 1453 (n. st. 1454), dans Dom Plancher, *Hist. de
Bourgogne*, IV, pr. 213.

[1] A Paltzel, le 7 sept. 1453, dans Bertholet, *Hist. du Luxembourg*,
VIII, 78.

[2] Voy les *Avisamenta* du 25 mars 1454, reproduits par M. Reiffenberg dans son édition des *Mémoires* de Jacques de Clercq, I, 212.
— Se souvenir que la maison de Saxe s'attribuait elle aussi des droits
sur le Luxembourg.

[3] Voy. les *Fontes rer. austriacarum*, XLII, 139. Cf. Sigmund
Riezler, *Gesch. Baierns*, III, 387 et 391.

[4] Voy. les *Fontes rer. austriacarum*, XLII, 145. Cf. Mathieu d'Escouchy, *Chronique*, II, 246, et Chastelain, *Chronique*, III, 6.

[5] « Derselbe Jobst Teczel had uns auch zu erkennen geben, das
marcgraf Albrecht von Brandenburg zum Herczogen v. Burgundien gein Stuckarten, da er ist, geryten sey, als der Lumund gehe,
umb Eynunge und Vertracht mit ym zu machen ». (Lettre de Guill.
de Saxe à l'électeur Frédéric de Saxe, 27 juin 1454. *Ibid.*, XLII, 145).

mands, tout au plus une prolongation des trèves avec Ladislas [1].
La conséquence la plus claire de son voyage, ce fut la conclusion d'un nouvel accord avec Ladislas [2], accord qui modifiait
légèrement le premier en ce qui regardait le duché de Luxembourg, le comté de Chiny et la prévôté d'Alsace. Il restait toutefois quelques points à régler. A l'instigation du comte palatin
du Rhin, qui se faisait en cette occasion l'auxiliaire du duc de
Bourgogne, on prit jour à Spire pour le 1er octobre, aux fins de
terminer l'affaire. Philippe se fit représenter par l'évêque de
Toul, Guillaume Fillastre, qui lui était tout dévoué. Le comte
palatin n'ayant pu se rendre à Spire par suite de circonstances
imprévues, la conférence fut transférée à Ingolstadt, à la date
du 19 suivant [3]. A leur tour, les représentants de Philippe firent
défaut. On prit jour à nouveau pour le 21 février 1456 [4] à
Landshut, et le comte palatin pressa Ladislas et Philippe d'être
fidèles au rendez-vous [5]. Il n'est point sûr cependant que
cette conférence ait eu lieu.

La vacance du siège de Trèves par la mort de Jacques de
Sierck, arrivée le 28 mai 1456, donna à Philippe occasion de
mesurer le degré exact de son influence sur les bénéficiaires de
ce diocèse que les domaines de Bourgogne entouraient déjà de
tous côtés. D'accord avec l'archevêque de Mayence, il recommanda au chapitre de Trèves Robert de Bavière, frère du
palatin [6]. Mais le chapitre avait ses raisons pour ne vouloir
point de Robert et s'empressa d'élire Jean de Bade (24 juin).
Cet événement n'eut d'autre effet que de rapprocher l'un de
l'autre le duc de Bourgogne et l'archevêque de Mayence, si
certaines lettres par lesquelles Philippe s'engage à respecter

---

[1] Nous savons en effet que Philippe adressa aux magistrats de
Nuremberg copie de l'armistice qu'il venait de renouveler avec le
roi de Hongrie. Ce fait résulte : 1o D'une lettre des magistrats à
Ladislas, 20 juillet 1454 : 2o de l'accusé de réception qu'ils adressèrent à Philippe, le 21 juillet : *Responsio ad Burgundie ducem de
litteris receptis continentibus treugas pacis.* (*Ibid.* XLII, 148.)

[2] A Vienne, le 14 mai 1455, dans Bertholet, ouv. cité, VIII, 82.

[3] Auf Sonntag nach Galli.

[4] Auf næchsten Sonntag Reminiscere.

[5] Pour tous ces faits voy. *Fontes rer. austriacarum*, XX, no. 87,
et la *Speierisch Chronik* dans Mone, *Quellensammlung*, I, 404.

[6] Dans Gudenus, *Cod. diplom.*, IV, 321.

les privilèges de ce grand électeur et de son église, sont, comme nous le croyons, de janvier 1457 [1].

Quant à l'empereur Frédéric, il avait définitivement rompu avec le duc de Bourgogne depuis 1448. La seule trace que l'on connaisse de relations entre les deux princes, postérieurement à cette date, est une lettre par laquelle Frédéric interdit à Philippe le Bon de molester les Frisons [2].

La mort de Ladislas, qui donna ouverture aux principales négociations de Charles VII en Allemagne pendant les trois dernières années de son règne, donna également occasion au duc de Bourgogne de se mêler d'un peu plus près aux affaires de l'Empire. Nous ne connaissons point par le détail l'histoire de ses négociations et nous avons déjà exposé tout ce que nous en savons ; mais nous pouvons affirmer que, comme candidat au trône de Bohême, comme compétiteur du duc de Saxe en Luxembourg, comme rival du roi de France en l'un et l'autre cas, Philippe le Bon trouva alors dans l'Empire les plus grands soucis qu'il eût encore éprouvés [3], Mais ni l'alliance qu'il semble avoir renouvelée en 1458 avec la maison de Bavière [4], et en 1460 avec Sigismond d'Autriche [5], ni les protestations qu'il adressa au roi de France en janvier 1459 [6], ni le soin qu'il prit de se faire représenter aux conférences de Constance et d'Op-

[1] *In castro nostro Hagensi* (= la Haye), 5 janvier, s. date d'année. *Ibid.*, 313.

[2] 1457, 6 novembre, dans Lunig, *D. Reichsarchiv*, XXIII, 1872.

[3] Voy. ci-après les sous-chapitres 4, 5 et 6.

[4] *Chronique* de Burkard Zink, dans les *Chroniken der deutschen Stœdte*, V, 228 : « die Herrn, das ist der Herzog von Burgundi, der Pfalzgraff vom Rein und Herzog Ludwig von Bairn hand sich zusammen verbunden ir Lebtag... » Le contexte oblige à placer cette mention sous l'année 1458. Malheureusement, comme nous le montrerons au chap. XVII, la chronologie de Burkard, qui écrivait après 1468, est sujette à caution.

[5] *Fontes rer. austriacarum*, XLIV, 18.

[6] Le fragment d'un rapport sur la diète d'Egra (avril 1459), qui a été publié dans les *Fontes rer. austriacarum*, XLII, 273, laisserait croire que l'antagonisme entre le roi et le duc se prolongea au delà de la date que nous avons constatée: « *Item, von Luczelburg wegen. Nachdem in der Herczog von Burgundien aussgestossen hat, ist er bewegt worden das er dem Kœnig von Frankreich sein Schuldbrief hat ubergeben, das zu erfordern, ob er mœcht gerochen werden.* »

penheim en juin 1459 [1], ne modifièrent l'état des choses. C'est ce qui và résulter de la suite de notre récit.

2

Les soucis de la pacification de l'Eglise, les affaires italiennes et les négociations avec l'Angleterre furent autant de motifs qui empêchèrent le roi de France, pendant les années 1448-1452, de poursuivre en Allemagne, avec l'esprit de suite qui eut convenu, cette lutte d'influence contre la maison de Bourgogne dont il a été parlé au début du chapitre précédent. Mais l'idée n'en était point perdue. A peine délivré des Anglais, Charles VII la reprit avec une vigueur et une résolution qui semblent inspirées par la crainte de voir le duc de Bourgogne renouer avec l'empereur les négociations si piteusement rompues en 1448.

Au mois de novembre 1452, les Suisses avaient demandé au roi de France de renouveler les alliances de 1444 [2]. Retenu en Guyenne, Charles VII ne s'empressa point de leur donner satisfaction puisque le renouvellement consenti porte la date d'avril 1453 [3]. Dans l'entre-temps, le duc Sigismond d'Autriche, informé de ces négociations, avait fait implorer une nouvelle intervention du roi auprès des Bernois et du duc de Savoie qui, en dépit du traité de Morat de 1448 [4], occupaient encore plusieurs villes et châteaux autrichiens [5]. Charles VII ajourna sa médiation jusqu'après la Toussaint, prétextant avec raison que les Anglais l'occupaient encore trop pour qu'il pût songer

---

[1] Voy. ci-après le sous-chapitre 2.

[2] Cette demande résulte de l'acte mentionné dans la note suivante. En outre M. Tobler a publié dans l'*Indicateur d'hist. suisse* (1886, t. xvii) une lettre de 1452 (que nous n'avons malheureusement pu examiner), adressée par Louis de Savoie au conseil de Berne « sur une démarche des ducs d'Autriche auprès de la cour de France ».

[3] Texte dans Lünig, *D. Reichsarchiv*, VII, 217, et dans Dumont, *Corps diplomat.*, III, 193.

[4] Voy. ci-dessus le chapitre XIII, p. 274.

[5] Voy. la lettre de Charles VII au duc Sigismond, avec la date de Lézignac, 8 mai, publ. par Chmel (*Materialien*, I, 312) et attribuée par lui à l'année 1450. En la rapprochant de la suivante, nous conjecturons qu'elle est de 1452.

à autre chose [1]. En réalité la médiation demandée n'eut lieu
qu'en 1459, comme nous le verrons plus loin.

Cette double demande avait ramené l'attention du roi sur les
féodaux d'Allemagne. En ce même mois d'avril 1453, Charles VII renouvelle alliance avec le comte palatin, à la prière de
ce prince [2]. C'était alors Frédéric le Victorieux, dont il devait se
servir, trois ans plus tard, pour lier amitié avec le roi de Dane-
mark-Norwège [3]. En même temps Charles VII nomme Jacques
de Spanheim, margrave de Bade, son conseiller et chambellan [4], en récompense de services que nous ne saurions spécifier.
Jacques étant mort sur ces entrefaites, le roi, comme pour perpétuer la bonne intelligence entre les deux maisons, voulut
fiancer sa fille Magdeleine avec Bernard, second fils du margrave (vers 1454) [5]. Ce projet ne fut point suivi d'effet
parce que Bernard prit l'habit monastique. Il est tout à fait
digne de remarque qu'à cette époque et jusqu'à la fin du règne,
les bienfaits de Charles VII s'étendent jusqu'à de petits seigneurs, jusqu'à d'obscurs bourgeois à peu près inconnus de
l'histoire [6].

---

[1] Voy. la lettre de Charles VII au duc de Sigismond, avec la date
de Montilz-les-Tours, 13 avril, publ. par Chmel (*Materialien*, I,
311), et attribuée par lui à l'année 1450. L'étude minutieuse du contenu nous convainc qu'elle est de 1453.

[2] Tours, 13 avril 1453, *post Pascha*. (Orig. sur parchemin, avec
quatre sceaux pendants, aux Archives de l'État (*Staatsarchiv*) à
Munich). Cet acte reproduit les lettres de procuration du roi à Théo-
bald, évêque de Maillezais, et à Jean de Jambes sgr. de Montsoreau
(Tours, 11 avril 1453), comme aussi celles du comte palatin à Jean de
Fenestranges et Jean de Landenbourg (Heidelberg, 24 janvier 1453).
— M. de Beaucourt qui fixe ce renouvellement de traité à Heidelberg,
1er déc. 1453 (ouv. cité, V, 394), ne nous paraît avoir connu que le
revers de l'acte.

[3] Signé à Cologne, 27 mai 1456 (Dumont, *Corps diplom.*, III, 239).
On conserve aux Archives nationales (J. 457, no 12) une lettre du
comte palatin au roi, relative à cette médiation. (Cologne, 28 mai
1456).

[4] Montilz-les-Tours, 11 avril 1453, dans Gudenus, *Codex diplom.*,
IV, 313 : «..... nobis carissimum et dilectum consanguineum nostrum Jacobum, marquisium de Baade, comitem de Spanheym, in
nostrum consiliarium et cambellanum retinuimus et retinemus ».
— Cf. ci-dessus, chap. IX et XI, quelques cas analogues.

[5] Schœpflin, *Hist. Zahringo-Bad.*, II, 190.

[6] Cologne, 30 avril 1453, lettre de J. de Berka, bourgeois de Cologne, à Charles VII pour lui accuser réception de l'acte qui le pour-

Continuant cette politique de résultats effectifs, le roi de France réussit encore à s'attacher plus étroitement l'archevêque de Cologne en lui promettant secours contre la ville de Soest[1], et Étienne de Bavière[2] en faisant mine de le soutenir contre son rival au siège épiscopal d'Utrecht, ce Gisbert de Roderode que protégeait le duc de Savoie, 1456[3]. Toutefois Charles VII n'eut garde dans l'un et l'autre cas de s'engager à fond.

Au commencement de 1459 son attention fut ramenée sur les cantons helvétiques par une demande d'intervention que lui adressa Sigismond d'Autriche[4]. Le roi d'Écosse avait déjà, peu auparavant, sollicité son cousin de France de prendre sous sa garde les biens d'Éléonore d'Écosse, épouse de Sigismond, contre les attaques des Suisses[5]. Charles VII ne pouvait échapper à cette double demande. Il s'empressa de faire preuve de bonne volonté en envoyant à Constance, où les conférences devaient s'ouvrir à la date du 25 mai, ses représentants[6]. C'étaient Élie de

voit d'un bénéfice ecclésiastique. (Ms. franc. 20587, f⁰ 55, de la Bibl. nationale). — Cologne, 24 juin 1457, lettre de Guill. de Burzy, sgr. de Bosincheim, à Charles VII pour le remercier de sa bienveillance (*Ibid.*, f⁰ 62).

[1] Lettre datée seulement de Chinon, dans Lunig, *D. Reichsarchiv*, XVI, 596. La date de 1455 est sujette à caution.

[2] Voy. dans le ms. franc. 6963 de la Bibliothèque nationale, la copie d'une lettre d'Étienne à Charles VII, datée de Cologne, 31 mai 1456.

[3] Lettre du roi au duc de Bavière, datée de Moulins, 23 octobre [1456]. (Orig. aux Archives de l'État à Munich, K, 204). Nous croyons ce document inédit. La date donnée résulte de l'itinéraire diplomatique du roi.

[4] La lettre de Sigismond semble perdue. Mais on peut conjecturer par la réponse du roi (ci-dessous, note 6), qu'elle était des derniers jours de mars ou du commencement d'avril.

[5] Lettre datée d'Édinbourg, 30 août [1458], aux Archives impériales de Vienne. (Copie du temps, transmise sans doute par le roi de France).

[6] Lettre datée de Razilly (près Chinon), 28 avril, s. date d'année (dans Chmel, *Materialien*, I, 312, et dans *Jean de Reilhac*, II, p. LXI): « *Plures numero litteras vestras marescallus Lothoringie preceptorque de Ysenheim et Mouzon herauldus noster ad nos priscis his diebus detulerunt...* » Nous avons autrefois pris analyse de cette même lettre aux Archives impériales de Vienne, et inscrit sur fiche cette date : « Roussillon, 28 avril 1450 », sans pouvoir reconnaître aujourd'hui si nous avons reproduit simplement une mention moderne ou véritablement la teneur de la formule. Nous nous rangeons de préférence à la première supposition sur la foi de

Pompadour, évêque de Viviers, Georges Havart, maître des requêtes de l'hôtel, Jean de Chandenier que nous connaîtrons bientôt de plus près, et Mᵉ Bertrand Briçonnet, notaire et secrétaire du roi. L'évêque de Coutances [1] fut aussi prié par le roi de s'employer au succès de l'accord.

La conférence eut lieu en grand apparat. Non seulement les représentants du roi de France, mais encore ceux du pape, de l'empereur, du roi d'Écosse, des ducs de Milan, de Bourgogne, de Saxe, de Savoie, des villes de Constance et de Bâle s'y rendirent [2]. On aboutit au traité du 9 juin 1459 qui réconcilia définitivement Sigismond avec les Suisses.

La plupart des princes dont Sigismond s'était assuré l'appui en cette occasion se retrouvèrent à sa dévotion, en août 1460, lorsqu'il s'agit pour lui de faire triompher son droit d'avoué et de protecteur de l'évêché de Brixen à l'encontre de l'évêque Nicolas de Cusa soutenu par Pie II. Sigismond en appela du pape mal informé au pape mieux informé, éventuellement au futur concile général. A cet appel adhérèrent non seulement les trois archevêques-électeurs de l'Empire, Albert d'Autriche et le duc de Bavière, mais même le roi de France. C'est un court épisode de la lutte jamais finie du sacerdoce et de l'empire [3],

la publication faite dans *Jean de Reilhac*, d'après les mêmes Archives. — Quant à la date de 1459 que proposent les éditeurs et que nous admettons, elle résulte de l'itinéraire du roi.

[1] « L'évêque de Coutances », dit l'annotateur anonyme de *Jean de Reilhac*. Cette interprétation semble justifiée par l'expression dont se sert le roi, *coadjuvante carissimo nostro episcopo Constantiensi*, et exclut l'intervention de l'évêque de Constance que Chmel a admise dans ses *Materialien*, II, 173.

[2] Voy. dans les *Chroniken der deutschen Städte* (V, p. 237) la *Chronique* de Burkard Zink d'Augsbourg : « Item, in der Zeit was auch grosse Herschaft zu Cosnitz an dem Bodensee, nemlich des Babsts Raett.... So sagt man, Herczog Sigmund von Oesterreich wœll ain Tag han mit den Aidgnossen, das ist auch die Warhait ». Pour le surplus le chroniqueur déclare ne savoir ce qui s'est passé dans cette conférence, tant les députés ont été discrets : « Was sie im Sinn haben, das weiss Niemant von Stetten; des haben die edlen Fürsten Dank dass ir Raett so haimlich und so verschwigen sind ». Cf. la *Constanzer Chronik* dans Mone, *Quellensammlung*, I, 346.

[3] Voy. Senckenberg, *Selecta*, IV, 390. — Dans un accord conclu à la fin de juillet 1460 entre Sigismond d'Autriche et le duc Jean [de...?..], le roi de France et le Dauphin figurent parmi les princes exceptés (*Fontes rerum austriacarum*, XLIV, 48).

Sur la fin de juin 1459, presque à l'issue de cette conférence de Constance dont nous avons parlé tout à l'heure, une autre assemblée du même genre eut lieu à Oppenheim, si nous en croyons la *Chronique* de Burkhard Zink d'Augsbourg[1]. Parmi les membres de cette conférence figuraient le duc Guillaume de Saxe, le duc Otton du Rhin[2], l'évêque de Metz[3], le margrave Albert de Brandebourg. et enfin les représentants du roi de France et du duc de Bourgogne. A bien considérer les noms de ces barons allemands, on se convainc qu'il s'agit ici d'un épisode de la guerre soutenue par le comte palatin du Rhin, Frédéric le Victorieux, contre les princes qui lui déniaient le droit de régir l'électorat au lieu et place de son pupille Philippe. Nous ne saurions dire le rôle que jouèrent les représentants français et bourguignons en cette occasion. En tout cas l'accord n'était point encore fait en 1460[4].

Lorsque Jean Chevrot, évêque de Tournai, mourut en septembre 1460, Charles VII se souvint qu'il avait jadis, en 1437, fait opposition à l'élection de ce prélat. Par mêmes raisons que devant, il demanda au pape de donner au défunt un successeur qui fut *persona grata* à la cour de France, et nommément l'évêque de Coutances. Mais Pie II considérant que, si Tournai était au roi, le diocèse faisait partie en presque totalité des états de Bourgogne, tint qu'il était de la justice autant que de l'intérêt politique de suivre la tradition de la curie romaine et de remplacer l'évêque défunt par un autre bourguignon, Guil-

---

[1] Au t. V. p. 246, des *Chroniken der deutschen Stædte*. L'éditeur a émis un doute sur la réalité de cette conférence et ne croit pas, en tout cas, qu'elle ait eu lieu à Oppenheim. Peut-être, à son avis, est-ce la même que celle qui fut tenue à Mergertheim au commencement de mai 1459, d'après Klückhohm, Stockeim et Beil. Toutefois, comme il n'y a d'autre raison de suspecter ce passage que le silence des autres chroniqueurs sur une assemblée d'Oppenheim, nous nous en tenons, et pour la date et pour le lieu, à l'assertion de Burkhard Zink. D'ailleurs la présence des ambassadeurs de France et de Bourgogne est aussi admissible dans un cas que dans l'autre, en raison du voisinage de la conférence de Constance.

[2] *Herczog Ott von Rein*, dit la Chronique. Nous n'avons point réussi à identifier ce personnage, mais nous pensons qu'il s'agit d'un parent du comte palatin.

[3] *Der Bischof von Mentz* ne nous paraît pas pouvoir désigner l'archevêque de Mayence (*Mainz*).

[4] Voy. vers la fin du présent chapitre un passage des instructions données à Thierry de Lenoncourt en avril 1460.

laume Fillastre, alors évêque de Toul. Charles s'en plaignit vivement au pontife qui lui expliqua ses raisons et fit appel aux sentiments du roi très chrétien pour qu'il acceptât l'acte que la papauté avait cru devoir accomplir[1]. Ce pontife c'était Énéas Piccolomini : les deux lettres qu'il rédigea à cette occasion sont des plus intéressantes par l'exposé qu'elles contiennent des principes politiques de la cour de Rome. — On ne voit point que Charles VII ait davantage protesté contre le fait accompli ; mais il n'en dut pas moins considérer le maintien de Guillaume Fillastre comme un échec pour lui, comme un succès pour Philippe le Bon. C'était comme la contre-partie de ce qui s'était produit quelques mois plus tôt, lorsque les Liégeois, par crainte de leur voisin de Bourgogne, s'étaient placés sous la protection du roi de France[2], préparant ainsi un nouvel obstacle à l'œuvre d'unification territoriale que Philippe poursuivait aux Pays-Bas.

3

Non content d'exercer son influence en Allemagne dans les circonstances d'ailleurs peu importantes qui viennent d'être rappelées, Charles VII y contrecarra bientôt le duc de Bourgogne dans diverses occasions qui méritent d'être étudiées séparément. Ce furent : le mariage d'une fille du roi avec Ladislas de Bohème-Hongrie, suivi de l'alliance des deux souverains, 1455-1457 : — les négociations du roi avec le duc de Saxe pour l'acquisition du Luxembourg, 1458-1459 : — les relations avec

---

[1] « *Cum tuæ solennitalis plurimum interesset, in ea civitate quæ tua esset, episcopum præsidere tuæ majestati fidum et acceptum. Idem egere nobiscum ducis Burgundiæ legati non semel sed iterum atque iterum, dicentes diocæsim Tornacensem fere totam et reddituum maximam partem in potestate ipsius ducis consistere* ». Seconde lettre de Pie II à Charles VII, *Rome, VIII Kal. aprilis* 1461. (*Æneæ Sylvii Epist. 375*). — « *Si doles hominem duci Burgundiæ subditum illic esse præpositum, minor culpa hæc nostra est quam fuerit predecessorum nostrorum qui plures Burgundos illic statuerunt.....* » Première lettre de Pie II à Charles VII, 9 déc. 1460 (*Ibid.*, 374).

[2] Zantfliet, *Chronicon*, dans Martène, *Thesaurus*, V, 499 ; et *Rerum Leodiensium...., ibid.*, IV, 1238 et 1240. — Les lettres de protection furent données aux Roches-Trenchelion, le 17 avril 1460 (*Ordonn.*, XIV, 492.)

Georges Podiebrad pour la succession de Bohême, 1458; —
le secours prêté à Sigismond contre les Suisses, 1459.

A la fin de juillet 1455, peu après l'accord conclu entre Ladislas de Hongrie et Philippe de Bourgogne[1], Sigismond d'Autriche-
Tyrol envoyait à Charles VII un ambassadeur du nom de Jacques Trapp[2], dont la mission serait une énigme insoluble si
une lettre postérieure, du 27 juillet 1458[3], ne fournissait à cet
égard quelques indices précieux. Le duc d'Autriche avait appuyé auprès de Charles VII le roi de Bohême-Hongrie, Ladislas
le Posthume (fils d'Albert d'Autriche), qui, dans des circonstances fort obscures pour nous[4], avait sollicité du roi la main
d'une de ses filles, la princesse Magdeleine fiancée jadis à Bernard de Bade[5]. C'était conseiller à Charles VII de reprendre le
projet, déjà formé en 1431, de faire asseoir une fille de France
sur le trône de Bohême[6]. Le conseil n'ayant point paru déplaire, Sigismond priait qu'on fixât le jour des fiançailles,
ajoutant que l'honneur qui résulterait de ce mariage pour le
royaume de Bohême-Hongrie était vu avec plaisir par tous
les princes de la maison d'Autriche. Cependant plusieurs délais

---

[1] Voy. vers la fin du présent chapitre.

[2] Les lettres de créance portent la date: Inspruck, 31 juillet 1455.
(Ms. lat, 20587, f⁰ 57, de la Bibliothèque nationale).

[3] Datée de Vienne (Fonds Dupuy, n. 760, f⁰ 135, à la Bibliothèque
nationale).

[4] Nous ignorons en effet à quelle époque précise cette demande
fut présentée. Il se pourrait que ce fut dès l'année 1454. Nous connaissons un acte émané de la chancellerie de Ladislas, sous la date
de Prague, 28 juillet 1454, dans lequel un noble bohémien, Borita
von Martinic, maréchal de la cour, est dit envoyé au roi de France
« in unsern merklichen Geschefften ». Ladislas prend soin de réclamer pour lui un sauf-conduit de l'archevêque de Trèves. (*Fontes
rerum austriacarum*, XX, n. 74). — D'une note malheureusement
incomplète, que nous retrouvons dans nos cartons, il résulterait
que Georges Podiebrad, après avoir pris en main les affaires de
Bohême, avait envoyé ses représentants à Charles VII et, par leur
intermédiaire, renouvelé à Dieppe, le 18 juillet 1444, les alliances
autrefois conclues entre la France et la Bohême. — Nous avons
une preuve plus certaine de rapports antérieurs avec la Hongrie
dans le fait de la présence à Chinon, en août 1446, de messire Vincent
de Bala Balachu, ambassadeur du roi de Hongrie (ou plutôt du
régent Jean de Hunyade), mentionnée dans le 8ᵉ compte de Xaincoing, cité par M. de Beaucourt (IV, 349).

[5] Voy. ci-dessus p. 287.

[6] Voy. ci-dessus p. 216.

furent convenus, Charles VII éprouvant quelques hésitations à
unir sa fille au souverain d'un royaume qui semblait si éloi-
gné. Toutefois, vers le mois de mai 1457, au reçu d'une nouvelle ambassade de Ladislas [1], il sentit la nécessité de prendre
un parti et demanda sur ce roi de Bohême-Hongrie des renseignements confidentiels au précepteur de St-Antoine d'Yssenheim[2], dont il avait pu apprécier les connaissances lors des
événements de 1444. Les renseignements ayant paru satisfai-
sants et le Luxembourg devant servir de douaire à la jeune
princesse[3], Charles VII fit savoir à Sigismond, par l'intermédiaire du précepteur d'Yssenheim, que la cour de France serait
bien aise de voir présenter la demande officielle de Ladislas[4].
Elle ne tarda guère. Il fallut cependant prendre l'avis des États
de Hongrie, qui d'ailleurs s'empressèrent de donner leur assen-
timent, en recommandant seulement qu'on ne se laissât point
impliquer, sous prétexte de ce mariage, dans quelque alliance
funeste au royaume [5].

Les ambassadeurs de Ladislas furent l'évêque de Colocza,

---

[1] Harangue d'un envoyé de Hongrie à Charles VII, 17 mai 1457,
en allemand, dans les mss franc., 6963, fo 34, 6967, fo 108, de la
Bibliothèque nationale.

[2] Voy. deux lettres du dit précepteur, datées de Strasbourg
28 juin 1457 (aux Archives impériales de Vienne). L'une est adressée au chevalier Jacques Trapp, conseiller du duc Sigismond :
« Christianissimus dominus meus rex Francie misit ad me nuper
nuncium suum per quem significavit michi quod statim deberem
venire ad presenciam suam, prout veni et obedivi. Multum fui
interrogatus de condicionibus, statu et potencia domini nostri regis
Ladislai et regnorum et dominorum suorum. De quibus per singula ita feci largam et bonam declaracionem quod rex et omnes domini de consilio suo fuerunt bene contenti. Et video res dispositas
pro conclusione matrimonii nostri etc. (sic), si bene et cito solli-ci-
tetur et mittentur ambaxiatores tales quales alias dixistis in curia
regis esse venturos suo tempore . . . . »
— La seconde est adressée à Sigismond : « ... videtur michi quod
res ipsa sit cito et bene prosequenda, quia periculum posset ex ne-
gligencia oriri ; et si prosequatur, mittantur tales qui sciant et possint tam magnum et altum negocium ad honorem utriusque regis
terminare. »

[3] Voy. la Speierische Chronik dans Mone, Quellensammlung, I,
419 et 420.

[4] Voy. les deux lettres du précepteur d'Yssenheim, citées ci-dessus.

[5] Voy. dans les Fontes rerum austriacarum (XX, no 116) la
délibération du 22 sept. 1457.

Étienne VII de Bardeyn (ou Varda), l'évêque de Passau chancelier du roi [1], et plusieurs magnats de Bohême et de Hongrie. Ils quittèrent Prague peu après la St-Michel, passèrent à Egra vers le 4 octobre [2] et, voyageant à petites journées comme il convenait à la dignité d'une ambassade si solennelle qui ne comptait pas moins de soixante-dix cavaliers, n'arrivèrent à Tours que le 8 décembre.

Ce fut une fête à la cour du roi de France. Préparée de longue main, la célébration de ce mariage était attendue avec impatience. Charles VII, qui se faisait vieux, désirait beaucoup marier cette fille cadette de douze enfants. Les chroniqueurs du règne, d'ordinaire si avares de détails sur tout ce qui touche à la vie morale de leur temps, s'étendent longuement [3] sur le récit des réjouissances par lesquelles on accueillit les représentants de ce roi étranger qui portait sur la tête la double couronne de Bohême et de Hongrie. Il semble que Charles VII ait voulu recommencer les fêtes qui avaient eu lieu à Nancy en 1444-45, dans diverses occasions assez semblables à celles-ci, — et peut-être même faire oublier les splendeurs de ce banquet du Faisan par lesquelles, deux ans plus tôt, le duc de Bourgogne avait si vivement frappé l'imagination de ses contemporains.

Au devant des ambassadeurs hongrois qui arrivaient chargés de présents, Charles VII envoya jusqu'à une lieue hors la ville plusieurs grands seigneurs de sa cour; mais lui-même, malade, dut leur faire attendre audience jusqu'au 18. L'archevêque de Colocza lui adressa alors en latin une harangue

[1] On trouve dans les *Monumenta boica* (XXXI, b, p. 457, 458 et 460) divers actes des 18 et 21 octobre et 14 novembre 1457 relatifs aux préparatifs de voyage que fait l'évêque de Passau. Dans l'un de ces actes il est question des 70 chevaux qui doivent l'escorter. — Cf. la *Chronique* d'Hartmann Schedel dans les *Scriptores rer. boic.*, I, 396, et le *Chronicon austriacum* dans Senckenberg, *Selecta*, V, 49.

[2] Voy. dans les *Fontes rerum austriacarum* (XLII, 203) une lettre des habitants d'Egra à Ulrick Sack.

[3] Voy. en particulier Th. Basin, I, 292, Math. d'Escouchy, II, 354, et Jean Chartier, III, 74. Utilisant ces trois récits et quelques autres moins importants M. Vallet de Viriville a tracé largement, dans son *Histoire de Charles* VII (III, 399 et ss), le tableau des fêtes célébrées à Tours.— *L'Epitome rerum bohemic.* de Bohuslas Balbin (liv. IV, chap. IV), quoique reposant sur des sources différentes, ne contredit en rien les chroniqueurs français.

ampoulée qui nous a été conservée[1]. Le 22, eut lieu à l'abbaye St-Julien un banquet qu'offrait Gaston de Foix[2]. La joie publique prit libre essor durant une semaine au milieu des fêtes constamment renouvelées. Les ambassadeurs devaient passer à Tours la grande solennité de Noël, célébrer les fiançailles et repartir aussitôt avec la jeune princesse, quand, tout à coup, la veille de Noël, arriva un chevaucheur de Sigismond apportant la nouvelle que le roi de Bohême était mort depuis un mois[3]. C'était le temps qu'il avait fallu pour courir de Prague à Inspruck et Tours.

La tristesse fut grande à la cour du roi de France. Pour la seconde fois Charles VII avait désiré unir sa fille à un prince d'Autriche, et pour la seconde fois la mort rendait cette union impossible. Politiquement, le roi de France dut être aussi fort affecté par ce coup subit qui le privait d'un appui contre le duc de Bourgogne. Comme adversaire de Philippe le Bon en Luxembourg, Ladislas était en effet l'allié désigné du roi de France dans toutes ses entreprises contre la puissance bourguignonne[4]. En outre, sa haute situation dans l'Empire, comme membre du collège électoral et comme chef d'un royaume qui était le plus ferme rempart de la chrétienté contre les Turcs depuis la victoire de Belgrade, pouvait encore paraitre propre à augmenter dans les Allemagnes l'influence du roi de France aux dépens de celle de la Bourgogne.

4

L'affaire de ce mariage était déjà engagée quand, à la fin de l'année 1456, Ladislas envoya porter au roi de France la nou-

---

[1] *Harenga facta coram domino nostro Francorum rege apud Turones*, dans le ms. lat. 11414, f⁰ 23, de la Bibliothèque nationale : « Quis non admiretur pariter et obstupescat ipsius [regis] in cogitando diligentiam, in aggrediendo consilium, in efficiendo perseverentiam, in perficiendo magnificentiam, in exercitu ducendo sapientiam, in bello gerendo fortitudinem, in victoria mansuetudinem et misericordiam, in pace justiciam et equitatem etc... »

[2] Extrait de la *Chronique* des comtes de Foix dans le ms 48, f⁰ 314, de Duchesne à la Biblioth. nationale. Publiée, je crois, dans le Panthéon littéraire de Buchon.

[3] *Fontes rerum austriacarum*, VII, 125.

[4] Voy. ce qu'en dit Th. Basin, I, 294, et Math. d'Escouchy, II, 43 et 354.

velle de la bataille gagnée par Hunyade contre les Turcs [1]. Fut-
il question à ce moment de s'entr'aider contre le duc de Bourgogne ? Nous ne pouvons l'affirmer ; mais, le 17 mai de l'année
suivante [2], nous trouvons encore auprès de Charles VII un
envoyé hongrois qui, cette fois, négocie une alliance offensive
et défensive entre les deux rois. Subsidiairement il demande à
Charles VII de prendre le Luxembourg sous sa garde et d'en
protéger les habitants contre toutes vexations injustes, afin
que, libre de tout souci de ce côté, le roi de Hongrie put tourner toutes ses forces contre les Turcs. Néanmoins le roi de
France paraît avoir ajourné jusqu'après le mariage de Ladislas
le service qu'on lui demandait. C'était se réserver vis-à-vis de la
Bourgogne de plus grands droits à intervenir. La mort du roi
de Bohême une fois connue, Charles VII ne perdit point de temps
et, avec une promptitude de résolution qui lui fait honneur,
il se porte représentant des droits de Ladislas sur le Luxembourg. Dès le 8 janvier 1458 [3], il déclare prendre en sa garde
Thionville et Luxembourg sur l'invitation expresse qui lui est
faite par les ambassadeurs mêmes de Ladislas, et il en informe
aussitôt les États de Bohême [4] ainsi que le régent Georges Podiebrad [5]. Le prétexte invoqué est d'éviter que les princes de
Hongrie ne soient détournés par le soin de la défense du Luxembourg de la vigilance que le voisinage des Turcs leur com-
mande. Thierry de Lenoncourt, bailli de Vitry, et Tristan l'Er-
mite sont chargés d'exécuter cette décision [6]. Et pour prévenir,
s'il est possible, toute résistance de la part de Philippe de Bour-

---

[1] Math. d'Escouchy, *Chronique*, II, 43.

[2] Harangue d'un envoyé hongrois à Chales VII, 17 mai 1467 (Ms.
franc. 6963, f⁰ 34, de la Bibliothèque nationale).

[3] Texte dans les *Ordonn. des rois de France*, XIV, 445. La réponse du duc de Bourgogne porte la date du 1ᵉʳ fév. 1457,n. st. 1458,
dans Dom Plancher, *Hist. de Bourgogne*, IV, pr. 226.

[4] Tours, 9 janv. 1458, dans les *Fontes rerum austriacarum*, XX,
n⁰ 125 : «..... Et id ipsum [beneplacitum] erga coronam Bohemiae,
ex qua nos ex uno latere originem contraxisse manifestum est,
ostendentes, terras, villas, oppida et dominia Lucemburgi quœ
tempore sui (Ladislai) decessus habebat et possidebat is ille filius
atque consanguineus, in et sub protectione et gardia nostra posuimus
atque suscepimus ab eisdem oratoribus rogati atque requisiti,.. »

[5] Tours, 9 janv, 1458, dans les *Fontes rerum austriacarum*, XX,
n⁰ 126.

[6] Voy. la lettre du roi aux États de Bohême, citée ci-dessus.

gogne, le roi fait publier qu'il entend respecter ses droits sur tout ce qui lui appartient duement et justement. Mais en même temps il affecte de considérer Guillaume de Saxe, beau-frère de Ladislas, comme le légitime héritier du Luxembourg, et fait savoir à ce prince par Thierry de Lenoncourt qu'il s'est constitué gardien de son fief[1]. Thierry de Lenoncourt était déjà à Prague [2], chargé d'une mission dont nous parlerons tout à l'heure. Jugeant que sa présence dans cette ville était nécessaire, il n'ose la quitter, et fait prier le duc de Saxe d'envoyer ses représentants à Coblence où lui-même délègue Philippe de Sierck pour y transmettre la missive du roi de France. Philippe de Sierck était prévôt de Trèves, et parent de cet ancien archevêque de Trèves, Jacques de Sierck, dont nous connaissons les vieilles relations avec la cour de France. Thierry de Lenoncourt, en route pour Prague, s'était, à ce qu'il semble, arrêté auprès de l'évêque de Metz et du nouvel archevêque de Trèves pour conférer avec eux des affaires du moment [3]. Cet archevêque de Trèves, Jean II de Bade depuis 1456, fort dévoué au roi de France, avait donc fait accompagner Thierry de Lenoncourt par Philippe de Sierck pour lui rapporter sur l'élection de Bohême des renseignements certains. Pressé sans doute de rendre compte de sa mission, Philippe de Sierck renonçait à rentrer à Trèves par la Saxe et assignait aux représentants de Guillaume la ville de Coblence pour rendez-vous. Telle est, si nous ne nous trompons, l'explication la plus vraisemblable de la conduite du bailli de Vitry. Quelques semaines plus tard, cependant, Thierry de Lenoncourt allait trouver le duc de Saxe et lui confirmait personnellement tout ce qu'il savait déjà [4].

---

[1] *Acta legationis quam Wilhelmus dux Saxoniæ ad Carolum VII deputavit*, dans Ludewig. *Reliquiæ manuscriptorum*, IX, 706.

[2] Il y a tout lieu de croire qu'il voyagea de conserve avec l'ambassade de Ladislas regagnant Prague. Or celle-ci, quelques jours avant le 29 janv. 1458, n'était encore qu'à Pforzheim (près Stuttgart), au témoignage d'une lettre adressée à Georges Podiebrad par les magistrats de Nuremberg (*Fontes rerum austriacarum*, XLII, 208). Elle était à Onolzbach près Eger le 5 février suivant (*Ibid.*, 210).

[3] Ce fait est rappelé dans les *Instructions* données par le roi à Thierry de Lenoncourt, le 6 avril 1460 (voy. plus loin). L'époque à laquelle nous l'attribuons est conjecturale. Elle ressort pour nous du synchronisme des autres faits connus.

[4] *Acta legationis*, déjà cités.— Les réponses du duc de Saxe ont été publiées par Dom Plancher, *Hist. de Bourgogne*, IV, pr.226, avec la date erronée de 1457.

C'est donc à ce moment seulement (avril 1458) que l'accord du roi de France et du duc de Saxe dans la question du Luxembourg devient effectif, et que la suzeraineté de ce grand fief dut être concédée à Charles VII en principe.

Philippe de Bourgogne, qui soupçonna cet accord, fit aussitôt sommer Charles VII de se désister de toute prétention avant Pâques [1]. Sans tenir compte de cette injurieuse sommation (à laquelle d'ailleurs le duc de Bourgogne ne donna point suite), le roi fit porter au duc de Saxe l'assurance qu'il resterait fidèle à sa promesse de protection, et le pria de lui envoyer ses représentants [2]. Guillaume ne s'étant point hâté de satisfaire à cette demande, Charles VII la lui renouvelle à la fin de l'année 1458 [3] dans des termes si pressants que les ambassadeurs saxons quittèrent Weimar peu après le 6 janvier 1459 [4] et arrivèrent à Tours le 1er mars. Le 3, ils obtinrent audience du roi à qui ils transmirent tout d'abord les condoléances de leur maitre, en réponse un peu tardive à celles que Charles VII avait adressées au duc aussitôt après la mort de Ladislas. Puis, passant au véritable objet de leur mission, ils conjurèrent le roi d'aider leur duc contre Georges Podiebrad usurpateur du trône de Bohême, et contre Philippe de Bourgogne détenteur du Luxembourg [5].

De part et d'autre on sut excellemment tirer parti de la situation. Guillaume de Saxe fit abandon à Charles VII moyennant 50,000 écus d'or de ses droits sur le Luxembourg qu'il ne pouvait défendre. Par contre, le roi de France, qui ne pouvait plus raisonnablement prétendre au trône de Bohême [6], promit aide et secours à Guillaume contre Georges Podiebrad. Après d'assez longs pourparlers, l'instrument du traité fut signé à Tours le 20 mars 1459 [7], sans que la diète de Bohême y ait fait opposition.

Philippe de Bourgogne n'avait point protesté tout d'abord, préoccupé qu'il était de succéder à Ladislas en plus haut lieu.

---

[1] Bruxelles, 1er février 1457 (n. st. 1458). Nous ne connaissons cette lettre que par une mention assez développée du ms. franc. 6967, f° 116, de la Biblioth. nationale.

[2] *Acta legationis*, déjà cités.

[3] *Acta legationis*, déjà cités.

[4] C'est la date que portent les lettres de créance données par le duc de Saxe à ses envoyés (dans Ludewig, *Reliquiœ mss.*, IX, 707).

[5] *Acta legationis*, déjà cités.

[6] Voy. ci-dessous, p. 301.

[7] Texte dans Ludewig, *Reliquiœ mss.*, IX, 720.

C'est seulement en janvier 1459 qu'il députa à Charles VII quelques-uns de ses conseillers, «lesquelz eurent charge de par le duc leur seigneur dire et remonstrer plusieurs choses au roi »[1]. La réponse de Charles VII mérite d'être rapportée en son entier.

« Touchant les aliances que mon dict seigneur de Bourgoigne dit que le roy avoit prinses contre lui avecques le roy Lancelot et aussi le mariage qu'il avoit accordé de madame Magdelene avecque lui, nonobstant qu'il feust ennemy d'icellui monseigneur de Bourgoigne et que de la dicte inimitié il eust faict advertyr le roy : au regard des dictes aliances il n'y en a esté aucunes faictes entre le roy et le roy Lancelot, roy de Hongrie et de Bahaigne, ne aussi n'en estoit-il ja besoing; car de grand ancienneté et dès le temps du roy Jehan et du roy de Bahaigne qui lors estoit, les aliances perpetuelles furent faictes entre les roys et les royaumes de France et de Bahaigne, tant pour eux que pour leurs successeurs ; esquelles aliances fut comprins nommeement feu monseigneur Philippe duc de Bourgoigne, ayeul de monseigneur de Bourgoigne qui a present est, et ses successeurs.

« Et quant au mariage, chascun scet qu'il n'est pas defendu entre princes crestiens de traictier les mariages de leurs enfans les ungz avecques les autres ; car par ce moien des dis mariages en adviennent souventes foiz pluseurs biens. Et n'y a aucune chose au traictié fait entre le roy et mon dit seigneur de Bourgoigne qui empesche le roy que ainsi ne le puisse faire de messeigneurs et dames ses enfans. Et comme il est tout notoire, madame Magdelene estoit des lors en aage de marier, et entre les princes crestiens n'y avoit pour le dit temps plus grant mariage que au dit roy de Hongrie et de Bahaigne et dont vraisemblablement peust ensuir plus de biens et honneurs et mesment a la défense et exaltaction de la foy.

« Et aux inimitiez que mon dit seigneur de Bourgoigne se disoit avoir a l'encontre du dit roy de Hongrie et de Bahaigne et dont il avoit fait advertir le roy : le roy ne sceut oncques qu'il y eust publicques inimitiez entre le roy de Bahaigne et mon dit seigneur de Bourgoigne, et aussi n'avoit-il aucune cause de le penser, ains tout le contraire attendu la prouchaineté de lignaige dont ilz se attenoient l'un a l'autre, et les aliances dessus

---

[1] Math. d'Escouchy, *Chronique*, II, 395.

dictes faictes entre les maisons de France et de Bahaigne, esquelles est comprins mon dit seigneur de Bourgoigne, comme
dit est ; et avecques ce, qu'il estoit tout notoire que mon dit seigneur de Bourgoigne avoit fait offrir par ses ambaxadeurs de
aler en la compaignie et soubz la conduitte du dit roy de Hongrie et de Bahaigne a l'encontre du Turq et pour la défense de
la foy. Et se on vouloit dire qu'il y eust aucune différence entre
eux, a cause de la duchié de Luxembourg, le roy ne tenoit pas
que pour tant le roy de Hongrie et de Bahaigne feust ennemy
de mon dit seigneur de Bourgoigne, attendu que, le roy estant
a Lion [1], le dit roy de Hongrie pour appaisier la dicte différence envoya devers le roy, offrant s'en soubmettre a lui et tenir son ordonnance, pourveu que mon dit seigneur de Bourgoigne le feist pareillement ; de laquelle chose le roy fist advertir
mon dit seigneur de Bourgoigne par ses ambaxadeurs, ce qu'il
ne volt accepter » [2].

Rien ne montre que Philippe de Bourgogne ait insisté
davantage sur cette question du Luxembourg [3]. Entre lui et
Charles VII la rivalité d'intérêts et d'influence se transportait
déjà sur un plus large terrain.

---

[1] Ce détail est confirmé par le passage suivant d'une lettre, que
nous avons citée plus haut, de Charles VII à Georges Podiebrad,
datée de Tours, 9 janv. 1458 : «.... *Per Fridericum quondam dominum de Donin, militem, et Adam de Dolstein, etiam militem, dominum de Maisambourg, qui siquidem anno exacto ad presentiam
nostram Lugdunum profecti sunt pro parte serenissimi quondam principis Ladislai, intelleximus affectum eximium etc.* »
(*Fontes rerum austriacarum*, XX, n° 126). Charles VII séjourna
en effet plusieurs fois à Lyon durant les six premiers mois de l'année 1457, comme le prouve son itinéraire diplomatique.

[2] Dans Math d'Escouchy, *Chronique*, II, 404 et ss., et dans *Jean
de Reilhac*, I, 52 et ss.

[3] Gobellinus cité par Muller (*Reichstagstheatrum*, pars III, p.
643) montre assez ridiculement en Philippe de Bourgogne un défenseur des droits de l'Empire : « *Philippus indigne agere regem
aiebat qui nonnulla in ducatu Lucenburgensi, id est in imperii
ditione, oppida occupasset adversus antiquum fœdus quod Franciæ
reges cum romanis imperatoribus apud Tullum percussere, in
quo cautum sit imperator in regno Francie, rex in imperio ne
dominatum sibi vendicet, etiam si volentes aliqui sese dedant ;
injuste regem agere qui fœdus violet et oppignoratum sibi Lucen-
burgensem ducatum molestare audeat...* » L'entrevue de Toul, à
laquelle il est fait allusion, eut lieu en réalité à Quatre-Vaux près
Toul en 1299 entre Philippe IV et Albert d'Autriche (Voy sur ce
point nos premières *Recherches critiques*, p. 103 et ss.)

Ladislas ne laissant point d'enfants, sa mort fut en effet le signal de nombreuses compétitions à la couronne de Bohême. On vit sur les rangs d'abord Georges Podiebrad, régent du royaume, accusé par quelques-uns d'avoir causé la mort de Ladislas; puis Guillaume de Saxe, comme beau-père du défunt roi; Casimir de Pologne, au même titre; Sigismond et Albert d'Autriche, comme proches parents de Ladislas; l'empereur lui-même qui, en vertu du principe féodal, déclara que la Bohême lui appartenait de plein droit comme fief vacant, puisque Ladislas n'en avait jamais reçu l'investiture. Il y avait encore Philippe de Bourgogne comme candidat perpétuel à toutes les successions vacantes, et enfin le roi de France [1] à qui Sdenek de Sternberg, chef de l'ambassade venue à Paris, avait conseillé de poser la candidature d'un de ses fils, le jeune Charles, âgé de onze ans, en lui garantissant le succès [2]. Thierry de Lenoncourt, bailli de Vitry, fut chargé de la présenter et se mit en route avec l'ambassade qui retournait à Prague.

L'élection de Georges Podiebrad par la diète de Bohême (2 mars 1458) mit la plupart des compétiteurs d'accord. Mais Charles VII, dont les ambassadeurs n'avaient même pas été reçus [3], crut devoir protester et enjoignit à Thierry de Lenoncourt de faire secrètement une enquête sur l'élection du nouveau roi. Les conclusions de cette enquête, nous ne les connaissons pas; mais nous pouvons les deviner, puisqu'elles eurent pour résultat de faire renoncer Charles VII à toute prétention sur la couronne de Bohême:

[1] Voy. Adolf Bachmann, *Ein Jahr bœhmischer Geschichte : Georgs von Podiebrad Wahl, Krœnung und Anerkennung*, dans l'*Archiv fur œsterreichische Geschichte*, t. LIV, p. 59 et ss., 88 et ss. L'auteur ne parle pas de la candidature du duc de Bourgogne.

[2] « Dem Kœnige von Frankreich hatte Sdenko von Sternberg etwas Hoffnung gemacht, welcher zwar mit keinem Anspruch, jedoch mit grossem Versprechen darum warbe, und sich erbot alle des Reiches Schulden zu bezahlen. » (Muller, *Reichstagstheatrum*, I, 725). Cette assertion semble empruntée à Georg Fabricius, *Origines Saxon.*, liv. 7, p. 278.

[3] Voy. dans les *Fontes rerum austriacarum*, XLII, 212, une lettre de Kunz von Reitenbach. Prague, 28 fév. 1458 : « Ich lasse euch wissen daz am nesten Montage dy Herrn und dy Stette des Kœnigreichs zu Behem gewest seind auf dem Rathaus und habn der Botschaft von Frangkreich nicht verhort... »

Il n'en fut pas de même de Guillaume de Saxe qui, pour faire triompher ses droits, comptait sur l'appui de Charles VII. Après l'avoir disposé en faveur de leur maître par la cession de Luxembourg, les ambassadeurs saxons prirent grand soin d'exposer au roi la généalogie de la maison de Saxe, sa parenté avec celle de Bohême par le mariage d'Anne, sœur de Ladislas, avec Guillaume; puis ils laissèrent entendre à Charles VII qu'ils le considéraient comme moralement engagé vis-à-vis d'eux par les promesses que Thierry de Lenoncourt leur avait adressées en son nom. Ils insinuaient en outre qu'il était loisible au roi de régler toutes choses à son gré, et ils l'eussent peut-être entraîné dans une fausse entreprise si Charles VII n'avait senti qu'une intervention pacifique était inutile pour eux et une intervention armée dangereuse pour lui [1]. Il prodigua aux représentants saxons de bonnes paroles, mais les laissa repartir sans plus (fin mars 1459).

Le rôle de Thierry de Lenoncourt dans les affaires de Bohême, pendant l'année 1458, fut sans doute beaucoup plus actif que nous n'avons pu le montrer d'après l'unique document qui relate sa mission. Nous avons établi ses actes à divers moments, mais nous ne savons rien de ce qu'il fit dans l'entre-temps. Il reste acquis cependant qu'il fut l'instrument principal des succès obtenus.

5

Il n'en est pas tout à fait de même pour Jean de Rochechouart seigneur de Chandenier, commandeur de Rhodes, qui, en compagnie de messire de Fenestranges, partit pour Vienne à la fin de décembre 1457, peu avant que Thierry de Lenoncourt se rendit lui-même à Prague [2]. Les rares indices que l'on possède sur les débuts de cette autre ambassade donnent à croire qu'elle était chargée de rattacher Sigismond aux intérêts

---

[1] *Acta legationis*, déjà cités.

[2] Cela nous paraît ressortir de ce fait que Jean de Chandenier avait déjà écrit deux fois au dauphin avant le couronnement du roi de Bohême, qui eut lieu à Prague le 7 mai 1458 (Voy. la lettre du 8 juin citée plus loin).

du roi de France et à sa politique vis-à-vis de l'Empire [1]. Deux
correspondants de la ville de Francfort signalent en effet la présence des représentants français à Neustadt où était alors
Sigismond d'Autriche, et parlent même d'une alliance à conclure [2]. A dessein peut-être l'affaire traîna en longueur, car
Jean de Chandenier était encore à Vienne au mois de juin de
l'année 1458. Le milieu qu'il y trouva nous est connu par une
curieuse lettre qu'il adressa au dauphin Louis et dont nous
citerons quelques passages [3]. Parlant des dangers que les
Turcs font courir à l'Empire : « Ainsi sera la chrestienté en
grand péril, dit-il, car l'empereur et les ducs Albert et Sigismond d'Autriche, qui sont tous troys presens en ceste ville et
devroient resister au dit Turcq, sont en grand débat chacun
jour, jusques au cousteau traire à soy tuer, pour la succession
du feu roy Lancelot. » Et plus loin, à propos de l'accord qui
s'était fait entre les ducs Sigismond et Albert contre l'empereur, accord que celui-ci attribuait aux ambassadeurs français,
le commandeur de Rhodes ajoute : « Nous avons esté violentez
et injuriez par ses gens en nostre hostel, ceste sepmaine, et en
péril de mort..... Ce sont les dons que l'empereur fait aux
ambassadeurs des puissances ; comme aussi il a souffert faire à
un des messagers de notre dit seigneur de Bourgogne nague-
res. En verité, quant plus je avise ses conditions, tant plus y

---

[1] Dès le 21 janv. 1458 les conséquences de la mort de Ladislas
avaient fait l'objet des délibérations d'une diète particulière réunie
à Vienne (Cf. Chmel, *Materialien*, II, 144).

[2] Lettre du 13 janv. 1458, dans Janssen, *Frankfurts Reichscorrespondenz*, II, 137 : «..... Vernehmen keyne nuwe mere eigen-
tlichen, dan eine Botschafft des Königs in Franckreich ist hie gewest
umb ein Buntniss, als man sagt. »

[3] Cette lettre est datée de Vienne, 8 juin 1458. Elle a été imprimée
à la suite des *Mémoires* de Commines (Coll. des Mém. pr. servir à
l'hist. de Fr., 1re série, t. II, p. 222), et dans l'*Hist. de la maison de
Rochechouart* par le général comte de Rochechouart (1859, t. I, p. 168).
Sur la copie que nous en avons trouvée dans le ms. franc. 15537,
f° 165, de la Bibl. nationale, une main moderne a inscrit cette indication deux fois erronée : « Lettre adressée à Charles VII par Jehan
de Champdenier, commandeur de Rhodes et ambassadeur du roi près
les cours d'Allemagne, touchant les affaires de Bohème et l'opportunité pour Charles VII de se faire couronner empereur. » En réalité la lettre est adressée au dauphin Louis et il n'y est question
que de la possibilité éventuelle d'attribuer au roi la couronne impériale.

trouve a redire, car c'est un homme endormy, lasche, morne, pesant, pensif, merencolieux, avaricieux, chiche, craintif, qui se laisse plumer la barbe a chascun sans revenger ; variable, ypocrite, dissimulant et a qui tout mauves adjectif appartient, et vraiement indigne de l'onneur qu'il a ».

Cette lettre est adressée non point au roi de France, comme l'a cru un annotateur, mais au dauphin Louis, comme nous l'avons dit. Le fils de Charles VII avait en effet trouvé le moyen de mettre Jean de Chandenier dans.ses intérêts. La situation qui en résultait pour celui-ci était d'autant plus délicate qu'il s'était rencontré auprès de Sigismond avec un ambassadeur du duc de Bourgogne [1], chargé très certainement de contrecarrer les desseins du roi de France. Or Philippe le Bon et le dauphin Louis étaient à ce moment en bonne intelligence. Comment donc Jean de Chandenier pouvait-il servir son maître sans desservir ces deux adversaires, et inversement complaire à ces deux adversaires sans être traître à son roi ? Il est malaisé de faire pleinement la lumière sur ce point. Mais la suite des négociations conduites par cet ambassadeur de Charles VII tourne assez bien à sa décharge. en prouvant que le dauphin faisait déjà litière des intérêts de la Bourgogne pour ne se souvenir que de ceux de la couronne de France qui allait manifestement bientôt lui échoir.

Ces intrigues du dauphin en Allemagne avaient d'ailleurs pris naissance d'assez bonne heure. Comme si le demi-succès de la campagne de 1444 et les relations qu'il noua dès lors avec l'évêque de Strasbourg lui eussent créé des droits, il essaya en 1456 de former des intelligences à Strasbourg avec les magistrats et les principaux citoyens de la ville et de s'en servir contre son père. Nous ne savons pas au juste ce qu'il machina et nous entrevoyons à peine le profit qu'il en espérait. Toujours est-il que le roi crut devoir écrire aux magistrats de Strasbourg pour les rassurer et nier les noirs projets qu'on lui prêtait [2]. Il paraît bien néanmoins que le dauphin continua secrè-

---

[1] Cette rencontre résulte clairement du second passage que nous avons rapporté.

[2] Lettre datée de Vienne en Dauphiné, 13 novembre, sans date d'année (dans Wencker, *Apparatus archivorum*, p. 375) : « Et pour ce que par aventure nostre dit filz par la suggestion de ceulx qui ainsi dommaigeablement pour lui l'ont conduit et conseillé, vouldroit entreprendre de faire guerre ou porter préjudice ou dommaige

tement ses menées en Allemagne, puisqu'au mois de mai 1456, prenant prétexte de sa parenté avec Frédéric, comte palatin de Bavière [1], il concluait avec lui à Romans un traité d'amitié [2], dont le roi s'empressa de détruire les conséquences [3]. Jean de Chandenier, qui devait savoir à quoi s'en tenir sur ce point, ne manqua point, dans la lettre que nous avons citée tout à l'heure, d'informer le Dauphin de son prochain passage à Strasbourg, comme pour l'inviter à y adresser ses instructions.

Par les divers passages que nous avons reproduits de la lettre de Jean de Chandenier et par quelques autres encore, nous pouvons assez bien nous rendre compte du rôle de ce représentant du roi de France à la cour de Vienne. En présence des divisions qui existaient dans l'entourage de l'empereur, il travailla, de concert avec son collègue, messire de Fénestranges, à faire cesser d'abord l'inimitié qui séparait les ducs Sigismond et Albert en obtenant de ce dernier qu'il restituât à son cousin tout le pays de Bâle. Une fois d'accord sur ce point spécial, les deux ducs devaient l'être aussi contre l'empereur leur rival dans la succession de Ladislas.

à aucuns des princes, seigneurs, villes ou communitez des marches de par delà, lesquels pourroient croire ou imaginer que ce seroit de nostre sceu, consentiment ou promission, nous vous avons bien voulu escrire, etc. » La date d'année que nous adoptons se justifie par l'itinéraire diplomatique de Charles VII. — Le portefeuille 123-124 de la Collection Fontanieu à la Bibliothèque nationale fournit, sous la date de 1456, l'intitulé suivant : « Instruction donnée par le Dauphin à l'ambassadeur par luy envoyé vers le roy des Romains ». En se reportant au vol. 762 de la collection Dupuy, auquel renvoie l'auteur de cet intitulé, on constate qu'il faut corriger 1456 en 1446.

[1] Louis avait en effet épousé en 1451, contre le gré de son père, une fille du duc Louis de Savoie. Or une tante de sa femme avait épousé en secondes noces un comte Louis palatin de Bavière.

[2] 19 mai 1456. (Orig. parch. aux Archives de l'État (*Staatsarchiv*) à Munich, n° 144).

[3] Charles VII recevant, quelques mois plus tard, du duc Albert I de Bavière des assurances d'amitié, qui étaient de pure courtoisie, se hâta en effet de l'en remercier et de solliciter un service par l'intermédiaire de l'archidiacre de Saintes, son ambassadeur ordinaire. Ce service n'est point spécifié dans les lettres de créance, mais le rapprochement des dates nous incite à croire qu'il s'agissait de faire agir le duc de Bavière sur son parent le comte palatin, pour annuler les effets de l'alliance que celui-ci venait de conclure avec le dauphin.

Cet antagonisme allait permettre au roi de France de réduire à l'impuissance le protecteur du duc de Bourgogne, et d'espérer même quelque chose encore, rien moins, semblerait-il, que la couronne impériale pour la maison de Valois. Jean de Chandenier est fort explicite sur ce point : « Et si Dieu par sa grace donnoit que le roy, vous (dauphin) et mon dit seigneur de Bourgogne fussiez en bonne intelligence, je ne doute pas que la tres chrestienne maison de France en brief eust en main et l'Empire et les royaumes de Hongrie et de Bahaigne, et l'onneur de secourir la foy, laquelle, si par le roy et vous n'est secourue, assez aura affaire. Et scay que plusieurs grans seigneurs et presque tout le commun peuple d'Alemaigne s'atendent que ainsi aviengne et le desirent. Et la nouvelle que nous avons eu que le duc de Bretaigne, connestable de France, est allé devers vous, me fait espérer que ainsi adviendra [1] ».

Cependant, tout bien considéré, nous ne pouvons voir dans cette déclaration la divulgation du but poursuivi par Jean de Chandenier au nom de Charles VII. Celui-ci, vieux et débile de corps, était cependant d'esprit trop sain pour songer à se mettre sur les bras le fardeau du saint empire germanique au moment où il était menacé dans son existence même par le voisinage des Turcs. Ce fol projet ne peut avoir germé que dans le cerveau du dauphin Louis, et l'ambassadeur lui fait sa cour en lui montrant cette perspective près de se réaliser à son profit.

Quant à cette assertion de Jean de Chandenier qu'une partie de la noblesse et du peuple d'Allemagne désirait voir la couronne impériale passer sur le tête de Charles VII, elle contient pour le moins une exagération. Rien d'impossible que la vieille idée du roi de France empereur d'Allemagne ait de nouveau germé dans l'esprit de quelques princes allemands fatigués de l'inertie de Frédéric III et favorables par inclination ou par intérêt personnel au roi très chrétien. Mais de là à croire que cette idée se soit répandue dans la masse de la nation, alors qu'aucun évènement ne laissait prévoir la vacance prochaine du trône impérial, il y a une distance que l'historien ne peut franchir sans l'aide d'intermédiaires certains. Or ces intermédiaires font encore défaut, car aucun texte contemporain ne vient à l'appui de cette assertion de l'ambassadeur français.

Un autre passage de la même lettre justifierait bien notre

---

[1] Lettre du 8 juin 1458, déjà citée.

conjecture, que Jean de Chandenier flatte, de parti pris et à bon escient, les projets du Dauphin. Parlant de la cession du Bâlois faite par Albert d'Autriche à Sigismond, il ajoute : « Et croy que se le roy y veult tenir la main, il aura le dict pays pour peu de chose. » Pas plus qu'en 1444 [1], nous ne pouvons attribuer à Charles VII le projet de reculer ainsi par dessus la Bourgogne jusqu'au Rhin la frontière de son royaume ; mais, tout comme en 1444, nous pouvons croire que le Dauphin nourrissait, en faveur de ses amis, des pensées de ce genre et en faisait l'une des raisons de l'envoi d'agents en Alsace.

Cette double expectative de la couronne impériale et de l'annexion du Bâlois eût certes bien mérité que Jean de Chandenier prolongeât son séjour à Vienne jusqu'à réussite, si vraiment il avait reçu mandat de Charles VII en ce sens. Or, dès le milieu de juin, c'est-à-dire deux semaines environ après sa lettre au Dauphin, il quitte Sigismond pour rentrer en France [2]. Preuve indirecte de l'origine extra-officielle des desseins dont nous avons parlé.

Le motif de son départ n'était point en effet de ceux qui emportent péril en la demeure. Éléonore de Portugal, épouse de Frédéric III, l'avait chargé de proposer à Charles VII le mariage de sa dernière fille Magdeleine (la fiancée de Ladislas) [3], avec le roi de Portugal, frère de l'impératrice [4]. On ne voit pas qu'il ait été donné suite à ce projet, mais il est bon de noter qu'il prit origine à la cour de Vienne grâce à la présence en cette ville d'un ambassadeur de Charles VII.

Le duc de Bourgogne était naturellement instruit de ces négociations du roi, et ne lui ménagea pas les reproches dans les protestations de janvier 1459. Charles VII répondit comme précédemment:

« Et à ce que oultre plus vous avez dit que mon dit seigneur de Bourgoigne est adverty que le roy est induict et pressé par ses heyneux de prendre et quérir aliances et confédéracions à l'encontre de lui, et, en les particularisant, parlez des aliances du Dannemarche, Liège, Berne, du roy Lancelot, de l'empereur et des princes et electeurs de l'Empire et autres seigneurs d'Allemaigne, et aussi que le roy quiert faire trêves générales

---

[1] Voy. ci-dessus le chapitre XII, p. 257 et ss.
[2] Lettre du 8 juin 1458. déjà citée.
[3] Voy. ci-dessus p. 292 ligne 12.
[4] Lettre du 8 juin 1458, déjà citée.

avecques les Anglois pour nuyre et grever mon dict seigneur
de Bourgoigne : le roy est bien esmerveillé de ceulx qui ainsi
contre vérité ont adverty mon dit seigneur de Bourgoigne des
choses dessus dictes ; car, comme vous pouvez savoir, toutes
bonnes aliances et confédéracions sont bien requises entre les
roys et princes souverains pour le bien d'eulx, de leurs royaumes
et de leurs subgects. Et pour entrer ès cas particuliers, est vray
que, dès le temps du feu roy de Dannemarche (que Dieu
absoille !), par le moien d'aucuns princes d'Alemaigne prou-
chains parens du roy et du dict roi de Dannemarche, fut ouvert
de faire aliance entre les dis deux roys. Et après le dexcez
duquel roy de Dannemarche, la matière s'est continuée entre
le roy nostre souverain seigneur et le roy de Dannemarche qui
a présent est. Et par leurs commis ambaxeurs ont esté les dictes
aliances faictes entre iceulx roys pour eulx, leurs royaumes et
subgetz. Et ne sera pas trouvé que en toutes les dictes aliances
soit faicte mencion d'aucune chose contre mon dict seigneur de
Bourgoigne, ne en son préjudice ; aincois comme prouchain
parent et subgect du roy peuent estre les dictes aliances à son
avantage, comme des autres seigneurs et princes du sang du
roy. Et doit estre chose bien agréable à tous les dis seigneurs
du sang et autres du royaume de veoir joinct par aliances ung
tel et si puissant prince, comme le dict roy de Dannemarche,
au roy notre souverain seigneur.

« Et quant au faict de ceulx de Berne, le roy a bien voulu
les avoir et recevoir en bonne amour et intelligence avecques
lui, en quoy sont comprins tous ses subgects, amis et aliez ; et
n'y a eu faicte chose préjudiciable contre mon dict seigneur de
Bourgoigne.

« Au faict des aliances que mon dict seigneur de Bourgoigne
dit que le roy quiert avecques l'empereur, les princes électeurs
de l'Empire et autres princes d'Alemaigne, à l'encontre de lui :
mon dict seigneur de Bourgoigne peut bien savoir que de tout
temps il y a aliances entre les empereurs et les roys de France ;
et a ceste cause, en toutes les aliances que le roy a faictes
avecques autres princes, il excepte nommeement l'empereur.
Et pareillement s'il a faict paix ou trèves avec ses ennemis, il
y comprent l'empereur comme son alyé. Et au regart des électeurs de l'Empire et autres princes d'Alemaigne, plusieurs
d'iceux sont dès pieca aliez avecques le roy ; mais ès dictes
aliances n'a esté faicte chose ou préjudice de mon dict seigneur

de Bourgoigne[1] ». — C'étaient là des assurances d'une portée générale, qui laissent subsister les faits antérieurs. Elles ne durent pas abuser le duc de Bourgogne plus qu'elles ne donnent aujourd'hui le change à l'historien.

6

Les relations de Charles VII avec les princes allemands en étaient, ou peu s'en faut, au point que nous venons d'indiquer, quand le roi se résolut à tenir tête au duc de Bourgogne, qui revendiquait toujours le Luxembourg, en réunissant comme en un faisceau toutes les alliances qu'il avait contractées en Allemagne pendant ces dernières années. Cette tentative eut lieu dans les premiers mois de 1460, probablement lorsque le duc de Bourgogne eut proposé une conférence pour débattre avec le roi les droits de chacun sur le Luxembourg. Toujours est-il qu'à la date du 6 avril 1459 (n. st. 1460), Charles VII fait délivrer à ses ambassadeurs d'amples instructions aux fins que nous venons d'indiquer[2]. Accompagné de Jean de Veroil, Thierry de Lenoncourt devait, en premier lieu, se rendre auprès de l'archevêque de Trèves Jean de Bade, et auprès de son parent Georges de Bade, évêque de Metz, pour les remercier des bonnes dispositions qu'ils avaient témoignées jadis « touchant ce dont le roy leur avoit dernièrement faict parler par le dict bailly[3] ». Ils promettraient à l'évêque de Metz satisfaction « sur le faict d'Espinal[4] », à l'occasion duquel Georges de Bade

[1] Dans Math. d'Escouchy, *Chronique*, II, 402 et ss., et dans *Jean de Reilhac*, I, 51 et ss.

[2] Données à Lysle-Bouchart, 6 avril 1459, (dans l'*Hist. de Charles VII* par Th. Basin, édit. Quicherat, IV, 549, et dans *Jean de Reilhac* I, 73). — Pâques tombant le 25 mars en 1459 et le 13 avril en 1460, la date de ces lettres pourrait appartenir également à l'une et à l'autre année, d'autant que Charles VII paraît avoir résidé à Lysle-Bouchart au commencement d'avril de ces deux années. Mais la relation que Thierry de Lenoncourt fit de sa mission portant la date du 22 août 1460, c'est déjà une raison pour préférer la seconde année à la première.

[3] Allusion à l'ambassade de Thierry de Lenoncourt en 1458. Mais l'évêque de Metz était alors Conrad de Boppard.

[4] Il s'agit évidemment de la mainmise de Charles VII sur Épinal en 1444. Voy. ci-dessus p. 254.

avait député au roi quelques mois plus tôt. En retour ils demanderaient aux deux prélats leur appui contre le duc de Bourgogne.

Ce que réclamait le roi de France, c'était moins un secours d'hommes que de bons et éloquents parchemins qui rendissent évidents pour tout le monde ses droits exclusifs à la possesion du Luxembourg. Justement M. de Trèves avait dans ses archives une consultation de docteurs des universités d'Italie et d'Allemagne, démontrant que le duc de Bourgogne n'avait aucun droit à l'héritage de Ladislas. Cette consultation et autres « escriptures » avaient été rédigées jadis à la prière de feu Jacques de Sierck, si fort dévoué à Charles VII. La difficulté était de les obtenir. Pour exciter le zèle du chancelier de l'archevêque, qui avait révélé l'existence de ces précieux documents, on lui promettrait 100 écus.

Thierry de Lenoncourt devait se rendre ensuite auprès du comte palatin du Rhin, Frédéric I le Victorieux, et lui offrir l'arbitrage du roi dans le différend qui s'était élevé entre le comte et ses voisins depuis que Frédéric administrait l'électorat au détriment de son neveu et pupille[1]. Il aurait grand soin d'ajouter que, si le roi n'envoyait pas un secours de gens d'armes, la faute en était aux Anglais qui menaçaient derechef le royaume de France. Mais le roi était si désireux d'être utile au palatin du Rhin qu'il avait déjà écrit aux ducs d'Autriche, à l'archevêque de Trèves, à l'évêque de Metz, au comte de Wurtemberg, aux margraves de Brandebourg et de Bade pour les exhorter à terminer leur querelle.

De Heidelberg les deux ambassadeurs devaient tirer sur Weimar. L'opposition faite par le duc de Bourgogne à la vente du Luxembourg rendait en effet nécessaires de nouvelles négociations avec le duc Guillaume. Le roi de France, pour ne point céder devant son rival, ferait prier Guillaume de lui envoyer quelques clercs compétents afin de vérifier les titres présentés par le duc de Bourgogne. En même temps Thierry de Lenoncourt remettrait le titre de conseiller du roi au docteur Knorm déjà mêlé aux conférences de Tours, en mars 1459. Quoiqu'il attendit beaucoup de la science de ce juriste, Charles VII crut habile de faire aussi demander au roi de Bohême, Georges Podiebrad, une renonciation formelle au duché de Luxembourg en faveur du duc de Saxe. Mais c'était là recon-

[1] Voy. ci-dessus p. 290.

naître Georges Podeibrad comme héritier légitime de Ladislas, ce qui avait été contesté jusque-là. En tout cas, au retour de leur longue ambassade, Thierry de Lenoncourt et Jean de Veroil devaient passer par Thionville et renouveler aux habitants toutes les promesses de protection et de bienveillance que le roi de France leur avait déjà exprimées [1].

Telles étaient les instructions de Charles VII. Nous allons dire maintenant, à l'aide du rapport rédigé par Thierry de Lenoncourt [2], de quelle manière les deux ambassadeurs s'acquittèrent de leur mission.

Le 13 mai 1460, ils étaient à Marsault près de l'évêque de Metz. Comme Georges de Bade était sur le point de se rendre à Trèves pour assister à l'entrée solennelle de son métropolitain, ils lui remirent les lettres de leur maître à l'adresse de plusieurs princes qui devaient se trouver aussi à cette cérémonie.

Le 17, ils atteignaient Heidelberg. Mais le comte palatin alors en guerre avec l'archevêque de Mayence, le duc de Bavière et le comte de Wurtemberg, était encore aux champs. Il rentra cependant, le 23, et pressa les ambassadeurs de se rendre auprès du margrave de Bade et de prendre part aux conférences qui devaient se tenir à Will [3], le 9 juin suivant, pour rechercher les moyens de rétablir la paix.

A Bade, Thierry de Lenoncourt et son collègue durent attendre quinze jours la réunion projetée, qui finalement fut remise au 8 juillet. Ils avaient écrit au comte palatin pour lui faire agréer ce changement. Frédéric ayant accepté, ils restèrent néanmoins encore à Bade pendant quelques jours, pour n'arriver à Francfort qu'au moment convenable; puis sur l'avis du margrave de Bade, qui savait de quels périls étaient semés les grands chemins, ils résolurent de ne point pousser plus loin

---

[1] Les *Instructions* sont peu explicites sur ce point : « Il (le roi) les aura pour recommandez comme ses bons et loyaux subjects, en leur entretenant ce que autres fois leur a escript et faict dire. » Heureusement le *Rapport* de Thierry de Lenoncourt nous donne à moitié le mot de l'énigme . « Et au regard des autres articles contenus ès dictes instructions, c'est assavoir... de besongnier ou fait des prisonniers de Thionville.... »

[2] Relation datée de Bourges, 22 août 1460 (dans le ms. franc. 6964 de la Bibliothèque nationale, f° 8).

[3] Petite ville de Souabe, à trois lieues de Tubingue, sur la Wirm.

leur voyage, mais de dépêcher à Guillaume de Saxe un courrier porteur des lettres du roi. Le duc fit réponse immédiate
(nous dirons tout à l'heure dans quel sens), et conseilla à
Thierry de Lenoncourt de ne point s'entremettre davantage
dans la guerre du comte palatin avec ses voisins [1].

Les représentants du roi de France paraissent avoir suivi ce
conseil et être rentrés à Bourges en passant par Metz [2] et
Thionville, peut-être même par Trèves. Sur les négociations
du retour, comme sur tout ce qui concerne les « escriptures »
dont Charles VII convoitait la possession, nous ne savons rien
de positif, par la raison que Thierry de Lenoncourt fit son rapport oralement.

Autant que nous pouvons l'induire des faits connus, le seul
succès de cette mission fut auprès de Guillaume de Saxe. Celui-
ci envoya à Charles VII toutes les pièces qui, dans la question
du Luxembourg, pouvaient servir à prouver la supériorité de
ses droits sur ceux que s'arrogeait Philippe de Bourgogne [3].
Chacune des allégations de ce dernier était réfutée par les
arguments d'une dialectique judicieuse et serrée, qui trahit la
part prise par le docteur Knorm à la rédaction de cette consultation juridique : car tel est bien le caractère de l'acte fourni
par le duc de Saxe. Nous n'avons pas à l'analyser ici. Nous
dirons seulement que, par les preuves historiques dont il
s'étayait, cet acte dut singulièrement embarrasser les juristes
bourguignons. En fin de compte Guillaume de Saxe conseillait
à Charles VII de ne point accorder à Philippe le débat qu'il
demandait, mais plutôt de briser son opposition en obtenant
pour son fils Charles l'investiture du duché de Luxembourg
par l'empereur.

Charles VII n'en fit rien : il put cependant mourir sans avoir
eu à défendre par les armes sa nouvelle acquisition, qu'il était

---

[1] Détail curieux, que mentionne la *Relation* de Thierry de Lenoncourt : le duc de Saxe lui envoye le plan *dessiné et colorié* de la
situation respective des parties belligérantes : « Et de présent, par
une peinture et figure qui sera monstrée au roy, il pourra veoir la
situation et manière de clousture des ostz et batailles des dites presentes, et seigneurs. »

[2] Voy. le premier article de la *Relation* de Th. de Lenoncourt.

[3] Voy. la réponse du duc de Saxe aux ambassadeurs du roi (commencement de juillet 1460), dans Dom Plancher, *Hist. de Bourgogne*, IV, 327.

réservé à Louis XI de transférer bénévolement à son compétiteur.

Les longues négociations du roi de France dans l'Empire depuis 1430 portèrent leurs fruits puisque, en denière analyse, le duc de Bourgogne fut sinon vaincu, du moins tenu en échec sur un terrain qui avait tout d'abord paru devoir lui être plus favorable. L'opiniâtreté que mit Frédéric à lui refuser la couronne de roi autant que l'habileté du roi de France à susciter contre lui les défiances des princes allemands, avaient produit ce résultat.

CHAPITRE XV

LE NOUVEAU SCHISME ECCLÉSIASTIQUE
1437-1448

Le roi de France refuse d'accéder au concile de Ferrare et prend d'abord parti pour le concile de Bâle contre Eugène IV, 1437. — Il s'efforce de gagner Sigismond et les princes de l'Empire à ses vues. — A la mort de Sigismond, les grands électeurs prétendent garder la neutralité dans la question du schisme. — Accord de Charles VII et d'Albert II au synode de Mayence, aboutissant à recevoir les décrets du concile de Bâle, 1438-39. — Charles VII prend parti pour Eugène IV déposé par le concile et tente d'amener l'église d'Allemagne à cette conduite. — Au contraire les princes et prélats d'Allemagne se prononcent pour Félix V, 1439. — Synodes de Bourges et de Mayence où se manifeste l'opposition entre la France et l'Allemagne, 1440 et 1441. = En 1442-43 les grands électeurs reviennent à l'idée d'un rapprochement avec Eugène IV, par le moyen d'un nouveau concile. — Les négociations reprises en 1444 sur l'initiative de Frédéric III aboutissent, sous la pression des événements militaires et diplomatiques de septembre-décembre 1444, à la reconnaissance d'Eugène IV par l'empereur. — Charles VII négocie de nouveau auprès des princes de l'Empire en faveur d'Eugène IV. — Assemblée de Lyon et diète d'Aschaffenbourg où le successeur d'Eugène IV est reconnu. — Démission de Félix V obtenue par Charles VII, et dispersion du concile de Bâle par les soins de Frédéric III.

Le concile de Bâle s'ouvrit le 23 juillet 1431[1]. Il eut à traiter plusieurs affaires politiques de grande importance. Celle qui

---

[1] Un personnage politique bien oublié à cette date, la triste Isabeau de Bavière profita de ce que son parent le palatin Guillaume de Bavière était gouverneur du concile, pour lui recommander un de ses protégés, frère Jean Richard, abbé de St-Ouen de Rouen, en procès devant le concile contre frère Étienne Le Melle, jadis abbé de Ste Catherine du Mont près Rouen : « *presertim cum dictus frater Stephanus dicto fratri Johanni, ut fideli relacione intelleximus, contra Deum et racionem utpote per cautelas illicitas, violencias et sinistras informaciones multiplices contra eum hinc inde factas, multa incommoda, vexationes atque dampna intulerit.* » (Lettre datée de Paris, 14 sept. 1433, aux Archives du royaume à Munich, *Fuerstensachen*, B. V, 318, orig. pap.)

avait trait à la réconciliation du roi de France et du duc de
Bourgogne a été rappelée dans un précédent chapitre[1]. Le
projet de croisade sera signalé ultérieurement[2]. Quant au
rôle que les représentants de l'université de Paris[3] jouèrent
au sein du concile près du roi des Romains dans les questions
d'ordre purement ecclésiastique (réforme de l'église, extinction
de l'hérésie hussite), il ne peut nous arrêter[4], non plus que l'action exercée par Sigismond comme président du concile sur
les diverses nations représentées à Bâle[5]. Dans l'un et l'autre
cas en effet, le roi de France et l'empereur d'Allemagne n'en-
trent point en contact sur le terrain politique. Par contre,
nous devons rappeler l'attitude respective que prirent les deux
souverains dans la question du nouveau schisme, qui fut abor-
dée dans la 25e session, en mai 1437[6].

---

[1] Voy. ci-dessus le chap. X, p. 193.

[2] Au chap. XVII.

[3] Nous devons dire cependant, pour compléter les indications
données ci-dessus, p. 140, que les ducs de Bourgogne, de Lorraine
et de Savoie, le comte Louis de Châlon, les villes de Besançon,
Toul, Verdun, Cambrai furent invitées par la diète de 1431 à fournir
leurs contingents contre les Hussites (*Deutsche Reichstagsacten*, IX,
603, et Senckenberg, *Reichsabschiede*, I, 137). — Jean de Ségovie
affirme que dès 1432 le roi de France adhéra aux résolutions du concile de Bâle contre les Hussites (*Mon. concil.*, II, 183). — Le Hussitisme avait d'ailleurs des adhérents en France, nommément en
Artois et en Dauphiné où ils se confondaient sans doute avec les
Vaudois (L. Leger, *Hist. d'Autriche-Hongrie*, p. 187 de la 1e édition,
sans indication de source). C'est un prélat français, Philibert évêque
de Coutances que le concile de Bâle chargea de traiter avec les
Hussites. La *Bibliothèque de l'École des Chartes* a publié en 1861,
p. 81, une lettre, d'ailleurs apocryphe, de Jeanne d'Arc aux Hussites.
C'est l'œuvre d'un faussaire de ce temps.

[4] A noter que la nation d'Allemagne (*constantissima Germanorum natio*) de l'université de Paris, jusque là confondue avec celle
d'Angleterre, s'en sépara vers 1437, constitua une nation à part,
puis finit par absorber l'autre (Chéruel, *Dictionnaire*, au mot *nation*).

[5] Un passage de Jean de Ségovie relatif à Sigismond, (*Mon. conciliorum*, II, 505), mérite cependant d'être noté ici : « 1433. *Imperator
suique principes resolute aperiunt intencionem suam in septem
punctis ambasiatoribus Francie concordantibus super principali,
nunquam se passuros dubium fieri super papatu* ».

[6] Nous ne ferons guère ici que reproduire M. de Beaucourt en con-
densant ce qu'il a dû disséminer dans plusieurs parties de sa belle
Hist. de Charles VII. Nos recherches dans les archives et les publi-

Bien que dévoué à Eugène IV, le roi de France vit d'un mauvais œil la convocation par ce pape d'un nouveau concile[1]. Il fit défendre au clergé français de se rendre à Ferrare et prit nettement fait et cause pour les Pères de Bâle. Il se préoccupa même de gagner l'église d'Allemagne à ses vues et, au commencement de décembre 1437[2], fit inviter Sigismond à se conformer, comme lui même, au décret conciliaire qui venait de frapper de nullité les actes d'Eugène IV, — et non seulement Sigismond, mais encore le roi de Danemark et les grands électeurs, par lettres du 30 janvier 1438[3]. De ceux-ci dépendait maintenant le succès de la proposition du roi, car Sigismond venait de mourir. Cet événement imprévu suspendit la résolution des grands électeurs. Ils firent savoir qu'ils ajournaient leur réponse jusqu'après l'élection d'un nouvel empereur et qu'ils observeraient provisoirement la plus stricte neutralité[4]. Cette réponse, qui eût été sans conséquences si le successeur de Sigismond avait été nommé immédiatement, parut grave quand on vit le retard que mettaient les électeurs à faire leur office ordinaire. Albert II ne fut en effet élu que le 30 mai 1438, c'est-à-dire six mois après le décès de son prédécesseur. Les mobiles qui poussèrent les électeurs à se déclarer neutres ne sont point aisés à déterminer[5]. A notre avis, une certaine défiance du roi

cations allemandes ne nous ont en effet rien appris qu'il n'ait dit avant nous. Le présent chapitre sera donc moins une étude qu'un rappel indispensable de négociations qui ont eu souvent leur contre-coup sur celles que nous exposons ailleurs et qui tiennent une trop grande place dans les relations de Charles VII avec l'Empire pour qu'il fut possible de les passer sous silence.

[1] Voy. dans les *Monumenta conciliorum*, II, 906-908, la *Chronique* de Jean de Ségovie.

[2] « *Super his enim serenissimo principi Sigismundo Dei gratia Romanorum imperatori, fratri nostro carissimo conscribimus.* » (Extrait de la lettre aux grands électeurs, citée dans la note suivante).

[3] Dans le ms. lat. 1517, f° 27, de la Bibliothèque nationale. La date d'année fait défaut.

[4] Voy. dans Gœrz, *Regesten der Erzbischöfe zu Trier*, l'analyse d'une déclaration de Raban de Helmstadt, archevêque de Trèves, sous la date de Francfort, 21 mars 1438.

[5] W. Pückert a longuement étudié cette question dans son livre *Die Kurfuerstliche Neutralitæt*, 1438-48 (Leipzig, 1858). M. A. Bachmann l'a reprise récemment avec une méthode plus sûre dans un mémoire intitulé *Die deutschen Kœnige und die Kurfuerstliche Neutralitæt*, 1438-47. *Ein Beitrag zur Reichskirchengeschichte*

Mais les choses changèrent bientôt d'aspect. Le concile de Bâle ayant déposé Eugène IV (25 juin 1439), Charles VII se hâta d'écrire à l'empereur Albert [1] pour le supplier d'aider au maintien de la bonne intelligence qui venait de se révéler entre leurs représentants, afin de mieux résoudre les difficultés qui allaient certainement surgir. La déposition d'Eugène IV entraînait en effet l'élection d'un nouveau pape et peut-être un nouveau schisme. Le roi de France repoussait résolument cette perspective [2]. A l'exemple du duc de Bourgogne, qui envoyait ses représentants au concile de Florence, il faisait partir pour Bologne Bertinier et Cibole, chargés de prendre part aux conférences qui devaient se tenir avec les délégués d'Eugène IV [3]. Lui-même quittait Bourges et se rapprochait de Bâle, comme pour mieux surveiller les événements.

Arrivés à Lyon, Bertinier et Cibole firent savoir à l'évêque de Lubeck la satisfaction que leur maître avait éprouvée de leur accord avec lui. Ils lui annoncèrent en même temps la mission dont ils étaient chargés et le prièrent d'en avertir les prélats de sa nation qui se rendraient à Bologne. C'est

---

[1] Bourges, 1er juillet (1439), dans le ms. lat. 1517, fo 25, de la Bibliothèque nationale : « .... *Rogamus igitur et obsecramus per ineffabilem redemptoris nostri charitatem quatenus mutuas intelligentias inter vestros solennes oratores et nostros Moguntie nuper ob eam ipsam causam unitas et acceptas, conservare..... velitis.* »

[2] Une lettre non datée d'Énéas Sylvius (*Epistolæ* no 183, édit. de Bâle, p. 753) nous paraît avoir trait à cette détermination de Charles VII, et trahir l'espoir qu'avait nourri le concile de voir le roi de France persévérer dans l'accord précédemment conclu : « *Nonnulli (in Germania) tamen mirantur, in quorum numero me ipsum pono, quia Gallici qui propter regimen Siciliæ partem alteram sequebantur, nunc illa perdita in pristina sententia perseverant. Cum dici solet effectum tolli cessante causa, sensissemus nos Gallicorum mentem si Johannes Offenburgensis literas in Franciam deferendas diligenter misisset; sed timeo ne fuerit piger in re publica qui solet in privata diligentissimus esse.* »

[3] Voy. la lettre qu'ils adressèrent de Lyon, le 8 juillet 1439, à l'évêque de Lubeck, représentant de l'empereur (dans le ms. 1517, fo 60, de la Bibliothèque nationale) : « ... *In hac igitur via unanimis intelligentie ambulare cupiens idem dominus noster rex ut conventio inter invictissimi regis Romanorum oratores suosque satisfaciat, deliberavit eosdem priores suos oratores Bononiam destinare.* »

assez dire que le roi de France espérait entraîner sur ses pas
la partie allemande du concile de Bâle [1].

Il n'en fut rien cependant. Amédée de Savoie une fois élu
sous le nom de Félix V (5 novembre 1439), les princes et
prélats allemands, fidèles au concile de Bâle, se rallièrent à
lui.

L'avènement de Frédéric III [2] à l'Empire rendit quelque
espoir au roi de France. Le nouvel empereur sembla en effet
aller au devant des désirs de Charles VII dans cette lettre du
21 mai 1440 [3] par laquelle il l'invitait à se faire représenter, à
venir même en personne au nouveau synode qui devait se
réunir à Mayence, le 2 février 1441, pour délibérer sur le
schisme. A la prière d'Eugène IV, qui voyait dans la démarche
de l'empereur un acte en faveur du concile de Bâle, Charles
VII ne fit pas directement réponse. Il se contenta de transmettre à l'empereur copie des lettres d'obédience que, — conjointement avec le dauphin, le duc de Bourbon et le duc
d'Anjou, — il avait adressées dans les premiers jours d'avril au
pape de Rome [4].

Pour mieux faire obstacle aux projets de l'empereur en
faveur de Félix V, Charles VII se hâta de convoquer à Bourges,
en septembre 1440, un synode dont les décisions allaient pré-
céder celles du synode de Mayence. A la suite de cette réunion,
il envoya ses ambassadeurs en divers pays autres que l'Empire pour essayer de préparer une action commune des princes
de la chrétienté en faveur d'Eugène IV. L'opposition des deux
souverains se manifestait clairement. C'était la même situation
qu'en 1378, mais retournée : la France tenant maintenant
pour le pape de Rome, l'Allemagne pour l'antipape de Bâle.

---

[1] « Fuit enim magna spes obtinendæ Germaniæ, cum sex principes electores in eam sententiam fœdus inissent ut nisi Eugenius pos-
tulatis eorum annueret (postulabant autem res prorsus negandas) in
Amedei quem Felicem quintum appellaverunt, obedientiam transi-
rent. » (Eneas Sylvius, *De statu Europæ*, ch. XXXVIII).

[2] Frédéric III fut élu le 2 février 1440.

[3] Impr. dans Freher-Struve, *Scriptores*, II, 401 ; dans Raynald,
Ann. ecclesiast., §§ 12; dans Goldast, *Imperii statuta*, I, 201 ; dans
Lünig, *Deutsches Reichsarchiv*, XV, 745; et dans Muller, *Reichstagstheatrum unter Friedrich*, I, partie IX, p. 56. Le dernier seul
précise la date du jour.

[4] Poitiers, 8 avril 1440. (Original aux Archives impériales de
Vienne.) Nous ignorons si ces lettres ont été publiées.

Pourtant Charles VII députa au synode de Mayence, et, grâce
à la médiation de l'archevêque de Trèves, Jacques de Sierck,
la France et l'Empire parurent un instant vouloir agir de
concert dans la question ecclésiastique [1]. Mais ce n'était qu'un
leurre.

*
* *

Au commencement de 1442, les grands électeurs, oublieux
de la neutralité qu'ils avaient déclarée au début du schisme et
prêts à la rompre cette fois en faveur d'Eugène IV, revinrent
à l'idée de convoquer un concile distinct de celui de Bâle et
qui se réunirait à son choix dans l'une des douze villes qu'on
lui désignerait : six en Allemagne, six en France [2]. De son
côté l'empereur Frédéric, à la suite des négociations qu'il
entama à Besançon avec Félix V, parut se rallier plus intimement à la cause de ce pape. Le bruit courut même qu'il se
proposait d'épouser la fille de ce pape, la duchesse veuve
Marguerite d'Anjou, et d'ajouter ainsi aux mobiles politiques
des raisons personnelles pour rendre définitive sa scission
avec le roi de France [3]. Mais avec la mobilité d'esprit qui lui
était propre, Frédéric ne persévéra pas dans ce dessein et
embrassa bientôt celui des grands électeurs. Il en écrivit
même à Charles VII, le 1er juin 1443[4], le suppliant d'adhérer
à ce projet de concile œcuménique, que l'on désirait convoquer à Francfort pour la Saint-Martin.

Le roi ne paraît pas avoir pris même la peine de répondre.

---

[1] Voy. les lettres de Charles VII aux électeurs, 16 juillet, 12 oc-
tobre et 14 novembre 1441 (dans les *Publicat. der preussischen
Staatsarchive*, XXXIV, 47 et ss), et une lettre de Frédéric III à
Charles VII, 9 octobre 1441 (*ibid.*,, 50.)

[2] Patricius, chap. 118, cité par Bachmann, p. 83. L'université de
Paris, écrivant en 1442 à l'université de Cracovie au sujet d'un étudiant polonais venu à Paris, profite de cette occasion pour recommander à sa cadette la politique royale dans l'affaire du schisme
(dans *Biblioth. de l'Éc. des Chartes*, XX, 513). On a signalé plus haut
une lettre de Charles VII au roi de Danemark (p. 316). C'est ainsi
que l'horizon de la politique française s'élargissait chaque jour à la
faveur des événements.

[3] Voy. *Enéas Sylvius, Opera*, I, 270, cité par Bachmann.

[4] Dans Martène, *Ampl. collectio*, VIII, 977.

Néanmoins, l'année suivante, Frédéric gagné à de nouveaux projets l'invite encore à se faire représenter à la diète de Nuremberg convoquée, elle aussi, pour la Saint-Martin. Ce qui inspirait maintenant la conduite de Frédéric, c'était moins le désir de faire triompher la cause du pape légitime que la crainte de voir tourner contre lui-même l'accord chaque jour plus étroit du roi de France avec les grands électeurs [1]. C'est par ceux-ci en effet que Charles VII devait avoir raison de l'empereur. Ses ambassadeurs avaient sans aucun doute sondé déjà les dispositions des princes allemands et obtenu d'eux, sous l'influence d'autres circonstances que nous expliquerons bientôt, la promesse d'un appui moral en faveur d'Eugène IV.

Nous savons mal ce qui se passa dans la diète de Nuremberg : tout au plus pouvons nous affirmer que les procureurs du duc de Bourgogne pesèrent fortement, mais en vain, sur le collège électoral en faveur de Rome [2]. En contradiction avec la neutralité dont les électeurs s'étaient réclamés en 1438, celui de Saxe, aidé de l'archevêque de Magdebourg, essayait d'entraîner tout le clergé de ses états au parti de Félix V [3]. Les archevêques de Trèves et de Cologne, soucieux de concilier leur devoir en cette matière avec leurs intérêts personnels, s'avisèrent qu'ils gagneraient peut-être le roi de France au même parti, en concluant avec lui ces traités de novembre 1444, grâce auxquels il restait maître de la situation que les écorcheurs avaient prise en Alsace et en Suisse [4]. C'est alors que l'empereur, outré de leur conduite et conseillé par le duc de Bourgogne sur lequel il s'appuyait contre le roi de France, adopta définitivement l'idée d'un rapprochement avec Eugène IV. Au mois de janvier 1445, il envoie Énéas Sylvius à Rome pour obtenir la déposition des deux prélats et leur faire substituer un frère bâtard et un neveu de Philippe le Bon. La combinaison ne réussit point. Toutefois, un an plus tard, l'accord était définitivement conclu entre Frédéric III et Eugène IV (février 1446).

Mais la déposition des deux archevêques avait soulevé de vifs mécontentements parmi les hauts dignitaires de l'Alle-

---

[1] Voy. le chapitre XIII.
[2] Æneæ Sylvii *Epistola* 77.
[3] Bachmann, ouv. cité, p. 145.
[4] Voy. ci-dessus le chapitre XII. Cf. dans les *Publicat. der preussischen Staatsarchive*, XXXIV, les actes 125 et 170.

magne. La diète du 21 mars 1446 se fit leur porte-voix. Frédéric réussit pourtant, un peu plus tard, à mettre l'archevêque de Mayence et l'électeur de Brandebourg dans ses vues (diète de septembre). Ils se prononcèrent solennellement en faveur d'Eugène IV, sans réussir encore à entraîner le reste de l'assemblée avec eux.

Charles VII reprend alors un rôle actif. Le grand effort consiste désormais pour lui moins à vaincre les résistances des princes allemands, qu'il juge peut-être suffisamment affaiblis par la défection de Frédéric III, qu'à obtenir la démission de Félix V. Ce résultat atteint, le concile de Bâle devait tomber de lui-même, les opposants d'Allemagne également. Aussi rares que soient désormais les négociations de Charles VII avec l'Empire en vue d'éteindre le schisme, elles ne sont cependant point nulles. Notre tâche est justement de les retrouver.

Vers la fin de l'année 1446, le roi résolut d'envoyer ses ambassadeurs à Bâle où siègeait toujours le concile, en Savoie où résidait Félix V, à Rome et en Allemagne. Nous n'avons à suivre que ceux qui prirent cettte dernière direction.

Ils partirent en février 1447 pour gagner Nuremberg [1] où la diète se proposait de rechercher des moyens d'accord avec le pape de Rome. Arrivés à Trèves, ils apprirent coup sur coup que Frédéric III et les grands électeurs avaient juré obéissance à Eugène IV, mais que celui-ci venait de décéder subitement (23 février) [2]. Toutes propositions à la diète étaient désormais inutiles. Toutefois comme ces propositions n'étaient que l'un des objets, et à vrai dire le moindre, de leur mission, les représentants de Charles VII continuèrent leur route jusqu'à

---

[1] Voy. M. de Beaucourt (IV, 260 et 261), d'après les Instructions de Charles VII et la réponse de l'archevêque de Tréves, publiées par M. Tuetey, (ouv. cité, II, 150 et 169). — Nous signalerons également dans le ms. franc. 20587 de la Bibl. nationale les actes suivants : 1º Sauf-conduit délivré par l'évêque de Wurtzbourg aux ambassadeurs de Charles VII (en allemand, Wurtzburg, 13 mars 1447, fº 45) ; — 2º Sauf-conduit délivré par le margrave Albert de Brandebourg aux mêmes (en allemand, Roth, 15 mars 1447, fº 45) ; — 3º Lettre des magistrats de Nuremberg à Charles VII pour l'assurer de leurs bonnes dispositions (Nuremberg, 19 avril 1447, fº 48). A remarquer que la diète, qui d'ailleurs n'eut point lieu, avait été convoquée pour le 16 mars.

[2] Voy. dans M. Tuetey, les Écorcheurs, II, 169, la réponse de l'archevêque de Trèves aux ambassadeurs de Charles VII.

Nuremberg où nous les retrouverons bientôt mêlés à d'autres affaires [1].

Bien que Frédéric III, réconcilié avec le roi de France, soutint sa politique plus fermement que jamais, le nouveau pape Nicolas V sut bien discerner le plus puissant de ses deux protecteurs. Dans sa lettre de remerciements aux félicitations de Charles VII, il ne manque point de dire que « cela a toujours été le propre de l'illustre race des rois de France de supprimer les schismes et de travailler à la paix de l'Église » [2]. C'était beaucoup affirmer, et les successeurs de Grégoire XI sur le trône de Rome n'avaient certainement pas été de cet avis. Quoiqu'il en soit, ce sentiment était juste dans le présent, et d'autres le partageaient, comme l'archevêque de Cologne et celui de Trèves. « Si le roi de France croit pouvoir pacifier l'Église, disait celui-ci, les électeurs ne peuvent refuser d'accéder à la demande de celui qui entre tous est appelé le roi très chrétien » [3]. Aussi les représentants de Charles VII, qui avaient prolongé leur séjour à Trèves et convenu de certains préliminaires avec l'archevêque [4], n'eurent point de peine à obtenir de ce prélat, conformément aux nouvelles instructions reçues [5], qu'il se rendit à l'assemblée de Lyon (juillet 1447) [6]. Félix V et le concile de Bâle, qui avaient mis toutes leurs espérances dans les électeurs du saint Empire, pressentirent que cet appui allait bientôt leur manquer par l'adresse du roi de France.

[1] Voy. le chapitre suivant.

[2] Martène, *Ampl. collectio* , VIII, 988.

[3] Lettre de Henri Engelhard, du 15 juin 1447, citée par M. de Beaucourt (IV, 264) d'après l'original aux Archives de Dresde. Cette lettre figure d'ailleurs au tome XXXIV, 275, des *Public. der preussischen Staatsarchive.*

[4] Articles convenus par Jacques, archevêque de Trèves, tant en son nom qu'au nom de l'archevêque de Cologne, du duc de Bavière et de Frédéric duc de Saxe, conformément au concordat fait par Charles VII. Bourges, 28 juin 1447, dans le ms. 119-120 de la collection Fontanieu à la Bibliothèque nationale. — Le représentant du duc de Saxe était Henri Engelhard dont on citera plus loin une missive. Les lettres de créance sont datées de Meissen, 10 avril 1447, dans le ms. franc. 20587, f° 49, de la Bibliothèque nationale.

[5] Copie de ces instructions dans le ms. lat. 6966, f° 150 et ss. de la Bibliothèque nationale.

[6] Lettre du 25 mars, dans Tuetey, *les Écorcheurs*, II, 169.

Accompagné du chancelier de l'archevêque de Cologne et d'un conseiller du duc de Saxe, muni en outre des pleins pouvoirs de l'électeur palatin, l'archevêque de Trèves se rendit tout d'abord à Bourges comme pour faire acte de déférence vis-à-vis du roi de France [1]. Lui et ses compagnons déclarèrent à la date du 28 juin [2] qu'ils s'efforceraient de réunir avant le 1er septembre 1448 un concile universel non point en Allemagne, comme ils l'avaient décidé jusqu'ici, mais en France, conformément aux désirs du roi. Cette promesse donnée, l'archevêque se rendit à Lyon pour s'aboucher directement avec le duc de Savoie, fils du pape.

Sur ces entrefaites le roi des Romains convoquait à Aschaffenbourg une nouvelle diète où fut portée l'adhésion des archevêques de Trèves et de Cologne, de l'électeur palatin et du comte de Wurtemberg à Nicolas V. Cette adhésion entraîna celle des autres princes et prélats, si bien qu'à la date du 21 août Frédéric III put enjoindre à la nation allemande de suivre l'exemple de ses chefs [3]. Un concordat entre l'empire et le saint siège fut signé le 2 février 1448, en signe d'étroite alliance.

C'est sous la pression de ces heureuses nouvelles que l'archevêque de Trèves et ses compagnons, assistés des conseillers du roi de France, s'efforcèrent, à Lyon d'abord, puis bientôt à Genève, de faire agréer leurs propositions par Félix V [4]. Charles VII s'était entendu avec Frédéric III [5] sur les concessions à faire, et l'empereur avait écrit au duc de Savoie pour le presser de s'y conformer [6]. Il avait fait plus encore en dispersant les derniers débris du concile de Bâle. Tant de bonne volonté, une si étroite entente entre les deux souverains de France et d'Alle-

[1] Voy. la *Chronique* de J. Berry (édit. Vallet), p. 430 : « En l'an 1447, le roy estant à Bourges, vinrent là devers luy les ambassadeurs des électeurs de l'Empire, dont estoit le chef l'archevêque de Trèves. »

[2] Texte dans d'Achery, *Spicilège*, III, 770. Cf. Müller, *Reichstagstheatrum*, I, 355.

[3] Cf. Müller, *Reichstagstheatrum*, I, 355.

[4] Lettre d'Engelhard, du 17 oct. 1447, citée par M. de Beaucourt d'après l'original aux Archives de Dresde.

[5] D'après les comptes de Xaincoins, cités par M. de Beaucourt. Cf. une lettre du roi à l'empereur, 31 mars 1448, dans le *Spicilège*, III, 773.

[6] Texte dans d'Achery, *Spicilège*, III, 773.

magne ne pouvaient rester sans effet. Le 9 avril 1449, fatigué
des obsessions auxquelles il était en butte, convaincu de l'a-
bandon où il se trouvait réduit, Félix V renonçait à la papauté
entre les mains des ambassadeurs français. Le schisme était
fini.

Il était fini grâce à l'énergique intervention du roi de France,
suivi mais non prévenu par Frédéric III et, en tout cas, toujours entravé par les grands électeurs. C'est ce qu'ont bien vu
les contemporains qui ont raconté les péripéties de ce schisme[1].
Les documents diplomatiques confirment leurs dépositions.
Mais l'histoire érudite constate en même temps que le chef du
saint Empire, en raison de sa situation légale, en dépit de son
insuffisance personnelle, restait pour beaucoup l'arbitre désigné
des grands conflits. Vers 1435 déjà, un juriste italien, Antonio
Aretini de Rosellis qui s'intitulait *consiliarius cæsareus ac
pontificius*, publiait en faveur de Sigismond contre le pape sa
Monarchia sive tractatus de potestate imperatoris et papæ.
Après lui, Énéas Sylvius dans son *De ortu ac auctoritate imperii romani*, composé vers 1448, s'efforçait encore d'élever
l'incapable Frédéric III au dessus de tous les potentats de la
chrétienté, pour justifier sans doute le rôle qu'il voulait lui
voir prendre, de concert avec le pape, dans les grands événements du temps.

---

[1] Voy. Jean Chartier, *Chronique*, II, p. 60: « Et ainsi fut sanie la
grosse playe qui estoit en Saincte Eglise, par l'union qui a esté
mise en icelle par le moyen, pourchas et excessive diligence que
le tres crestien roy de France a fait en ceste partie. » Énéas Sylvius,
Commentaires, p. 183: « Postremo cum jam se omnibus contemp-
tui esse cerneret, nec spes ulla esset obedientiæ....... interventu
Caroli Francorum regis, pacem ecclesiæ dare decrevit [Felix V] ».
— Dans son *De Statu Europæ*, ch. XXXVIII, Énéas Sylvius attribue au contraire à l'empereur l'extinction du schisme: « Cum illo-
rum [i. e. principum electorum] consilia Fridericus pervertisset et
qui sub nomine synodi Basileæ degebant, abire jussisset, desperato
meliori successu, interveniente per legatos suos Carolo Franciæ
rege, ecclesiæ pacem dedit ». Cf. Monstrelet, *Chronique*, à la date.

CHAPITRE XVI

EN ITALIE ET DANS LE ROYAUME D'ARLES.

1443-1461

1º Reprise des relations du roi de France avec Gênes, 1443 et ss. —
Gênes se soumet de nouveau à la suzeraineté de Charles VII, 1458,
puis s'en dégage, sans que l'empereur intervienne jamais. —
Confirmation des privilèges de Savone par Charles VII, 1460. =
2º Vains efforts du duc d'Orléans auprès de l'empereur pour rentrer en possession d'Asti, 1444-47. — Il est supplanté par Alphonse
d'Aragon comme héritier du Milanais, 1447. = 3º Efforts du Dauphin pour se constituer une principauté sur les deux versants des
Alpes en ajoutant au Dauphiné une partie du Milanais et de la
Savoie, 1446 et ss. — Annexion définitive du Dauphiné à la
couronne de France, 1457.

Conformément au plan que nous avons suivi jusqu'ici, nous
étudierons sommairement la politique française en Italie. Mais
nous prierons encore une fois le lecteur de vouloir bien se souvenir que cette politique ne nous intéresse que comme manifestation de la rivalité du roi de France et de l'empereur d'Allemagne. A ce point de vue le détail des événements n'a point
lieu d'être rappelé et notre sujet devient des plus restreints,
puisqu'il se borne à rechercher quelle attitude prend le chef du
saint Empire vis-à-vis du roi de France en Italie. Si nous fai-
sons de cette question l'objet d'un chapitre spécial, c'est par
suite de l'impossibilité où nous sommes de la confondre avec
celles qui nous ont occupé jusqu'ici. C'est aussi que nous
croyons à l'importance du but poursuivi, à la gravité du conflit soulevé, à l'influence de ces premières tentatives sur celle
de Charles VIII au déclin du siècle. C'est enfin dans l'espoir
que, tôt ou tard, de nouveaux documents permettront de donner
à ce chapitre tout le développement qu'il comporte.

1

Dans le nord de l'Italie les mêmes compétitions que nous connaissons déjà, durent toujours, mais avec moins d'âpreté qu'au temps de Louis d'Orléans. Retombée en 1421 sous l'autorité du duc de Milan [1], Gênes s'en était de nouveau affranchie en 1435 et avait vécu, pendant quelques années, d'une vie orageuse, mais indépendante. A la fin de 1443, la capture par les Génois d'une galère royale fournit à Charles VII l'occasion de s'immiscer encore une fois dans les affaires de la République. Il réclame d'abord contre l'injure faite à la bannière de France et, au bout de quelques mois (juillet 1444), offre aux Génois rémission de leurs torts à la condition qu'ils le reconnaitront pour leur souverain. C'est d'ailleurs le titre que le roi prend dans les lettres qu'il leur adresse (*Januae dominus*), affirmant ainsi qu'il tient pour non avenu tout ce qui s'est passé dans la République depuis la retraite de Boucicaut.

Le moment de relever cette prétention était on ne peut mieux choisi pour éviter les vieilles réclamations de l'empereur. Frédéric III était, à ce moment, l'obligé de Charles VII qui lui prêtait ses gens d'armes pour combattre les Suisses et délivrer Zurich. Aucune opposition à craindre de sa part. La victoire du Dauphin [2] servit même fort inespérément aux desseins du roi, puisque c'est sous l'impression de cet événement que le parti français reprit la haute main dans les affaires de Gênes Ses représentants vinrent trouver le fils de Charles VII à Ensisheim en Alsace (nov. 1444), et lui offrirent de le mettre à la tête de la seigneurie comme lieutenant du roi. La proposition fut prise au sérieux et l'année 1445 se passa à en préparer l'exécution. Charles VII essaya d'abord de reprendre Gênes avec l'appui du duc de Milan. Les négociations ayant avorté, il tenta, sur la fin de 1446, à la demande des ambassadeurs de la république [3], de s'emparer de la ville par violence. Il échoua encore et se décida à attendre des conjonctures plus favorables.

---

[1] Pour tout ce qui suit voy. dans l'*Hist. de Charles* VII par M. de Beaucourt le chapitre VIII du tome IV, intitulé *L'entreprise de Charles VII sur Gênes et Asti.*
[2] Voy. ci-dessus chap. XIII, p. 257.
[3] Voy. la *Chronique* de Jacques Berry, p. 427 : « En cet an (1446) ceux d'Oria et ceux de Champefrigour, du lignage et du pays des

Elles ne se représentèrent que douze ans plus tard. Près de succomber sous l'effort des factions ennemies, le doge Pierre Frégose persuade aux Génois de se remettre sous la suzeraineté du roi de France, 1458[1]. Charles VII accepte l'offre qui lui est faite [2] et donne pour gouverneur à ses sujets réconciliés Jean d'Anjou qui devait recevoir, quelques semaines plus tard, le titre de roi de Naples [3]. Mais Gênes fut bientôt de nouveau ravie à Charles VII qui ne conserva de toute la seigneurie que Savone, dont il avait renouvelé les privilèges en mars 1460 [4]. L'Italie septentrionale est dès lors plus qu'à moitié perdue pour le roi de France, sans que l'empereur y eut en rien aidé.

2

Dans le courant de l'année 1443, le duc Charles d'Orléans, revenu du long exil que l'on sait, avait demandé au duc de Milan de lui restituer la seigneurie d'Asti. Philippe-Marie Visconti avait répondu favorablement à cette demande[5], mais s'était

---

Gennois, avec cinq grosses naves de Gennes armées, arrivèrent à Marseille et envoyèrent devers le roy leurs messages, etc ». Cf. Desjardins, *Négoc. diplom. de la France avec la Toscane*, I, ⁵9.

[1] Une curieuse preuve de la vassalité des Génois, que M. de Beaucourt ne paraît pas avoir connue, c'est que leurs ambassadeurs au synode de Mantoue en 1459 (voy. notre chap. xv) se joignirent et se subordonnèrent même à ceux du roi de France. (Gobellinus cité par Müller, *Reichstagstheatrum*, p. 658.)

[2] Acte du 25 juillet 1458, dans Dumont, *Corps diplomatique*, III, 245.

[3] C'est en juin-juillet 1458 que Jean d'Anjou hérita du royaume de Naples. Lorsqu'il quitta Gênes en octobre 1459 pour se rendre dans son royaume, Charles VII envoya Jean de Chambes à Venise pour « savoir de quel œil la Seigneurie regardait l'occupation de Gênes par les troupes françaises et lui demander quelle serait son attitude le jour où, comme c'était son intention, il aiderait le roi Jean dans sa tentative pour recouvrer le royaume de Naples.»Voy. *Bibl. de l'Éc. des Chartes*, 1841, p. 183, et 1889, p. 561.

[4] Par acte daté de Razilly près Chinon, mars 1459, n. st. 1460. (Dans les *Ordonn. des rois de France*, XIV, 138, et dans *Jean de Reilhac*, II, p. 26). Charles VII ayant séjourné à Razilly en mars 1459 et en mars 1460 on pourrait hésiter sur la vraie date de ce document, s'il ne portait cette indication complémentaire : *anno regni nostri tricesimo octavo*.

[5] Cf. la confirmation par Charles VII du traité d'alliance conclu entre le duc de Milan et Charles d'Orléans. Lusignan, 22 mai 1443. (Arch. nationales, K. 67, nᵒ 22).

bien gardé d'y donner suite. Au mois de juillet de l'année suivante, au moment où l'expédition de Suisse semblait devoir raffermir entre la cour de France et l'empereur les sentiments d'amitié, Charles d'Orléans charge Raoul de Gaucourt, gouverneur du Dauphiné, de rendre en son nom hommage à Frédéric III pour le comté d'Asti[1], dont il avait reçu l'investiture en septembre 1414[2], — et en même temps de solliciter l'intervention de l'empereur auprès du duc de Milan. L'ambassadeur atteignit Frédéric à Nuremberg vers le commencement d'octobre. Les derniers événements d'Alsace et de Suisse, que notre lecteur connaît, prédisposaient fort peu l'empereur à quoi que ce fut en faveur d'un prince français. Gaucourt revint sans avoir rien obtenu.

Quand Charles VII prit en main l'affaire de Gênes en 1446, il s'occupa également d'Asti[3], mais ce fut en pure perte : le duc de Milan qui promettait tout ne donnait rien, malgré la menace que suspendait sur lui la présence d'un corps de troupes françaises en Provence, aux ordres du Dauphin et du duc d'Anjou. Ceux-ci allaient sans doute passer de la menace à l'exécution quand, au milieu d'août 1447, Philippe-Marie décéda après avoir légué ses domaines à Alphonse d'Aragon, ennemi juré de la France[4]. En dépit du secours prêté par Charles VII[5] et de l'aide promise par Frédéric[6], ç'en fut bientôt fait des préten-

---

[1] Orléans, 23 juillet 1444: « *Cum nos certis magnis et arduis simus occupati negotiis adeo quod ad presenciam serenissimi principis domini nostri honorandissimi, domini Friderici regis Romanorum semper augusti accedere commode inpresenciarum nequeamus, prebituri in propria persona sacramentum fidelitatis quo sibi racione et ad causam prelibate nostre dominacionis Astensis astringimur, notum facimus quod nos.....* » (Arch. nationales, K. 68, n° 4.)

[2] Cf. ci-dessus le chapitre IX, p. 176.

[3] Voy. dans la collection Fontanieu (n° 119) de la Bibliothèque nationale les Pourparlers de 1447 contenant la demande que Charles VII fait au duc de Milan de remettre Asti à Charles d'Orléans, et la réponse du duc.

[4] Voy. Éneas Sylvius, *De Europa*, édit. de Bâle, p. 447.

[5] « Astenses ad ducem Aurelianensem Carolum defecere, qui, susceptis a rege Francie non parvis auxiliis, Alexandrinorum agros vexare cœperunt. » (Éneas Sylvius, *De Europa*, p. 447.)

[6] Gratz, 12 juin 1448, lettres de Frédéric III promettant au duc d'Orléans d'appuyer ses prétentions au duché de Milan. (Arch. nat.. K. 68, n° 31).

tions de la maison d'Orléans sur Asti et sur la Lombardie. L'offre d'hommage que Charles d'Orléans fit, encore une fois, à l'empereur pour toute la succession de Philippe-Marie en 1452[1], ne servit de rien. La mort de Charles arrêta bientôt, pour la seconde fois, la fortune de la maison d'Orléans.

Dans le royaume de Naples, la lutte soutenue par la maison d'Anjou contre celle d'Aragon depuis 1435 ne nous intéresse plus, car elle est circonscrite entre les deux partis sans que l'empereur d'Allemagne ni le roi de France y interviennent directement, quelque désir qu'ils en eussent[2]. C'est l'hostilité du pape qui pousse la victoire des drapeaux de Jean d'Anjou sous ceux de Ferdinand d'Aragon. Le triomphe de celui-ci fut bientôt définitif, août 1462.

3

Sur ces entrefaites se produisirent deux faits qui méritent grande considération de notre part. D'accord avec le duc de Savoie, le Dauphin machina en 1446 le partage du Milanais dont le duc, Philippe-Marie Visconti, était mourant: lui prenait la région au sud du Pô, c'est-à-dire les territoires de Gênes, Lucques, Parme, Plaisance, Tortone, etc. ; Amédée de Savoie eut gardé la région au nord du fleuve, c'est-à-dire les territoires de Côme, Milan, Lodi, Pavie, Novarre, etc. Tout cela sans détriment de ce que l'on pourrait se partager plus tard après conquête au delà de l'Adda[3].

Un troisième larron devait avoir aussi sa part des dépouilles : le marquis de Montferrat à qui l'on se résignait à abandonner

---

[1] Blois, 20 mai 1452, lettres par lesquelles Charles d'Orléans charge diverses personnes de solliciter de l'empereur l'investiture du comté d'Asti et de lui offrir le serment pour le duché de Milan (*Ibid.*, K, 69, no 6).

[2] Du moins Charles VII. Voy. dans Desjardins, *Négociations*, I, 62 et ss., les nombreuses lettres échangées entre le roi de France et la république de Florence au cours des années 1451-1460, au sujet du roi d'Aragon. Il n'y est pas une seule fois question de l'empereur. — Cf M. de Beaucourt, *Hist. de Charles VII*, t. V, chap. X : la campagne de Lombardie.

[3] Voy. dans la *Bibl. de l'Éc. des Chartes* (1883, p. 179) l'article de M. Bernard Mandrot: *Un projet de partage du Milanais en 1446*.

pour prix de son appui Alexandrie et le territoire environnant.

De quel œil le suzerain nominal de la haute Italie, l'empereur d'Allemagne verrait-il l'accomplissement de ces desseins? Nul ne s'en préocupait encore parmi les copartageants, et il faut reconnaître qu'ils avaient d'assez bonnes raisons pour cela. Qu'avait fait l'empereur jusqu'ici à l'encontre du duc de Bourgogne qui se substituait si résolument depuis un demi-siècle à tous les dynastes allemands des Pays-Bas? Il avait suffi à Philippe le Bon de se déclarer prêt à rendre hommage et surtout de se montrer fort, pour suspendre l'effet de toutes les menaces. On comptait sans doute agir de même en Italie. Mais il est curieux pour nous de constater une fois de plus combien cette hiérarchie féodale, si imposante dans sa structure, si redoutable en apparence, pouvait subir d'atteintes et recevoir d'entorses. Son seul ciment était la force, et celle-ci étant passée depuis longtemps des mains de l'empereur à celles du roi de France, Charles VII et les siens pouvaient tout oser.

Ce premier projet de partage du Milanais ne paraît pas avoir reçu l'approbation explicite du roi de France: en tout cas, il ne put être exécuté, François Sforza s'étant victorieusement substitué à tous les prétendants après la mort de son beau-père.

L'autre fait que nous avons annoncé appartient à l'année 1447. Nicolas V, informé des conditions que mettait l'antipape Félix (Amédée de Savoie) à se désister du souverain pontificat, promulgua une bulle solennelle qui portait confiscation du duché de Savoie et de ses dépendances, et son transfert à Charles VII et à son fils. Cette bulle est du 12 décembre 1447[1]; le bref d'exécution suivit de près, mais resta naturellement sans effet. Cet acte d'autorité n'en était pas moins un abus de pouvoir à l'égard du duc de Savoie et, vis-à-vis de l'empereur, une atteinte à ses droits de suzeraineté sur la Savoie. Il ne paraît point cependant que Nicolas V ait demandé le consentement de Frédéric. Si l'on veut voir dans sa conduite l'effet d'une suggestion étrangère, c'est celle du dauphin Louis qu'il y faudrait reconnaître, soucieux, nous le savons, de fortifier et d'étendre

---

[1] Texte dans d'Achery, *Spicilège*. III, 774. Le bref d'exécution est imprimé dans Raynald, *Ann. eccles.*, 1447, § 18 et 19. Cf. l'*Ampliss. collectio* de Martène et Durand, VIII, 994.

son pouvoir sur les deux versants des Alpes [1]. En tous cas, il n'est pas sans portée de rappeler qu'il y a une sorte de précédent à cet acte de Nicolas V. En mai 1303, Boniface VIII, obéissant aux inspirations d'Albert d'Autriche, avait promulgué une bulle qui déliait de tous serments de vassalité, pouvant porter préjudice à l'empereur, les prélats, seigneurs, communes et universités des diocèses d'Aix, Arles, Vienne, Embrun, Tarentaise, Lyon, Besançon, des provinces de Bourgogne et de Lorraine, des comtés de Provence, Bar, Forcalquier etc. [2]. Cette bulle, qui était un coup droit porté par le pontife à Philippe le Bel, ne put être exécutée; mais, comme celle de Nicolas V, elle montre que les deux pouvoirs politiques qui se disputaient la suzeraineté de l'ancien royaume d'Arles étaient, dans l'esprit des contemporains, aussi discutables l'un que l'autre. C'est la conclusion qu'il importe à notre sujet de recueillir.

L'influence française pénétrait d'ailleurs toujours plus de ce côté. Un certain Bolomerus [3], conseiller du duc Louis, accusé de trahison par les nobles, avait été par eux jeté dans le lac Léman. Justement indigné, le duc fit sentir aux nobles de son finage le poids de sa colère, à tel point que ceux-ci allèrent chercher protection non pas auprès de l'empereur, mais auprès du roi de France, 1448 [4]. L'intervention de Charles VII apaisa le différend. Mais cette conduite des Savoisiens explique. bien qu'en 1452 le roi ait pu songer à envahir le duché pour punir le duc de l'appui qu'il donnait au roi d'Aragon.

Nous venons d'exposer les faits. Si l'on remarque que le dauphin Louis y a une place prépondérante et si l'on se souvient qu'il venait justement, en 1446, de se réfugier en Dauphiné, on est amené à croire que le fils du roi de France (esprit prompt aux conceptions, s'il en fut jamais) ne méditait

---

[1] Voy. ce que nous avons dit chap. XII, p 257, de ses projets sur l'Italie dès 1444. — Louis ne renonça pas de sitôt à ses projets sur la Savoie. A preuve son mariage avec Charlotte de Savoie en 1451, contre le gré de Charles VII.

[2] Voy. nos premières *Recherches critiques* ..., p. 115.

[3] Est-ce celui que l'*Art. de vérifier les dates* (édit. 1770) appelle « Compeis, favori » du duc ?

[4] «...... Nobilitas exinde novi ducis [Salbaudiœ] indignationem subiens, ad regem Franciœ confugit; cujus opibus adjuta, in patriam rediit. » Énéas Sylvius, *De statu Europae*, édit. de Bâle, p. 439.

rien moins que la fondation, sur les deux versants des Alpes, d'une principauté qui eut unifié les divers centres politiques de cette région et réduit presque à rien le royaume d'Arles. Mais comme l'annexion de la Provence était depuis longtemps dans le programme de la politique française, on peut supposer que le dauphin Louis ne répugnait pas à l'idée de l'absorber aussi, sans préjudice des domaines de Charles d'Orléans, son ennemi personnel [1] et, à cette heure même, héritier présomptif du duc de Milan [2].

Depuis l'essai de fondation du royaume d'Adria, rien d'aussi grand n'avait encore été conçu au profit de la domination française en Italie. C'est comme la contre-partie de ce que le duc de Bourgogne tentait sur le Rhin. Si le fils de Charles VII ne réussit jamais à réaliser la moindre partie de ce programme, pas même en ce qui touche Gênes, qu'il essaya de gagner pour lui-même en 1453 [3], il n'en faut accuser que l'extrême mobilité de son esprit qui le fit fléchir devant les premiers obstacles et, plus tard [4], lui fit défaire comme roi ce qu'il avait conçu comme dauphin. De l'opposition de Frédéric III au transfert de la Savoie ou même du duché de Milan, il n'y a pas de traces. L'empereur eut vraisemblablement accepté l'hommage du Dauphin, comme il accepta, quelques mois plus tard, l'hommage de François Sforza qui supplantait Alphonse d'Aragon.

Les intrigues du Dauphin dans la région des Alpes eurent pour résultat de le brouiller avec le roi son père et de le forcer

[1] Nous en trouvons la preuve indirecte dans ce fait que le duc de Bourgogne prit parti pour Charles d'Orléans en 1447 et s'employa auprès de Sforza pour lui faire obtenir Asti, par esprit d'opposition au dauphin. Voy. dans l'*Archiv. für Kunde œster. Gesch.-quellen*, XVIII, p. 193, un article de M. Sickel sous ce titre *Beiträge u. Berichtigungen zur Gesch. der Erwerbung Mailands durch Franz Sforza*.

[2] Cf. Énéas Sylvius, *De Europa*, p. 447 : « Ad dominium Mediolanense multi aspiravere ; sed qui coloratis uterentur titulis quatuor tantum fuere : Fridericus imperator devolutum ad se principatum, Philippo sine liberis legitimis vita substracto, contendebat. Alphonsus ex testamento hereditatem petebat. Carolus dux Aurelianensis ex sanguine vicecomitum natus ab intestato sibi deberi ducatum aiebat. Franciscus Sfortia vicecomes conjugem suam, quæ Philippi filia fuerat, heredem patri suscipiendam affirmabat..... »

[3] M. de Beaucourt, ouv. cité, I, 299.

[4] Nous reviendrons sur ce point quand nous traiterons des relations politiques de Louis XI avec l'Allemagne.

à chercher refuge auprès de Philippe de Bourgogne (fin 1456).
Ce départ entraîna une conséquence assez inattendue : le
roi, par acte du mois d'avril 1457[1], déclara simplement qu'il prenait le Dauphiné en sa main. Or si l'on se souvient que ce grand
fief avait été cédé au petit-fils de Philippe VI en 1343-44-49,
avec cette réserve expresse, que le Dauphiné ne pourrait être
uni à la France qu'au cas où l'Empire, dont il faisait partie, se
trouverait aux mains du roi, et si l'on remarque d'autre part que
la suzeraineté des empereurs s'était perpétuée par une série
d'actes formels, en sorte que le Dauphin n'était bien réellement
que le lieutenant de l'empereur, on est obligé de convenir que
Charles VII s'attribua le Dauphiné contre la lettre et l'esprit
des traités existants. Quoi qu'il en soit, l'empereur ne protesta point contre cette usurpation de son puissant voisin et ne
songea même pas à reprendre en Dauphiné l'exercice de sa
juridiction. Elle était cependant restée très vivace jusque vers
1450 dans toutes les affaires où se trouvaient impliqués des
prélats, parce que ceux-ci n'étaient pas encore et ne seront pas
de longtemps médiatisés. Ainsi, en 1432, Sigismond avait
investi l'archevêque d'Embrun de la principauté de cette
ville[2] et était intervenu dans un différend entre l'archevêque
et les bourgeois[3]. Deux ans plus tard, il confirmait les privilèges de l'évêché de Grenoble[4] et ceux de la ville d'Aix[5]. A
l'exemple de Sigismond, Frédéric III se mêla aux affaires du
royaume d'Arles en déléguant, au cours de l'année 1443, les

---

[1] *Ordonnances*, XIV, à la date. La teneur en est à dessein peu
franche.

[2] Parme, 27 avril [1432], dans le *Registraturbuch* J, f⁰ 183, des
Archives impériales de Vienne : « *Ad serenitatem nostram accessit
[dictus archiepus] petens humiliter et requirens quatinus ipsum
ad homagium ad quod nobis, racione principatus Ebredunensis
tenetur et eciam ratione regalium urbis Ebredunensis et totius
sue dyocesis et fidelitatis, admittere vellemus.* »

[3] Parme, 7 mai [1432], *Ibid.*, D, f⁰ 273 : « *Ad celsitudinis nostre
noticiam pervenit quod venerabilis Jacobus archiepus et princeps
Ebredunensis, triscamerarius et consiliarius noster..... summam
levari ordinavit et perequavit inter cives Ebredunenses et alios
qui cum ipsis contribuere in talibus consueverunt pro viagio ad
nostram serenitatem faciendo racione homagiorum que nobis
debebat pro dicto principatu de regaliis dicte civitatis et diocesis
Ebredunensis.* »

[4] Bâle, 6 mai 1434, *Ibid.*, K, f⁰ 131.

[5] Ratisbonne, 17 sept. 1434. *Ibid.*, K, f⁰ 204. C'est par une erreur
de scribe que l'acte est daté de 1400.

officiaux de Vienne et de Grenoble pour juger d'un différend entre le chapitre de Valence, l'évêque et les bourgeois de la ville [1], et en confirmant, l'année suivante, les privilèges accordés par son prédécesseur à la ville de Valence [2]. Mais cette politique traditionnelle semble avoir pris fin vers 1450. On n'en trouve plus la moindre trace au moment où Charles VII mit si délibérément la main sur le Dauphiné.

Pour comprendre toute la portée de l'acte de 1457, il est indispensable de remonter d'un siècle en arrière dans la question.

Le plus récent historien de la réunion du Dauphiné à la France considère encore le traité de 1349 comme « consommant l'annexion » de cette province au domaine royal [3]. C'est beaucoup trop dire. En droit public, avant d'annexer il faut séparer soit par la violence, soit par le consentement de la partie adverse. Or le Dauphiné étant alors, en théorie et en fait, membre de l'Empire germanique, il ne pouvait suffire de passer sous silence la suzeraineté impériale pour rendre ses droits caducs. Il est certain qu'on s'y essaya, escomptant la complicité tacite du prince, à tant d'égards français, qui venait d'être élevé au trône de Charlemagne. Toutefois, instruit par la double expérience des traités conclus en 1343 et 1344 et non exécutés, on sentait l'incertitude de ce calcul, si bien qu'on s'arrêta à une combinaison dont l'avenir a justifié la profonde habileté. Au lieu de faire céder par Humbert II le Dauphiné

---

[1] *In Nova Civitate* (Neustadt), 3 mai 1443, *Ibid.*, N, f⁰ 155. Deux pièces, l'une en faveur du chapitre l'autre en faveur de l'évêque.

[2] Laybach, 27 janv. 1444. *Ibid.*, N, f⁰ 178. Les lettres accordées par Sigismond, le 28 janvier 1416 à Lyon, sont rappelées dans l'acte.

[3] Paul Fournier, *Le royaume d'Arles et de Vienne*, 1138-1378. (Paris, 1891, p. 455). — C'est, pour nous, faire œuvre ingrate et déplaisante que de prendre à partie ce livre honoré de tant de suffrages. Mais nous ne saurions accepter ses conclusions en ce qui touche l'évolution qui porta le royaume d'Arles de l'Allemagne à la France. L'auteur eut certainement modifié sa thèse s'il avait poursuivi ses investigations au delà de l'année 1378. Les nombreux textes que nous avons cités p. 170, prouvent surabondamment qu'au XVᵉ siècle encore, la suzeraineté impériale est plus qu'un mot dans le royaume d'Arles et que l'influence de la royauté française n'est pas encore incontestablement assise. A plus forte raison au XIVᵉ siècle.

seulement au petit-fils du roi de France, on le fit attribuer
conjointement au roi et à son petit-fils, se réservant de mettre
tantôt l'un, tantôt l'autre en avant, suivant les conjonctures.
La raison de cette combinaison semble avoir échappé aux historiens de ces événements. Elle nous paraît cependant des plus
simples. Le droit de l'Empire sur le Dauphiné étant virtuelle-
ment reconnu, annexer cette province au domaine royal c'était
s'exposer tôt ou tard soit à une guerre avec l'Empire pour soutenir le fait accompli, soit à l'obligation de rendre hommage
à l'Empire pour échapper à la guerre. Or la royauté avait assez
à faire avec les Anglais pour ne pas désirer se mettre à dos les
Allemands. Elle avait aussi par tradition un sentiment trop
élevé de sa dignité, de son indépendance, pour consentir jamais à se reconnaître, pour si petit territoire que ce fut,
vassale de l'empereur, ou même pour accepter de lui une délé-
gation de pouvoir sur un domaine quelconque. Mais ce que le
roi de France n'eut pu décemment consentir, son fils le pouvait sans déchoir, si les événements l'exigeaient. Il y parut
bientôt, lorsque l'empereur Charles IV s'efforça de ressaisir
en fait l'autorité que ses prédécesseurs avaient exercée sur
tout le royaume d'Arles. Sa résolution, manifestée dès 1349,
s'affirma plus nettement encore au commencement de 1355,
après que le successeur princier de Humbert eut, par une sorte
de contradiction, sollicité de l'empereur le titre de vicaire impérial en Arélat. Contradiction en effet [1], car le nouveau dauphin ayant jusque là omis à dessein de rendre à l'empereur
les devoirs qu'il devait comme successeur des anciens dauphins de Viennois, pourquoi solliciter maintenant le titre de
représentant de l'Empire dans tout le royaume d'Arles ?

Quoiqu'il en soit, les exigences de Charles IV n'étaient pas
pour embarrasser les nouveaux possesseurs du Dauphiné de
Viennois. On savait comment sortir d'affaire sans rien sacrifier
des prérogatives de la royauté. On fit bien traîner la résistance
en longueur dans l'espoir d'obtenir de l'empereur quelque
chose de plus que l'investiture du Dauphiné au petit-fils du
roi. Mais on finit par céder et, en décembre 1356, l'héritier

---

[1] Contradiction si forte, que nous proposons, pour l'expliquer, de
fixer (à l'encontre de M. Fournier, p. 449, note 2) au printemps de
1355 cette demande du nouveau dauphin à l'empereur. Dès lors,
elle pourrait être considérée comme étant la condition que mettait
le dauphin à la reddition d'hommage qu'exigeait l'empereur.

présomptif du trône de France se rendit à Metz pour prêter hommage à l'empereur, sans qu'il ait même été question du roi son père, qui était pourtant, depuis 1350, copossesseur du Dauphiné. Charles IV ne lui accorda que le titre de vicaire de l'Empire en Dauphiné [1]. C'est comme tel, comme vassal de l'empereur pour le Viennois, que le futur roi de France Charles V signa les articles additionnels de la bulle d'or, concurremment avec les autres princes allemands venus à Metz.

En somme, à partir de ce moment, en se plaçant au point de vue féodal, la situation légale du Dauphiné n'est guère différente de ce que sera celle du comté de Bourgogne à dater de 1362, où celle du comté de Provence à dater de 1380. Ce sont trois domaines d'Empire aux mains de princes français qui rendent hommage à l'empereur. Seulement en Dauphiné il y a déjà copropriété du roi, et son droit, qui s'efface volontairement dans la réalité pour obvier à certains inconvénients, finira en moins d'un siècle par se substituer entièrement et sans secousse à celui de son fils.

Il suit clairement de tout ce que nous venons de dire que le dauphin royal, dès qu'il arrivait au trône de France devait subroger à ses droits sur le Dauphiné son fils aîné. Mais la doctrine ne s'établit point sur-le-champ. Charles V, premier dauphin-roi [2], n'avait que des enfants en bas âge quand il prit la couronne en 1364; Charles VI et Charles VII n'avaient

---

[1] Metz, janv. 1357, dans Chevalier, *Invent. des archives des Dauphins de Viennois*. Nous avons déjà signalé cet acte dans nos premières *Recherches critiques*, p. 265. Mais M. Chevalier a depuis lors publié, dans son *Choix de doc. hist. inédits sur le Dauphiné*, un autre document rédigé vers 1354: *Memoriale pro dalphino super requirendis ab imperatore*, complété par un *Memoriale factum super peticionibus faciendis domino Karolo imperatore*, 1364 (*ibid.*, p. 161), qui mettent le fait en meilleur jour.

[2] Les documents de cette époque semblent indiquer que Charles V ne s'intitula dauphin de Viennois que par intermittences, notamment en 1364 (*Mandements*..... publiés par M. L. Delisle, nos 76, 78 et 124), — en 1366 (Prou, *Relations polit. du pape Urbain V avec les rois de France*, p. 151), — en 1376 (Wailly, *Éléments de paléographie*, I, 276). Peut-être la mort de plusieurs enfants en bas âge suffirait-elle à expliquer ces intermittences. En 1369 le titre de dauphin de Viennois est sûrement porté par un fils du roi (*Mandements*....., nos 520, 539 etc.). Dans un acte du 4 février 1436-37, Charles VII prend le titre de dauphin de Viennois qu'il applique également à son fils Louis mentionné (Bibl. nationale, ms. franc. 6963, fo 22).

point encore d'enfants. Ces trois rois furent ainsi contraints de porter eux-mêmes le titre de dauphin de Viennois pour empêcher qu'il ne périmât. Cette conjonction paraissait néanmoins si irrégulière qu'ils se décidèrent à transmettre le titre, vaille que vaille, à leur fils aîné sans même attendre sa majorité [1].

La question se pose de savoir si ces trois rois lorsqu'ils gardaient pour leur fils le titre qui nous occupe, exerçaient directement les droits politiques attachés à ce titre. Il le semble bien, d'après quelques actes connus [2], quoique l'exercice de ces droits eut pour corollaire inévitable l'accomplissement de certains devoirs vis-à-vis de l'Empire. Mais il est vraisemblable que le roi se faisait alors représenter par un lieutenant [3], et soutenait cette fiction qu'il agissait comme tuteur de son fils mineur, celui-ci étant considéré comme seul dauphin.

Quant au titre de vicaire de l'Empire en Dauphiné, obtenu par le fils du roi en 1357, il fut changé en celui de vicaire de l'Empire dans le royaume d'Arles par Charles IV en 1378 [4], non point à vie, mais pour dix ans [5]. Il ne paraît pas avoir été renouvelé; car, en 1390, le Dauphin s'intitulait seulement vicaire impérial en Dauphiné [6]. Même réduit à ces proportions, le titre n'était pas héréditaire, et lorsqu'en 1435 on voulut le relever au profit du dauphin Louis qui ne l'avait pas encore porté, on ne se dissimula pas qu'il fallait en demander le renouvellement à l'empereur [7]. C'est très vraisemblablement pour échapper à

---

[1] Voy. les exemples cités par M. Lalanne *Dictionn. historique*, au mot *Dauphin*.

[2] Voy. Fournier, *ouv. cité*, p. 510, 512, 514.

[3] On trouve mentions des gouverneurs du Dauphiné dans plusieurs actes de 1363, 1365 et 1366 publiés par M. Prou (*ouv. cité*, p. 104, 126, 137, 147). Le dernier de ces actes, du 9 avril 1366, semble s'appliquer à un fils de Charles V. Ce fils, « dauphin de Vienne et gouverneur du Dauphiné », mourut sans doute peu après, puisque nous avons signalé tout à l'heure que le titre de dauphin de Viennois était, en sept. 1366, porté par le roi lui-même.

[4] Paris, 7 janv. 1378. Nous l'avons signalé dans nos premières *Recherches critiques*, d'après Waitz.

[5] Le vicariat dans le royaume d'Arles fut conféré par Wenceslas à Sigismond en 1396 (Fournier, *ouv. cité*, p. 512, ce qui contredit déjà ce qui est affirmé p. 506).

[6] Acte des Archives nationales, J, 288², cité par M. Noël Valois dans l'*Annuaire de la Soc. de l'hist. de France*, 1889, p. 228.

[7] Voy. Chevalier, *Choix de documents.....* La date « vers 1424 », que propose l'éditeur, doit être corrigée en 1435, comme l'a bien démontré M. P. Fournier, *ouv. cité*, p. 514, n° 2.

cette nécessité importune, qu'on renonça à l'idée de reprendre ce titre de vicaire.

Il n'avait donc point aux yeux de la royauté l'importance qu'on lui a attribuée. En effet il est tout-à-fait exagéré de prétendre qu'en tant que vicaire impérial dans l'Arélat, « le dauphin pouvait se comporter en souverain dans l'est et le sud-est de la France », et qu'ainsi « le rêve de Philippe de Valois, du roi Jean et de Charles-le-Sage était réalisé au profit de leur descendant.[1] » L'ambition qui avait fait désirer ce titre était à la fois différente et plus haute. On voulait faire entrer le Dauphin de plain-pied dans les rangs des princes de l'Empire. Mais ce n'est point ici le lieu de démontrer cette thèse[2].

Cette situation ambiguë ne pouvait se perpétuer toujours. Charles VII avait, dès 1426, transmis à son fils Louis, agé de 3 ans, le Dauphiné dont il avait la garde. Cette transmission, il la confirma en 1440 ; mais en 1457, désireux d'enlever à son héritier le point d'appui que celui-ci cherchait de ce côté contre son père, Charles VII déclara, comme nous l'avons dit, prendre pour lui-même la toute-propriété du Dauphiné. Ses successeurs l'ont conservée, et dès lors ils ont pu régulièrement conférer à leur fils aîné, dès sa naissance, le titre désormais purement honorifique de dauphin de Viennois. Les rois de France n'en firent plus personnellement usage que dans ceux de leurs actes qui s'adressaient spécialement au Dauphiné, sans que l'on put prétendre d'ailleurs que ce double emploi du même titre fut en contradiction avec les stipulations de la vente consentie en 1349 à Philippe VI et à son petit-fils.

En somme, c'est seulement l'acte de 1457, à peine mentionné et mal compris d'ailleurs par les historiens modernes, qui a « consommé l'annexion » du Dauphiné à la couronne de France, consacré la prépondérance politique de la royauté et la décadence de l'autorité impériale dans cette province, puisque l'Empire n'éleva pas même l'ombre d'une réclamation contre cet escamotage. — Avions-nous raison de dire que l'acte de 1349 fut d'une politique aussi clairvoyante qu'avisée ?

[1] Fournier, *ouv. cité*, p. 507.
[2] Nous reviendrons sur ce point dans notre étude sur *la Royauté française et le saint Empire romain*.

CHAPITRE XVII

LA CROISADE CONTRE LES TURCS [1]

1431-1461

Préliminaires de la croisade contre les Turcs : expédition de 1396.
— 1º Appels du concile de Bâle, 1431, 1433 et 1436; appels
du pape, 1439, 1443; appels des diètes d'Allemagne, 1444, 1452. —
Premiers efforts de Philippe de Bourgogne, 1443 et 1452. = 2º Projet de croisade, après la prise de Constantinople, concerté entre le
pape, l'empereur, le roi de France et le duc de Bourgogne. — Inertie de l'empereur, — indifférence du roi de France, — impuissance
du duc de Bourgogne, bien qu'il soit reconnu tacitement comme
chef de l'expédition en 1456. — Rôle providentiel attribué au roi
de France par l'opinion publique en Allemagne aux environs de
1456. == 3º Les Turcs menaçant la Grèce et par suite l'Italie, à partir
de 1457, c'est le pape qui prend en main l'affaire de la croisade. = Assemblée de Mantoue, 1459. — Efforts de Pie II pour
engager le roi de France dans l'expédition au lieu et place de l'empereur. — Ces efforts n'ayant point réussi, Pie II transporte à l'empereur le commandement de l'expédition, 1460. — Le duc de Bourgogne reste le chef nominal de la croisade aux yeux des princes
chrétiens de l'Asie mineure. — Missives qu'ils lui adressent en
1459. — Ambassades qu'ils envoient à Charles VII et au duc de
Bourgogne. — Échec des projets de croisade.

Pour traiter ce chapitre au point de vue restreint où nous
sommes placé, il faut savoir que ni le roi de France, ni le duc
de Bourgogne ne prirent jamais l'initiative d'une croisade

---

[1] Ce chapitre était depuis longtemps composé quand nous avons
pris connaissance du tome V de l'*Histoire de Charles VII* (1890) où
M. de Beaucourt raconte les projets de croisade qui suivirent, en
France, la chute de Constantinople. A un point de vue différent du
sien, nous avons cru devoir conserver notre récit, qui montre une
fois de plus le roi de France et l'empereur d'Allemagne en rivalité
de situation. Nous citerons d'ailleurs plusieurs textes qui ont
échappé à M. de Beaucourt.

contre les Turcs, mais furent seulement sollicités tour à tour, quelquefois simultanément, de prêter leur concours à ceux qui avaient mission d'organiser l'expédition : concile, pape ou empereur. De la part des deux premiers, il s'agissait de faire coopérer la France, comme l'Allemagne et l'Italie, à une œuvre de salut qui intéressait toute la chrétienté. De la part de l'empereur, il s'agissait plutôt de gagner un allié contre les Turcs au profit de l'Allemagne directement menacée par eux.

L'idée de faire coopérer toute la chrétienté à une croisade contre l'Islamisme n'était point nouvelle en Europe. La république de Venise l'avait eue dès 1333 et avait cherché à grouper le roi de Chypre, les chevaliers de Rhodes et le saint siège dans une action commune [1]. Quinze ans plus tard, Pierre de Lusignan, roi de Chypre, avait entrepris un long voyage en Europe pour entraîner les princes chrétiens dans cette entreprise [2]. L'expédition connue sous le nom de croisade de Nicopolis, à laquelle tant de princes chrétiens prirent part, avait été un premier succès, suivi d'une éclatante défaite, 1396 [3]. Français, Bourguignons, Allemands s'étaient confondus dans un même sentiment de haine contre le mécréant. Mais l'effort avait été isolé et tenté en dehors de toute vue d'ensemble, de toute préoccupation d'intérêt général. De cette campagne date cependant la reprise qui se manifeste dans les rapports de l'Orient grec ou musulman avec la France par la venue de l'empereur de Constantinople à Paris sous la conduite de

---

. [1] Voyez dans la *Bibl. de l'École des Chartes*, XXXV, 103, diverses décisions y relatives, de 1333 à 1347.

[2] *Ibid.*, XXXIV, 68.

[3] Sur cette croisade voy. le savant livre de notre confrère Delaville Le Roulx, *La France en Orient au XIVe siècle*, t. II. Les extraits que nous avions faits de l'historien grec Chalcocondylas (dans le *Corpus* de Bonn), de divers chroniqueurs allemands (dans les *Chroniken der deutschen Stœdte*, I, 48, VII, 296), d'une *Chronique bavaroise* anonyme (dans les *Script. rer. boicarum*, I. 611), et du *Fasciculus temporum* de Rolewinck (dans Pistorius-Struve, II, 569) n'ajoutent rien à ce que nous apprend M. Delaville-Le Roulx. — A relever qu'une chronique du monastère de Schuttern, publiée par Mone, *Quellensammlung*, III. 128, place cette croisade en 1407.

Boucicaut en 1400 [1] et par la lettre que Charles VI adressa à Tamerlan en 1403 [2].

1

Pendant le tiers de siècle qui suit, le fracas de la lutte anglo-française et les grands débats conciliaires de Pise et de Constance remplissent à peu près seuls la chrétienté occidentale. Il n'y a que les Hongrois pour songer aux Turcs [3], et les Hongrois repoussent si vaillamment l'ennemi qu'eux-mêmes peuvent croire à la possibilité d'arrêter sa marche jusqu'ici victorieuse. La chute de Thessalonique en 1429 commence à dissiper cette sécurité, et les peuples commencent à prendre peur. Le concile de Bâle sent dès 1431 la nécessité de mettre fin aux divisions intestines qui désolent l'Europe et tout spécialement le monde slave, pour ne point donner prise aux Tartares, aux Turcomans et autres mécréants des frontières d'Asie [4]. L'argument fut repris en 1433, à l'adresse des utraquistes bohémiens par un évêque de Bourgogne [5]. En 1436,

[1] *Chronique* du religieux de Saint-Denis, II, 754. — Ce voyage et la demande qui avait précédé, en 1397 (*ibid.*, 559), justifient assez bien ce que Ducange, en s'appuyant de preuves plus récentes, dit de la réputation du roi de France dans l'empire d'Orient : « Cette grande estime de la grandeur et de la majesté du roi de France qui a esté parmy les Grecs au temps de l'empereur Alexis Comnène a passé jusques aux derniers siècles ; car lorsque les peuples se virent dénués de toute sorte de secours pour se défendre contre les attaques des Turcs, ils envisagèrent le roi de France comme le plus puissant et le premier de tous les rois, seul capable de les secourir... » Dissertation XXVII : *De la prééminence des rois de France.*

[2] *Hist. littéraire de la France*, XXIV, p. 194.

[3] Voy. dans les *Deutsche Reichstagsacten*, t. VII, divers actes des années 1412, 1419, 1420, etc., qui prouvent que Sigismond comme roi de Hongrie plutôt que comme empereur se préoccupe de combattre les Turcs.

[4] « Gaudebant pro hoc vestro dissidio Tartari, Turci et alii infideles vobis finitimi cum audient populum christianum bellis agitari et sanguinem fidelium effundi. » (*Littera concilii ad regem Poloniæ et ad Rutenos* dans les *Monum. conciliorum*, I, 121).

[5] « Græci propter suam divisionem quanta passi sunt et patiuntur a Turcis. » (Discours d'un évêque de Bourgogne aux envoyés bohémiens, *ibid.*, 339).

les prélats et barons de Hongrie présents à Bâle, supplient qu'on ajourne la réunion d'une diète projetée, pour s'occuper avant toutes choses des nouvelles attaques dont leur pays vient d'être l'objet de la part des Turcs [1].

Nous pourrions multiplier ces preuves des premières appréhensions du temps. Il est plus instructif de montrer par quelle série d'événements les princes chrétiens durent passer de la délibération à l'action. Dès 1439, Amurath ose assiéger Belgrade. Eugène IV effrayé demande des subsides à tous les princes chrétiens pour secourir les assiégés. Il renouvelle sa demande en 1440 quand les Turcs, devenus plus hardis encore, se précipitent en plein sur la Hongrie. Cependant il semble bien que le pape se préoccupât moins de préserver les nations catholiques d'un péril qu'il jugeait peut-être passager, que de répondre aux ouvertures des Grecs offrant de se réunir au siège de Rome pour prix du secours qu'ils imploraient. Le secours fut dérisoire. Seul le duc de Bourgogne envoya quelques chevaliers à Rhodes et sur la mer Noire [2].

Plus retentissante que tous les appels du pape fut certainement la défaite de Varna (1444), qui ouvrait le saint Empire même à l'invasion musulmane. La diète de Nuremberg, réunie sur ces entrefaites, s'occupa presque uniquement de cette grosse affaire, sans d'ailleurs aboutir [3]. Les frayeurs se calmèrent peu à peu, et pendant huit ans on oublia le Turc, qui semblait en effet vouloir suspendre sa marche en avant et se laissait quelquefois battre [4]. Mais quand on le vit presque subitement tourner ses efforts contre Constantinople, les ter-

---

[1] « Quoad tempus Boemi ipsi petebant quod ad principium vel saltim medium quadragesimæ dieta indiceretur..... Ipso die de sero venerunt ad domum domini Constanciensis, in qua legati erant congregati, prelati et barones Hungarie, rogantes quod, attentis necessitatibus regni Hungarie, quod providendum est contra Turcos, vellent portare pacienter dilaccionem diete cum Boemis. » (Gilles Carlier, *Liber de legationibus*, dans les *Monum. conciliorum*, I, 694. Cf. le *Diarium* de Thomas Ebendorfer, *ibid.*, 764 et 765).

[2] Jean de Vaurin, *Anc. chronique d'Angleterre*, II, 30 et ss. cité par M. de Beaucourt, IV, 254.

[3] Voy. Müller, *Reichstagstheatrum*, à la date.

[4] Voy. dans d'Achery (*Spicilège*, III, 777), une lettre des hospitaliers de Rhodes au roi de France pour lui annoncer une défaite des Turcs sur le Danube, 1448.

reurs reprirent de plus belle[1]. Constantinople! N'était-ce point le dernier boulevard de la foi chrétienne à cette extrémité de l'Europe? A la suggestion de son entourage, Philippe le Bon envoya à Frédéric III, pour lui proposer d'unir leurs forces contre l'infidèle, 1452. Frédéric se contenta de répondre[2] que, sur le point d'aller prendre la couronne impériale à Rome, il traiterait de la question d'Orient avec le pape. Réponse dilatoire que l'empereur devait renouveler vingt fois encore, sous une forme ou sous une autre.

2

Constantinople aux mains des Turcs, il parut temps de délibérer sur le cas, et on convoqua à Ratisbonne une diète extraordinaire, à laquelle on invita le roi de France et le duc de Bourgogne, 1454[3]. Celui-ci y vint en personne[4]. Énéas Sylvius,

[1] En 1451 le pape Nicolas envoyait le cardinal d'Estouteville au roi de France et l'archevêque de Ravenne au roi d'Angleterre pour les exhorter à faire la paix, « pour ce que, par la division d'iceux deux royaumes, les mescreans avoient ja conquesté et mis en leur loy grande partie de la chrestienté et conquestaient de jour en jour sur les marches du roy de Hongrie et des Allemagnes ». *Chronique* de J. Berry, p. 467. — C'est vraisemblablement vers cette époque que le waywode de Transylvanie adressa au roi de France un appel auquel celui-ci répondit par une fin de non-recevoir. (Voy. dans d'Achery, *Spicilège*, III, 787, la lettre de Charles VII au waywode, datée seulement de Chinon). Par contre le roi écrivit au sultan de Babylone, 22 août 1451, pour se plaindre des mauvais traitements qu'avaient à subir les franciscains établis à Jérusalem (M. de Beaucourt, ouv. cité, V, 395).

[2] Voy. la Responsio Friderici romani regis data oratoribus Philippi super passagio contra Turcos impetrando. dans les *Abhandlungen der bayerischen Akademie : Hist. cl. IX*, p. 512.

[3] Lettre de Frédéric III à Charles VII, datée de Neustadt, 9 janv. 1454 (dans d'Achery, *Spicil.*, III, 795).

La date de réunion de la diète est ainsi fixée : « Conventum quem..... ad festum sancti Gregorii proxime futurum indiximus. » Il s'agit de saint Grégoire de Nysse que l'église latine honore le 9 mars. — Nous n'avons point retrouvé la lettre d'invitation adressée au duc de Bourgogne.

[4] Voy. Kœnig von Kœnigsthal, *Nachlese*, pars I, p. 43. — La *Chronique* de Burkhard Zink d'Augsbourg (dans les *Chroniken der deutschen Stœdte*, V, 227) parle aussi de la présence du duc de Bourgogne à Ingolstadt, mais à la date de 1457 qui est certainement erronée. Cf. ci-dessus le chapitre XIV, p. 284.

qui ouvrit la diète, avait conseillé au pape de préparer la
croisade de concert avec l'empereur [1]. Il crut stimuler Frédéric III en déclarant que le roi de France et le duc de Bourgogne
n'attendaient que son exemple pour armer, et que même le duc
se faisait fort d'entraîner avec lui bon nombre de princes [2].
Effectivement Philippe le Bon venait d'étaler avec éclat aux
fêtes de Lille ses dispositions chevaleresques, vraies ou fein-
tes (février 1454). Par le célèbre « vœu du faisan », il s'était
placé au premier rang des adversaires de Mahomet II.

Néanmoins la diète ne sut point profiter des conjonctures pour
prendre une résolution définitive et se contenta d'inviter le roi
et le duc à députer à la diète suivante [3].

Celle-ci se réunit à Francfort, le jour de la Nativité Notre-
Dame (8 sept. [4]), et chargea l'empereur de solliciter tous les
princes chrétiens à une action commune [5]. Frédéric III commit
ce soin au margrave de Bade, Bernard, qui se rendit d'abord à
la cour de France [6]. Il lui fut répondu qu'on n'attendait que

---

[1] Voy. dans Freher-Struve, II, 38, un discours non daté, mais
certainement de 1454, relatif à ce projet : *Æneæ Sylvii oratio sua-
soria ad Nicolaum V papam ut Cesarem Fridericum in Turcos
passagium parentem modis omnibus adjuvare velit*. Il n'y est pas
question du roi de France.

[2] « Carolus rex Francorum et nobilissimus et potentissimus pu-
gnaturum se dicit si vos armemini. Philippus Burgundiæ non minus
animo quam sanguine clarus, potestate ac dominatu par magnis
regibus non modo se iturum ad hoc bellum promittit, sed alios quoque ut se accingant magnopere adhortatur. » (*Æneæ Sylvii Epistola*
131, édit. de Bâle).

[3] Voy. la *Speierische Chronik* dans Mone, *Quellensammlung*,
I, 395 et 396. Cf. Müller, *Reichstagstheatrum*, I, 405, et Kœnig von
Kœnigsthal, *Nachlese*, pars I, p. 37 et 38.

[4] Sur cette diète de Francfort voy. Müller *Reichstagstheatrum*,
I, 470, et Kœnig von Kœnigsthal, *Nachlese*, pars, I, p. 54.

[5] Nous avons trouvé dans le ms. all. 129 de la Bibliothèque
nationale une pièce, en allemand, que nous ne savons pas avoir été
publiée. Ce sont les articles soumis à l'empereur Frédéric III par
frère Louis de Pannonie, relatifs aux engagements pris par divers
princes pour protéger la chrétienté contre les Turcs, vers 1454-55.
Ce Louis de Pannonie n'aurait-il pas été chargé de cette mission en
vertu du recès que nous venons de rappeler ?

[6] Voy. Schœpflin, *Hist. Zahr.-Baden.*, II, 190 : « Bernhardus a
Gallia fecit initium ubi Carolum VII regem, quem socerum habere
debuerat, adiit. » — Dans son traité intitulé *Corona reale di
Savoia*, Agostino della Chiesa appelle Bernard « præsidente del
imperator. »

l'exemple de l'empereur pour se porter en avant. Cette réponse était une échappatoire, et c'est ailleurs qu'il faut chercher la franche volonté de combattre.

La chonique de Spire [1] avance que les ambassadeurs de Bourgogne présents à Francfort s'engagèrent au nom de leur maître à mettre sur pied 2000 cavaliers et 4000 fantassins ; ailleurs même il est parlé de 3000 cavaliers et de 6000 fantassins. Ce dernier chiffre nous parait devoir être préféré à l'autre, par la raison que le duc de Bourgogne, sollicitant pour lui-même ou tout au moins en partage avec Ladislas de Hongrie le commandement suprême de l'expédition [2], ne pouvait trop offrir pour mériter cette honneur.

Mais l'année 1454 était trop avancée pour qu'on put se mettre en marche. Sur le conseil de Philippe le Bon on ajourna le départ jusqu'après l'hiver [3]. Ce fut un irrémédiable malheur, car les circonstances qui faisaient à ce moment du duc de Bourgogne le vrai chef désigné de la croisade, ne se retrouvèrent plus.

La diète tenue à Neustadt en avril 1455 eut donc mission de préparer la croisade. Les députés hongrois, qui étaient venus, supplièrent l'empereur de terminer avant tout ses différends avec le duc de Bourgogne, de pacifier la querelle de l'archevêque de Cologne avec la ville de Soest, et enfin de solliciter les rois de France et d'Angleterre à se joindre à lui. Les Hongrois, qui connaissaient mieux que d'autres les difficultés de la tâche, voyaient juste en s'efforçant de lever d'abord tous les obstacles qui pouvaient retenir les princes d'Europe chez eux [4].

Frédéric III écrivit donc au roi de France, sous la date du 2 mai 1455 [5], c'est-à-dire à l'issue de la diète de Neustadt, et lui exprima l'espoir de le voir répondre à l'attente de tous. Mais

---

[1] *Speierische Chronik* dans Mone, *Quellen sammlung*, I, 397 : « Der Hertzog von Burgundie mit aller siner Macht sol haben cwey tusent zu Rosse und vier tusent zu Fusse. » Les autres chiffres sont donnés dans Kœnig von Kœnigsthal, *Nachlese*, pars I, p. 54.

[2] Kœnig von Kœnigsthal, *Nachlese*, pars I, p. 44.

[3] *Ibid.*, p. 107.

[4] Voy. la *Speierische Chronik*, déjà citée, I, 400, et sur la diète de Neustadt, Müller, *Reichstagstheatrum*, I, 509.

[5] Chmel, *Regesta*, à la date.

l'empereur prouva bien que la croisade lui tenait médiocre-
ment à cœur par le soin qu'il prit d'entamer de nouveau,
dans cette même lettre, l'affaire des villes de Lorraine. Et s'il
choisit pour ambassadeur l'archevêque de Trèves, archichan-
chelier de Gaule et de l'Arélat, c'est bien plus, croyons-nous,
pour faire réussir cette dernière affaire que celle de la croisade.
Il ne doutait point que l'appui demandé contre les Turcs ne
fut accordé : du moins il en avait donné l'assurance aux ambassadeurs hongrois venus à Neustadt [1].

Bien que nous n'ayons pas retrouvé la trace de l'archevêque
de Trèves à la cour de France, tout autorise à croire que cette
ambassade fut remplie et obtint pour le moins de bonnes paroles. Mais ce qui prouve bien que le roi de France n'avait point
donné le change à son entourage sur ses véritables sentiments,
c'est que, quelques mois plus tard, le dauphin Louis lui demandait l'autorisation de se placer sous les ordres du duc de
Bourgogne pour combattre le Turc [2], et renouvelait encore
cette demande au mois d'août 1456 [3].

Cependant Charles VII ne pouvait prendre devant la chrétienté la responsabilité d'une pareille conduite, et il s'efforçait
en effet de dissimuler. Il y réussissait si bien qu'Énéas Sylvius
s'adressant à Calixte III lui désignait le roi de France
comme le roi très chrétien prêt à secourir l'Église, fidèle
en ceci à l'exemple de ses ancêtres [4]. Mais Énéas n'avait
garde d'oublier le duc de Bourgogne, et il avait ses raisons pour affirmer que rien ne tenait plus à cœur à Philippe
le Bon que de marcher contre les Turcs. Et cependant le duc
de Bourgogne reculait maintenant l'effet de ses promesses, en
le subordonnant à l'exécution des clauses innombrables qu'il
avait stipulées à Lille. C'est qu'en effet ses embarras étaient

---

[1] Kœnig von Kœnigsthal, *Nachlese*, pars I, p. 117.

[2] En décembre 1455. Voy. les *Lettres de Louis* XI, publ. par M.
Vaesen, I, 78, note.

[3] *Lettres de Louis* XI, I, 77. Cf. *ibid.*, p. 275.

[4] « Philippo duci Burgundie nobilissimo et piissimo maximis regibus comparando, nihil magis cordi est quam pugnare in Thurcos...
Carolus rex Francorum et re et nomine christianissimus suorum
progenitorum vestigia non deseret, quorum fortia facta omnis
decantat ecclesia. » (*Oratio Ænee* dans Senckenberg, *Sammlung von
Schriften*, IV, 18. Ce discours se retrouve dans les *Epistolæ* d'Énéas
(no 398, édit. de Bâle, p. 923).

devenus grands. Jean de Granson venait de fomenter une révolte de la noblesse dans le comté de Bourgogne ; le roi de France, irrité de la protection que le Dauphin trouvait à la cour de Dijon, ne dissimulait plus son hostilité envers Philippe le Bon. Et d'ailleurs celui-ci se sentait moins enclin que jamais à interrompre le grand œuvre de son règne, la constitution d'un royaume de Bourgogne. Néanmoins, on put croire un instant qu'en dépit de tous les obstacles il allait se mettre aux champs quand Mahomet II, tout enflé de ses récents succès, lui adressa la plus provoquante des épîtres [1]. Rédigée, selon toute apparence, par quelque chrétien rénégat, elle faisait sonner haut les titres de Mahomet : héritier d'Alexandre et d'Hector par la grâce de Dieu, roi de Jérusalem, seigneur, chef et potentat de tous les princes et prélats de la chrétienté. En finissant, le vainqueur exhalait sa colère contre le duc de Bourgogne qui avait osé le défier, et il se déclarait prêt à relever la provocation.

On peut révoquer en doute cette singulière épitre. Cependant elle semble authentique si l'on en pèse tous les termes, et mieux encore si on la considère comme la réponse du sultan aux fêtes de Lille. Elle prouve en tout cas qu'à ce moment là, le grand adversaire des Turcs, dans l'opinion publique, ce n'était ni le pape, ni l'empereur, ni le roi de France, mais bien encore le duc de Bourgogne. Primauté de valeur, non de rang.

Le siège de Belgrade entrepris par Mahomet, en juillet 1456, détermina un nouvel effort de la chrétienté. Frédéric qui était en Hongrie, envoya deux chevaliers à la diète germanique pour demander secours [2]. Le cardinal légat Jean de Saint-Ange et le gouverneur de Hongrie écrivirent dans le même sens à tous les princes chrétiens [3]. De quel côté l'esprit public

---

[1] « Item, 1455 jare, da schikt der turkisch Kaiser dem Hertzog von Burgundi den hernach geschriben Brief mit dem Titel : Machametus von den Genaden des grossen Gottes ein rechter Erb Kunig Alexanders.... » (*Jahrbücher Nurnbergs* dans les *Chroniken der deutschen Stædte*, X, 212). La lettre de Mahomet est donnée tout au long en traduction allemande. Nous ignorons si elle a été publiée ailleurs sous une autre forme.

[2] Voy. Udalrici Onsorgii Ratisponensis *Chronicon Bavariæ*, dans les *Rerum boic. script.*, I, 355.

[3] *Ibidem.*

attendait la délivrance, on va l'apprendre par le récit des faits suivants.

Un dominicain de Coblence devenu archevêque de Drontheim en Norwège, Henri Kalteysen commença vers cette époque de parcourir l'Allemagne en appelant le peuple aux armes. Il encourageait les timides et prophétisait la victoire, en annonçant que le roi de France entrerait sûrement à Jérusalem, réduirait tout le pays environnant, convertirait les habitants à la foi chrétienne de telle sorte que bientôt, suivant la promesse de l'évangile, il n'y aurait plus qu'un troupeau et qu'un pasteur [1].

En attribuant au roi de France un rôle qui, en droit féodal, appartenait à l'empereur, et qui en tout cas était, à ce moment même, en fait, abandonné au duc de Bourgogne, l'archevêque de Drontheim nous semble traduire un sentiment populaire dont nous avons ailleurs déjà rencontré la trace, sentiment qui accordait au roi de France une sorte de primauté dans l'Europe chrétienne depuis que le grand interrègne avait décapité l'Empire et éteint son renom.

Mais le roi de France songeait si peu à partir qu'il faisait défendre de publier dans son royaume les lettres apostoliques qui décrétaient une croisade contre les mécréants [2]. Les Hongrois durent ne compter que sur eux-mêmes. Par bonheur pour eux, Hunyade se mit à leur tête, battit les Turcs et fit lever le siège de Belgrade (14-22 juillet). On crut voir se réaliser la prophétie de l'archevêque de Drontheim, et aux environs de la fête de la Nativité Notre-Dame 1456, à ce que raconte encore la *Chronique de Spire* [3], des multitudes accourues de tous pays, nommément de l'Allemagne, de la France, de l'Angleterre et de la Bohême, se mirent en route vers l'est, à la poursuite des Turcs. La plupart périrent en chemin, les autres se dispersèrent bientôt à l'aventure.

---

[1] « Dann so solte der Konig von Franckerich gein Jherusalem und in das Soldans Lant ziehen und solte es alles bezwingen und gewynnen und zu Cristenglauben bekehren und solte dan ein Hirte und ein Schaffstalle werden ». (*Speierische Chronik* dans Mone, *Quellensammlung*, t. I, 407.).

[2] D'après Baronius, *Ann, ecclesiastiques*, XXIX, à la date.

[3] *Speierische Chronik* déjà citée, I. 409.

3.

La victoire d'Hunyade délivrait pour longtemps la Hongrie. Mahomet porta dès lors ses efforts plus au sud, du côté de la Grèce et de la Morée. L'Italie se trouva ainsi directement menacée. Aussi c'est le pape désormais, au moins pendant quelques années, qui entreprend le plus énergiquement d'arrêter l'invasion.

En 1457 Calixte III invite Ladislas à faire sa paix avec l'empereur, de peur que leur discorde n'arrête les rois de France, d'Angleterre et d'Espagne qui méditent la croisade [1]. L'année suivante, Énéas, devenu pape sous le nom de Pie II donne une vigoureuse impulsion aux préparatifs entamés. Il commence par convoquer tous les princes chrétiens à une diète qui, après quelques hésitations, fut indiquée à Mantoue [2]. Le roi de France, dont la présence paraissait indispensable au succès de la négociation, avait été tout spécialement invité au rendez-vous [3]. Charles VII fit réponse que les rois étrangers paraissant peu disposés à tenter cette expédition, il jugeait bon de convoquer d'abord une assemblée des princes et prélats de son royaume pour prendre leur avis et agir en conséquence [4].

Les vraies dispositions du roi de France étaient encore mal connues du pape. Elles l'étaient beaucoup mieux de certains princes allemands, à telles enseignes que le bruit courut bientôt en Allemagne que Charles VII ne se ferait même pas représenter à Mantoue [5], — et quelques-uns, entre autres l'électeur

[1] Dans les *Epistolæ* d'Énéas Sylvius, nᵒ 331, édit. de Bâle.

[2] Cette bulle est datée de Rome, 13 oct. 1458, d'après l'exemplaire que nous avons rencontré aux Archives impériales de Vienne.

[3] Sous la date du III *idus octobris* dans les *Epistolæ* d'Énéas Sylvius, nᵒ 385. Cf Muller, *Reichstagstheatrum*, p. 631, où la même lettre porte la date du 24 octobre.

[4] La réponse du roi figure dans les *Epistolæ* d'Énéas Sylvius sous le nᵒ 386, sans date. Cf. Müller, *Reichstagstheatrum*, p. 632.

[5] Lettre de Pie II à l'électeur Frédéric de Saxe, datée de Mantoue, 1 juin 1459, dans les *Fontes rerum austriac.*, XLII, 279 : « Ceterum, quia intelleximus vulgatum istic esse per nescio quem oratorem, carissimum in Christo filium nostrum Carolum Francorum regem illustrem neque venturum esse ad ipsam dietam neque oratores suos missurum, nobilitati tuæ significamus....... »

de Saxe, Frédéric, en prirent prétexte pour rester chez eux. Le bruit était cependant controuvé, et Pie II eut toute raison de le combattre. Quelles que fussent ses résolutions intimes, Charles VII ne pouvait se dispenser d'envoyer au moins ses représentants à Mantoue. Seulement pour complaire à l'empereur, ou peut-être par quelque raison plus profonde qui nous échappe, il eut désiré que l'assemblée se réunit dans une ville de l'Empire, à Vienne par exemple, dont il avait été d'abord question [1].

Cette assemblée de Mantoue, de beaucoup la plus importante de toutes celles qui s'occupèrent de la croisade, se réunit à la fin de mai 1459. Pie II avait fait son possible pour qu'elle fut aussi imposante par le nombre que par la qualité des assistants. Mais, sur ces deux points déjà, il avait essuyé plus d'un échec. Ni l'empereur, ni le roi de France, ni le duc de Bourgogne ne siégèrent en personne. Celui-ci eut pourtant bien voulu partir. Ses familiers le retinrent en lui montrant le roi de France prêt à profiter de son absence pour se fortifier dans le Luxembourg et reprendre sur lui toutes sortes d'avantages. Et comme cet argument ne semblait point ébranler Philippe le Bon, ils lui exposèrent qu'il aurait à éviter, chemin faisant, toutes sortes d'embûches, que le soleil d'Italie lui serait fatal, que les fatigues du voyage compromettraient sa santé [2], — tant et si bien que Philippe se fit représenter à Mantoue par son neveu Jean de Clève et par Jean de Croy que maints exploits de guerre avaient déjà rendu célèbre [3].

Restait Charles VII. Le roi vieillissant n'était point l'homme

---

[1] Voy. une lettre de Pie II à l'empereur Frédéric III, datée de Mantoue, 11 juin 1459, citée par Chmel, *Regesta*, à la date : « Quoniam vero intelleximus charissimum in Christo filium nostrum Francorum regem illustrem tractatus quosdam de transferenda hac Mantuana dieta ad aliqua Germaniæ loca cum serenitate tua tenere..... »

[2] et [3] Voy. Gobellinus cité par Müller, *Reichstagstheatrum*, part III, p. 642 : «..... Inconsulte agere ducem suum Burgundi existimabant si domo abscederet ; et alii insidias in itinere timendas aiebant, alii seni non esse laborem subeundum, alii italicum cœlum et œstivum ardorem timendum, alii alias viarum incommoditates objiciebant. Victus Philippus cum remanere in patria decrevisset, Joannem ducem Clivensem sororis suæ filium mittendum censuit et Joannem Crojum, qui multorum prœliorum victor tota Gallia clarissimus habebatur. »

des grandes résolutions ni des courageuses initiatives. D'ailleurs, toutes sortes de soucis d'État l'assiégeaient à ce moment, et au fond il avait moins que jamais cure des Turcs. C'est sur lui pourtant que Pie II comptait pour entraîner les autres princes. Tout italien qu'il fut, il tenait le royaume de France en haute estime et semble lui avoir, dès ce temps, reconnu aux dépens de l'Empire ce rôle providentiel que l'archevêque de Drontheim prêchait en 1456 et que les écrivains ecclésiastiques ont depuis lors si souvent affirmé.

Pour assurer à Charles VII le rôle dirigeant qu'il lui réservait, le pape résolut de s'entendre d'avance avec ses représentants. C'étaient l'archevêque de Tours, l'évêque de Paris, l'élu de Chartres, un théologien du nom de Thomas Courcelle, et le bailli de Rouen. Grande fut la surprise de Pie II et sa douleur quand il s'aperçut que toutes leurs réponses tendaient à éluder les engagements qu'il leur demandait, arguant des démêlés du roi avec l'Angleterre et demandant quelle conduite le pontife entendait tenir entre les compétiteurs au royaume de Naples [1]. La déception de Pie II se changea bientôt en colère et lui dicta une résolution conforme à son état d'esprit. Il transporta immédiatement à l'empereur les prérogatives qu'il avait réservées au roi de France et adressa à Frédéric, en signe d'investiture une épée bénite, ce qui voulait dire qu'il lui remettait le commandement suprême de la guerre sainte [2].

Il semble inexplicable, à la distance où nous sommes, que le pape ait encouru si légèrement le risque de paralyser l'expédition en lui donnant pour chef l'homme de ce temps qui était le moins propre à la faire réussir. Quels que fussent le titre et le rang de Frédéric, il s'était montré depuis vingt ans et resta jusqu'à la fin le plus inerte, le plus irrésolu des souverains. Pie II, qui avait été son chancelier, eut dû s'en souvenir.

On peut soupçonner que les nombreux princes et barons allemands présents à Mantoue, entre autres le margrave de Bade, pesèrent sur la détermination de Pie II, peu soucieux qu'ils étaient de voir grandir la puissance d'un roi étranger, dont plusieurs d'entre eux avaient à se plaindre. En tout cas, après de nouveaux et inutiles pourparlers, Pie II déclara solennellement Frédéric III généralissime de l'expédition et lui

[1] Voy. Muller, *Reichstagstheatrum*, p, 659-660.
[2] *Ibid.*, p. 661.

envoya la bulle d'investiture au commencement de janvier 1460 [1]. L'hégémonie de l'Europe retournait à l'empereur. Deux nouveaux synodes furent indiqués à Nuremberg [2] et à Vienne pour prendre les dernières mesures. Mais les députés du roi de France, priés de s'y rendre, refusèrent, parce que, nous dit Gobellinus, l'honneur fait à autrui leur semblait pour eux-mêmes une injure [3].

L'assemblée de Mantoue fut close cependant par des paroles de réconciliation. « Les Allemands promettent 42,000 hommes, s'écria Pie II, et le duc de Bourgogne 60,000. Soyons assurés que le roi de France, bien qu'il n'ait rien promis, enverra son contingent lorsqu'il verra notre armée en marche » [4]. C'était là une vaine espérance. Quand, à l'issue du synode de Vienne, Frédéric adressa à Charles VII un dernier appel [5], il ne reçut pas même de réponse.

En tout cas, le duc de Bourgogne restait, dans l'opinion de beaucoup de gens, le véritable adversaire de Mahomet. C'est en lui que l'empereur de Trébizonde, le prince de Géorgie, le roi de Perse, déclaraient mettre leur confiance; c'est lui qu'ils choisissaient entre tous les princes de la chrétienté pour recevoir leurs appels et leurs supplications [6].

Les lettres qu'ils lui adressèrent, dans le courant de l'année 1459, étaient la première conséquence de la mission que Pie II, à l'exemple de ses prédécesseurs, avait confiée au dominicain Louis de Bologne, auprès des potentats de l'Asie mineure.

---

[1] Elle est datée de Mantoue, 12 janv. 1459, n. st. 1460. (Archives impériales de Vienne.) — Pour justifier cette réduction de date au style moderne, nous devons rappeler que la chancellerie de Pie II a fait souvent commencer l'année au 25 mars. Voy. l'*Art de vérifier les dates.*

[2] Le pape eut voulu que cette première assemblée se tînt à Cologne, à Liège, à Metz ou à Avignon pour la commodité du roi de France. Il ne put faire prévaloir son avis. (Voy. Muller, *Reichstagstheatrum*, p. 662 et 749).

[3] « Rogati oratores Franci, cum hœc agerentur, interesse recusarunt ut qui aliorum gloriam suam esse ignominiam existimabant ». (Gobellinus, cité par Muller, *ibid.*, p. 662.)

[4] Muller, *ibid.*, p. 663.

[5] En sept. ou oct. 1460. Voy. Kœnig von Kœnigsthal, *Nachlese*, pars 3, p. 147.

[6] Leurs lettres, qui portent respectivement les dates d'avril pour la première, de novembre pour les deux autres, figurent dans les *Epistolæ* d'Enéas Silvius, édit. de Bâle, n⁰ˢ 377, 378 et 379.

Dans les derniers mois de 1460 Louis de Bologne revint à
Rome, amenant avec lui, en suppliants, les représentants non-
seulement de Trébizonde, de la Perse et de la Géorgie, mais
encore ceux du soudan de Mésopotamie et du duc d'Arménie.
Pie II ne pouvait guère leur avouer que l'assemblée de Mantoue
n'avait point répondu à son attente. Il les assura au contraire
qu'il avait les meilleures espérances et que leur présence déciderait les princes d'Occident à s'unir au profit de la bonne
cause, mais à la condition d'aller les trouver tour à tour, pour
qu'ils entendissent de la bouche de témoins oculaires le récit
des abominations que commettaient les Turcs [1]. Il les engagea
en particulier (dernier et vain effort) à se rendre auprès du roi
de France sans le secours duquel on ne pouvait rien, — et auprès du duc de Bourgogne qui avait donné tant de promesses[2].

Quand les ambassadeurs orientaux atteignirent Mehun sur
Yèvre, Charles VII était mourant [3]. Ils durent attendre l'élection de son successeur pour obtenir une audience. Louis XI
qui, quelques années plus tôt, avait voulu prendre la croix, avait
maintenant d'autres soucis en tête. Il congédia les ambassadeurs sans leur rien promettre. Le duc de Bourgogne fit de
même par des raisons analogues [4].

On ne voit point que personne ait conseillé aux ambassadeurs
de se rendre auprès du chef désigné de l'expédition et de presser son départ. Et en effet, le roi de France et le duc de Bourgogne manquant à la fois, que pouvait l'empereur? Pourtant
dans son entourage on le pressait toujours de s'occuper de l'expédition et de solliciter encore une fois l'aide du roi de France

[1] Pour tous ces faits voy. Gobellinus cité par Muller, *Reichstagstheatrum*, p. 790.

[2] Lettre d'exhortation de Pie II au duc de Bourgogne (idus
ianuarii 1460, n. st. 1461) dans les *Epistolæ* d'Enéas Sylvius,
n⁰ 376.

[3] Cette mort est du 22 juillet 1461. Elle fut annoncée par Jost
évêque de Breslau, aux magistrats de cette ville, à la date du 5
octobre, de Prague où il se trouvait alors. (*Fontes rerum austriacarum*, XLIV, 245). Il n'est pas vraisemblable toutefois qu'elle eut
mis deux mois à parvenir de Mehun-sur-Yèvre à Prague.

[+] On a conservé le discours que ces ambassadeurs orientaux
adressèrent au duc : « Ecce magi ab Oriente venerunt ad stellam
quam viderunt in Occidente..... » Imprimé dans les *Epistolæ*
d'Enéas Sylvius, n⁰ 380, et dans Muller, *Reichstagstheatrum*
p. 791.

et du duc de Bourgogne[1]. Mais la mort de Charles VII brisa, pour les princes allemands comme pour les ambassadeurs d'Orient, toutes les espérances qu'on pouvait concevoir encore. La chrétienté occidentale avait secouru l'Espagne latine contre les Musulmans. Elle ne put jamais se décider à aider l'Orient grec contre les Turcs.

---

[1] Voy. dans les *Fontes rerum austriacarum* (XLIV, 162, à la date des premiers jours d'août 1461, la mort de Charles VII étant encore ignorée), un document dont le contenu est d'ailleurs assez obscur. Il est intitulé : *Werbung des kaiserlichen Hauptmanns Markgraf Albrecht von Brandenburg und der badischen und wurttembergischen Rœthe an den Kaiser.*

TABLE DES MATIÈRES

CHAPITRE IV

SUR LA FRONTIÈRE

1378-1405

CHAPITRE V

LES DUCS DE BOURGOGNE ET D'ORLÉANS

1384-1409

CHAPITRE VI

LA GUERRE DE CENT ANS

1378-1408

LIVRE II

CHAPITRE VII

LES CONCILES DE PISE, DE CONSTANCE ET DE SIENNE

1409-1430

LIVRE III

CHAPITRE X

LE DUC DE BOURGOGNE ET L'ALLEMAGNE

1430-1448

CHAPITRE XI

LUTTE DU ROI DE FRANCE CONTRE LE DUC DE BOURGOGNE DANS L'EMPIRE.

1º ALLIANCES AVEC LES DUCS D'AUTRICHE ET DE LORRAINE.

1430-1444

1º Premier dessein de Charles VII d'arrêter les progrès territoriaux du duc de Bourgogne, 1430. — Proposition de mariage faite à Charles VII par le duc d'Autriche, Frédéric à la Bourse vide. — Alliance politique du roi de France avec le duc d'Autriche et autres princes ou villes d'Allemagne contre le duc de Bourgogne comme allié du roi d'Angleterre, 1430. — Avantages territoriaux promis au duc d'Autriche. — Essai de constitution d'une ligue entre Meuse et Rhin contre le duc de Bourgogne. = 2º Intervention armée du duc d'Autriche et du duc de Brunswick contre le duc de Bourgogne, 1431-32. — Trèves de mars 1432. — Continuation des relations entre la maison de France et celle d'Autriche. — Alliance de Charles VII avec l'empereur Sigismond contre le duc de Bourgogne, 1434. — Réconciliation du roi de France avec le duc de Bourgogne par l'entremise de Sigismond, 1435. — Inutilité des efforts tentés par quelques princes allemands pour réconcilier

CHAPITRE XII

LUTTE DU ROI DE FRANCE CONTRE LE DUC DE BOURGOGNE
DANS L'EMPIRE
2° L'EXPÉDITION DE SUISSE ET DE LORRAINE

1444

CHAPITRE XIII.

LUTTE DU ROI DE FRANCE CONTRE LE DUC DE BOURGOGNE
DANS L'EMPIRE.
3° RELATIONS AVEC LES PRINCES ET LES VILLES

1445-1450.

CHAPITRE XIV

LUTTE DU ROI DE FRANCE CONTRE LE DUC DE BOURGOGNE DANS L'EMPIRE

4º RELATIONS AVEC LES PRINCES ET LES VILLES

1452-1461.

CHAPITRE XV

LE NOUVEAU SCHISME ECCLÉSIASTIQUE

1437-1448

CHAPITRE XVI.

EN ITALIE ET DANS LE ROYAUME D'ARLES

1443-1461.

CHAPITRE XVII.

LA CROISADE CONTRE LES TURCS

1431-1461

FIN DE LA TABLE DES MATIÈRES

ADDITIONS

On trouve dans les *Historische Volkslieder* de Liliencron (I, nᵒ 67, 72 et 82) quelques chants relatifs aux combats de Bulgneville (1431), l'Isle-Adam (1437) et St-Jacques (1444), que nous n'avons pas eu occasion ou que nous avons omis de citer.

M. Ceruti a publié, dans les *Atti* de la Société ligure d'histoire (2ᵉ série, t. XVII), des lettres de Charles VI et de la République de Gênes, relatives à Boucicaut, que nous n'avons pu examiner.

Nous n'avons pu profiter davantage des manuscrits 304 et 376 de Helmstadt, conservés à la bibliothèque ducale de Wolfenbuttel. D'après le *Catalogue* de cette bibliothèque, ils contiennent plusieurs documents importants pour le règne de Charles VII.

Sur les fiefs français concédés à des princes allemands (ci-dessus, p. 81), on trouve déjà quelques détails précieux dans M. de Loeher, *Jakobœa von Bayern* (t. I, p. 235, 254 et 257, de la seconde édition).

Orléans. — Imp. G. MORAND, rue Bannier, 47.

www.ingramcontent.com/pod-product-compliance
Lightning Source LLC
Chambersburg PA
CBHW071622270326
41928CB00010B/1738